中华礼乐文化传承

2019年学术前沿论坛北京中华文化促进会专场论文集

彭　林　修海林　主　编
张　涛　曹建墩　副主编

中国华侨出版社

图书在版编目（CIP）数据

中华礼乐文化传承/彭林，修海林主编.—北京：中国华侨出版社，2021.3
ISBN 978-7-5113-8020-3

Ⅰ.①中… Ⅱ.①彭…②修… Ⅲ.①礼乐—传统文化—中国—文集 Ⅳ.①K892.9-53

中国版本图书馆CIP数据核字（2021）第020732号

中华礼乐文化传承

主　　编/彭　林　修海林
副 主 编/张　涛　曹建墩
责任编辑/黄　威
装帧设计/文渊社
经　　销/新华书店
开　　本/880mm×1230mm　1/32　印张：13.75　字数：320千字
印　　刷/三河市华东印刷有限公司
版　　次/2021年4月第1版　2021年4月第1次印刷
书　　号/ISBN 978-7-5113-8020-3
定　　价/78.00元

中国华侨出版社　北京市朝阳区西坝河东里77号楼底商5号　邮编：100028
法律顾问：陈鹰律师事务所
编 辑 部：（010）64443056　传真：（010）64443979
发 行 部：（010）64443051　传真：（010）64439708
网　　址：www.oveaschin.com
E-mail：oveaschin@sina.com

如发现印装质量问题，影响阅读，请与印刷厂联系调换。

论坛学术委员会

主　任：彭　林　修海林
副主任：高福庆　贾福林
委　员（按音序排列）：
　　　　曹建墩　韩冰雪　胡雅静　李洛旻
　　　　杨　柳　张　涛

论坛工作委员会

主　任：高福庆　赵　静　李金禄　赵国颂
副主任：姚　刚　孟巧玲　郎玉林　邓奔波
总策划：赵国颂　姚　刚
委　员（按音序排列）：
　　　　畅玉柱　陈青兰　豆文莉　李剑凤
　　　　李将年　齐　福　许红波　许素环
　　　　余桂林　应　浩　张　霓　祝亭亭

北京中华文化促进会文丛编委会

顾　问：钱光培　方　鸣
主　任：高福庆
编　委（按姓氏笔画排列）：

王　田　　王　磊　　史义军　　史继中　　朱　波
刘从明　　孙殿国　　杜茂波　　李世轩　　李剑凤
李家宁　　吴浩恺　　应　浩　　陈　松　　陈　明
杨程琳　　赵国颂　　秦　朗　　奚传斌　　高福庆
黄海星

2019 年度论文集
主　编　彭　林　　修海林
副主编　张　涛　　曹建墩

目 录

致 辞
发挥中华礼乐文化在全球治理中的作用 ………… 牛喜平（1）
中华礼乐文明与全国文化中心建设 …………… 高福庆（6）

礼乐精蕴
中华礼乐文化内涵"一多不分"生生为贵的生态哲学
………………………………………… 田辰山（9）
礼乐文化宏微论——关于礼乐文化的若干思考 ……… 修海林（18）
礼仪制度与亚洲文明对话 …………………… 杨 华（31）
传统礼仪与当代文明 ………………………… 彭 林（42）
经学、哲学与国学 …………………………… 彭永捷（55）
探寻礼乐文明的精神 ………………………… 吴 飞（68）
礼乐文明与"非物质文化遗产" ………………… 项 阳（76）
礼的文化特质与礼乐教化 …………………… 张焕君（84）
试析礼之内涵及学礼以成君子之可能性 ………… 高瑞杰（107）
"礼之用，和为贵"——以宾礼迎送之仪为中心的考察
………………………………………… 王 毅（120）

礼乐史征
史前礼制的形成、演进模式与特征 ……… 曹建墩 陈 静（130）

· 1 ·

▶ 中华礼乐文化传承

荣仲方鼎铭文所见诸子之官及其职掌——兼论周初学校的
　　设立及学中所习之业 ·················· 贾海生（147）
"季札观乐"是否为僭越行为？——对身份、行为与场合的
　　认知与判断 ···························· 胡雅静（158）
春秋时期晋国河流祭祀制度初探——以西高东周祭祀遗址为例
　　······································ 杨云鹏（174）
从《乐记》到《慈湖遗书》——礼—乐关系的思想史意义
　　······································ 罗艺峰（181）
从宋学看"礼"是儒家思想体系的核心 ········ 丁　鼎（193）
朱元璋推行礼乐教化研究 ···················· 贾福林（202）
丧礼矫正与王道再复——明初丧礼重建评议 ···· 陈士银（223）
明清时期山西婚姻礼俗中的贞节观——以临汾为中心的考察
　　······································ 武俊杰（245）
明清时期晋西北丧礼习俗成因初探——以保德、偏关两县
　　丧礼为例 ······························ 徐　琳（255）
20世纪"新儒家"的"礼乐"建设探索 ········ 林大雄（266）
礼学文献整理研究的回顾与展望 ·············· 王　锷（274）
大驾卤簿图研究的回顾与重探（修订本） ······ 佟　雪（287）

礼　乐　传　承

全面恢复成人礼的可行性研究 ················ 万安伦（306）
厚德自强，做博雅君子——"以自治文化促进学生行为习惯
　　养成"的模式探索 ···················· 白雪峰（320）
"一钟双音"的当代启示 ···················· 任　宏（327）
从朱载堉《六代小舞谱》学术复原浅谈当代"乐教"
　　······································ 杨春薇（335）
从皇家祭礼走向公众演出——中和韶乐价值解读及保护传承
　　······································ 王　玲（350）

从先秦秦汉林泽保护看当今生态文明建设 ………… 赵媛媛（365）
中华礼乐文化的教育与推广——以香港公开大学礼仪动画
　　作品为例 ……………………………………… 李洛旻（375）
新时代推进礼乐文化教育的实践探索 ………… 杨　柳（385）
中华优秀传统文化教育课程化的研发与实践案例
　　………………………………………………… 姚永辉（397）
校园礼射教育价值初探 ………… 韩冰雪　葛志亮（411）
礼乐文化在企业文化建设中的应用探索 ………… 罗婷婷（425）

编后记 ……………………………………………………（432）

发挥中华礼乐文化在全球治理中的作用

牛喜平[1]

在当前风云变幻的国际形势下，集中一批优秀学者研究中华礼乐文化的传承和应用问题是一个非常契机的话题。我谨代表国际儒学联合会对主办单位清华大学经学研究院、北京中华文化促进会联合会，对论坛的召开表示热烈的祝贺！

清华大学彭林教授团队，长期以来，一门深入，对儒家经典《三礼》以及中国古代礼乐文化进行了深入研究，并在世界各地传播，取得了丰硕的成果。2018年，清华大学率先成立了经学院，开展对中国经史哲学研究，为传统文化的传承发展起了示范和榜样的作用。经学的生命力和社会实践便是礼乐之学。所以，这次有关礼乐文化的研讨是他们对经学研究的进一步深入。

中华礼乐文化对中华民族精神的形成、政治制度的构建、社会秩序的规范、伦理道德的教化、人际之间的交往、与其他国家民族之间的交流产生着持续而久远的影响，亦对世界文明的进步发展产生着重要影响。对于中华礼乐文化这些重要功能，我们有时日用而不知，日行而不觉。因此，从学术角度对其进行深入而系统的研究，在与不同文明的比较中，向世界展示中华礼乐文化价值，与世界人民共享这一宝贵的精神财富，对应对当前人类社会面临的诸多问题具有非常重要的意义。下面谈几点认识与大家交流。

---

[1] 国际儒学联合会。

一、深入挖掘中华礼乐文化的内涵及当代价值

中华礼乐文化是中华民族在长期发展过程中，积淀形成的思想文化、制度文化的结晶。它具有完备的理论体系、典章制度，并经过长期历史实践的检验，在世界文明中独树一帜，是中华文明对世界文明的重大贡献。它的最大特色是：从人类生存发展的高度立论，以道观天下，创立理论，组织社会，指导人生，保证社会有序发展。因此，我们要深入研究礼乐文化产生的时代背景、根源意义、流变发展及当代价值，大力弘扬中华礼乐文化的道德精神、实践精神、和谐精神、约立精神（约之于礼、立于礼）；深刻认识中华礼乐文化在"经国家，定社稷，序人民，利后嗣"，安排人类生存秩序，维护人类可持续发展中的作用；系统梳理礼乐文化中礼与道、礼与德、礼与仁、礼与理、礼与乐、礼与法、礼与仪、礼与治、礼与立、礼与性（人心）、礼与教的关系；深刻把握中华礼乐文化治国之本、治世之本的本质特征和当代价值，为建设中国特色的社会主义，为人类文明进步服务。

二、发挥中华礼乐文化在全球治理和国际秩序重建中的作用

当前人类社会在发展中面临许多复杂的挑战，由于治理观念落后于形势，使目前的国际秩序、国际治理能力难以适应。全球化、信息化、多极化对全球治理体系提出了整体性、系统性的改革要求，正在催生建立一个更加包容的国际秩序。这种秩序要能够兼顾不同国家、民族之间的利益，兼顾人类与自然的和谐共存，兼顾代内公平和代际公平的协调发展，规范引导人类生存发展道路。同时，这种秩序必须具备三个方面的机制：一是能够有效地维护世界和平；二是能够保障可持续发展；三是能够保障用合作方式解决争议争端[1]。

---

[1] 傅莹：《看世界》，中信出版社，2018年，第23页。

国际秩序的重建需要共同的基础。这个基础就是全人类的福祉，根本上是人类在长期演化发展中形成的文化力量。中华礼乐文化在长期发展中形成的"秩序、节度、和谐、交往[①]"的功能，可以为全球治理和国际秩序的重建提供丰富的资源和借鉴。因此，结合当代国际社会的实际，进行礼乐文化在这方面的创新性研究和应用显得尤为重要。

三、发挥中华礼乐文化在实现人类可持续发展中的作用

自英国工业革命以来，以无限制地开发利用和消耗自然资源为基础的工业化过程导致了严重的生态系统失衡，引发了主要资源衰竭，环境污染、气候变暖的生态危机；在追求科技发展的同时，忽视人类精神道德提升。这种建立在以人的自利本性为驱动力基础上的资本主义生产方式，无限制、无节制地追求个人欲望，导致了一系列社会危机，给人类的生存发展带来严重威胁。要实现人类的可持续发展，必须重新确立人的价值观念系统，转变生态、经济、社会等方面的发展模式，实现工业文明向生态文明的转变。

"生生之谓大德"。中华礼乐文化基本是以如何维护、保证人类的生存发展为起点而建构、演变，以"三礼"为代表的一系列经典，是中华文化的源头活水，贯穿了一套完整的人类可持续发展的思想体系和基本原理。如其中的伦理道德精神，秩序规范结构，约束、节制、有序发展的机制，追求万物和谐的原理，与他者和睦相处的交往原则等可以为当代社会构建人类可持续发展模式提供丰富的资源和思想智慧。

[①]郭齐勇：《儒家礼乐文明的人文精神及其现代意义》，载《国际儒学论丛》，2017年第2期。

四、发挥中华礼乐文化在世界和平中的作用

面对叙利亚战争的惨痛局面，著名物理学家霍金生前曾用三天时间写出千字文章加以评价。他写道："作为一名父亲和爷爷，我不忍再看到叙利亚儿童遭受苦难；我要大声疾呼：停止迫害儿童！"他写道："在我们的时代，人类比其他任何时代发展得都快。我们的知识和技术以几何级速度递增。但人类依然保留着我们在原始时代就具有的进攻性本能（'半人'时代）。这一本能对人类生存当然是有好处的，但是当现代技术与古老的本能相遇时，整个人类、乃至这个地球上的其他绝大多数生命就处于危险中。"

作为一名世界著名的科学家，霍金此前极少谈论政治话题，从这份跨界的信中，我们能够感受到他对人类的慈悲和站在宇宙角度看问题的高度，但也能够感觉到他的无奈，以至于他向世界发出这样的疑问："叙利亚的现状令人痛心，而世界却冷漠地旁观。我们的同情心和正义感到哪里去了？""有关正义和公正的普适原则可能并不会植根于物理学，但对于人类的存在却举足轻重。"我们知道，令这位大科学家困惑不解的问题，不是存在于科学定理之中，而是存在于人的内心之中，存在于中华礼乐文明之中，这就是以德礼为核心的中华礼乐文明对于当代世界和平的重要意义。

我们要通过努力让世界知道：中华文化中的"礼"并不是单纯的一种仪式。道德和仪礼是中华礼乐文化的一体两面。道德是礼乐文化之本，它通过礼渗透到社会各个层面，进入每个人的心灵，规范政治、经济、文化、社会的发展，引导每个人的行为方式，实现社会的文明进步，这是中华礼乐文化的基本原理。英国著名学者彼德·诺兰说："要知道，现在全球大部分人都生活在发展中国家，全球治理必须关照世界上的大多数人。在中国两千多年的治理史中，政府官员最重要的原则是'以不忍人之心，行不忍人之政'，核心都是'德'。我相信从现在开始以后的五十年，一百年，两百

年，甚至于一千年的历史长河当中，中国对世界最大的贡献将是德性哲学。"这是对以德、礼为核心的中华优秀传统文化价值的非常深刻的见解！

深入研究和广泛传播以儒学为主干的中国传统文化是国际儒联的主要任务。这次会议邀请中国礼学界和音乐学界的专家学者共同探讨中华礼乐文化传承发展问题，深入挖掘中华礼乐文化的人文精神，结合时代要求继承创新，对我们的工作也是巨大的推动。我们期待着今后与大家有更多的合作，祝会议圆满成功！

中华礼乐文明与全国文化中心建设

高福庆[1]

首先祝贺 2019 年学术前沿论坛北京中华文化促进会专场之中华礼乐文化传承论坛如期举行。学术前沿论坛是北京市社会科学界联合会和北京师范大学在 2001 年联合创办的品牌学术活动,近 20 年来始终坚持"立足学术前沿,把握时代脉搏,聚焦民生国是,探讨发展思路"的宗旨,是每年度北京市社会科学界的一大盛事。在北京市社科联的支持和指导之下,北京中华文化促进会继 2017 年、2018 年连续成功举办以传承京剧文化和中医文化为主题的两场"学术前沿论坛北京中华文化促进会专场"之后,得以联袂清华大学中国经学研究院在学术前沿论坛这一品牌平台上,共同主办本次专场论坛,我感到深深的荣幸。在此,向北京市社科联、清华大学中国礼学研究中心、礼乐天下(北京)文化创意产业有限公司,以及北京东方生命文化研究院等单位,还有所有出席本次论坛的嘉宾表示深深的感谢!

北京中华文化促进会在围绕全国文化中心建设大课题的思考和研究中,始终把中华传统文化的精神和物质遗产作为出发点和信息源,以对文化积淀和文化遗产的重新审视,思考如何把煌煌五千年文明史中的斑斑陈迹化作新时代的建设资粮。

礼乐文化是中华古代文明的重要组成部分,也是儒家思想最为核心的内容精髓。礼乐文化彰显民族的性格和精神,其表现出的文化自觉和自信,是中华民族自立于世界文明之林的根本和基石。孔

---

[1] 北京中华文化促进会。

子说:"不学礼,无以立。"《礼记·乐记》曰:"乐者,天地之和也;礼者,天地之序也。和故百物皆化,序故群物皆别。"礼,表现的是天地间的秩序和仪则;乐,表现的是天地间的和谐、道德的彰显。早在夏商周时期,中华古代先贤就通过制礼作乐,形成了一套十分完善的礼乐制度,并推之为道德伦理上的礼乐教化,用以维护社会秩序上的人伦和谐。先秦礼乐文明经过历代沿革,具体内容有变而主旨不变。他摒弃旧礼中的贵贱之分,更多地汲取了礼乐的秩序、和谐理念,对人类社会发展起到极大的推动作用。礼乐文明在数千年的中华文明发展史上发生过重大而深远的影响,至今仍有着强大的生命力。英国历史学家汤因比曾断言:21世纪是中国人的世纪。他认为儒家思想将引领人类走出迷雾和苦难。反思人类文明的历史,人们可以感知到:先秦儒家的礼乐思想所描绘的理想社会,正是人类奋斗的目标。古人和谐思想与和谐社会历史文化背景,对构建现代和谐社会具有重要和积极的意义。

礼乐文化的核心内容是以人为本、关心人、爱护人、崇尚自然、爱护自然的人文文化。礼乐文明是中华文化的核心,是中华传统文化的基调,是中华民族共识和认同的基础,是民族凝聚的核心。在以构筑人类命运共同体为主题的新世纪,中华传统礼乐文明怎样传承和发扬,怎样和现代的世界文明交汇融通,怎样在信息时代彰显重要价值,怎样融入社会主义核心价值观的建设推广,怎样在当代社会思想道德建设中发挥作用等,都是中华传统文化传承中值得关注和研究的前沿课题。

中华礼乐文明的秩序与和谐理念,既有内在的源于自觉意识的道德规范,又有外在的带有约束性的行为规范。用一定的礼仪形式来调节人们的行为方式,可以加强社会的亲和力,并对人的社会化施予积极影响。礼乐文化内在的道德修养,可以达到人性的平衡、升华,生发"礼尚往来"、以"诚"相待、以"信"相许、以"义"相守的情操,从而构建主体与外界的和谐,实现群体的和谐、社会的和谐。

本次论坛本着"承中华礼乐、筑文化自信、塑精神文明"之宗旨,围绕礼乐文化的学说体系、学术渊源、传承影响、历史价值及现实意义展开论说,从国家仪轨等国家礼制建设、社会文明礼仪建设、群众道德修养建设等视角,切入并展开用中华礼乐文化传承促进全国文化中心建设的主题。

本次论坛邀请到的专家学者们都具有宽阔的学术视野和浓厚的现实情怀,他们在礼乐文化研究方面具有独到的见解和丰硕的成果。他们高屋建瓴、与时俱进、振聋发聩的观点和论说,将对弘扬中华优秀传统文化,践行社会主义核心价值观,助力中华民族伟大复兴中国梦的实现起到积极的助推作用。

最后,谨代表北京中华文化促进会创会会长、名誉会长钱光培老师向大会送上他的贺词:礼乐相亲,善美相成。愿中华礼乐文化为当代社会治理做出新的贡献。

北京中华文化促进会名誉会长钱光培贺词

中华礼乐文化内涵
"一多不分"生生为贵的生态哲学

田辰山①

我的学术领域是政治学和中西比较哲学。今天就借此机会，发表对礼乐的一点比较哲学感想，给在座礼乐文化专家同仁一个抛砖引玉，讲点政治学和中西比较哲学的随想，对礼乐文化试做一点中华文化特有生态哲学的阐释，看看是否恰当，是否能说得通。如有不当，诚邀各位不吝赐教、多与包涵。

一、一个平白易懂的生态哲学分析方法

从事中西比较哲学有一个意识，要理解文化问题，须到它核心内涵深处看。"文化"任何时候都是特定哲学的产物，是围绕一个特定哲学内核的延伸。此外，还应有一个很重要的视角，即是政治学同比较哲学的结合。

政治学同中西比较哲学结合的视角，简单说有两条。一条是一个叫作"走出庐山"的说法："不识庐山真面目，只缘身在此山中"。这是说要弄懂自己的文化，中国人需有一个从外面文化看自己文化的视角。这叫作"知彼知己"，是以搞懂外面的文化为基础——这是说，当今中国必须在了解西方文化的基础上，才有助于看到从自己文化内部看不到、而只有从外部才能看到的图景。在中西比较哲学领域，我们深感当今亟须这样的角度。接着的第二条是："走出庐山"其实是走向哲学高度的视野。这是一个新思维方

---

① 北京外国语大学东西方关系中心。

法，是从哲学内核的延伸出发，从文化任何时候都是特定哲学产物出发，达到对文化的深切理解和认识。这是从文化整体结构性看问题的方法。

政治学同中西比较哲学结合地看问题让我们得到一个优势，而当今奇缺的正是这个优势，即"走出庐山"和"走向哲学"的关键是帮助我们有了一个脱离个人主义意识形态、走向从关系看问题方法的改变。而从关系看问题，正是哲学高度，正是中西比较哲学效果。现在不该是人们仍陷于"单子个体"孤立一己利益狭隘角度的时候了，而是扩大眼界，从自然、社会和人生生为贵关系的生态哲学视角看问题的时候了。

生态哲学是以自然宇宙、天地万物的"生生为贵"关系为本，作为一个有机整体的大生命体系和大生命过程对待。这个有机整体，作为生命载体的，是一切的不可分联系，统统是惠及生命生生不已的"一多不分"体系。中国人最终看到了中华数千年传统文化，其中礼乐作为占有支配地位的文化现象，显出庐山真面目的是以一个生态生命哲学，一个贵生、惠生、利生、护生的世界观、社会观和人生观哲学为核心延伸的社会文化。这个生态哲学是必然的人与人、人与社会、人与天地万物当然互系的、一以贯之的道哲学。中华文明五千多年的生态哲学文化传统，至今仍意气风发，是拥有全人类意义哲学，也即"人类命运共同体"的哲学。

进行对于生态哲学的文化分析，有两个提法，一个是"一多不分"，另一个是"一多二元"。"一多不分"是指生生不已的，整体有机的，大小任何节点皆是生命一体、相系不二、不可须臾分割的组织体系。人在天地间同大生命体和大生命过程是通彻为一体的，一想就知道，人与人是必然相系不分、同命运共呼吸的。人人是活在一起的，是一个大家庭，共生共命、相互依存，人与人只能互相帮助而不是什么"相互竞争"。这样的"一多不分"生生为贵自然关系组织，承当有机生命生生不息的载体。人类世界不存在别的选择，必须选择这条生态哲学文化道路。这是唯一一条生路。从哲学中深含的生态意义，反思中国礼乐文化得到的认识，则必是一套利于人从同别人"争"到同别人重"和"的相对稳定的组织关系与行为。

"一多不分"是生生为贵的关系组织，是贵生、惠生、利生、厚生的功能关系。《易经》《道德经》和儒学经典自古一以贯之承传至今的天地宇宙万物人类社会是一个生命大体系的中国哲学文化，皆在于揭示这一生命体系和生生不息过程的不可破坏及必须人人通过自己精心地抚养和对待。而同"一多不分"对立的"一多二元哲学"虚构人类与自然世界的单子个体性与矛盾冲突性，恰恰是于现实人类世界破坏这个生生不已的生态环境，破坏大生命体系及其生生过程的相系不分性。它的要害是对"一多不分"加以破坏，是有悖于生生为贵关系的生态哲学的谬误意识，把人和人、人与自然的关系假想为竞争、剥夺和征服。而作为生生关系为贵生态哲学的礼乐文化，则是如《孟子》所说"以德行仁者王。王不待大，汤以七十里，文王以百里"；《论语·季氏》曰"远人不服，修文德以来之"。

人类自始至终直面两个非常明显不同的思维走势，一个是非要斗不可，一个是以力求"和"为大。这里作为哲学分析礼乐文化而用的"一多不分"，是一个反映力求"和合"的阐释用语。"一多不分"的"和合"生态，是生命生生不息的必然决定条件；只有"一多不分""和合"，才有生命，才有存活。因此它是中华文化最根本的核心旨要，是中华传统占主导地位的社会文化现象的精髓，理解礼乐文化，是否势必要讲到这里来？

有了这样一个平白易懂的生态哲学分析方法，眼前一切乱云翻滚的、一切人的说辞与行为现象，一切研究中华礼乐文化的立场、观点和方法，都可让我们比较容易地好好想一想，对待礼乐文化的林林总总的无论是践行还是说辞，今天的人们以"礼"为名义的活动、所作所为，是贵生、利生、惠生、厚生，是有利于生生不息，还是背道而驰、是在破坏这个生生不息？是呵护与培养人和人的和合关系，还是相反地千方百计破坏人与人的共命运关系？做出这个辨别判断，是我们理解礼乐文化，理解其内涵的信仰、哲学文化、理论、道路和制度的坚定内心认同和充满自信的根本。

二、"礼"是生命的关系

"礼"反映的是生命关系，是生命得以延续的秩序。"礼"是对生命体和生命过程"一多不分"组织关系的宣示。"礼"宣示的是生命关系的洽宜和适当。生命的质地是什么？是一切当然自如的相互关系，是活着的关系，动态的关系。"礼"在于表达生命的关系质地。"礼"本身为生命关系的外延。"礼"只作为人类大生命外延的表达。它时时刻刻提醒个人对生生为贵关系的大体与大过程的觉悟与尊重。知礼、有礼、行礼意味着崇尚生命。只有人有礼、知礼、行礼，因此人才是人的样子。"礼"是人与禽兽相分的宣示，通过"礼"，剔透人的智慧。不知礼，若不是愚蠢，则是非人类。

在人比禽兽智慧的意义上，"礼"充分体现人的"价值"，体现人之为天地之心，宣示天地人三才一多不分的协同"生生不已"关系。人的敬天地大礼，不是敬畏一个超然上帝那个概想和语义。在中华传统，"礼"所宣示的敬畏，是对大生命体和大生命过程的尊重与敬畏。人的畏天地、畏大人，是畏生命；生生为贵的"一多不分"，唯此为大。

"礼"有差序。有差序不是有高低，不是有等级。有差序是谓有恰当，是谓求得当，是谓道，是谓中庸，是生命本然、世界本然。把中国传统礼仪文化的差序行为视为"等级"是历史的糟粕，是现代的误读。大礼仪是敬畏至大天地的大生命大范畴的生生关系，小礼节是敬畏具体个人的小范畴生命的小范畴生生关系，但统统是敬畏共生共存的一多不分。《左传·昭公26年》有晏子论伦理关系的理想状态："君令臣共，父慈子孝，兄爱弟敬，夫和妻柔，姑慈妇听，礼也。君令而不违，臣共而不贰；父慈而教，子孝而箴；兄爱而友，弟敬而顺；夫和而义，妻柔而正；姑慈而从，妇听而婉；礼之善物也。"还有"天、地、君、亲、师"，不是人的不平等，不可行为、视为哲学上的人与人不平等含义，而是差序形态相异的关系，是不同的生命情怀，不同身份伦理的礼义。彭林教授指出，三本、五伦是贯穿仁爱的网络；天地——生之本；亲祖——类之本；君师——治之本。

想一想，理解"礼"的生态哲学含义，等于加强思想意识，既是以觉悟带动更自觉知礼、有礼和行礼，同时也是礼之用的思想意识表达。其实毛泽东的"为人民服务"、马克思的"改造主观世界"、一度流行的"斗私批修"、王阳明的"心即理"和"致良知"，无一不是倡导"一多不分"的自觉行礼与礼之用的思想意识，也即强调生态哲学内涵生为贵关系的"礼"。所以，"礼"的性质是承认关系，宣示关系，尊重关系，维护关系，以维护生命。相反，"礼崩乐坏"，是人与人正常的生生关系已被破坏的写照，是个人具体范畴生命，尤其是社会大生命体系的生生过程的破坏，是走向生灵涂炭、生命体系致命伤害或走向灭亡的冲突、动乱。

近些年来不知不觉流行在嘴上说"感恩"，很使人有心有不诚而不灵验的感觉。原因是在于，"感恩"不应是单向单线走向的，不应是欠缺生命关系意识的，不应只停留在单方面的感激接受他人的"恩惠"，而应是宣示对所处域境同自己生命构成一体关系的意识，还应是积极以奉献和付出回应。让它切切实实是对生命关系意识的宣示。其实，礼乐既是"一多不分"生生为贵关系的宣示，也是情、心、性的释怀，这统统与生命息息相关。彭林教授提倡"礼乐双修，内外兼秀"。《郭店楚简》有"礼者外也；乐者内也；礼乐共也。"有时有"礼"，没有"乐"，却也是有"乐"。有礼也有乐之时，则更突显生命体与生生过程的质重感、浑厚感、肃穆感，是唱响共生共运人情、人心、人性的浩然气魄。《礼记·乐记》曰："乐也者动于内者也，礼也者动于外者也"；"礼乐皆得，谓之有德。德者，得也"。

三、礼乐提醒人不要忘记最平白的人与人生生关系

礼乐提醒人们要确认、尊重而体验、颂扬人与人生生的关系。孟子说："恻隐之心，人皆有之；羞恶之心，人皆有之；恭敬之心，人皆有之；是非之心，人皆有之。恻隐之心，仁也；羞恶之心，义也；恭敬之心，礼也；是非之心，智也。仁义礼智，非由外铄我也，我固有之也。"礼乐的哲学蕴含是生生关系的"和合"，是生生关系恰到好处的仁义礼智信、温良恭俭让，是儒家所有观念，是道家所有观念，是释家所有观念。而其实，一切观念都指向一个字："道"。道就是天地人的生生关系，是天然自然、恰当、适时、时中、适当、和合，是由己的、不做作的关系，不二的关系，生为大德的关系。所以，礼乐是生命体系的宣示，是生命生生不已的宣示，是天地人之大德的宣示。

人之生，是生命大体系、生命生生不已的呈现，是宇宙、人类、社会一多不分的呈现。但是人往往最容易忘记的，就是它！忘记个人是宇宙"一多不分"的呈现，是忘记生命的大场景，忘记个人是在哪里，是忘记作为"三才"之一的初心，忘记自己是谁，是从哪儿来；是忘记中华文化的蕴意："一多不分"的生态哲学宇宙观！忘记"一多不分"，是忘记最平常、最熟悉、最不认为是问题，最熟视无睹，但是最不应该忘记的事！而礼乐文化，正是天天、月月、年年以差序礼仪提醒绝对不该忘的大事、大场景、大方向，称它初心，它是生生之贵、和合之贵、互生互存之贵的互系之贵，也称仁义礼智信之贵，天地人心之贵，天道之贵！

"一多不分"是生命大场景的质地。可以说悟出礼乐之道的

"一多不分"蕴意，应是达到礼乐内涵最恰当、最不该忘的根本理解。礼乐文化同中华文化任何一种文化事项的意义是畅通的，都是生生为贵关系的一多不分。在与西方"一多二元"结构的哲学文化对照之下得到的"一多不分"结构，是统一中国思想文化的大语义环境，礼乐文化是反映这一大语义环境的、占有支配地位的社会文化。不忘记这个大语义环境，是对礼乐文化呈现细节一目了然理解的大画面。

在中西比较哲学大格局中，同印欧传统相对而言，儒学为主干的中国哲学文化的高度概括是四个字：一多不分！儒学再博大精深，礼乐文化再深奥，叙述的内涵统统是"一多不分"。所有经典、名言、警句，无一不可阐释为生生蕴意的"一多不分"。因为儒学即"一多不分"生态哲学；礼乐文化是反映这一哲学的人的社会意志、行为与话语。礼乐的精深寓意，势必也是无不蕴含仁、义、礼、智、信、忠、恕的儒家哲学，无不是着眼天地万物、人与人相系不二的生生关系。讲儒学的所有细节，都可讲出是如何将"一多不分"研究到极致，作出对儒学最到位的阐释，这是大道至简，可最容易让人理解。礼乐文化势必作为深切表达极致的一多不分含义。"一多不分"是天理人心，宇宙万物最平常、最不该忘而又最容易被个人忘记的事。所以，礼是让我们不忘，是时时对我们的提醒。平日礼节是时时确认人与人的不二关系、仁亲关系；重大场合之礼，则是关键时日确认人与天地之不二关系，即生生之谓天地之道，天人合一、人与天地相参。它要严肃庄重，规模宏大，格局崇高。

结合"一多不分"生生为贵的生态哲学，阐释礼乐文化的内涵，则是把礼乐文化讲到哲学上去，讲到"道"中去。似乎如果不结合生态哲学，等于对礼乐文化的阐释不是在它本身所处的中华语义环境中，则会脱离其根本，则会讲不出可让人们听得懂的礼乐文化叙事。这是一个可以发问的问题：近现代以来，人们是否即是这样渐渐不懂的？所以，是否"一多不分"生生为贵生态哲学，是想清楚、讲清楚、得到确认，之后向人们（尤其西方人）讲清楚的方法？是否是今天讲礼、学礼、研究礼的简单有效的方法？

四、礼乐文明否认个人主义意识形态

"一多二元"是安乐哲教授所作的比较哲学阐释对西方传统的高度概括。它是个超然绝对主义、单子个体主义、二元对立主义的西方文化语义环境（英文是 transcendentalism，individualism 及 dualism）。"一多二元"的"一"是一个虚设，是假说宇宙存在一个唯一超然绝对本源（比如"God"）。"多"是这个"一"单线单向派生出的一切单子个体，是没有生化过程的"无中生有"。"一"与"多"各自独立，是"一"支配"多"的线性二元对立关系；一切单子个体间也是各自独立、矛盾冲突，构成"A 决定 B"的二元对立关系。

"一多二元"，英文是 Duality of the one and many。可以说礼乐文化是一种区别西方宗教的蕴含生生关系生态哲学意义延伸出的人群心理和取向。中国礼乐文化的精神含义，不是以神为中心的"一多二元"，而是以人为中心的"一多不分"（No ontology, no teleology）。汉字的"神"字，不是一多二元西方一神"God"涵义，而是描述某种暂时不可知的、妙不可言的内在联系情态，有待人阐幽通晓通变的不二性。"神"是中华祖先，是中国今人延续的来处。

还要说，礼乐文化是身份伦理的确认与宣示。因为它是人的伦理关系，也是人与人生生为贵关系生态哲学的确认和宣示，所以礼乐的文化或文明是对个人主义、自由主义的否认。礼乐文化是"一多不分"生态关系的，是由己的，是情感的，同时是中国权衡多种关系那种理性的；它是比单向单线简单、有限、临时理性更为理性的思维，是一多不分的思维。应当区分恰当生生关系的"一多不分"礼乐文化与不恰当的向"一多二元"偏颇转化的礼乐形式主义。"一多二元"偏颇的形式主义礼乐,是变为单向单线,是从"一多不分"互系转为二元对立权力的关系,是变为压迫、变为一方规范、变为外在而不再是内在,是变为少数人压迫多数人特权的确认,是变为它的合法化形式,是变为仅仅是形式。它把民意即是天意,转变为天意从民意脱离,变为少数人利用天意压迫民意的形式化、合法化形式,变为引发革命的首当其冲对象。礼乐文化仅仅是形式还是生态哲学的自然体现,全在于现实社会中人如何运作,为了谁的利益,站在谁的立场。

礼乐文化宏微论
——关于礼乐文化的若干思考

修海林[①]

就这一议题的缘起而言,我对中华礼乐文化开始有较为集中的思考,始于 1995 年—1997 年。这期间,一是完成全国教育科学"八五"规划重点课题"学校美育理论与实践研究"子项目《中国古代音乐教育》(上海教育出版社,1997 年版)一书的撰写;二是在中央音乐学院音乐研究所任职期间,经过努力,倡议并组织有海峡两岸学者参加,由中央音乐学院音乐研究所、音乐学系与台湾省南华管理学院联合举办的"现代社会的礼乐重建"学术研讨会,并在会上发表主要从美育角度关注周代礼乐文化的专题论文;三是在持续多年的中国古代音乐美学思想、中国古代音乐教育的研究中,关注礼乐文化的实践与观念等一系列问题。近几年,在博士生论文指导的选题与研究中,曾有计划地指导本校 4 位博士生分别完成《两周乐悬制度与礼典用乐研究》(任宏)、《两周编钟、编磬的"编列—音列"结构研究》(宋克宾)、《上古礼乐文化兴衰背景中琴乐文化的变化与重塑》(胡潇)、《两周乐事活动编年考》(胡雅静)的博士学位论文专题研究。这使得我们在古代音乐史学、音乐美学领域对两周礼乐文化的认识,既不是仅限于物化形态层面的罗列分析,而是"见物、见人、见心灵";也不是浮于表面宏论,坐而论道,而是突出问题意识,对两周礼乐文化如何付诸实践、究竟有哪些具体可考的举措,以及礼乐行为、形态所内含的丰富人文内

[①]中国音乐学院。

涵,有了更为具体而深入的认识。多年来,在更宽的学术领域,有许多的学术成果给这方面的研究提供着支持。例如,学界对两周礼乐文献探颐索隐、深入而精深的研究,包括对清华简、郭店楚简、上博简、天水放马滩秦简等出土简书的研究,如此等等,不一而论。特别是对出土音乐文物及简书的研究,使得我们能够在出土文物史料研究与传世文献研究的互动中,因研究证据多重、可资参照的点更多、范围更大,因而也比前人更有可能接近历史的真相。只要能以"研古"而非以"信古""疑古"各持一端的态度对待历史,无论是文物史料还是传世文献,无论是形而下还是形而上,无论是微观分析还是宏观把握,无论是用新法还是依旧法,只要言之有据,论之有法,追求历史与逻辑的统一,就都有可能不断丰富、提升我们的认识甚至更进一步。

由于会议的议题本身有其宏观视界,而参会者也是术有专攻,涉及不同的专业,这就给讨论和交流提供了宏微相观、互有支撑的格局。并且,这样的议题,在学界乃至文化教育界,也是生冷不屑,甚至被冠以陈腐的论题。这里不揣冒昧,借此机会,将平时的思考、认识乃至尚有待详论、展开的想法,设为数题,或微观、或宏观,与各位学者交流,谈些一己之见,意在"嘤其鸣矣,求其友声"而已。若对同行有所启发,便感欣慰;所论若有不妥之处,敬请方家赐正。

题1:革故"钟"新——西周早期乐悬规范改革举要

西周早期创建包括乐悬规范在内的礼乐制度,当始于周公制礼作乐之举。所谓"周虽旧邦,其命维新",《诗·大雅·文王》《毛诗诂训传》训为"乃新在文王也",言周至文王乃成新国。就周之立国治国而言,文王立新政而成就新国基业,武王伐纣灭商而立新国,周公制礼作乐而革故鼎新、治国建业。所谓"革故鼎新",《周易·序卦》称:"革物者莫若鼎,故受之以鼎。"又《周易·离卦》称:"革,去故也;鼎,取新也。"尚秉和释为:"革,更改旧有,故曰去故。鼎,亨饪待熟,故曰取新。"① 鼎,为祭祀、礼仪重器。所谓"圣人亨以享上帝";《周易·鼎》"公用亨于天子"。《周易·大有》同样,钟亦如鼎,为礼乐重器。由商至周,青铜编铙、编钟在礼乐活动中具有极为重要的文化功能与象征意义。从这个意义上讲,从西周初开始的以青铜编钟为主的乐悬规范改革,可谓"革故'钟'新"。

自西周初开始并延至西周早期,礼乐制度经历了一个持续展开的创新与改革过程,其进一步的发展,甚至延伸至西周中期。这样一个过程,集中反映在礼乐重器——成组成套编甬钟"革故'钟'新"的改革和创制上,其具体呈现为西周乐悬规范上新创"双音钟"范式和编甬钟音列的"基组结构"等方面。

由于青铜编钟的铸造研制本身,需要投入相当大的财力及人力、物力,这方面的创制与改革,也从一个侧面反映了西周初周公制礼作乐的决心与行动力。西周早期,围绕着乐悬形态(物化形态、音响形态)及相关规范与内在构成法则而进行的"革故'钟'新",主要体现在以下几个方面:

变商铙的植奏为悬奏,改编铙为编甬钟,以"倒正乾坤"的姿态,② 开启了乐悬时代。

在单件合瓦型青铜钟的自身音列设计上,侧鼓音高于正鼓音、两音呈三度音程关系,实现了钟上取音成列的价值最大化——开启了真正的"双音钟"时代。由此确立了单件双音钟"一钟二音三度音程"的青铜钟音乐工艺学铸造与音列设计规范,并达到了钟上

---

① 尚秉和:《周易尚氏学》,中华书局,1980年,第337页。
② 倒,原意为逆。但悬奏钟体重心向下稳当,适宜于架上成列悬挂不同重量的编钟,更适应更多音列成套编钟的演奏,西周乐悬由此确立,从这样一个认识角度,故曰"倒正"。

取音与节省铜料的双赢。①

在殷商编铙仅以正鼓音的羽、宫、角构成三声音列的基础上（其规范编列为3件一组），利用"一钟二音三度音程"的单钟铸造范式，通过侧鼓小三度取得徵音，构成"羽—宫—角—徵"的四声音阶。这个四声音阶，作为西周雅乐音阶，从西周早期编甬钟的3件一组发展到8件一组成套，一直到西周中晚期的数百年间，这种不寻常的稳定性，恰恰证明的是西周礼乐制度发展中的稳定性，即有发展却遵循某种内在规范，有变化却"初心"不变。

近年的前沿成果表明，在西周早期编甬钟"编列/音列"结构中已经形成的"基组—音阶"结构，"是两周编钟'编列/音列'结构的基本单位和演变的共性规律"，"两钟构成四声音阶、三钟构成五声音阶的基组结构，是两周编钟最典型、也是最为重要的基组结构"。② 并且，从最初的西周早期4件组编甬钟到西周中晚期的8件组，乃至春秋9件组、10件组直到战国早期曾侯乙编钟的65件（其中有1件镈）多组成套，甚至也包括春秋以来的9件组、13件组的编钮钟及两周编镈与编钮钟、编甬钟的组合编悬成套乐器，都可以看到这一在两周编钟编磬的"编列/音列"结构中，具有"细胞"意义的"基组结构"的存在。

仅从两周编悬乐器的规模由小到大、由单一到更为复杂的组合，以及在各种"编列/音列"结构中以"基组结构"为内核的演变法则和规律的始终存在，已经让我们看到，在这现象背后，有一种比任何传世文献都要更加可信的周代礼乐乐悬制度的存在。并且正是这种存在，制约和支持着这一演变法则和规律的存在。

---

①关于铸钟本身代价的昂贵，可参阅《国语·周语下》记公元前522年周景王铸钟事，单穆公反对的理由就是"作重币以绝民资，又铸大钟以鲜其继"。

②宋克宾：《两周编钟编磬的"编列/音列"结构研究》，人民音乐出版社，2018年，第328-329页。

这个专题乃至这个领域的研究成果，并不仅限于以上所说的内容。例如，对曾侯乙编钟铭文的研究及解读，涉及的将是先秦乐律学研究的不同方面。从总体上说，这方面的前沿成果和相关认识，已经能够支持我们，用先秦的乐律学理论来帮助解读先秦传世文献和出土文献中的有关记录，从而使先秦礼乐制度、礼乐文化的研究，在礼与乐两个相关研究领域的互动中，有更为深入的展开。

题2：礼乐文化是贯穿于中华文明历史发展的文化传统

礼乐作为一种文化行为方式，起源于祭神以祈福祷祐的祭祀礼仪活动。目前留存最早的、由先民精心制作、具典型性的管乐器，是距今约九千年的贾湖骨笛。若将这件音乐文物置于贾湖人的社会活动中来看，可以认为，它既是乐器，也是礼器。从贾湖文化遗址来看，贾湖人的祭祀活动，具有信仰体系，不仅使用具有象征性的器物，还已产生简单的文字符号，在祭祀礼仪行为中，由部族中具有威权的人物（巫，甚至有可能是部落酋长）使用骨笛（有称为"龠"），作为祭礼活动中能够沟通神人的礼乐重器。在青铜时代之前，骨笛、埙及磬，都曾在氏族部落祭祀礼仪活动中发挥着重要作用。从音乐的角度讲，最早的乐，就是从祭祀礼仪活动中产生和形成的，这也是为何直至先秦，在礼乐文化语境中，乐与礼不可分割的原因。从某种意义上说，礼乐一体的祭祀礼仪活动及其文化形态，是比城邦、文字产生得更早的文明形态。

在中华文明史上，礼乐作为一种文化制度，代有传承。在礼乐文化的传承中，其呈现方式虽有所损益乃至代有更替、创新，但其文化的本质与内涵，却历久弥新，是中华文明乃至国家政体、文化制度的重要组成部分。从更具普世性的角度来讲，礼乐文化其实原本就是人类文化行为方式的重要内容。礼乐文化的传承、变迁及时代精神、人文内涵、载体形态的变异和更新，是不同时代的哲人、君臣乃至有志于中华民族优秀传统文化的传承与复兴的现代者，都会面对的问题。历史上,当孔子身处历史性大变局中,面对传统礼乐文化的传承、变异,企图在新的文化复兴中使礼乐文化重新焕发新的生命力时,他不仅赋予礼乐以新的核心价值观——仁,所谓"人而不仁如礼何?人而不仁如乐何?"《论语·八佾》同时又据其掌握的历史知识,指出"殷因于夏礼,其损益可知也;周因于殷礼,其损益可知也。其或继周者,虽百世,可知也"。《论语·为政》孔子所言,其立场其实并非保守,而是持"其命维新"的人文精神,着眼于当世的礼乐文化传承和创新。

礼乐文化的存在,无论是在历史上还是在今天,不因名而立,更不因其被冠以"传统"而与现代社会生活不相适。从文化人类学本体论的意义上说,礼乐文化作为一种人类文化行为方式的存在,其实并不因民族、国家、时代、政体、信仰、教育的不同而或取或舍;礼乐文化作为一种人类文化行为方式,却注定会被注入不同民族、国家、时代、政体、信仰、教育的内容而具有特定的文化意义。例如,在新时代创设的法定国家烈士纪念日及天安门广场公祭活动,其实就是当代中国一种具有新的文化特质的国家礼仪活动。这样一种凸显执政党和国家意识的公祭活动,已经成为从中央到县市各级地方政府,在特定纪念日举行的一种于当代重建的新型礼乐文化活动。在公祭烈士仪式过程中,除了参加者的代表性、权威性以及整个过程的礼仪性,其中唱奏的音乐及其象征性,具有新的文化含义与教育意义。如奏唱《中华人民共和国国歌》、少先队员献唱《我们是共产主义接班人》、奏《献花曲》等,都体现了执政党和国家的意识。

题3:礼乐文化的两个系统——礼仪用乐系统与礼乐教育系统

礼乐文化具有两个相关且功能互补的系统,即礼仪用乐系统与礼乐教育系统,或可喻为"双子星系统"。这是认识和研究礼乐文化时,需要明确指出并把握的一点。礼与乐的相辅相成,是礼乐文化行为的另一对关系,并且也深深地影响了这两个系统的形成。所谓礼中有乐,乐中有礼,礼乐不可分,但又各具特质,甚至在相辅相成中达到高度的"同一",正是礼乐文化"双子星系统"的重要特点。

礼乐文化的礼仪用乐系统,主要包括相关的宫廷、官署礼典用乐与民间礼俗用乐。传统的礼仪,涉及典章制度、行为规范等方面,其具体的呈现类型,包括"五礼"(吉礼、嘉礼、宾礼、军礼、凶礼)。所谓"五礼",主要从不同的方面体现国家的体制、信仰、观念乃至外交、军事活动中的立场、态度等。此不赘述。一般人对传统礼乐文化的关注,主要在这一块。原因是,礼乐文化的物像遗存,如器物、画卷乃至墓葬规格等,不仅能够给我们以直观的感受,并且也可以让我们直接看到,礼乐仪式的具体呈现及其物化形态,是如何作为等级、威权、地位的象征而展现在人们面前。古代礼乐文献中有关礼仪用乐的记载及相关研究成果,也给今人提供了内涵丰富且值得深入探究的内容。就其应用价值而言,这方面的文物及文献记载,都可以在现代礼仪设计以及特殊的文化旅游活动、艺术表演场景中尝试再现古代礼仪面貌时给予借鉴。

礼乐文化的推行和传承,要依靠文化主体来实现。从这个意义上说,礼乐文化的实践,最重要的就是"育人"的问题,这正是礼乐教育系统的价值所在。"周公的乐教思想,总归其要就是道德伦理教育与乐舞艺术教育、行为规范教育与审美情感教育的共构一体。其中道理伦理与行为规范教育的核心是'德'的教育,目的是培养人才,巩固统治。"[1] 周公制礼作乐以及周代礼乐教育制度的存在,是两周礼乐文化建设的基本事实。这方面,西周至先秦,文献与文物以及不同文献之间的互证,是可以有所证明的。可以认

---

[1]参阅修海林:《中国古代音乐教育》,上海教育出版社,1997年,第22页。

为，正是出于国家培养栋梁之材的需要，自西周初始，逐步创建了较为系统、完备的礼乐教育制度。①《诗经》作为中国历史上第一部入乐诗歌总集，在两周的礼乐教育系统中，实际上是一部产生久远、使用数百年、经不断编纂、修订的音乐教材，这在世界音乐史上也是绝无仅有的。

　　礼乐教育首先是"育人"而非学艺的教育，作为身处历史大变局、"着眼于新时代的文化复兴"的孔子，不仅在其礼乐实践中更多关注于"育人"，并且给礼乐文化注入新的时代精神——"仁"。孔子的名言"人而不仁如礼何？人而不仁如乐何？"《论语·八佾》其中的"人"与"仁"，其实关注的就是礼乐教育中立人立德的问题。儒家作为"西周后"现象，是身处历史文化大变局过程中、以复兴礼乐文化为己任的一个学派。儒家从群体上所做的努力，正是从礼仪用乐与礼乐教育两个方向展开的。但是我们看到的是，儒家繁饰礼乐的做法，成效不大，负面效应不小（墨子就是因此而弃儒的）；儒家创始人孔子对礼乐教育的重视，却是其一生中最具价值且对后世影响最为深远之处。一部《论语》，主要讲的就是如何立人立德。无论是"志于道，据于德，依于仁，游于艺"，《论语·述而》还是"兴于诗，立于礼，成于乐"，《论语·泰伯》可知孔子是将"成于乐"视为礼乐教育完成的标志与成果。从更为广阔的历史文化视界来看，中华民族优秀传统文化的内核，其实正是从周孔之道、特别是礼乐文化教育的优秀传统中孕育出来的。及至汉初，当儒家思想经过历史的选择最终成为统治阶级的思想，成为国家主导意识形态时，所谓"是故作乐者，必返天下之所始乐于己，以为本"，董仲舒《春秋繁露·楚庄王》。讲的是不忘初心，培根立本；所谓"圣人之道，不能独以威势成政，必有教化"（董仲舒《春秋繁

---

①参阅修海林《中国古代音乐教育》一书有关章节的论述，上海教育出版社，1997年。

露·为人者天》），讲的是在"以威势成政"之外，以教化立国。甚至在经过春秋战国时期的文化转型后，音乐教育由"人"体系转向"艺"体系，汉武帝虽以儒学为尊，官学却面临仅设有"五经博士"而无法重设乐教的尴尬局面（此与官办音乐机构如乐府的传习音乐不可混为一谈）。① 然而，即使面临如此局面，两汉的儒生仍然能够重塑乐教文化，在新的历史条件下接续古今，将古琴塑造成以立人立德为核心，穷达立命，修身养性，所谓"琴德最优"的道器，使礼乐文化教育的文脉得以再续。

题4：两周乐教着眼于人的艺术能力与人文素养的整体建构

美育与艺术教育在艺术史和艺术教育史上的存在，虽然在不同的历史时期乃至不同的国家、政体和文化系统中，有不同的需求和表达，但是就人的艺术能力通过教育及其实践不断获得新的发展而言，无疑是一种普遍且永恒、与人类自身发展密切相关的文化行为，具有其他文化行为无可替代的价值和意义。从这个意义上说，两周礼乐教育和今天的艺术教育，存在着能够超越历史的联系甚至延续性。

在先秦传世文献的乐教语境中，除了"礼""乐"，最重要且体现其核心价值观的概念，就是"德""艺""教""和"。礼乐文化以及在其实践基础上产生的儒家学派，是取伦理学的视角作为思考的出发点。"德"作为礼乐文化教育的内核，一是要通过"艺"的外化及表现形式呈现出来，二是要最终内化为（通过教化、感化并体悟转化为）内在的情感——"和"（也包括"乐 [le]"，如"乐者乐也"）。而这种外化的呈现及内化的建构，一是要通过礼乐教育来达到，二是通过乐教的实施，具备并增强、丰富自身的艺术

---

① 参阅修海林：《"人"与"艺"：中国传统音乐教育两种体系的存在与启示》，载《音乐研究》，1994年第2期。

能力。礼乐教育秉持的核心价值观,也决定了周代的礼乐教育,是以"育人"为核心,将艺术教育与国家栋梁之才的教育,紧密结合在一起,其目标是"通才"而非"专才"的培养。《周礼·地官司徒》中对"六艺"诸科的表述是"礼、乐、射、御、书、数"。《周礼》在对"保氏"职能的记述中,更细化为:"掌谏王恶,而养国子以道。乃教之六艺:一曰五礼,二曰六乐,三曰五射,四曰五驭,五曰六书,六曰九数。"此记载虽晚出,但应是比先秦时期的"六艺"《易》《礼》《乐》《诗》《书》《春秋》更早实行、也更重视不同科目技艺和操作行为学习训练的学科建构。相比较而言,后一种"六艺"的学科建构,应是在礼乐文化教育相关学科知识系统不仅更为成熟、并且纳入新的学科知识背景下,更为重视学科教材、读本的表述。

在这样一种礼乐文化教育和学科知识背景下,"六艺"之"艺"的概念,就不是今日狭隘的"艺术"概念,而是对本身包含多种学科人文知识和技艺能力的训练与培养的礼乐教育内容的统称。从这些科目技艺和操作能力的训练和培养来说,是谓"游于艺";《论语·述而》从礼乐教育最终在"国子"内心成就以"德"为内核的审美伦理情感("和""乐[le]")而言,是谓"成于乐[yue]"。《论语·泰伯》

如果要从学理的角度,对周代礼乐教育具独特人文内涵的艺术教育总体目标,作一个简要的概括,可以用周公"予仁若考能多才多艺,能事鬼神"《尚书·金縢》这句自我评价中的"多才多艺"来概括。历史上周公的"多才多艺",曾给后人留下深刻印象。如孔子就说过:"如有周公之才之美,使骄且吝,其余不足观也已。"《论语·泰伯》周公的"多才多艺",应当就是能够通晓"六艺"的"多才多艺"。至于周公"能事鬼神"的能力,其实讲的是如"大祭司"那样操持"五礼"中最为重要、也是五礼之首吉礼的能力。或者说,也只有"多才多艺"的周公,才有超乎常人的创造力,创设一整套在育人的过程中,通过"教"的行为而注入"德",达到内塑"和"的人文情感心理,外现"艺"的多种才能,从而达到艺术能力与人文素养在艺术教育中的整合与发展。

汉代以后的近两千年,历代王朝,凡涉礼乐文化,儒家音乐思想都是"主流意识形态"。儒生们对传统乐教理论的注疏、诠释和探讨,理论成果颇丰,但实践成效不大,有其历史原因。但是,也仍然产生了值得重视的论点。例如,有关对人的基本艺术能力的探讨和认识,清儒汪烜在对《乐记》的诠释中,就曾设问"慎所感之必于乐,何也?"谈"人心之用"与人的"视、听、言、动"这四种基本艺术能力的关系。汪烜在《乐经律吕通解·〈乐记〉或问》中写道:

曰:"慎所感之必于乐,何也?"

曰:"人心之用也,不外视、听、言、动矣。目之于色,耳之于声,口之咏歌也,身之舞蹈也,皆天性也。……先王知声色之迷感为无穷也,于是定为淡和中正之声容,以养人之耳目而感其心,使咏歌舞蹈之,以与之俱化,而妖淫愁怨之音则放之,使不得接焉。是先王慎感之道也。"

汪烜所论,其着眼点在于强调人的观色(视)、听声(听)、咏歌(言)、舞蹈(动)这四种"天性",易受外物所感而生声色之欲,故先王制礼作乐,以"淡和中正之声容"来对抗并放逐"妖淫愁怨之音"。此"先王慎感之道",《乐记》中原来就有表达,并无新意。但是,汪烜对"视、听、言、动"这四种人的基本艺术能力的概括和提炼,在学理层面,却具有较高的艺术教育理论价值。在周代乐教乃至现代艺术教育中,我们都可以看到听觉艺术、视觉艺术、言语艺术、肢体艺术这四种基本艺术能力的综合互补。据此,亦可理解何谓始自周公的"多才多艺"、集于一身的综合艺术能力。

题5：礼乐文化是中华民族的最大文化遗产[①]

在当代文化建设中，"雅乐"可以是某类古代乐事活动、文化样式在当代的另种呈现，也可以是传统或"正统"的音乐歌舞，在雅俗文化的对立及文化时尚语境中，以"高雅"甚至亮丽宏大的姿态在音乐传播中的展现。在多元文化交织互动的当代文化中，"雅乐"的概念指称所具有的文化内涵，也会应时而变、因事而异。雅乐的概念在不同的历史文化语境中，可以随时改变并确立其人文内涵。但是，只有在礼乐文化的古今语境和实践中，雅乐才会发现并规定自己真正的本质属性。从这个意义上说，"雅"只是礼乐文化的属性之一，谈雅乐必须先谈礼乐。只有礼乐文化，才是雅乐存在的前提，也只有礼乐文化，才能真正作为中华民族的文化遗产来对待。仅仅从雅乐着眼，难以完整把握礼乐文化的本质。

礼乐文化一直存在于不同的历史文化和社会变革的语境之中，礼乐文化或为菁华，或为糟粕；或为文化遗产，或为封建遗风；或为文化软实力，或为历史陈迹；或曰"抽象继承"，或曰落后倒退……如此种种从不同的价值观、不同的评价角度、不同的文化时空、不同的人文背景所发之论，其中种种的误解，至今仍然造就了中华民族文化传承中最大的困惑乃至文化失落，倘若不能对此做出正面的回答，所谓中华民族优秀文化的继承和发展，可能只是一句空话、一个幻象。

礼乐作为一种文化现象，生发自远古、兴盛在西周、转型在先秦、重兴在汉唐、再兴在两宋、盛衰于明清、落寞在近代、重唤在当代……其间移步换形、转型再生，修身齐家、明心见性，育人为

[①] 该文原为2011年1月22日在中国音乐学院雅乐研究中心成立仪式上的发言。

上、凝聚民族，历经千百次轮回而不断被唤醒、重构，每一次都有艺术为之展示礼仪、重塑金身，每一回都需要音乐鸣金振玉、再奏谐音。

从某种意义上说，礼乐文化是中华民族最大的文化遗产。中华民族文化的每一次复兴，都离不开礼乐文化的高扬；中华文化的每一次复兴，都和人的全面发展密切相关，都寄望于礼乐"育人"功能的发扬；中华民族的每一次复兴和朝代更替，都会因传承、发扬了礼乐文化而加强中华民族的凝聚力、向心力；礼乐文化中，也包含着中国哲学美学、艺术学和艺术教育的学理基础乃至实践、真知……当中华民族在因经济的奇迹和文化的危机所带来的交叠困惑中，重提礼乐甚而再现雅乐之时，礼乐文化作为数千年不曾消失、并在历史的考验中不断脱胎更新、重开生机的中华文化，我们将如何面对和看待、评价"礼乐之邦"的这一文化遗产？我们又如何面对其文化再生、并在当代文化建设和音乐教育中做出新的选择？这其中充满着时代机遇，寄托着中华民族的未来希望。

对礼乐文化的认识，还可以有更多的视角和课题去拓展。例如，对礼乐文化的认同，是增强中华民族凝聚力的重要文化传统这一问题，虽然论题宏观，但却有很大的空间可以发挥。无论是从古今朝代政权的盛衰更替，还是华夏文化圈的文化传播、交流与共存共荣，凡是儒家文化传播和影响所及之处，都会有礼乐文化的存在。从某种意义上讲，以儒家礼乐文化求认同，以认同礼乐文化求一统，正是礼乐文化的重要文化价值之一。又如，从传统艺术学科的理论研究与学科建构来看，可以说，中华文明史上的礼乐实践与相关的艺术学学科理论研究，在很大程度上奠定了传统艺术学的学科理论及其学理基础。这对于中国艺术学学科理论及其话语系统的建构和研究，就显得特别重要。限于篇幅，这里不作展开，有机会再另外撰文述之。

礼仪制度与亚洲文明对话[1]

杨 华[2]

罗素在《中国问题》中一段名论：

> 不同文明的接触，以往常常成为人类进步的里程碑。希腊学习埃及，罗马学习希腊，阿拉伯学习罗马，中世纪的欧洲学习阿拉伯，文艺复兴时期的欧洲学习东罗马帝国。学生胜于老师的先例有不少。至于中国，如果我们视之为学生，可能又是一例。事实上，我们要向他们学习的东西，与他们要向我们学习的东西一样多，但我们的学习机会却少得多。

今天，全世界60%以上的人口生活在亚洲。这个七大洲中面积最大的地区，见证了几千年来人类复杂多变、波澜壮阔的文明史。亚洲文明与其他文明的对话，亚洲文明内部的对话，几乎涵盖了整个人类文明的演进历程。

就亚洲内部的文明对话而言，礼仪制度是非常重要的一环，甚至可以说是对话的基础，在东亚尤其如此。以下从几个方面予以说明。

---

[1]本文是国家社科基金重大课题"中国传统礼仪文化通史研究"[18ZDA021]的阶段性成果。
[2]武汉大学中国传统文化研究中心。

一、农、牧文明对话:"华夷之辨"的包容

所谓"礼仪制度",广义而言,就是一个文明处理自然、社会和个人关系的一整套规律和法则,它包括典章制度、仪式程序、宫室舆服、等级秩序、风俗习惯、言语格式等,这些分支的任何一部分都可以称为狭义的"礼"。每个民族、每种文明都有自己的礼仪制度。

如吴于廑所言,亚欧大陆在人类文明史上经历了三次游牧文明对农耕文明的大冲击,第一次约从公元前20世纪中叶开始,第二次约为1世纪—7世纪,第三次约为13世纪。每一次冲击既带来文明破坏,也带来交流、融合和互鉴①。在这个历史进程中,中国的情况如何?华夏族团融合南方各少数民族和海岱等其他族团,演化为汉族,再融合周边其他少数民族成为中华民族。换言之,"中国人"在游牧民族的冲击下不仅没有被灭族,族群反而逐渐壮大,文化反而更加丰富了。为什么?礼仪制度作为核心凝聚力之一,促进了文化认同。

众所周知,"中国有礼仪之大,故称夏;有服章之美,谓之华",华夏文明自信自傲的内容,便是其礼仪制度,历代称之为"华夏衣冠"。由之产生了文化中心主义的"华夷之辨",它甚至成为后代闭关锁国的理论依据,被认为是排斥其他文化的标签。实际并非如此,华夷之辨所蕴含的开放性也不容否定。戎狄与华夏的区别,并非完全基于血缘和种族,而是基于文化,基于对"礼"的尊崇与否。《论语·八佾》载孔子语:"夷狄之有君,不如诸夏之亡也。"意思是说,正因为华夏知礼明义,所以即使偶尔无君,也比夷狄之有君更甚。《春秋》文献对华夏和夷狄采取不同的叙述方式,

---

① 吴于廑:《世界历史上的游牧世界与农耕世界》,载《吴于廑学术论著自选集》,首都师范大学出版社,1995年,第91-113页。

但这种"微言大义"并不绝对。正如韩愈所说,"进于中国则中国之",只要他们进入华夏文明体系,遵从华夏礼仪,就不再受到"夷狄"的蔑视。况且,《春秋》《左传》等文献表明,"南蛮""北狄""东夷""西戎",并非都居住在华夏族的边缘或远方,伊洛之戎、陆浑之戎、赤狄、白狄等,都在当时"中国"的内部,与华夏部族混居一处。文化认同和礼义教化,才是区别华、夷的根本标志。

由于北方游牧民族的屡次南下,中国的广土众民多次陷落于北方"胡人"的铁骑之下。然而,每次少数民族政权建立之后,都重新回到中国文化的轨道上来。原因何在?一方面,是由于中国文化的包容和涵化能力;另一方面,是由于这些少数民族认同"华夏衣冠",即中原的文物制度。辽、金、元、清政权建立之初,朝廷中枢都十分倾慕中原文化,并团聚了一大批深通中原文化的汉人大儒。契丹辽朝在建国之初,就祭祀对象展开辩论,众人"皆以佛对",即主张礼佛,但耶律阿保机采取了耶律倍的建议,主张祭祀孔子,把儒家经义作为国家主导思想,从此"辽家遵汉制,孔教祖宣尼"。元朝初年,汉儒徐世隆向忽必烈建议修祖庙:"陛下帝中国,当行中国事。事之大者,首唯祭祀,祭必有庙。"也是以儒家祭祀礼仪为抓手,实行全面汉化。

翻开历代正史,都有《礼仪志》《礼乐志》《仪卫志》之类,但少数民族当政的朝代,其叙述框架与汉人朝代并无不同,基本采取了儒家的"五礼"体系。其内容当然带有北方游牧民族的旧风遗俗(如北方草原民族的"烧饭"礼俗),但是对前朝汉礼的因袭则远远大于损益。这说明,在农耕文明与游牧文明的对话中,中原的礼仪制度具有普世性和通约性。

游牧民族为什么会认同华夏礼仪制度?华夏礼仪起源于日常生活,而且是沟通祖先百神的工具,《礼记·礼运》所谓"礼之初,始诸饮食……犹若可以致其敬于鬼神。"由之演生出的伦理规范、生活秩序、

· 33 ·

等级秩序、政治规则，与农业文明高度"自洽"，毫无违碍。而在前现代社会，农业文明的发达程度整体上高于游牧文明，后者认同前者实际上是一种文明的学习和汲取。所以，游牧民族追慕华风，心仪和模仿华夏礼仪制度，亦是情理中事。

二、儒、释、道对话：礼教的冲突与融合

作为儒家文化最核心的要素，礼教最强调等级观念（尊尊亲亲）、性别观念（男女大防）、社会教化等。这些内容，与佛教、道教之间既有冲突，也有融合。

梁启超1901年发表《中国史叙论》，将中国历史划分为三大段落。上世史（自黄帝以迄秦之一统），为"中国之中国"；中世史（自秦统一后至清代乾隆之末年），为"亚洲之中国"；近世史（自乾隆末年以至于19世纪末），为"世界之中国"。他说，中世纪阶段中国进入了"亚洲之中国"的时期，这时是"中国民族与亚洲各民族交涉最繁赜、竞争最激烈之时代也……亚洲各种族，渐向于合一之势，为全体一致之运动，以对于外部大别之种族"[①]。这一阶段的主题之一，是佛教进入中国。如果说中国农耕文明在与游牧文明的对话中，基本占据优势，那么在与佛教文化的对话中，则未分轩轾。

来自南亚次大陆的佛教，对于3世纪—9世纪的中国而言，形成压倒性的影响。由张骞开拓的丝绸之路，在中古时期成为商贸和文化传播之路，也是一条"进香之路"。大批高僧从南亚、中亚来到中国东土传教，而大批中国高僧则"西游"学佛，带回教义、经典、仪轨、艺术等佛教文化。六百年间，中国寺庙遍地，僧众如织，香火大盛，人民日常生活佛教化。然而，中国终究没有变成一

---

①梁启超：《中国史叙论》第八节，《饮冰室文集》之六，第11-12页，今载《饮冰室合集》第1册，中华书局，2003年。

个佛教国家。为什么？华夏礼仪制度起到重要作用。

一方面，深受中国传统文化滋养的上层社会，用儒家礼义来抵御和排斥佛教。君臣、父子、夫妇、兄弟，是中国的基本伦常，沙门兰若生活与之产生巨大冲突，自然被斥为"无君无父""路断人稀"。有儒士就批判佛教，"使父子之亲隔，君臣之义乖，夫妇之和旷，友朋之信绝"。韩愈的《原道》排佛扬儒，礼也是其思想武器之一。三武一宗"灭佛"，固然有经济和政治的挑战，儒家礼教及其伦理道德的原因也相当关键。

另一方面，佛教本身积极中国化，其仪轨的中国化甚为显明。佛教入华之初，被视为与风角、占星、望气、卜筮等方术迷信同类，安世高等僧人也确曾以"七曜五行，医方异术""七正盈缩，风气吉凶"之类作为传教营众的手段。后来佛教与中国本土文化从相互抵牾，转向相互吸收，互相融合。最典型的例证，就是"断酒肉"的戒律。南亚佛教主张"不杀生"，并没有主张吃素，南传小乘佛教和藏传佛教中均是如此。到南北朝时期，才有了佛教徒"断酒肉"的说法。梁武帝曾著有四篇《断酒肉文》，又下诏"断杀绝宗庙牺牲"。这些规定，不仅引起佛教界的大辩论，而且禁止中国传统的祭祖礼使用牺牲，与中国本土礼制产生巨大冲突。不过，传统的儒家礼制中有斋戒仪式，规定重大祭祀之前要"散斋"七日，"致斋"三日，以便洁身事神。中国僧侣以"断酒肉"相标识，无疑吸收了儒家礼制的斋戒之法和道教断肉去辛之法。反过来，此法得以强制推行后，中国的民间宗教基本都转向吃素，谓之"吃斋"。儒家、佛教、道教和民间宗教之间，互鉴互动的形势非常明显。

中国化的佛教丛林仪轨，吸收了儒家、道教的部分内容。例如，佛教也讲求孝道，有所谓"孝僧"。盂兰盆会在中国的流行，就是佛教故事与中国本土孝道传统的结合。北宋高僧契嵩专门著有《孝论》，为儒、佛二教的孝道会通进行辩解。相应地，儒家礼仪也吸收了佛教的成分。例如，行香本是佛教仪式，唐代开始吸收为国

▶ 中华礼乐文化传承

家制度,朝廷规定国家忌日行香祭奠。后来,行香成为中国祭祀祖先的常用礼仪,也成为所有宗教的致敬仪轨,根本就无所谓三教之别了。

有一个话题常被大家提起,那就是儒家的道统源流论。一般认为,韩愈在《原道》中建构了儒家道统:

> 尧以是传之舜,舜以是传之禹,禹以是传之汤,汤以是传之文武周公,文武周公传之孔子,孔子传之孟轲;轲之死,不得其传焉。荀与扬也,择焉而不精,语焉而不详。

其时已到中唐,距孟子之世已逾千年。陈寅恪的名文《论韩愈》认为,韩愈显然受了禅宗"传灯录"的启发:"退之自述其道统传受渊源固自孟子卒章所启发,亦从新禅宗所自称者摹袭得来也。"陈寅恪的证据是,韩愈少孤,年幼时随其兄谪居韶州,其所居之地为新禅宗之发祥地,受了新禅宗的影响:

> 退之从其兄会谪居韶州,虽年颇幼小,又历时不甚久,然其所居之处为新禅宗之发祥地,复值此新学说宣传极盛之时,以退之之幼年颖悟,断不能于此新禅宗学说浓厚之环境气氛中无所接受感发,然则退之道统之说表面上虽由孟子卒章之言所启发,实际上乃因禅宗教外别传之说所造成,禅宗于退之之影响亦大矣哉![1]

如陈氏所说,中国的新禅宗自南北朝以来尤其是唐代,为了争立正统,创立教外别传的法脉体系,以压倒中国佛教的旧法脉,是

---

[1] 陈寅恪:《论韩愈》,见《金明馆丛稿初编》,北京三联书店,2001年,第319-321页。

为新禅宗。这固然不错,但是陈氏的论述并没有说清楚韩愈是如何受了这种新禅宗的影响,没有提供任何直接的证据。后来的学者们基本是沿袭此说,也没有提出新证据。近读龚鹏程先生高论,认为:

> 宗庙制度的伦理目的性,在这种情况下,即势必延伸至政治社会各层面去展现。例如文人作诗而有江西诗社宗派图、史家论史而谈正统论、理学家论圣门事业而编《伊洛渊源录》、画家论画而有《文湖州竹派》、书家论书而作《法帖谱系》、禅宗仿宗庙制度以建立其传灯谱系、道教全真教也编其《金莲正宗记》、青帮漕运水手或天地会党更要模拟宗族庙祀等等。①

此说倒是给人诸多启发。龚文认为,中国文化中讲究法脉正统、建立谱系的这一套做法,是模仿中国上古的宗庙制度而形成的。这确是新论,不仅把中国文化传统中的很多做法(如儒家道统论、中国艺术流派、宗教渊源记等)讲通了,而且可能从根本上厘清了新禅宗建立法脉的思想源泉。原来传灯录不是禅宗自创,而是借用了中国本土的宗庙宗法制度。

虽然历代统治者对儒、释、道三教各有偏好,但中华民族是注重"实用理性"的国度,自魏晋以来,三教合一,三教共弘。儒、释、道的礼仪制度也互相影响、互相鉴取,此种趋势愈晚愈甚,明清时期庙堂仪轨、劝善文书、风俗习惯,无不体现了这一点。

三、东亚文明圈对话:律令和《家礼》的通用

东亚世界的文明对话,几乎是一种内部对话。贞观四年

---

① 龚鹏程:《宗庙制度论略》,见氏著《思想与文化》,台湾业强出版社,1986年,第126页。另参龚鹏程:《学礼小记》,http://www.sohu.com/a/315396383_702188。

(630),"四夷君长诣阙请唐太宗为天可汗"①。"天可汗"这一称号标志着唐朝成为雄居东亚,并覆盖农耕和游牧两种文明世界的天下共主。虽然其后某些朝代的控御力大为减弱,但中国朝廷通过经济、文化等其他方式基本维系了这一态势。直至西方列强凭借坚船利炮侵入之前,整个东亚维持着一个以中华文明体系为主导的共同体,日本学者西嶋定生在《东亚世界的形成》一文中,将这个"东亚世界"称为"东亚文化圈"。他认为维系这个文化圈的四个要素是,汉字、儒教、律令制度和中国化的佛教。②

其中,律令就是一种广义的礼。基于皇帝至高无上的权威,律令通过集权的政治体制和完备的法制体系,有效地得到实施,故而中国被称为"律令国家"。此一体制,亦被朝鲜、日本、越南、琉球等地采用,形成"东亚世界"的共通特征。正如西嶋先生所说,不必过分强调中国王朝通过国家权力而强力向东亚各地推行了这些律令,而应当着重检视东亚各地对于此种律令制度的适用情况。

中国是东亚文化圈内文明程度最高的国家,其他朝贡于中国的国家和地区,自然也会效法中国的律令。例如,一般认为,自7世纪初日本已开始吸收中国的律令,大化改新之后进入继受期。翻开日本学者井上光贞等人所编日本《律令》,其首篇《名例律》之"八虐"(谋反、谋大逆、谋叛、恶逆、不道、大不敬、不孝、不义),与中国《唐律疏议》中的"十恶"(谋反、谋大逆、谋叛、恶逆、不道、大不敬、不孝、不睦、不义、内乱)几乎相同,只不过略有减省。《唐律疏议》有"八议"(八种人可依法减轻处罚的特权制度),日本律令有"六议"。又如,日本的《养老律》可以说基本模仿了母法唐律,只是罪名和用语稍有变化,刑罚比唐律略

---

①金子修一:《册封体制论与北亚细亚、中亚细亚》,见杜文玉主编《唐史论丛》(第十辑),三秦出版社,2008年,第201页。

②西嶋定生:《东亚世界的形成》,见《日本学者研究中国史论著选译》(二),中华书局,1993年版,第88页。

轻缓一、二等而已。①

东亚各国输入中国律令,略做修改而适用于本国的情形,于此可见一斑。有学者将中国礼法在东亚世界的通行,称为礼治主义、礼治体系或礼义世界。中国的历代王朝,主导并维系了东亚世界的国际社会秩序。这些王朝在东亚世界被称为"天朝",所以有学者(如黄枝连)称之为"天朝礼治体系"。这是东亚各国认同中国文化的制度性表现。中国的历史河流不断向前演进,东亚各国也随之修正着自己的律令体系。例如,《大明会典》《大清会典释例》等书在东亚各国都不乏刻本。

在国家礼典层面,东亚各国主动接受着中国的律令制度;而在民间层面,流行的则是《朱子家礼》。《朱子家礼》在明代成为官方修礼的蓝本,由于明清时期上层社会的大力推广,民间社会出现了无数据此增删而成的家礼文本。随着朝贡贸易和通商往来的频繁,东亚各国也深受《朱子家礼》影响。

《朱子家礼》对朝鲜半岛影响极大。15世纪,朝鲜朝廷制定《国朝五礼仪》时参照了《朱子家礼》。李滉(退溪学)、李珥(栗谷学)等士人一直致力于将《家礼》贯彻到全社会。到17世纪后半叶,《家礼》在两班贵族中普及化,18世纪推及中人和平民,19世纪扩散至整个社会②。几百年下来,《朱子家礼》及其所蕴含的礼仪文明已深深扎根于朝鲜半岛,很多人认为,它在彼地的影响甚至超过了中国本土③。

---

①井上光贞等校注:《日本思想大系(3)·律令》,日本岩波书店,1976年。

②高英津:《朝鲜时代的国法和家礼》,见高明士编《东亚传统家礼、教育与国法(二):家内秩序与国法》,华东师范大学出版社,2008年,第300—317页。韩基宗:《从法制的观点浅谈韩国传统社会的家礼》,见高明士编《东亚传统家礼、教育与国法(一):家族、家礼与教育》,第242—249页。

③卢仁淑:《朱子家礼与韩国之礼学》,人民文学出版社,2000年。彭林:《中国古代礼学在朝鲜的播迁》,北京大学出版社,2005年。

在日本，《朱子家礼》的文本自元明王朝和朝鲜王朝两条途径传入，其时间大概在室町时代即 15 世纪中期[①]。而深衣之制在日本首次出现，则是 17 世纪[②]。德川时代以朱子学为支配性的教学内容，知识阶层按照《家礼》进行丧祭活动的记载也不少[③]。研究表明，日本对于儒家礼仪的接受，不仅限于文献解释和思想论述层面，而对于《朱子家礼》也多有实践[④]，而且还出现了不少日本人模仿《朱子家礼》而撰作的丧祭文本，如林鹅峰（1619—1680）的《泣血余滴》《祭奠私仪》、藤井懒斋（1617—1709）的《本朝孝子传》《二礼童览》、熊泽蕃山（1619—1691）的《葬祭弁论》之类[⑤]。明治维新以来，传统的家规家训又与日本现代企业发生化学反应，转变为商家家训（如社是、社训），成为现代企业文化的一部分[⑥]。

以上说明，几千年来亚洲文明的对话，首先是农耕文明与游牧文明的对话，其次是华夏文化（以中央王朝为核心）与东亚其他民族文化（各种藩属、羁縻、朝贡政权）的对话，再次是东亚文化与南亚、西亚文明的对话。无论是在国家层面，还是个人层面，礼仪

[①]《朱子家礼》对日本的影响，可参池田温《〈文公家礼〉管见》，见高明士编《东亚传统家礼、教育与国法（一）：家族、家礼与教育》，华东师范大学出版社，2008 年，第 36 - 112 页。

[②] 吾妻重二：《朱熹〈家礼〉实证研究》，华东师范大学出版社，2012 年，第 220 - 236 页。

[③] 王维先等：《朱子〈家礼〉对日本近世丧葬礼俗的影响》，载《浙江大学学报》（人文社会科学版），2003 年第 6 期。

[④] 参阅田世民：《近世日本儒礼实践的研究：以儒家知识人对〈朱子家礼〉的思想实践为中心》，台湾大学出版中心，2012 年。

[⑤] 吾妻重二：《日本近世的儒教丧祭礼仪：〈家礼〉与日本》，载《人文论丛》，2019 年第 2 期。另参阅吾妻重二编著：《家礼文献集成·日本篇（八）》（关西大学东西学术研究所资料集刊二十七之八），日本关西大学出版社部，2019 年。

[⑥] 程永明：《日本商家家训》，社会科学文献出版社，2019 年。

制度曾是前近代亚洲文明对话的基础，是相互沟通的一大公约数，曾经充当过重要媒介。这对于今天和未来的文明互鉴，或许不无借鉴意义。

▶ 中华礼乐文化传承

传统礼仪与当代文明

彭　林[①]

历史与现实，属于同一整体、但又无法截然割裂的两个阶段，犹如一棵大树、一条大河，谁也没有能力刀断斧劈之，只取某段，丢弃某段。历史是现实的根脉，为时下的发展提供基础与养分，离开历史者，必将陷于枯竭。人类在轴心时代（公元前8世纪—公元前2世纪）形成了三大文化形态：古希腊的自然哲学、古印度的宗教哲学、中国的伦理哲学。三者奠定了当今世界文明的基本模式。两千多年过去，它们越来越显示出长久影响后世的深沉伟力。当今西方的科技如此发达，但西方人经常谦卑地说，要回到轴心时代，到先哲那里寻找智慧。古代中国人懂得尊重历史，但凡善为政者，都善于向历史学习，而非唯我独尊。在举国为实现中国梦奋斗的今天，我们面临的道德问题、治安问题、国家认同问题等等，究竟应该如何措手才是？我们不妨回到中国先哲那里，看看他们的治国方略与运作之道，或许不无启迪。

一、国家为道德之枢机

中国人自古言必称三代，认为夏、商、周三代的迁移，是逐步损益、渐进式发展的样态。自王国维《殷周制度论》出，开始将殷、周鼎革称为中国历史上最为剧烈的一次革命，殷、周是性质完全不同的政体。王说颠覆了传统的上古史观，刷新了我们对治国之道的本质的认识，其学术意义不可低估。

[①] 清华大学中国经学研究院。

事实上，人们对于"国家"的定义，几乎都着眼于政治权力，认为是统治机器，外加与之相关的管理、经济、宗教、法律、军队等治理手段。从氏族走向国家，似乎各国都遵循着这种最自然的发展形式。与之相伴随的，还有宗教、巫术、鬼怪等精神领域的诸神。中国的商朝大致就是如此，"殷人尊神，率民以事神"①，自信"我生不有命在天"②。岂料牧野一战，纣王兵败自焚，殷商终被无情嘲笑，中国历史由此出现急转弯。随之而来的周公"制礼作乐"，首次提出"德治"的理念，成为中国史上划时代的伟大事件。其核心的贡献有如下几点。

首先，周公将"德"作为历史判决的最高范畴，从而奠定了中国数千年道德文化的底色。商人覆亡的原因很多，周公认为"不敬厥德"才是根本，酒池肉林，荒淫无耻，炮烙之刑，暴虐无道，全都是丧德的结果。周人之所以能代有国祚，恰恰是因为从太王、王季开始，都知"敬德"，文王则是"明德慎罚，不敢侮鳏寡"③的典范。因此，国家兴衰、国运长短，取决于道之有无与德之厚薄。尽管夏社虽屋、殷社虽屋，不少人依然匍匐在神明的阴影之中。周公认为，鬼神看重的是因治国有道而呈现的馨香与美德，而不是供品的芳香，"至治馨香，感于神明。黍稷非馨，明德惟馨"④。周公要求人们"自求多福"⑤，把命运掌握于自己之手。"天命靡常"⑥，政权转移的机关，全在于此。

---

①孙希旦：《礼记集解》，中华书局，1989年，第1310页。
②孙星衍：《尚书今古文注疏》，中华书局，1986年，第252页。
③孙星衍：《尚书今古文注疏》，中华书局，1986年，第359页。
④十三经注疏整理委员会：《尚书正义》，北京大学出版社，2000年，第579页。
⑤十三经注疏整理委员会：《毛诗正义》，北京大学出版社，2000年，第1129页。
⑥十三经注疏整理委员会：《毛诗正义》，北京大学出版社，2000年，第1127页。

中华礼乐文化传承

其次，周公将国家的职能定义为"道德之枢机"，国家的本质，并非只是管理机器，还应该是道德的建设者与引领者，由此赋予政府以全新的目标，这在世界政治学史上可谓喝破鸿蒙，是先秦思想领域里一场真正意义上的革命。国家的长治久安，必须根基于举国的道德建设，这一从上到下、旷日持久的文化工程，责任人是政府。"周之制度、典礼，乃道德之器械"，周公创建的礼制，是将德治落实到社会各个层面的工具，旨在"纳上下于道德，而合天子、诸侯、卿、大夫、士、庶民以成一道德之团体"。只有不断提升社会成员的道德意识，使尽人皆知自我约束，社会才有稳定的基础，与持久发展的可能。在这一命题之下，所有社会成员，无论地位高低，都应努力"修身进德"，以期跻身于"道德之团体"。王国维对周公制礼作乐有很多赞誉，说得最深刻的，正是"古之所谓国家者，非徒政治之枢机，亦道德之枢机也"一语，王先生指出，此即"周人为政之精髓"。

最后，周公通过制礼作乐，将道德建设落实到国家典制之中。毋庸置疑，口号不能治国。再美好的词语如果不能落地，就只是空中楼阁，无补于世。由于年代邈远，书缺有间，周公制礼作乐的文本今已不可得知，但细读《春秋左传》，犹可得其仿佛。鲁原本是周公封国，后来成为周公之子伯禽的始封地，与周公及其礼乐关系最为密切。昭公二年，韩宣子适鲁，观书于太史氏，见《易·象》与鲁《春秋》，赞叹说："周礼尽在鲁矣。"齐仲孙湫也感慨道，鲁"犹秉周礼"[1]。鲁国大夫季文子说："先君周公制周礼曰：'则以观德，德以处事，事以度功，功以食民'。"[2] 这是春秋贤者口中的周礼。

再看鲁国的国史《春秋》。《春秋》有"书"与"不书"的

---

[1] 杨伯峻：《春秋左传注》，中华书局，1990年，第257页。
[2] 杨伯峻：《春秋左传注》，中华书局，1990年，第633页。

"书法",于此可知周礼在鲁国的存留。如《左传》隐公五年,"春,公矢鱼于棠",此等琐事之所以书于史册,是因为"国君爵位尊重,非蒐狩大事则不当亲行。公故遣陈鱼而观其捕获,主讥其陈,故书陈鱼,以示非礼也"。[1] 隐公擅离职守,前往遥远的棠地观看捕鱼,属于"非礼",违背了礼制,所以要"书",以示惩戒。诸如此类,不能尽举。当时诸侯的行为,受到诸多礼的约束,一切皆有法度,不得随心所欲,放任自流。

孔子继承周公的文化理念,将礼作为君子修身的器械,倡导"博学于文,约之以礼"[2]。孟子将"仁义礼智"作为人格标准。管子提出"仓廪实而知礼节"的理念,以礼义廉耻为"国之四维"[3]。《周易》则提出"人文"当与"天文"[4]并重的主张。荀子是先秦礼学的集大成者,有关礼的论述最为丰富:"礼者,所以正身也。"[5]"礼义不行,教化不成。"[6] "修身践言,谓之善行。行修言道,礼之质也。"[7] 宋儒将礼作为严夷夏之别、人兽之别的主要标志:"礼一失则为夷狄,再失则为禽兽。"[8] 人不能"任性",要时时以道德自律,以礼成就君子风范,成为贯穿两千多年中国文化的主轴。

当今之世,社会问题极之纷繁,人们多将解决之道聚焦于法

---

[1] 十三经注疏整理委员会:《春秋左传正义》,北京大学出版社,2000年,第102页。

[2] 十三经注疏整理委员会:《论语注疏》,北京大学出版社,2000年,第90页。

[3] 黎翔凤:《管子校注(上)》,中华书局,2009年,第2页。

[4] 十三经注疏整理委员会:《周易正义》,北京大学出版社,2000年,第124页。

[5] 王先谦:《荀子集解(上)》,中华书局,1988年,第33页。

[6] 王先谦:《荀子集解(下)》,中华书局,1988年,第553页。

[7] 十三经注疏整理委员会:《礼记正义》,北京大学出版社,2000年,第15页。

[8] 程颢、程颐:《二程集》(第三册),中华书局,1981年,第43页。

律，这无疑很有必要。但是，综上所论，我们还应关注道德建设的问题。法治治标，德治治本。德法相依，德主刑辅，才是完美的治国之道。人类社会的发展，归根到底是人自身的进步，是人类如何都成为"高尚的人""纯粹的人"。若能明乎此，切实的道德与礼仪建设就能真正落地。

二、礼乐与社会和谐

前些年，政府提出建设和谐社会的理念，无疑很及时，也很正确。但是，毋庸讳言，和谐社会的理念虽已深入人心，但实际效果并不显著，主要表现在交通的无序状态依然严重，包括"医闹"在内的各种暴力行为时有所见，在汽车、地铁等公共交通工具中，围绕"让座"而吵架、甚至出现"激情犯罪"的报道时有所见；从孩子到官员，各种形式的"任性"，触目皆是。整个社会显得焦躁不安，一旦出现突发性事件，很快扩散成群体闹事。这种局面的出现，根源在于片面理解"依法治国"，一切用法规处理（罚款、拘禁等）代替思想教育，认为只要你的行为不触及法律，我就不管你，怎么做都是你的人权自由。一旦酿成大祸，依然按照治安问题来处理，治标不治本。

中国人很早就将"谐""和"作为社会的至治之极，《论语》说："礼之用，和为贵。"礼的功用正是着眼于此。古人打造和谐社会，有很深的谋虑，基本的立足点有如下两个。

一是人自身的和谐。社会和谐的基础，是人自身的和谐，只有人人都能做到身心、内外和谐，社会才能真正走向和谐。儒家用礼乐教化之道引导人们内外兼修。《礼记·乐记》："乐也者，动于内者也；礼也者，动于外者也。""礼乐皆得，谓之有德。"礼，教人懂得尊重，以及如何以得体、优雅的行为与人交往，长期践行，自然内化于心；乐，是用德音雅乐激活人内在的仁心，令喜怒哀乐之情发而皆中节，"乐而不淫，哀而不伤"。礼乐双修，使人身心中正，平和理性，宛然有君子之风。

二是人际和谐。人是群体性的动物，人类在旧石器时代就结成原始族群，与严酷的自然环境搏斗。时至今日，人类依然是命运共同体，彼此之间的分工与合作更加严密，谁也离不开谁。从这个意义而言，人们能否和谐相处，事关国家、民族发展的前程。毋庸讳言，由于社会非常复杂，各色人等，利益不同、思想意识歧异、观察问题的角度不一，要处理好人际关系并不容易。

儒家将复杂的人际关系归纳为夫妇、父子、兄弟、君臣、朋友等"五伦"，把"仁"作为处理好五伦关系礼的前提。培养仁爱之心，从爱父母开始最自然，也最容易做到，这称为"孝"。再将孝敬父母之心推广到天下人的父母身上，就是"广孝"。《孝经》说"博爱之谓仁"，至确。将内心对他人之爱，通过肢体动作与语言表达出来，让对方感受到，此即"礼"。《孝经》说："礼者，敬而已矣。"双方相互尊重，称为"礼尚往来"。如此，人际关系即可达到普遍与持久的和谐。

中国人处理人际关系，以"自卑而尊人"[1]为基本特色。"自卑"，不是自卑，而是谦卑低调，放下身段，多看自己的不足，始终保持谦恭待人的心态，这是中国人自处的方式。"尊人"，对人要有足够的尊重，"虽负贩者必有尊也"[2]，对方哪怕是负贩者，也必定有其尊严；这是中国人的与人相处之道。从学理而言，这一原则是建立在阴阳消长、盈虚变化的哲学基础上的。先哲从月盈而虚、日中而昃的自然现象中悟出"满招损，谦受益"，谦虚使人进步，骄傲使人落后的道理。《易》有六十四卦，谦卦六爻皆吉，"下三

---

[1]十三经注疏整理委员会：《礼记正义》，北京大学出版社，2000年，第20页。
[2]十三经注疏整理委员会：《礼记正义》，北京大学出版社，2000年，第20页。

▶ 中华礼乐文化传承

爻皆吉而无凶，上三爻皆利而无害。《易》中吉利，罕有若是纯全者"。① 古人将这一哲理融入日常礼仪，作为人际交往的原则，如此，不仅有益于自己的成长，而且从根本上杜绝了冲撞、冒犯、失敬等行为的发生。

礼仪用语中有"自谦"与"表敬"两套用语。对他人要用表敬语，自己或自己一方要用自谦语，不得混用。自谦，是中国人的文化信念。例如，称呼对方父母为"令尊""令堂"；向对方提及自己的父母，则要称"家父""家母"。称呼平辈的对方，要称表字、雅号；向他人提及自己则要称名字。问尊长年龄，要说"高寿"；提及自己的年龄，可说"虚度"。称呼对方女性配偶，要说"夫人"；称呼自己的妻子要说"内人"。称对方的家，要说"府上"；称自己的家，要说"寒舍"。将自己的文件、信函交给对方，要说"仰呈"；请求对方接受，要说"俯收"。如此等等，不能枚举。自谦敬人的原则，道家也认同，《老子》说："人之所恶，唯孤、寡、不谷，而王公以为称。"孤家寡人，意思是说寡德之人；不谷，意思是不善。它们的字面意思都为一般人厌恶，而王公以此作为自称，意在表示谦下。不了解这些，就无法真正了解中国文化。

如今，自谦、表敬的话语体系还非常完整地保存在日本、韩国等东亚文化圈内，在人际交往中继续发挥积极作用。在这些国家，能否正确使用这类语言，是判断对方学养高低的标准之一。鄙见，逐步恢复这一话语体系，不仅有利于承传中华文化的优良传统，而且对建立起普遍的人际和谐，营造和谐的社会氛围，大有裨益。

---

① 胡一桂：《易本义附录纂注》，中共中央党校出版社，1996年，第12页。

三、礼与高雅文化

文化历来有俗与雅之分。通常来说，俗，是自然的、素朴的文化形态；雅，是经过人为加工与品质提升的文化形态。俗，是处于初级阶段的文化，犹如原矿，难免夹有杂质；雅，是居于高层次的文化，是经过提纯的精品。唯其如此，人们每每以低俗与高雅对举。陈寅恪先生在他的《王静安先生纪念碑》的碑文中，明确地将"俗谛"与"真理"相对，并且称俗谛为"桎梏"。人类文明发展的总体态势，是移风易俗，不断从低俗走向高雅，这是不可逆转的大潮。

文明与典雅，是呈正比例的态势发展的。高度的文明，一定典雅庄正，令人向慕。作为世界四大原生文明之一的中国，很早就意识到"仓廪实而知礼节，衣食足而知荣辱"的道理，在温饱问题解决之后，追求高雅的生活品质，而礼仪就是最好的抓手。

优雅的礼仪，一方面体现在肢体动作上，坐立行走，鞠躬作揖，沉稳自信，不卑不亢，无不透出美学的意味，流露出做人的原则；另一方面体现在语言上，形成了中国独特的自谦语与敬语并存的话语体系，从称谓到用词，都很讲究。

语言文字，是人类文明最核心的要素，也是人们交流思想、传播文化的重要工具。汉字是世界上最古老、最优秀的文字之一，已使用数千年。中国人在漫长岁月中，不断淬炼，反复推敲，形成了绚丽多彩的语言体系。早在先秦时期，先民就创造了诗歌、散文、辞赋、政论等各种体裁的文学形式，其后，又有唐诗、宋词、元曲、明清小说，语言之丰富、精彩、细腻、考究，世所罕见。

中国文化素称发达，用语注重推敲，追求典雅，是其重要特色。在《诗经》《礼记》《老子》《左传》《国语》《战国策》等先秦文献里，就已经出现丰富而雅致的礼仪用词。《战国策》里的《触龙说赵太后》，记载担任赵国左师之职的触龙劝谏赵孝成王之母赵威后的全部对话。彼此所言，相当文雅。赵太后口口声声谦称是"老妇"，触龙则处处以"老臣"自称，而尊称赵太后为"媪"，称呼自己的儿子为"贱息"。赵太后答应触龙的请托时说"敬诺"。触龙说到假如赵王去世，用的词是"一旦山陵崩"；都很有分寸，委婉雅致。《礼记·曲礼》已有对各种身份之人的配偶的称谓："天子之妃曰后，诸侯曰夫人，大夫曰孺人，士曰妇人，庶人曰妻。"以及女性配偶在不同对象面前如何自称，如"夫人自称于天子，曰老妇；自称于诸侯，曰寡小君"。

到宋代，中华礼仪全面向民间下移，日益平民化、生活化，民众无论文化程度高低，甚至识字与否，几乎都懂得基本礼仪，会说若干文雅的语词。如与人初次见面会说"久仰""幸会"，询问老者的年龄，会说"老先生今年高寿？"赞美对方儿子，会说"虎子"。受到别人赞扬时，一般都会说"不敢当！""惭愧！"连写话本小说的人，都会称呼读者为"各位看官"。去对方的家，要说到"府上拜访"，提及自己的家要说"寒舍"。感谢对方宴请，要说"承蒙赐席"，准备招待对方，要说"略备菲酌"。自己的书画作品，下款要用"涂鸦""学书"等语。书信贺年，可用"新春纳吉""百福骈至""春釐"等语。凡遇冠、婚、丧、祭、祝寿等重要礼节，主客双方的用语，以及赠送的楹联、挽幛等的格式、文句，都能显现出作者的文化素养。有些甚至可以成为范文而流传。我们读民国时期的文人书信，每每为他们得体典雅的词语、挥洒自如的文采所倾倒。

近年兴起的民俗文化热，旨在保持历史记忆，从中寻找行将消失的文化元素，无疑很有必要。但是，社会上出现过度夸大俗文化的现象，进而变成以俗为荣、以雅为耻的趋向。有人将"大雅大俗"，解释为雅俗无别，俗就是雅，大俗就是大雅，试图将雅与俗扯平。

雅与俗是此消彼长的关系，出现了俗文化全面压倒雅文化的局面。包括某些主流媒体在内，以"接地气"为标榜，通过资本运作，将文化偷换成百分之百的街头娱乐、民间俚语，占据了民众文化生活的主要阵地。这些被簇拥的明星，有的文化程度偏低，素质不高，节目格调低下，庸俗无聊，装傻卖萌，制造各种噱头，以博取所谓"收视率"，致使社会风气日益低俗化。在网络语言方面尤其突出，出现许多令人啼笑皆非的词汇。例如，萌萌哒、么么哒（表示感谢或同意）；猴赛雷、666、老司机（表示赞赏对方厉害）；蓝瘦香菇、扎心了老铁（表示悲伤或反对）；我勒个去（表示无奈）等，简直不知所云。还有不少令人莫名其妙的词语，如随意缩略词语构成新词的现象，如"喜大普奔"，乃是用喜闻乐见、大快人心、普天同庆、奔走相告四词的字头构成；再如"人艰不拆"，意即人间如此艰难，就不必再去拆穿；云云。我们数千年累积起来的、灿烂的语言文明，惨遭挤压，生存空间日益缩小。长此以往，我们将成为一个在语言上"俗不可耐"的国家！

　　问题还不止于此，有些网络词语，已经影响到大众的文化心理与价值观，例如"颜值"，已经成为评价人物的首要标准。"小鲜肉"，则被认为是美男子的代名词，某些金玉其外、败絮其中的年轻演员不仅深受大众热捧，而且轻松赚取天价出场费。诸如此类，严重扭曲了社会的价值观，腐蚀了社会机体。

　　文化空间之内，正能量与负能量是此消彼长的关系，正能量强大，则负能量无从得逞；反之，负能量独大，则正能量无法抬头。上述当今社会的文化堕落局面的出现，归根到底是雅文化的长期缺位所致。消除那些丑陋无聊的现象，最好的办法，莫过于让大众都学习雅文化。彼此讲尊重，粗鲁就难以出现；彼此说雅言，粗口就羞于爆出。典雅的礼仪语言，是中华礼仪文化的瑰宝，继承这一宝贵的文化遗产，是万千炎黄子孙的责任。今天，我国经济有了长足的发展，人民生活水平普遍提高，但千万不可往奢侈腐朽的方向引导，而要朝"富而好礼"的目标引导，那才是高雅、健康的生活。

四、礼与国性

当前，我们国内存在两种礼仪：中华传统礼仪，西方礼仪。毋庸讳言，前者历经磨难，势单力薄；后者经过几十年的经营，阵容强大。推行全民的礼仪教育，我们应该选择哪一种？

毋庸置疑，中国人应该选择自己的传统礼仪。礼仪都具有民族性，每个民族都创造了属于自己的礼仪。礼仪是民族成员的相处之道，是民族文化个性的突出表现，是展示民族文化与历史的窗口。礼仪并非新的就好，老的就坏。众所周知，西欧国家在外交活动中，都以炫耀本国的传统礼仪为自豪。如英国女皇用18世纪的皇家马车迎接国宾，属于最高级别的外交礼仪；乐手身穿苏格兰格子裙，吹奏14世纪发明的苏格兰风笛。再如，奥运会点燃圣火的仪式，起源于普罗米修斯从宙斯手中偷取火种到人间的古希腊神话，现代奥运会沿袭传统仪式，在希腊奥林匹克发源地奥林匹亚举行，11位修女从凹面镜聚光采集圣火，再由女祭司高举火炬，然后放在赫拉神庙遗迹前的粘土坛内。这些古老的仪式，欧洲人并没有抛弃，或者改头换面，使之"与时俱进"；相反，它们被作为宝贵的历史记忆，光大于世，从而引起各国人民的极大兴趣。事实一再证明，只有民族的才是世界的，礼仪尤其是如此。

如今，中国境内的西方礼仪压倒中华传统礼仪，属于不正常的现象。众所周知，近代以来，中国人一度用过激的态度抹黑传统文化，礼，被视为杀人不见血的"软刀子"、孔子"复辟奴隶制"的反动工具，被反复扫荡，在社会上几乎不复存在。直到2001年我国申奥成功后，举国上下都希望"让中国走向世界，让世界了解中国"，此时大家才发现，我们的社会已经普遍失范，随地吐痰、不肯排队、大声嚷嚷、说话粗俗等等，人们方才意识到礼仪的不可或缺。北京奥运，本来是一个依靠传统礼仪扭转社会风气的最佳契机，可惜，我们失之交臂。而当年韩国人要比我们有头脑得多。

1981年，韩国获得1988年在汉城举办第24届夏季奥运会的资格，韩政府将此作为向世界展示其"和平统一外交政策"的重要举措，借此提高文化形象，提升国际地位。当时韩国刚完成经济起飞，创造了"汉江奇迹"，国民富有，但文化素质一时跟不上，喜欢炫富，不排队，大声喊叫，爱贪小便宜等，国际观感很差，被时人讥为"韩国病"。此时，韩国政府决心抓住筹备奥运之机，切实改变国民形象，具体措施之一，便是要求每人每天礼让十次！经过八年的精心运作、反复要求，国民形象焕然一新，人人彬彬有礼，它随着奥运会的转播，成功地展现在全世界面前。就此而言，汉城奥运会无论投入多少经费，都是非常值得、非常成功的。

如今一个错误的现象是，有人用"礼仪小姐""形象大使"替代十三亿民众的礼仪教育。西方礼仪经过反复炒作，备受推崇，成为许多人心中"高雅""现代化"的典范，西方婚庆公司、西方礼仪培训班如雨后春笋，遍地而起，成为一大产业。从政府到民间的庆典，大多采用西方礼仪。前些年，甚至有人建议将西方商务礼仪作为中小学生的必修课。这一切，推动了民众的文化认同转而向西，加大了民众对中华礼仪之邦的疏离感与离心力，真是触目惊心！

有人认为，要有包容心，不必强分东西方文化，只要能培养中国人良好的礼仪习惯，用西方礼仪未尝不可。此说似是而非。中国是举世闻名的礼仪之邦，完全没有必要到海外去进口。珍视自己的文化传统，是事关民族特性存亡的大问题。1913年，著名学者严复先生应邀在中央教育会发表题为"读经当积极提倡"的演讲，精辟论述民族文化与国民性养成的关系。他说："大凡一国存立，必以其国性为之基。国性国各不同，而皆成于特别之教化，往往经数千年之渐摩浸渍，而后大著。但使国性长存，则虽被他种之制服，其国其天下尚非真亡。"国性是立国的根基，它来源于本国文化的教育与浸润。国民教育的核心是"人格"与"国性"，"无人格谓之非人,无国性谓之非中国人"。要实现中华民族伟大复兴的中国梦,就必须根植于中华本位文化,培养千百万具有中国国性的中国人。

推动当代中国社会文明的进步,需要千百万有识之士的无私担当与真心实干,而不是成天坐而论道。几年前,我在德国洪堡大学一座大楼内看到墙上镌刻的马克思在《关于费尔巴哈的提纲》中的一句名言:"哲学家们只是用不同的方式解释世界,问题在于改变世界。"感慨无似!

经学、哲学与国学

彭永捷[1]

《汉书·儒林传序》："于是诸儒始得修其经学，讲习大射乡饮诸礼。"什么是经学？经学是指儒家学者注解儒家经典的学问。经学之为经学，包含着三个要素，即经学的主体、客体和内容。经学的主体是儒家学者，儒家学者站在儒家的立场上去注解经典，方属于经学。儒家以外的学者，也有注解经典、翻译经典、研究经典的，但不属于经学。经学的客体，或者说经学的对象，是儒家的经典。儒家经典的范围在历史上有变化，经学的客体或经学的对象也自然发生变化。经学的内容是注解儒家经典，包括文字上的注疏和义理上的阐释，所以经学也可以看作一种注解经典的学术活动。

时至近代，在中国遭遇"数千年未有之变局"[2]的背景下，传统科举制度解体，新式学校成立，传统知识体系让位于以西方知识体系为标准的现代知识体系。在"六经皆哲学"（王国维）的观念下，"进口"的哲学把"国产"的经学从知识体系和教育体制中驱除了出去。随后，在引入西方理论作为政治意识形态的背景下，经学已失去了作为立国"大经大法"[3]的功能，既不被"祖述"，也

---

[1] 中国人民大学哲学院、中国人民大学孔子研究院。
[2]《李鸿章光绪元年因台湾事变筹画海防折》："历代备边，多在西北。其强弱之势、主客之形，皆适相埒，且犹有中外界限。今则东南海疆万余里，各国通商传教，来往自如，麇集京师及各省腹地，阳托和好之名，阴怀吞噬之计，一国生事，数国构煽，实为数千年未有之变局！"
[3] "周衰，孔子生于东鲁，出类拔萃，继往开来……而大经大法，精义微言，具载《六经》。"《国朝宋学渊源记·达序》。

不被"宪章",经学存在的意义也丧失了。故而在学术上,可以直言不讳地宣称:"经学已经死亡!"① 的确,传统意义上的经学已不复存在。经学的三要素中,首先是作为经学的主体,就已不复存在。现代学科体制中的学者,对儒家经典的研究,即使仍然把这种研究称为"经学"②,如《辞海》所解释的,"把儒家经典作为研究对象的学问,内容包括哲学、史学、语言文字学等",和传统意义上的经学,根本就不是一回事。

目前,经学研究在中国大陆逐渐受到关注,数套"中国经学史"的编撰比较引人注目。李泽厚《论语今读》、蒋庆《公羊学引论》、李零《丧家狗——我读〈论语〉》等"我注六经,六经注我"式的作品,虽然很有争议,但也引出"新经学"的话题。也有学者将"新经学"用于对经学复兴的一种未来期待。③ 总体上,传统和现代意义上的经学,都出现复兴的趋势。笔者在国学院工作期间,也曾建议成立"经学研究所",以组织经学研究。经学所后来成立,这是一件很有意义的事情,希望能够多出成果,推动经学研究。

在当前的学术环境下,经学研究在理论层面,包含着丰富的理论问题,适时研讨经学研究的理论问题,是很有意义的。下面仅从中国哲学学科的角度,介入经学领域,讨论几个理论问题。

一、复兴经学的意义

学术研究本来不必非要体现什么意义,一切依赖研究者的兴

---

①王焱:"有一次我向张先生请教经学方面应当出些什么书。张先生非常肯定地说,经学已经死亡。""张先生"指"张岱年"。《经学的前世今生——经学与现代社会访谈之一》,见《21世纪经济报道》,2007年7月21日。

②例如台湾"中央研究院"文哲所下设"经学组",系统开展经学研究。

③参见饶宗颐2001年11月参加北京大学百年校庆时的讲稿:《新经学的提出——预期的文艺复兴工作》。

趣。对什么有兴趣就研究什么，事事都问有什么意义，难免急功近利。可在当前学术和社会背景下，不给出复兴经学的意义，就不免会遇到阻碍。一方面有些学者反对开展经学研究，把经学视作为封建专制服务的意识形态工具，认为对现实没有什么积极意义，也没有什么学术价值和研究的必要，另一方面，支持经学的声音中，也有对复兴经学的不同期待，相互之间也存在着争执和排斥。为什么要复兴经学研究，在当前倒成了一个有意义的学术话题。

经学是一个复杂的学问体系，经学研究工作有着不同取向，复兴的意义，很难笼统地去谈，有必要根据经学研究工作的取向，分门别类地加以说明。经学，是一个知识体系，是关于儒家经典的知识大全。要想弄清楚经学这一知识体系，就有必要研究经学的历史。经学研究的基础工作，在学科对应上，属于"经学历史"或"经学史"，对历史学科而言，经学史属于学术史的一个分支，对国学学科而言，是国学的一个分支。经学历史研究的性质，可以说就是"整理国故"。"国故"之所以仍需要"整理"，理由在于两个方面：一是"国故"本身发生了变化，二是对于"国故"的认识发生了变化。马王堆帛书、郭店楚墓竹简、上博简、清华简，都直接和儒经相关①，出土文献使经学的材料有了新的增加。从"古史辨学派"的"疑古"到"走出疑古时代"②，对于"国故"需要重新加以认识和整理，重写经学史也自然很有必要。正如饶宗颐先生所说："'经学'的重建，是一件繁重而具创辟性的文化事业，不仅局限文字上的校勘解释工作，更重要的是把过去经学的材料、经书

---

①马王堆帛书中有《周易》的经和传，郭店楚墓竹简有《礼记》数篇，上博简关乎《诗》《礼》《易》，清华简有《尚书》数篇，有的有传世本，有的属佚篇。

②1992年，李学勤发表《走出疑古时代》一文；1995年，李学勤将相关论文结集，以《走出疑古时代》为书名出版。

构成的古代著作成员，重新做一次总检讨。"①

经学研究的另一重要内容是经学思想。可以从经学史的角度研究经学思想，形成经学思想史，成为经学史的一个部分或一个分支。徐复观在讲《西汉的经学思想》时就谈到经学史研究阐发经学思想的意义："《史》《汉》之《儒林传》只能看出经学的传承，不能看出经学的意义。若经学无意义，则其传承也无意义。经学的文字是客观的存在，但由文字所蕴涵的意义则须由人加以发现，而不是纯客观的固定的存在。发现常因人因时代而不同，所以经学意义的本身，即是一种进动的历史产物，对它必须作'史地把握'，才可接触到它在历史脉搏中的真生命。中国过去涉及经学史时，只言人的传承，而不言传承者对经学所把握的意义，这便随经学的空洞化而经学史亦因之空洞化，更由经学史的空洞化，又使经学成为缺乏生命的化石，由此一代表古代文化大传统，在中国现实生活中的失坠，乃必然之事。即使不考虑到古代传统的复活问题，为了经学史自身的完整性，也必须把时代各人物所了解的经学的意义，作郑重的申述。这里把它称为'经学思想'。此是今后治经学史的人应当努力的大方向，我在此作一尝试。"② 徐复观的评论适用于汉代关于经学史的记述，这或许和汉代儒家学者重师承而不重义理的学风有关，若是宋明时代的经学，则此批评未必适用。但这一大段文字对研究"经学思想"意义的说明，是很有参考价值的。经学史研究的一个重要功用，就在于说明归纳注解经典的学术活动以及由此而发生的思想的演变，经典及经学与当下生活的意义关联，也就关联在这些思想之中。

如果仅限于经学史的研究，包括经学思想的研究，很难说这样

---

① 饶宗颐 2001 年 11 月参加北京大学百年校庆时的讲稿《新经学的提出——预期的文艺复兴工作》。

② 徐复观：《中国经学史的基础》，见《徐复观论经学史二种》，上海书店出版社，2002 年，第 164 页。

的经学研究就是经学的复兴,也很难说是建立"新经学"。经学复兴,或者新经学的特质,是复活经学的传统,复活依据经典生产思想的创造传统。经者,常也。经典之为经典,在于其承载的是不移、不易的恒常之道。经典是价值的源头,是灵感的源泉。经学的生命活力,在于不断阐明、发扬经典所蕴含的价值精神,不断从经典中获得灵感和启迪。南宋理学家朱熹的思想曾经历从"中和"旧说到"中和"新说的转变,帮助他解决学术困惑并产生思想转变的,是对经典文本《中庸》的反复阅读和思考。朱熹的《观书有感》,形象地说明了经典在启迪思想上的作用,"问渠哪得清如许,为有源头活水来"。经典就是思想的"源头活水"。经学的复兴,或者新经学的建立,在形式上表现为重新研究经典、注解经典的学术活动,在精神气质上表现为回归经典、重新发现经典、发扬经典的思想运动。这也同样正如饶宗颐先生所说,"经书是我们的文化精华的宝库,是国民思维模式、知识涵蕴的基础;亦是先哲道德关怀与睿智的核心精义、不废江河的论著。重新认识经书的价值,在当前是有重要意义的。"[1]

两宋的儒家知识分子,重新去解读先秦儒家经典,一扫汉唐经学的迷雾,他们出佛入老,然后"返之《六经》"[2],成功地回应了外来的佛教文化和本土的道教文化,建立起融合佛老的"道体"[3]化的新型儒学——理学,从而完成了自唐代"古文运动"以来的儒学复兴运动。当代经学的复兴,也可期待一扫百年来笼罩在中国学术和中国文化上的迷雾,重新认识和发扬中国传统文化的价值。自

---

[1] 饶宗颐在北大百年校庆纪念会上的演讲《新经学的提出——预期的文艺复兴工作》。

[2]《宋史·道学传》记张载:"……又访诸释、老,累年究极其说,知无所得,反而求之《六经》。"

[3] 朱熹与吕祖谦合编理学入门读物《近思录》,首列"道体"。吕祖谦以为无此必要,朱熹则以为不列"道体",《近思录》就没有编写的必要。

中华礼乐文化传承

新文化运动以来，中国文化建设的总体趋向是"向西方寻找真理"[1]，来建设中国的新文化。中国学人对于西方思想和学术，已经有了比较充分的了解，已经具备了"出入西学，返之《六经》"的条件。国学的复兴及经学的复兴，代表了在吸收外国文化优秀成果的同时，我们回归和发扬自己的传统文化，在新时代建设中国新文化的一个趋向。这正如同我解读北京大学不久前成立儒学研究院的意义：从"打倒孔家店"到成立"儒学研究院"，是"五四"以来"新文化运动"的一个自我扬弃，是克服片面性的自我完善。

经学的复兴，代表着不同的学术取向和意义诉求。以反传统、批传统为价值取向的，通过对经学历史和经学思想的研究，也可以发现传统的价值，主要是负面的价值。这种发现也并非全无意义，至少他们试图通过对传统的否定来达成对某些正面价值的肯定。以弘扬传统为价值取向的，可以通过经学的复兴来达成中国文化的复兴。标榜"价值中立"，追求客观研究学术的，可以把经学当作一种无关信仰与价值的纯粹知识，多从事一些考据、校勘型的整理工作和经学历史的研究。通过经学的复兴，无疑有助于正在开展中的儒家复兴运动，但应注意，不要把经学复兴简单等同于儒学复兴。笔者也支持并参与儒学复兴，但也主张理智对待国学研究和经学研究，保持好个人信仰和学术研究的张力，不要让儒学或儒教的工作来干扰学术研究和国学教育。经学复兴的极致，在于充分展开这种种思想的或学术的丰富可能性，可谓"并育而不相害""并行而不相悖"，亦即"和而不同"。无论如何，否定和阻挠经学研究的开展，在学理上是说不过去的。

---

[1] 毛泽东在《论人民民主专政》一文中指出："自从一八四〇年鸦片战争失败那时起，先进的中国人，经过千辛万苦，向西方国家寻找真理。洪秀全、康有为、严复和孙中山，代表了在中国共产党出世前向西方寻找真理的一派人物。"《毛泽东选集》第4卷，人民出版社，1991年，第1469页。

二、经学与国学

用"国学"这一名称,来指称中国传统的学术文化,在目前还是有争议的。有的学者认为,用国别称呼一国的学术是不恰当的,世界上并没有什么法国学、德国学、英国学、美国学,为什么中国非要有一个独有的"国学"?这个看法其实是说不通的。

我们都知道,中国人把自己的学术称作"国学",是引入西学并全面取代中国自身的学问的结果。由于所谓现代学术与学科体制都是按照西学的,中国自身的学术体系无法与之对应,如果不想被全面肢解或全面抛弃,只好采用一种退守的策略,以强调中国固有学术体系的特殊性,来求得其存在的完整性,只好把自己的学问称作"国学"。意思是说,我们中国有一套与西方那一套完全不同的、完整的知识体系。

世界上为什么没有法国学、英国学、德国学一类的说法?一是因为这些国家的学术扩张到全世界来了,成为普遍化的全球化的学术,没必要强调其独特性,二是因为这些国家的学术,没有以国别区别的什么独特性,称不上什么法国学、英国学、德国学。这些西方国家有着共同的知识来源,没有截然异于他国的知识体系。在非西方国家中,只有中国和印度是西方以外在思想和文化上具有世界影响的独特范型,也唯有中国和印度才有可能称自己固有的学术为"国学"。但不幸的是,印度不仅历史上由于雅利安人的入侵曾中断其文明历史,而且由于西方殖民国家的野蛮侵略,英语取代了印度本国固有的语言成为官方语言,传统文化除了以印度教为代表的宗教文化外保留下来的很少。中国是世界上唯一未中断其文明历史的文明古国,也是非西方国家中唯一保有其独特知识体系的国家。我们再看看中国周围的几个国家,他们虽然也拥有各具特色的传统文化,但却并不拥有专属于自己的独特的知识体系。我们现在编纂《韩国儒藏》,去看韩国过去怎么对儒家著作分类。历史上的朝鲜,对于儒家著作的整理和分类，依然是依照两晋以来经、史、子、集的做法，基本就是《四库全书》的朝鲜版。所以，中国是唯一有资格把自己的传统学术称作"国学"的国家。

世界上虽然没有什么法国学、英国学、德国学，但并不意味着人们不重视这些国家拥有自己的独特历史和文化。德国莱比锡大学和中国大学交流的历史比较早，笔者曾经看过该校的硕士生招生专业，其中就有盎格鲁-萨克逊学研究、日耳曼学研究，属于以人种学、文化学为中心的跨学科综合性研究。

也有的学者主张"国学"就相当于西方的"古典学"，甚至把"国学"也直接对译成 Classics。有的学者主张建立"中国的古典学"。① 这其中也有可以商榷之处。古典学，这门专门研究古希腊—罗马文明的学问，它研究的对象是已经完结了的文明，无论古希腊文还是拉丁文也都是死文字。如果把先秦文化从中国历史长河中孤立地拿出来，同西方的古典学相对应，然后建立起所谓"中国的古典学"②，在开展比较研究的意义上，作为国学研究的一个分支，也并无不可。但古典学是古典学，国学是国学，应该区分得很清楚。国学反映了中国是世界上唯一未曾中断其文明历史的国家的事实，也反映了传统与现代是一条连绵不断的历史长流。国学是活的国学，而不是古典学。

经、史、子、集四部是图书分类体系，同时也是知识分类体系。经部包括易、书、诗、礼、春秋、孝经、五经总义、四书、乐、小学，主要是儒家经典和注释研究儒家经典的名著。史部包括正史、编年、纪事本末、别史、杂史、诏令奏议、传记、史钞、载记、时令、地理、职官、政书、目录、史评。子部包括儒家、兵

---

① 见刘晓枫在"古典西学在中国"论坛的发言：《为什么应该建设中国的古典学》。

② 刘钊、陈家宁：《论中国古典学的重建》，载《厦门大学学报》（哲学社会科学版），2007年第1期。

家、法家、农家、医家、天文算法、术数、艺术、谱录、杂家、类书、小说家、释家、道家。集部包括楚辞、别集、总集、诗文评、词曲。

从四部之学的详细分类，我们可以看出国学是怎样一个庞大的知识体系。我们对国学的理解，应当明确国学对应的是中国的传统知识体系，对应的是中国传统学术，而不能把国学当作中国传统文化的总称或代称。很多支持国学的人，从弘扬传统文化重要性的角度来论证国学学科成立和国学学科建设的重要性，虽然不能说是错误的，但对国学学科及其成立意义的理解，却还不能说是完全到位。国学之所以要从文史哲等学科中独立出来，就在于在西方知识体系一统中国学术和教育的背景下，给中国固有的学术一块自留地，接续中国传统学术，延续中国固有的知识体系。在这个知识体系中，有自己独特的学术分类、价值理想、话语系统、学术方法和学术规范。如果现在还不及时来做这项工作，即使有所谓现代知识体系对中国传统文化的研究，那么对中华文明而言，仍然无异于归化于他方，失去了自我，中断了文明历史。

从四部之学的详细分类，还可以看出当前经学的复兴，在接续这个知识体系中的地位。关于经学与国学的关系，学术界就经学与子学、史学和集部之学的关系，作了不少论述，都肯定经学作为统领其他三部的"根""源""魂"的意义。当然也有不同的意见，有的学者提出经学并非子学全部的根。[①] 无论如何界定经学与子学的源流关系，经学在传统学术中居于主导地位，而子学只是附属于经学，这一点应是没有什么疑问的。但在以西学标准建立起来的现代学科制度或学术体系中，子学、史学、集学各分支，皆有相应的学科对应研究，唯独经学各分支，除"小学"可对应文献学之外，

[①]例如，郑杰文教授认为夏商周三代学术并非一个单一的脉络发展下来。到了汉代，也有一些别的学术参入汉代的经学中。

其他都成无"家"可归的流浪者。诸子中理论性较强,较像"哲学"的几家,有哲学学科在研究;兵家,有军事学在研究;法家,除哲学外还有法学在研究;医家有医学在研究。作为人大国学院"大国学"特色的少数民族历史文化有民族学和宗教学等学科在研究。在经学各分支中,易因为哲学味较浓,受到哲学学科的青睐。诗,有文学学科研究。其他各分支,基本上就没有什么学科对应,给予系统的研究了。三代之政被称作"礼乐文明",中华民族自称是"礼乐之邦",但对于礼学,就没有哪个学科去对应,礼学废弛,四维不张,难怪人们呐喊"还我礼仪之邦"。

有名的"横渠四句"是古代知识分子的使命担当,也是如今重振国学的使命担当。由于经学在四部中的地位最重要,经学沦为"绝学"的危机最紧迫,因而从接续中国传统知识体系的角度来看,"为往圣继绝学",首要的任务就是接续经学这一"绝学"。国学范围广泛,内容丰富,国学研究当然不能只研究经学,但理应重视经学,自觉把经学放在重要位置。

三、经学与哲学

关于经学与哲学的关系,学术界流行一种意见,认为哲学(指"中国哲学")是经学的一个组成部分。经学中讲述历史的部分,属于经学本身,经学中思想的部分,属于哲学。换言之,哲学是经学中的义理内容。还有一种意见认为,哲学是经学的表达方式,经学思想如果想获得现代表达,则须经由哲学的言说途径。

我们先讨论第一种意见。在讨论经学与哲学关系时,有必要首先明晰哲学(中国哲学)是怎样一门学问。回顾中国学术史,我们可以知道,所谓"中国哲学史"是近现代被建构出来的一门学问。先有"中国哲学"或"中国哲学史"这个学科,然后才有依据这个学科,以回溯历史的方式,建构起所谓的"中国哲学史"。这门学科的主要工作,就是以西洋哲学为参照,来重新整理中国思想材料。在内容上，由于诸子看起来比较像"哲学"，子学受到较多的重视，《六经》除周易外看起来不那么"哲学"，中国哲学一般不重视对于《六经》的研究。以至于有的学者认为，蔡元培评价胡适建立起的中国哲学是"截断众流"，但在实际上并非是"截断众流"，而是将经学边缘化，是"塞源"，子学替代经学成为学术的中心，可谓"婢作夫人"①，地位颠倒。我们暂时搁置经学和子学对当代学术意义重要性的争论，从研究对象上看经学与哲学的关系，二者或重经学，或重子学，是相互补充的。

我们再讨论第二种意见。如果把哲学看作是经学的表达方式，经学研究也将遭遇类似中国哲学学科的"合法性危机"。中国哲学学科是否具有"合法性"，在这个学科创制初期，就已经有明确的自我认识和明确的回答。胡适是通过给出一个关于"哲学"的一般定义来回答这个问题。冯友兰则明确了中国哲学学科属于比较研究的特性：所谓"中国哲学"，"即中国之某种学问或某种学问之某部分之可以西洋所谓哲学名之者"，"今欲讲中国哲学史，其主要工作之一，即就中国历史上各种学问中，将其可以西洋所谓哲学名之者，选出而叙述之。"② 冯友兰还说，理论上我们当然也可以拿中国义理学史为参照，去写西洋义理学史，但照当前的现实情况来看是不可能的。根据中国哲学学科在创制之初对自我的清晰地位，本不应该发生什么"合法性问题"，也本不应掀起关于中国哲学史学科合法性问题的讨论。因为中国哲学学科就是一种依照西方哲学来整理中国思想史料的比较研究，就比较研究的意义而言，有什么合法性问题呢？问题是我们在引入哲学这门学问的同时，终结了自己固有的学问体系，尤其是中断了经学的传统，反而将依照西方哲学

---

①张京华：《中国何来轴心时代？（下）》，载《学术月刊》，2007年第8期。

②冯友兰《中国哲学史》和《中国哲学简史》对中国哲学史学科有明确界定。

学科范式和话语体系的一种比较研究，当作对中国本土思想的唯一讲述。如此一来，中国哲学学科面临着三个严重的问题：1. 理解和表达传统思想的有效性是颇有疑问的；2. 本土思想资料成为附会和演绎的材料，感觉良好的所谓用现代思想诠释传统材料，无异于搬弄和附会，这种思想领域的研究活动却很难创新思想和生产思想；3. 让一种依照西方学科和话语系统建立起来的解释系统来承担诸如民族精神、精神家园一类的宏大主题，中国哲学学科不堪重任。

国学学科的建立，尤其是经学的复兴，使得中国哲学学科合法性问题部分得到消解——中国哲学学科回归作为比较研究的学科特性，那些宏大意义的担当，交由国学学科去承载吧，中国哲学学科还是在"中国的哲学"和"哲学在中国"之间，更多思考一下"让哲学说汉语"，即"汉语哲学"[①]的问题。中国哲学学科以子学为主要对象的这种哲学游戏，不仅不能承载前述诸宏大意义，也无法保证对传统理解和表达的有效性，亦无法保证利于依据本土资源生产具有原创性的思想。比较研究就是比较研究，沟通中西学术而已。以这种比较研究为特质的学科，研究子学犹有不达，何敢奢望成为经学的有效表达！笔者在2010年6月29日北京大学儒学研究院组织的"中国经学史讨论会"，就表达了这样一个看法：现在哲学家摇身一变就成了经学家，如果不能对曾困扰中国哲学学科的合法性问题有所自觉，努力探索和建立起中国思想的话语系统，那么对经学思想的理解和解释将引发新的经学的"合法性问题"。这种由当下中国哲学学科范式出发的对于经学的研究，不啻是经学的一场新的灾难！

我们虽不排斥以种种西方或现代话语去诠释经学思想的活动，不反对种种让古人穿上西装以展示所谓传统思想的"现代化"的企图，但至少还应在经学研究之中，不失一种接续或重建中国思想叙事方式

---

① 彭永捷：《汉语哲学如何可能》，载《学术月刊》，2006年第3期。

和叙事话语、探究中国思想真传统真精神的追求。

  民族复兴,文化复兴,国学复兴,经学复兴。经学研究,意义丰富,担当宏大,挑战严峻。"六经责我开生面"①,复兴经学正当其时!

---

①"六经责我开生面,七尺从天乞活埋"。王夫之自题画像堂联。

探寻礼乐文明的精神

吴 飞[①]

近几年来，随着传统文化受到社会上下越来越多的重视，也有越来越多的人开始关注礼学的整理、研究，乃至实践，学术界的礼学研究方兴未艾，清华大学、北京大学、人民大学相继成立了礼学研究中心，而政府和民间的各种祭祀礼仪活动也纷纷展开。应该说，各个层面的研究和实践对重新认识中国文化传统、面对当代中国的伦理文化危机都有一定的作用。不过，在各种声音的一片喧嚣之中，究竟如何认识中国的礼乐精神及其与现代生活的关系，已经越来越成为一个需要澄清的问题。

礼者，履也。诚然，和经学中其他几个门类不同，礼学在根本上就有很强的实践性。但在我看来，目前礼学研究最重要的任务并不是制礼作乐，而是在学术上探讨礼乐文明的精神。由于传统礼教在五四时期遭到了空前的打击，百年来若干重解中国传统的努力对人伦礼教往往避而不谈，但这些努力不仅无法全面理解中国文化的真精神，而且不能与西方思想展开实质的对话，对很多现实问题缺乏发言能力。对礼学的研究大多只保存在整理国故的层面上，虽然也有不少重要的成果，但未能直接参与思想的建构，礼学似乎只能栖息在博物馆和故纸堆中。现在重提礼学研究，其最大的意义就在于，在理解中国传统文化的时候充分考虑到礼乐文明的核心精神，进入到与西方文化更实质的比较和对话中，从而能够在更深层的意义上建构现代中国的文明体系。

[①]北京大学哲学系。

探寻礼乐文明的精神

礼乐精神是贯穿于六经当中的一种文明精神,最能代表中国文化的精髓。《左传·昭公四年》里有一个著名的故事:鲁昭公到了晋国,处处做得恰到好处,晋侯就问女叔齐:"鲁侯不亦善于礼乎?"女叔齐回答说:"鲁侯焉知礼!"晋侯就很奇怪,鲁侯在每个细节上都很讲究,还不算知礼吗?女叔齐就说:"是仪也,不可谓礼。"并不是所有的仪式做得恰到好处,为人处世有礼貌,就算懂礼了。孔子更是在这个意义上说:"礼云礼云,玉帛云乎哉?"这种礼的精神,历代礼家称为"礼意"。《中庸》里说:"礼,时为大。"《礼运》中说:"礼虽先王所未之有,可以义起也。"只要得了礼意,礼仪都可以义起,以时为大,即要按照每个时代的具体情况,使礼意最好地表达出来。《中庸》里又说:"君子素其位而行,不愿乎其外。素富贵行乎富贵,素贫贱行乎贫贱,素夷狄行乎夷狄,素患难行乎患难。君子无入而不自得焉。"素其位而行,无入而不自得,这是一种何等通达平易的态度!在它面前,任何狂热、固执、复古的态度都会显得荒谬和可笑。在目前很多谈礼的人那里,狂热的民族主义乃至宗教化的倾向却非常强烈,这绝对不是礼乐精神的应有之义。

"礼时为大"并不是一个泛泛而言的态度,因为它要求我们不仅把握最实质的礼意,而且通晓真正的时代精神,否则就不可能知道礼乐精神在这个时代以怎样的方式实现出来。目前礼学研究兴起的真正意义在于,中国学术界已经有不少学者认识到了这一点,并开始努力探讨礼乐精神在当代中国可能的形态。至于这一工作将如何完成,现代中国可能会以怎样的方式在展现礼乐精神,目前还没有人能给出明确的答案。当前的礼学研究还只是刚刚起步,所有相关工作都是在试错,有可能将来都会被淘汰和否定。当然,反过来也可以说,无论看上去多么荒谬的做法,都是有价值的,因为对它的否定会帮助我们向真理迈近一步;因此,我们也应该尊重所有的尝试。

在这个前提下，我们的工作虽稍有心得，同样也还只是处在试错的阶段。在此处谈谈我对礼意的一点理解，绝不敢说就一定是对的。只是在我目前看来，我们若要理解中国的礼乐精神，就应该把握住下面这几点。

礼乐文明首先是一种人伦秩序。陈寅恪先生有言："吾中国文化之定义，具于《白虎通》三纲六纪之说。"这话是大多数现代人无法理解的，即使像熊十力、牟宗三这些所谓的文化保守主义者也不肯认同。我以为，现代中国文明最大的问题并不在于失去了哪种具体的礼仪制度，而是在于，主流思想话语已经没有兴趣和能力思考人伦问题了。大量关于家庭伦理的电视剧表明，人伦问题仍然是城乡中国人最关心的问题，但可惜，这种思考只能停留在电视剧的层面，很难进入精英知识分子的思想建构。而在我看来，若要深入中国文化的真精神，就必须理解伦常的价值。所谓经礼三百，曲礼三千，三礼中有那么多条目，林林总总，读起来极其繁琐乏味，其根本究竟何在？曹元弼先生说："天道至教，圣人至德；著在六经，其本在礼；礼有五经，本在丧服。"在《仪礼》十七篇中，历代最受重视的就是《丧服》一篇，因为这一篇最丰富地体现了人伦秩序，而其他所有的礼都是按照人伦秩序来安排的。人伦秩序的基本原则，就是"爱有差等，施由亲始"，并不看重"四海之内皆兄弟"式的无差别的爱，认为人与人之间的关系一定有个远近亲疏的不同。所以，从消极的方面来说，"不爱其亲而爱他人者，谓之悖德；不敬其亲而敬他人者，谓之悖礼。"这种差等之爱的负面结果，就是费孝通先生所批评的自私；但它的积极方面，确实鼓励人将爱亲之心推而广之，"老吾老以及人之老，幼吾幼以及人之幼"。只有建立在人性自然的基础上的爱敬，才是真正有根基的爱敬。礼的原则，就是要基于人情，如果让人像爱陌生人一样爱自己的亲人，那就是违背人情的，最终不会使他像对待亲人一样对待陌生人，反而会像对待陌生人一样对待亲人。当今中国之所以出现种种情感的冷漠和道德的虚无，并不是因为人们太关注自己的亲人了，以至于不管他人的利益，而是更多表现在，人们已经太不看重亲人了，以至于遮蔽了最基本的恻隐之心。

这种人伦秩序最基本的原则是"亲亲"与"尊尊"两个维度，也就是爱与敬两个方面。爱为敬之本，敬是爱之成。所谓"缘情制礼"，礼的基础是人们之间的情感，所以礼必须小心地节文人情，而不能压抑和桎梏人情；但是也不能任人情泛滥而无所限制。情感虽然重要，但情感是不稳定的、多变的，而且容易泛滥无节制，如果不加节制和引导，不仅可能变得非常盲目和非理性，甚至很容易就由爱生恨，最终走向自己的反面。只有靠了对"敬"的强调，爱才能变得严肃和厚重，成为可以依赖的秩序。孔子说："今之孝者，是谓能养，至于犬马，皆能有养，不敬，何以别乎？"所强调的正是以尊尊之敬来成就亲亲之爱。《孝经》里面也说："礼者，敬而已矣。"靠了敬，人们才能爱得有尊严；也是因为有爱作为基础，敬才不会是违背人情自然的；因此，礼的精神，是要在爱和敬之间寻求平衡。礼的精神使中国文明成为伟大的文明，但任何伟大的文明都有其内在的张力和问题，这是我们不能忽视的；而礼乐精神的最大张力就体现在爱和敬之间。脱离了敬的爱会泛滥，脱离了爱的敬会变得残酷，这个平衡一旦掌握不好，就可能走向这两个极端。在历史上，中国文化出现的种种问题往往就是因为走向了某个极端。比如五四时期对礼教的批判，我并不否定，因为它正是对无爱之敬的批判，在根本上并没有颠覆礼乐精神，反而是在礼乐精神内部做的修正；而时至今日，我以为无敬之爱是我们这个时代的一个巨大问题。在二者之间取得一个微妙的平衡，达到文质彬彬的境界，是礼乐精神的根本所在。在我看来，这也是中国的礼乐文明区别于西方宗教文明的关键之处。

礼的精神还必须和乐的精神相配合。礼主节，乐主和，礼宜乐和，才谈得上孔颜乐处。孔子又说："乐云乐云，钟鼓云乎哉？"

▶ 中华礼乐文化传承

"乐"当然不能简单地理解为音乐,而是体现在音乐中的和乐境界。礼并不是为了限制人,而是为了让人有秩序、有尊严地达到快乐。礼的精神告诉人,不是什么人,什么事都是一样的,因为"物之不齐,物之情也",无视实际存在的不平等,是无法人为地达致平等的。所以按照礼必须要有差等:父子之间再平等,也不能没大没小;上下之间再平等,也要讲究主从。没有秩序,什么事情都办不成。但是区分尊卑长幼上下并不是礼的目的,这些区分有序的人们之间还要相互合作、共同生活、一起做事,那就需要和,需要快乐,这就是乐的精神了。正如只有敬才能成就有尊严的爱,也只有礼才能成就雍容典雅的乐。没有礼的乐也会泛滥无节制,没有乐的礼也会变得残酷而限制人。礼宜乐和,乃是礼乐文明所要追求的目标。

礼乐精神的又一个方面是"中庸之德"。我常常对学生说:"西方的哲学家往往是和一般人非常不一样的人,但中国的哲学家都是比一般人还要正常的人。"这是中西文明精神一个非常重大的区别。无论是苏格拉底还是耶稣,他们的做法都有与一般人极其不同的地方,这就是西方文化所理解的超越;但孟子和荀子都说,圣人是尽伦之人。即,若是能把人伦的各个方面都做得恰到好处,就是圣人了。中国文化的最高境界,不是让人超出一般人的生活之外,不是让人变得和一般人都不一样,不是一种外在或内在的"超越",而是要去体会一般人日用而不知的道理,能够更深地讲出日常生活的理由和目的,从而更乐在其中地过平常人的生活。在平常生活中体会最高明的道理,在洒扫应对中拿捏得恰到好处,这是比蹈白刃、辞爵禄、均天下更难的一件事,当然也是一种更高的道德。我原来写过一本书叫《浮生取义》,浮生取义是比舍生取义更重要、更难做到的。所以,礼的种种规定,都是为了"节文人情",即不是为了禁锢,而是要引导人找到最合宜的表达方式,培养出最深厚的情感,学会最恰当的做法。稍微有了一些生活经验之后,我们都可以理解，能做到这些其实是非常难的。但这些方面恰恰是中国思想最高明的地方。对礼学的研究若能帮助我们在这些方面有点收获，就算是已经有了很大的作用了。

以上是我对礼乐精神的几点概括：人伦秩序、亲亲尊尊、礼宜乐和、中庸之德。这是实质的礼意所在，不应该随着时代的变迁而变化，哪怕在已经非常西方化的自由平等精神之下，这些也是应该追求的。至于通过怎样的仪式，用怎样的方式来实现这几点，却是非常灵活的。

在产生礼乐文明的殷周之际，亲亲尊尊、礼宜乐和是封建宗法制度的实质精神，体现在各个经典当中。秦汉以降，封建宗法制度没有了，经学却兴起了，汉唐经师通过对各经的注疏讲出了礼乐精神；而在实践上，经过历代儒生的努力，在唐律中最终形成了"准五服以制罪"的成熟法律体系。到了宋代，文化和社会再次面临危机，程朱承前启后，形成了理学的经学诠释体系，同时以《朱子家礼》建构了一套新的礼制体系，一直沿用到清代。清代的经学和礼学都非常兴盛，出现了许多大师和优秀的著作，而且到了晚清，曾国藩和张之洞不仅试图调和汉学和宋学传统，而且有明确的面对西学的意识。历代学术和制度的变迁就已经很好地诠释了"礼时为大"和"可以义起"这两句话。到了今天，我以为需要在充分理解传统的基础上，尽可能自信和开放地面对西学的冲击，不是被动地被同化和殖民，而是主动地将西方的思想精华为我所用。清儒的工作，是我们首先应该充分尊重、认真整理，和努力继承的。学术上守先待后、贯通中西的工作是第一位的，任何骄矜、偏执和狂热的态度，都是不应该有的。

所以，在面对礼乐精神之时，我特别反对复古主义的、民族主义的、宗教化的倾向，因为这些都和礼乐精神相违背。复古主义的倾向与"礼时为大"的精神是完全相反的，《中庸》中也明确说："生乎今之世，反古之道，如此者，灾及其身者也。"复古还不如博物馆和故纸堆中的学问，简直如同文化僵尸出来害人。民族主义的，是更容易陷入的一个倾向。我们推崇礼乐文明，并不是因为这是中国的礼乐，而是因为礼乐精神是一种更自然、更高明的普世价值，因此绝对不能以中国礼乐文明的名义反对一切西方的东西，反对现代生活的精神。甚至有些更极端的民族主义者对清代的成就一概否定，俨然一副反清复明的姿态，以为凡是清代的礼仪都不可用，我认为这是更加糟糕的一种态度。以人伦为核心的礼乐文明，也不是西方意义上的宗教，因为它并不追求内外的超越，而是在日常生活中寻求孔颜乐处，把它宗教化是对它的巨大误解和降格。

　　复古主义、民族主义、宗教化的共同结果是，培养许多固执、狂热、偏狭的文化情绪，这与礼的精神就完全背道而驰了。礼乐文明并不是中国人用来炫耀和表演的标签，而是一种和乐节制的生活方式。现在如果不深入研究礼意，盲目地制礼作乐，很容易就会陷入到这三者之中。中国文化中没有这样的东西，这反而是和西方接触之后，不自觉地从西方学到的。而要清理这些情绪，首先需要我们更多、更深入地了解西方。这也是我做礼学研究以来的一个切身感受：越是深入传统文化，越需要阅读西方，在当今的世界，是不可以闭门造车的态度来讲中国文化的。这不仅因为西方已经是现代中国人不能脱离的一个语境和参照系，而且因为，中西文明都是人类创造出的伟大文明，在最深的地方，中西圣贤所面对的问题是相通的。没有对西方文明的一个深入了解，我们已经不可能找回中国文化的真精神了。所以对西方的了解还不能肤浅地停留在对现代甚至当前的某些思潮的跟踪上，而必须深入其古典文明，理解西方文明中最高明、最精深的部分。对中国文明的认识程度，取决于对西方文明的认识程度。

　　当初汉高祖初建国，有一个叫叔孙通的人要为汉庭制礼作乐，到鲁地去找了三十多个儒生。其中有两个人当面斥责他，说："礼乐所由起，积德百年而后可兴也，吾不忍为公所为，公所为不合古，吾不行，公往矣，无污我。"叔孙通为汉朝制订礼制，当然也有很大的意义；但应该有更多的儒生专心于经传诠释，否则也就不会有汉唐经学的恢宏气象了。若在今日中国谈礼乐精神，我以为最需要的正是鲁两生这样的人。

礼乐文明与"非物质文化遗产"

项 阳[①]

礼乐文明,是中国先民在精神乃至道德层面规范化行为的标识,始于社会中人们逐渐形成对天地君亲师的敬畏,以仪式表达,乐与仪式相须,体现礼的内涵,所谓"礼由外化,乐自中出",形成浓郁的场域氛围,使在场者以敬畏等情感体味"和"的境界,所谓和敬、和顺、和亲。

"是故乐在宗庙之中,君臣上下同听之,则莫不和敬;在族长乡里之中,长幼同听之,则莫不和顺;在闺门之内,父子兄弟同听之,则莫不和亲。故乐者审一以定和,比物以饰节,节奏合以成文,所以合和父子君臣,附亲万民也。是先王立乐之方也。"[②]

并非所有的礼仪都要乐参与其间,只有被认定为在不同层级重要的场合方可用乐,这就形成有乐之礼仪和无乐之礼仪,但在礼乐观念下,所有这些都是人们的行为规范并体现文化认同,"凡用乐必有礼,用礼则有不用乐者"。[③] 历经数千载以成,这种理念应是为中国人命运共同体之创造,并在国家意义上以制度规范,逐渐成为区域人群的文化自觉。

在部落、氏族、方国阶段,仪式用乐方式最初呈现重祭与祈之吉礼样态,以礼俗样式存世,即是由礼约定成俗、约定俗成,当国家确立上升为礼制阶段,所谓"国之大事,在祀与戎",在吉礼核

[①] 中国艺术研究院音乐研究所。
[②]《礼记注疏》,艺文印书馆,2007年,第700页。
[③]《礼记注疏》,艺文印书馆,2007年,第348页。

礼乐文明与"非物质文化遗产"

心为用的情状下,出于礼乐观念的整体意义,在周代拓展到嘉军宾凶等多类型、多层级,呈现五礼仪式用乐,社会中人参与其间,以此成为人格塑造的重要方式,亦为人们情感丰富性诉求的仪式化表达,这礼乐在具审美功能的同时更重社会、实用和教育多种功能。一旦社会明确并认同礼乐文化内涵,奉为行为准则,即便非仪式为用的俗乐亦应与之契合,所谓"合礼乐之化,设内外之教,而天下顺也",①意味"和合"。审美娱乐在其间,通过非仪式化的俗乐有效诠释礼乐文化内涵,使得社会和谐安定,不如此则谓"郑卫之音""桑间濮上之乐""靡靡之音"样态,是为"礼崩乐坏",受到社会的鞭笞和谴责,这是中国传统社会将礼乐和俗乐都归入礼乐文明体系的意义所在,彰显中国传统音乐文化功能性所在的整体意义。礼乐观念形成,并以礼乐制度保障其实施,社会发展过程中随改朝换代在因循基础上有新变化,但国家用乐仪式和非仪式两条主导脉络为用的样态却是贯穿三千载,这是社会认知中国传统文化为礼乐文明的重要原因。

有学者讲,周代为礼乐文明,其后礼崩乐坏,礼乐文明不再。这种观点在学界有代表性。问题是周代之后的中国是怎样的文明呢?有人讲是儒学,但孔子是在承继的前提下发展,所谓"吾从周",有国家制度为保障,因循礼制前提下的拓展,二十四史均有礼乐志和乐志,且居于官书正史的重要位置,难道这不属于礼乐文明?有学者点题:礼乐在当代传承实践的可能性。问题是传承了数千载的礼乐文明何以在当下会这样考量?持这种观点者不从汉魏以降两千载认知,亦不从与当下更近的明清时期与两周的因循把握,这是说恢复礼乐文明就要回到周代?是恢复周之礼制、礼仪还是礼乐?

---

①《子夏易传》,《丛书集成新编》(第十四册),新文丰出版社,2008年,第536页。

学界可能忽略了乐作为音声为主导的技艺形态所具有的时空特性，所谓礼乐，仅从礼的视角考量显然是不够的，还应有乐、或称礼乐一体的视角。既然讲乐，就要把握这种特性。当乐与仪式相须为用，在没有录音录像设备的年代，凡用乐必定活态承载，这是必须明确的事情。两周甚至没有乐谱和舞谱，仅凭文字难以把握礼乐形态。虽然可借助考古去管中窥豹，但毕竟难以整体认知。问题在于，在传统社会中当有乐谱和舞谱以及礼乐和俗乐两条脉的形态存在且实施，学界多视而不见，只以周代马首是瞻，却神龙见首不见尾，这其实还是礼乐文明在两周的观念作祟。现代一些所谓"复原"周代礼乐者，仅从考古和文字资料便声称复原，其实旋律都是现代人创制后的假托，哪是周代礼乐呢？将有乐谱、舞谱并有文献记述的仪式、仪程、仪轨探究复原，以此感知礼乐应有的样态方为正途。不应盲目复原周代礼乐形态，搞得非驴非马令人啼笑皆非；亦不应沉浸于对周代礼乐形态的臆想之中，却对后世国家礼乐视而不见。真是应该从礼和乐的双重视角定位，把握礼乐观念生成之后的因循和国家制度的保障，方可认知中国社会命运共同体的创造和礼乐文明的深层内涵。中国礼乐文明自形成国家引领意义和社会深层文化认同后一以贯之。

传统延续数千载，定有深层文化内涵并涵养文化认同。对中国传统文化应辨析哪些需要批判扬弃，哪些需要弘扬承继。与社会发展相悖的东西势必要退出历史舞台，但任何扬弃与承继都应建立在认知中国传统文化深层内涵的基础之上，若眼光就是向外，将传统视若敝屣那就是另外的事情了。

非物质文化遗产重在精神和思想，涵盖道德行为规范等诸多层面。国家制定保护法，体现对传统文化的敬畏。但在实施过程中，特别是涉及一些音声技艺类非物质文化遗产代表作项目（在当下属民间礼俗，许多为历史上的国家礼乐意义）却受到冲击，何以如此值得反思。关键在于某些部门对这一大门类的非物质文化遗产认知不足，只把握形态本体，不认知功能意义，不把握其深层内涵，不从文化整体保护，这当然涵盖了对礼乐文明的认知。也是，本来就认定礼乐文明在两周，其后不再，在这样的理念下对中国传统礼乐文化粗暴不必纠结。不认同还说什么好呢？对中国传统礼乐文化的认知限于"空泛"，不从形态考量，或是对其不尊的重要原因。

乐在留声机发明之前若展演必须有人活态承载，无论仪式用乐还是非仪式用乐均如此。即便有了录音录像等科技手段，人们依旧需要仪式感和现场感。虽然有些场合可以替代，但终究不可能全盘取代由人承载的自身意义。

毫无疑义，在中国传统社会中重要仪式场合必有礼乐存在，但当下人们似乎"淡化"了礼乐观念。文史学界多从礼的视角认定周代社会为礼乐文化，音乐学界努力把握音乐本体，却未从礼乐文化整体视角认知。只考量礼仪文化，却不明确礼乐文化内涵，难以认定礼乐文明势在必然。

从整体视角看礼乐本体，一定是或国家、或区域人群、或家族和家庭有重大事项需以仪式诉求为用时的存在，需有专业人士群体性承载。在礼乐文明的滥觞阶段这礼乐观念由民间继而部落氏族方国以成，作为其后的国家礼乐当然是由官属乐人创承和展示，转而被民间接衍，具有国家礼乐的俗化意义，当下广袤乡间社会中依旧有数以千计的职业和半职业乐人从事相关的礼仪用乐，这是各地音乐班社和会社众多的道理所在。在中国传统社会中，这情感的仪式诉求具丰富性，也是增强民族、族群凝聚力和培养敬畏之心、人格塑造的必要方式。这仪式诉求首先是礼，但并非所有仪式都有乐与之相须，凡用乐一定是不同层级所认定具有重大事项的显现。

周公"引礼入乐"，奠定国家礼乐制度基石。原本礼和乐是两个范畴，或称乐本无礼与俗之谓，就是人们丰富性的情感诉求创造性地以音声为主导的技艺形态用以表达的方式，被赋予国家引领意义和精神内涵，具有人们行为规范的功能，致"和顺、和敬、和亲"。国家制定礼制仪式用乐，在宫廷、京师、军旅以及各级地方官府分类型和等级为用，具标杆性意义，用乐须是群体性行为，以规定性呈固化样态，这当然涵盖乐制类型，即按仪式类型和等级用不同的乐制组合和相关礼乐曲目。

人们在文化认同前提下通过与仪式相须为用的礼乐体味丰富性情感，至于世俗日常之非仪式用乐——俗乐，是不受仪式约束表达情感的重要形态，在发展过程中逐渐裂变成具有独立意义的歌舞、说唱、戏曲、器乐等多种类型，更具审美与娱乐性，亦重个体技艺表现，但其为用要符合国家定位的"合礼乐"的道德规范，这是当下乡间社会请乐班、乐人礼俗兼具的意义所在。

基于乐的时空特性及技艺性特点，国家制定礼乐规范致使人们逐渐形成文化认同，需有以此为业者成为"代言群体"，在等级化和类型性的情状下形成体系，这是在礼乐观念以成的早期阶段即有的样态。"先王教民使成礼俗之要法也。盖教民必以礼乐，而行礼乐必有其器，然五礼六乐之器繁多，民不能户制而家造也。唯乡吏集合众材以为之，而后比闾族党之间莫不有其器，以为行礼乐之具，使其民于鼎俎之旁、樽罍之下、琴瑟钟鼓之间，无日而不周旋狃习焉。所以人人知礼乐之意，而成粹美之俗也。"[①] 这是说乡村里社之间亦有这样的职业代言群体，将仪式与仪式用乐与乡民分享。这个群体熟谙礼制和礼俗仪式中的仪程仪轨、依不同仪式对象该用何种乐。

传统社会体制内高级别官府官属乐人们由于人数相对多承载礼乐和俗乐会分工明确，县域官属乐人则更侧重礼乐为用。因某种机缘，诸如雍正禁除官属乐人之乐籍，国家不再对其以官养的方式，这些官属乐人转而以官民共养或称以民间艺人身份从事相关乐的诸

[①] 秦蕙田：《五礼通考》，《景印文渊阁四库全书》（第136册），台湾商务印书馆，1982年，第544页。

种活动之时，其承载的乐礼俗兼具更是成为特色。职业乐人因民间礼俗"上事宴"，是其生存"衣饭"，在仪式之外与时俱进承载诸种俗乐形态以娱乐乡民，亦具诠释道德规范的意义——诸如戏曲、曲艺等，审美娱乐功能充分展现；城市与乡间社会用乐存在差异性，城市中艺人分工明确，俗乐承载者很少参与仪式性展演，而在城区边缘地带乐班承载者礼俗兼具为常态，乡间社会更是如此。

周代国家礼乐形成有两种方式，一为专创，一是"拿来主义"为用。"六乐"涵盖以上两种方式。周之氏族乐舞《大武》当由本族乐官和乐师专创，其他五种为周公将黄帝、尧、舜、禹、汤部族乐舞拿来融入周之礼乐体系最高层为用者。

在国家意义上仪式、仪程与乐相须，因制度规范会在较长时间内仪式和仪程仪轨、用乐相对固化，若非固化则显现礼乐观念缺失、或称不合礼乐规制。当下更多讲与时俱进、多种仪式用乐专创"一次性"使用，如此属礼乐性质，但从理念上缺失因循则谓礼乐观念不完整，这显然是礼乐观念长期缺失所致。应有与时俱进，但更应侧重固化为用，且要有传统意义上的因循。

周代礼乐的核心为用是雅乐。雅乐重要特征律调谱器为中原自产，所谓"华夏正声"，外来形态可用于礼乐，唯独不能用于雅乐，这样的理念延续了三千载。若国家核心用外来，则不见雅乐空间，意味着传统礼乐观念难以承继。的确，在乐队组合意义上当下使用乐悬有诸多不便，但现代科技手段高超，可在国家创制基础上以音响和音像展现，未尝不是延续中国传统的好方式。当然，有规定性地在某些重大场合以现场感使用雅乐乐队也是一种选择。礼乐制度延续数千载，为中国传统社会人群命运共同体的创造，在文化认同前提下延续，若将礼乐观念中的核心为用直接摈弃，难说是对数千年文化传统的尊重，在强调继承传统文化的今天，如此样态令人唏嘘。

礼乐文明之初起，是在敬畏天地君亲师的执念下，以仪式外化形态表达，乐在其中，"礼由外作，乐自中出"，礼和乐融为一体使人们在仪式空间中体味和敬、和顺、和亲的情感，使社会更加和谐规范。周代对礼乐观念强调到了极致，形成诸子百家论乐的社会氛围，礼乐观念在数千载的岁月中夯实。中国礼乐文明被社会认同，有其深厚的文化内涵，是否真随清朝解体而烟消云散了呢？

中国传统社会中"王者功成作乐"，首重礼乐核心的雅乐，雅乐历朝历代都要有。虽然乐不相同，但其创乐"华夏正声"理念却因循、维系，三千年一以贯之，这是中国的乐文化传统。礼乐文明是中国传统文化的核心，雅乐为礼乐文化之核，将其舍弃，断不能说在乐的领域尊重传统文化，中国乐文化特色难以整体显现。

依国际潮流我们有了自己的国歌，但在"全球化"中将自己特色"乐九奏、舞八佾"之传统消解，围绕国歌形成"国乐"——"国乐以雅为称"，所用"华夏正声"，既有承继又与时俱进岂不是更好。试问：我们现在称为"国乐"者，哪里有雅乐的影子？雅乐为雅正之意，国家礼乐核心为用，至于典雅、精雅、细雅、雅致，非雅乐之意也。至于以雅乐代礼乐说，虽在特定条件下成立，但整体意义上持此理念从乐的视角则显礼乐观念的不完整存在。

持周代晚期礼崩乐坏、其后礼乐不再说的学者不愿面对汉魏以降两千载的礼乐文化存在，更对两周及汉魏以降承载国家用乐群体官属乐人遍及全国、清代雍正年间官属乐人转化为民间存在的史实视而不见。礼乐文明若无乐本体意义上的群体支撑则属虚妄，三千年来国家礼乐制度是礼乐文明的有力保障；因乐的时空特性，乐无论与仪式相须为用、乃至非仪式为用必有专业乐人群体存在；面对天地君亲师、由此拓展五礼样态，从宫廷、京师、王府、军旅、地方官府都要实施礼乐和俗乐，制度规定性保证国家用乐群体、国家用乐本体的体系化，使国人感受到和合境界，俗乐文化亦是"合礼乐"的存在。

礼乐文明是指中国传统社会数千年间因理念所及社会制度下的

道德规范，或称人们在精神文化层面的诉求以成社会风气，社会人士有共同遵守的约定性。长期浸润渐为社会普遍认同。礼乐文明有着行为规范下的外化、或称具象形态，人们可知、可感，内外结合，不如此则属虚妄，或称徒具其表，这显然不符合中国传统文化的实际。

作为国家和民族，没有传统不可想象，传统在历史上生成、活态积淀于当下，传统并非为过去时，发展应立足传统之上，而不是弃若敝屣或从形式到内容被它种文化取代。放眼世界是为了更好地认知自我，与时俱进更不是摈弃传统的代名词。作为精神层面的非物质文化遗产的重要特征是活态存在，如承继，在重本体形态的同时更应注重其生存的文化空间，消解文化空间则会使传统难有立锥之地。

中华礼乐文明既然是中华民族命运共同体的创造，其自身便是珍贵的非物质文化遗产，不应将这种遗产仅视为过去时，也不是博物馆式的存在，而是要活态承继，数千年的传统活着存在方更有价值和意义。在社会发展过程中，应在挖掘深层内涵前提下培养国民的文化认同，浸润其生存的文化土壤，如此全面承继传统文化方有实际意义，方能使礼乐文明持续成为中华民族的精神家园。

礼的文化特质与礼乐教化

张焕君[1]

传统文化包括的内容很多,尽管因为不同的学科造成的视角差异,涵盖的范围、侧重的重点会有所不同,但儒学始终是被关注的重要内容。在对中国传统文化以及儒家学说的研究过程中,中国文化的核心或者说特质究竟是什么,儒家礼学何以能够对中国社会产生持续而深刻的影响,一直是长期受到关注的话题。[2] 这种关注是多方面的,既有制度上的建设,也有学术上的探讨;既有对礼内在含义的析微阐幽,也有对其外在仪式的修正损益。甚至百余年前,当西学裹胁于洋人的坚船利炮之中来到中国时,尽管庙堂之上,草莱之间,因礼而起的争端屡见不鲜,因为礼坏乐崩而生的无奈喟叹更是时闻于耳,但关注仍在继续,如同人世间的生生不息。

最近二三十年对儒家礼学的种种研究评价,相比于百年前,少了洋枪洋炮带来的亡国灭种的忧患,局势已是大为不同。侵略变成合作,对抗成为对话,贫困渐成历史,心态日趋从容。以常理而言,无论是面对礼学,还是儒学、传统文化,今日的态度应该可以更冷静,更理性。但事实并非如此。对传统文化执念过深者,爱慕之心既盛,眼中只有玫瑰,热情高涨,赞不绝口,却忽略了古今悬隔,社会差异,不仅难以切中时弊,乃至而有复古之嫌。同样,言

---

[1] 山西师范大学历史与旅游文化学院。
[2] 蔡尚思虽然致力于批判儒家思想,但仍然承认:"中国思想文化史不限于儒家,而不能不承认儒家是其中心;儒家思想不限于礼教,而不能不承认礼教是其中心。"参见《中国礼教思想史》,上海:上海古籍出版社,2006年,第7页。

辞苛刻的批判者尽管穿着现代化的全球通用外套，又远承五四先贤和革命先辈的精神遗绪，显得义正词严，真理在握，但是百年来向西方学习过程中引进越多、弊病越多的现实，却让人无法对这些大而化之的高头讲章心悦诚服。在阅读最近二十年来关于中国传统法律研究的著作时，马小红先生十分感慨："我们感受不到传统的震撼，找不到可以给我们自信的传统，相反我们时时感到的是一种苦涩和失落。"对中国古代法律维护专制社会的属性缺乏价值追求的批判由来已久，即便是笃信传统的学者，也不过是采用西方法的模式对中国古代法加以分类，证明西方有的中国早已有之，根本看不到传统法的精神所在。这种做法的结果，在马先生看来，"就如一个成年人，或总是沉浸在对自己以往的自责中，找不到一点可以前行的资本和基点；或总是用别人的标准来色厉内荏地证明自己并不比别人差。在中国五千年的文明发展史中，历史与传统从未像百余年来这样暗淡，这样被国人所怀疑"。① 中国的发展离不开文化自信，但是文化自信的重建却需要不卑不亢的清醒与理性，以今日之身，求古人之心，无须溢美，更不必自损。唯其如此，学术研究才能有的放矢，信心重建才能以启山林。

一、礼是中国传统文化的核心

钱穆先生是现代著名史学大师，国学造诣深厚。1983年，他在与美国学者邓尔麟的谈话中言及中西文化的区别以及中国文化的特点时，就将礼作为中国传统文化的核心：

在西方语言中没有"礼"的同义词。它是中国人世界里一切习俗行为的准则，标志着中国的特殊性。正因为西语中没有

---

①参阅马小红：《礼与法：法的历史连接》"引言"，北京大学出版社，2004年，第1-4页。

▶ 中华礼乐文化传承

"礼"这个概念，西方只是用风俗之差异来区分文化，似乎文化只是其影响所及地区各种风俗习惯的总合。如果你要了解中国各地的风俗，你就会发现各地的风俗差异很大。即使在无锡县，荡口的风俗也与我在战后任教的荣乡不同。国家的这一端与那一端的差别就更大了。然而，无论在哪儿，"礼"是一样的。"礼"是一个家庭的准则，管理着生死婚嫁等一切家务和外事。同样，"礼"也是一个政府的准则，统辖着一切内务和外交，比如政府与人民之间的关系、征兵、签订合约和继承权位等等。要理解中国文化非如此不可，因为中国文化不同于风俗习惯。

中国文化还有一个西方文化没有的概念，那就是"族"。你可以说是家。在家里"礼"得到传播，但我们一定要区分"家庭"和"家族"。通过家族，社会关系准则从家庭成员延伸到亲戚。只有"礼"被遵守时，包括双方家庭所有亲戚的"家族"才能存在。换言之，当"礼"被延伸的时候，家族就形成了，"礼"的适用范围再扩大就成了"民族"。中国人之所以成为民族，因为"礼"为全中国人民树立了社会关系准则。当实践与"礼"不同之时，便要归咎于当地的风俗或经济，它们才是被改造的对象。①

礼不同于风俗，所以具有相对的一致性、规范性，无论在一个家庭中，还是对于一个国家而言，它都具有准则的作用，为大家所认可。而当礼的概念延伸或落实时，就形成了家族，家族与家庭不同，不仅限于直系血亲，而是延伸到较远的支亲和姻亲，从而形成复杂的亲属网络。在这个延伸的过程中，礼都起着重要的支配作

---

① 邓尔麟：《钱穆与七房桥世界》，社会科学文献出版社，1995年，第7页。

用。类似的看法在西方也颇为流行，尽管他们的评价并不相同。孟德斯鸠（1689—1755）对中国"礼"的理论分析在西方影响很大，至今仍常被学界征引：

> 中国的立法者们所做的尚不止此。他们把宗教、法律、风俗、礼仪都混在一起。所有这些东西都是道德。所有这些东西都是品德。这四者的箴规，就是所谓礼教。中国统治者就是因为严格遵守这种礼教而获得了成功。中国人把整个青年时代用在学习这种礼教上，并把整个一生用在实践这种礼教上。文人用之以施教，官吏用之以宣传；生活上的一切细微的行动都包罗在这些礼教之内，所以当人们找到使它们获得严格遵守的方法的时候，中国便治理得很好了。
>
> 有两种原因使这种礼教得以那么容易地铭刻在中国人的心灵和精神里。第一是，中国的文字的写法极端复杂，学文字就必须读书，而书里写的就是礼教，结果中国人一生的极大部分时间，都把精神完全贯注在这些礼教上了；第二是，礼教里没有什么精神性的东西，而只是一些通常实行的规则而已，所以比智力的东西容易理解，容易打动人心。那些不以礼而以刑治国的君主们，就是想要借用刑罚去完成刑罚的力量所做不到的事，即，树立道德。
>
> 中国的立法者们认为政府的主要目的就是帝国的太平。在他们看来，服从是维持太平最适宜的方法。从这种思想出发，他们认为应该激励人们孝敬父母；他们并且集中一切力量，使人恪遵孝道。他们制定了无数的礼节和仪式，使人对双亲在他们的生前和死后，都能克尽人子的孝道……尊敬父亲就必然和尊敬一切可以视同父亲的人物，如老人、师傅、官吏、皇帝等联系着。对父亲的这种尊敬，就要父亲以爱还报其子女。由此推论，老人也要以爱还报青年人；官吏要以爱还报其治下的老

► 中华礼乐文化传承

百姓；皇帝要以爱还报其子民。所有这些都构成了礼教，而礼教构成了国家的一般精神。

只要削减掉这些习惯的一种，你便动摇了国家。一个儿媳妇是否每天早晨为婆婆尽这个或那个义务，这事的本身是无关紧要的。但是如果我们想到，这些日常的习惯不断地唤起一种必须铭刻在人们心中的感情，而且正是因为人人都具有这种感情才构成了这一帝国的统治精神，那么我们便将了解，这一个或那一个特殊的义务是有履行的必要的。

中国人的生活完全以礼为指南，但他们却是地球上最会骗人的民族。①

孟德斯鸠对礼在古代中国的作用、表现形式，以及与礼教相关的孝道、人际关系、心理基础，都作了简要的概括。尽管在他眼中，这些作用重大的礼只是一些琐碎的、表面化的甚至是虚伪以致带有欺骗性的规则，② 但他的看法却代表了一个时期西方思想家对中国的看法，影响流传至今。与孟德斯鸠时代相仿的弗朗斯瓦·魁奈（1694—1774），是法国18世纪重要的重农学派思想家，在其名著《中华帝国的专制制度》一书中，认为中国的礼教与法律一样，都是建立在道德伦理的基础之上，而西方法律则以自然法则为基础：

---

① 孟德斯鸠：《论法的精神》上册，张雁深译，商务印书馆，1959年，第374－378页。

② 比如他将中国与拉栖代孟相比，认为"在拉栖代孟，偷窃是准许的；在中国，欺骗是准许的"。他甚至还举例说，在中国买东西的人要自己带秤，"每个商人有三种秤，一种是买进用的重秤，一种是卖出用的轻秤，一种是准确的秤"。不仅如此，因为中国的风俗习惯、宗教、法律与西方的迥异，他认为在中国建立基督教，"几乎是不可能的事"，而这又和中国的专制主义精神紧密相关。参阅《论法的精神》上册，第376、378页。

没有哪个民族比中国人更顺从他们的君主，因为他们都受到良好的教育，深知统治者和他的臣民的职责是相互联系的；他们尤其鄙视那些违反自然法则和败坏道德伦理的人。要知道这些伦理戒律构成了这个国家的宗教和悠久而令人赞佩的教育制度的基础。①

法律史学者马小红先生在研究中国传统法时，对礼与法的关系作了非常精辟的论述。她将传统文化比喻成一个"圆"，社会的一切皆在圆中，政治、经济、军事、教育、法律、道德、哲学、宗教、科技等皆为圆之一部分。这些部分如果用今人的方法，从整个体系中剥离出来，会轻而易举地"发现"很不完善，带有"缺陷"，但是如果组合起来考察，就会发现各个部分相互依赖、密不可分，共同组成一个整体和谐的文化体系。而这个圆的核心可以用一个字高度地概括，那就是"礼"。因此，"我们研究中国古代的政治、经济离不开礼，研究中国古代的军事、教育离不开礼，研究中国古代的哲学、科技离不开礼，研究中国古代的人际关系、日常社会生活，甚至家具、建筑等也离不开礼。礼浸透于中国古代社会的方方面面，是中国古代文明的标志。"②伏尔泰在评价中国人的精神生活时曾带着赞美的口气说："中国人没有使任何一种精神艺术臻于完善，但是他们尽情享受着他们所熟悉的东西。总之，他们是按照人性的需求享受着幸福。"③在马小红看来，由于中国古代文明的核心是礼，从而使中国文化具有一种圆通的特征，这种特征的形成与中国传统文化历来以"和谐"为最高追求密切相关。所谓

---

①魁奈著：《中华帝国的专制制度》，谈敏译，商务印书馆，1992年，第35页。
②马小红：《礼与法：法的历史连接》，北京大学出版社，2017年，第10、77页。
③伏尔泰著：《风俗论》，梁守锵译，商务印书馆，1995年，第461页。

和谐,既体现在家族中的亲人之间、邻里之间,也体现在社会上的行业之间、朝堂上君臣之间、人类与自然之间的和美相处。和谐就是太平盛世的标志,是古人心目中的最大幸福。相较于现代流行的"发展"来说,和谐、美满、幸福这些概念在中国人的观念中更为重要。①

以上学者的说法各有侧重,对中国传统文化的态度也并不相同,但是通过他们的描述,大致可以看出礼在古代中国的重要作用。不仅如此,由于长期历史实践中,礼一直具有行为规范和社会准则的功能,就使它与风俗习惯相结合,逐渐沉淀为民众的集体习惯,一直保持下来,成为较为固定的民风民俗。20世纪40年代,费孝通经过长期社会调查,认为中国社会结构与西洋的团体格局不同,而是"好像把一块石头丢在水面上所发生的一圈圈推出去的波纹,每个人都是他社会影响所推出去的圈子的中心,被圈子的波纹所推及的就发生联系",他称之为"差序格局"。在这种格局中,无论是亲属关系还是地缘关系,都是以自己为中心,一层层由内向外推出去,越推越远,也越推越薄。譬如,每一家都以自己的地位为中心,周围划出一个圈子,这个圈子就是"街坊"。有喜事要请酒,生了孩子要送红蛋,有丧事要一起来助殓,抬棺材,是生活上的互助机构。但是它仅仅表示一个范围,并不是固定的团体。至于范围的大小,则要依靠中心的势力厚薄来确定。势力雄厚的人家,街坊可以遍及全村,穷苦人家的街坊不过比邻三两家。亲属关系也是如此。譬如《红楼梦》中的大观园,林黛玉是姑表亲,薛宝钗是姨表亲,后来的宝琴、岫烟,只是亲上加亲,更是远得很。但是等到贾府失势之后,就树倒猢狲散,缩成一小团。更有极端者,比如战国时期的苏秦,到秦国游说不成,资用乏绝,狼狈而归,到家之

---

①马小红:《礼与法:法的历史连接》,北京大学出版社,2017年,第10页。

后,"妻不下纴,嫂不为炊,父母不与言"。数年之后,富贵还乡,场面便大不相同:"父母闻之,清宫除道,张乐设饮,郊迎三十里。妻侧目而视,倾耳而听;嫂蛇行匍伏,四拜自跪而谢。"苏秦询问嫂子为何前倨后恭,嫂子的回答是只因为你"位尊而多金"罢了,苏秦遂有"贫穷则父母不子,富贵则亲戚畏惧"之叹。① 差序格局具有的这种伸缩能力,全系于中心势力的变化,所以中国人对世态炎凉似乎感触最深。

中国社会之所以会有这样的基本特性,费孝通认为与儒家的伦理观直接相关。②《论语·雍也》云:

子贡曰:"如有博施于民而能济众,何如?可谓仁乎?"子曰:"何事于仁,必也圣乎!尧舜其犹病诸!夫仁者,已欲立而立人,已欲达而达人。能近取譬,可谓仁之方也已。"

孔子回答子贡的问题,是从自己出发,由己及人,由近及远,层层外推,将这样的良知善心推出去,在孔子看来就是实现仁的途径。朱熹在解释这段对话时,正是从这个角度出发,"近取诸身,以己所欲譬之他人,知其所欲亦犹是也。然后推其所欲以及于人,则恕之事而仁之术也"。又引程颐之说,将外推之说进一步加以扩充:

程子曰:"医书以手足痿痹为不仁,此言最善名状。仁者以天地万物为一体,莫非己也。认得为己,何所不至;若不属己,自与己不相干。如手足之不仁,气已不贯,皆不属己。故

---

① 《战国策·秦策一》"苏秦始将连横",上海:上海书店出版社,1987年。

② 费孝通:《乡土中国生育制度》,北京大学出版社,1998年,第26–29页。

▶ 中华礼乐文化传承

　　博施济众，乃圣人之功用。仁至难言，故止曰：'己欲立而立人，己欲达而达人，能近取譬，可谓仁之方也已。'欲令如是观仁，可以得仁之体。"①

　　只有"己"为中心，天地万物才可以融为一体，气之通畅，事之济否，全在能否以"己"为中心。人际如此，政事亦然。《论语·为政》云："为政以德，譬如北辰，居其所而众星共之。"个人如同四季不移的北斗星，其他所有的人，都在随着他转动。这样的思想，在《礼记》中也有大量的记载，兹不赘言。②

　　中国社会结构如此，表现于乡土社会自然也与西方大不相同，人与人的关系并不主要依靠法律来维持，就此意义上来说，中国乡土社会是一个"无法"社会，但无法并不等于"无天"，因为乡土社会是一个"礼治"社会。在这里，"礼是社会公认合式的行为规范"。作为规范，它具有与法律相似的功能，但是，它不像法律那样靠国家的权力来推行，而是依靠千百年形成的传统，依靠人们对传统的尊重和敬畏来维持。长期的耳濡目染，使所有生活于其中的行为者已经把这些作为规范的礼化成了内在的习惯，这样维持礼俗的力量就不再是外界强加的权力，而是出自身内的良心，出于多年养成的习惯。所以，在乡土社会的礼治秩序中做人，如果不知道礼，就不仅仅是知识的问题，而是可以上升到道德层面的问题，意味着这个人不懂规矩，不是好人。对于维持地方秩序的官员来说，最理想的手段是教化，而不是诉讼；同样，对于乡村居民来说，打官司也不是什么光彩的事情。所以，在乡村中更通行的是具有教育意义的调解，或者叫作"评理"。费孝通曾经参加过这样的调解会。

---

　　①朱熹撰，陈戍国点校：《四书集注》，岳麓书社，1987年，第131页。
　　②参阅《祭统》《大传》《大学》《中庸》诸篇。其中所讲的十伦、五伦确立了社会差等秩序，而这种秩序并不是固定不变的，而是含有由己及人的外推过程。

最有发言权的是当地的长老或乡绅,而他作为知书达礼的教书先生,意见也很受尊重。相反,代表政府的保长倒是显得无足轻重,所以也就很少发言。调解并不复杂,往往由能言善辩的乡绅先将当事双方痛骂一顿,教训一番,再讲一通道理,但结果却很有效,一般情况下双方都能当场和解,甚至还会请客,表示诚意。曾经有一个家庭,父亲和次子都抽大烟,长子不便于指责父亲,就经常责打弟弟。有一次,弟弟又偷着吸烟,被哥哥看见,遭到痛打,就将责任推到父亲身上。长子一时情急,连父亲也一起骂了起来。结果家中大乱,闹到了乡公所来评理。主持的乡绅按照儒家的伦理原则,将次子赶出村子,长子也因为辱骂父亲受罚,父亲则因为管教无方,而且带头抽大烟,也受到一顿教训。这样的处理,看上去好像不平等,但众人都毫无异词,因为它虽然不合法,但却与礼治的传统相符合。①

二、礼的文化特质

礼之所以能够成为中国文化的核心,并非偶然。首先,中国传统文化两千年来从未中断,从而保持了它的连贯性。中间尽管有魏晋南北朝时期的北方动乱"五胡乱华",宋明以来的蒙古、满洲入主中原,但中原之地可失,中华礼仪却存。而且,凭借其博大浑厚的内蕴,最终将异族"化"入体内,更成其大,礼于其中功不可没。北魏孝文帝的尽去胡风,推崇汉家礼仪,就是明显例证。其次,礼在古代中国几乎无所不包,内涵极为丰富。著名礼学家钱玄先生认为:

今试以《仪礼》《周礼》、及大小戴《礼记》所涉及之内

---

①参阅费孝通:《乡土中国生育制度》之"礼治秩序""无讼"两篇,北京大学出版社,1998年版,第50-57页。

▶ 中华礼乐文化传承

  容观之，则天子侯国建制、疆域划分、政法文教、礼乐兵刑、赋役财用、冠昏丧祭、服饰膳食、宫室车马、农商医卜、工艺制作，可谓应有尽有，无所不包。其范围之广，与今日"文化"之概念相比，或有过之而无不及。是以三礼之学，实即研究上古文化史之学。①

  由此看来，将礼视作儒家文化体系的总称并非无据。再次，礼在古代中国起着不可替代的作用。彭林先生对此有精辟论述，可以参看。② 人作为自然界唯一能思维能创造而且有严密社会组织的"万物之灵"，既有表现为本能或动物性的自然属性，也有表现人之为人的社会属性。这两种属性共存于人之一体，所以能够区别则在于礼。因此可以说，礼是人类自别于禽兽的标志，也是人类社会中文明与野蛮区别的标志。《礼记·冠义》云："凡人之所以为人者，礼义也。"《礼记·曲礼上》更将这种差别形象化：

  鹦鹉能言，不离飞鸟；猩猩能言，不离禽兽。今人而无礼，虽能言，不亦禽兽之心乎？夫唯禽兽无礼，故父子聚麀。是故圣人作，为礼以教人，使人以有礼，知自别于禽兽。

  是否具有语言能力，还不足以区别人与禽兽。就像禽兽可以父子共用一个性配偶，但人类因为有婚嫁之礼，同姓不婚，又有伦理观念，不可乱伦，所以就有所限制。同样，依据饮食之礼，人在吃饭时必须"毋抟饭，毋放饭，毋流歠，毋咤食，毋啮骨"，③ 不能把饭捏成团，不能把手中的剩饭放回去，喝汤时不要狂吞猛灌，吃

---

① 钱玄、钱兴奇：《三礼辞典·自序》，江苏古籍出版社，1998年。
② 彭林：《中国古代礼仪文明》，中华书局，2004年，第3-7页。
③ 《十三经注疏·礼记正义》（附校勘记）第五册，艺文印书馆，1973年，第41页。

礼的文化特质与礼乐教化

菜时咀嚼的声音也不可以太大，啃骨头时也不要将舌头伸出口外，吧嗒有声。如此种种，不一而足，目的都在于将人与动物相区别。即使在人类社会内部，不同的族群、国家之间，也因为是否遵循礼而有所不同。孔子历来主张夷夏之别，其区别的标准并非居住地域的不同，而是礼。所以孔子可以很有信心地说"欲居九夷"而不嫌其陋，君子礼乐修身，文质彬彬，又"何陋之有"？[1] 曾经的礼仪之邦，如果不思进取，反而被蛮风陋俗所化，那它就只是夷狄；相反，如果夷狄之邦能够学习礼乐，就是礼仪之邦。所以孔子面对春秋乱世，慨叹"夷狄之有君，不如诸夏之亡也"，[2] 正是伤感于中原诸夏等级混乱，上下僭越。

中国人素来重视天人之间的一致性，认为天道与人道相通。孔子在回答鲁哀公"君子何贵乎天道也"的问题时说："贵其不已。如日月西东相从而不已也，是天道也；不闭其久，是天道也；无为物成，是天道也；已成而明，是天道也。"[3] 天道生生不息，如同日月交替，寒来暑往，从未中止。看似无所作为，但万物却能蓬勃生长，功绩也随之得以彰显。[4] 在儒家看来，礼的设计正是以天道为依据，是天道在人类社会的运用。所谓"夫礼，天之经也，地之义也，民之行也"，[5] "夫礼必本于天，动而之地，列而之事，变而

---

[1]《十三经注疏·论语注疏》（附校勘记）第八册，艺文印书馆，2001年，第79页。
[2]《十三经注疏·论语注疏》（附校勘记）第八册，艺文印文馆，2001年，第26页。
[3]《礼记正义·哀公问》。《大戴礼记·哀公问于孔子》与此同。
[4]《论语·阳货》中孔子在与子贡的交谈中，也提到"天何言哉？四时行焉，百物生焉，天何言哉"，意思与此相仿。
[5]《十三经注疏·春秋左传正义》（附校勘记）第六册，艺文印文馆，2001年，第888页。

▶ 中华礼乐文化传承

从时,协于分艺",①"礼者,天地之序也",②"礼以顺天,天之道也",③ 都是这个意思。因此可以说,礼就是自然法则在人类社会的体现。

在国家层面,礼既是统治秩序,又是国家典制。比如,天子对诸侯有巡守之礼,诸侯对天子则有"述职"之礼,彼此还有朝觐之礼,在诸侯之间也要定期聘问,联络感情。具体情况见于《礼记·王制》。《周礼》一书则侧重官制,按照天地四方六合,设计出六官,各辖六十职,共计三百六十,象征天地三百六十度。隋唐之后的三省六部制度,即从此出,遂使职官制度、军政制度皆成为礼制。相应地,根据官爵高下,品阶高低,在衣服、车马、侍卫、居室等方面而有不同,不得逾越,成为严格的等级之礼。

就社会层面,礼既是一切社会活动的准则,也是人际交往的方式。婚丧嫁娶,迎来送往,言谈书信,容貌体态,莫不在礼的指导范围之内,并受到礼的约束,儒家的教化功能在这个层面上得到了最充分的体现。

礼之所以具有这样的效力,在国家、社会、个人生活乃至思想观念诸方面都能发挥极为重要的指导作用,与它形成之时便与人性相适应的特点密不可分。儒家相信,礼是根据人之常情创制出来的,也就是所谓的"缘情制礼",人情虽然因人而异,但大体而言,不外"喜、怒、哀、惧、爱、恶、欲"七种而已,《礼记·礼运》云:

---

① 十三经注疏整理委员会:《礼记正义》,北京大学出版社,2000年,第773页。

② 十三经注疏整理委员会:《礼记正义》,北京大学出版社,2000年,第1270页。

③《十三经注疏·春秋左传正义》第六册,艺文印书馆,2001年,第340页。

礼的文化特质与礼乐教化

饮食男女，人之大欲存焉。死亡贫苦，人之大恶存焉。故欲、恶者，心之大端也。人藏其心，不可测度也。美恶皆在其心，不见其色也。欲一以穷之，舍礼何以哉！

人情所以有喜怒哀乐的变化，不过在于欲望的实现与否。欲望深藏于内心，虽然看不见，猜不着，但趋乐避苦、趋利避害，却是人之常情。然而倘若人人任以常情，社会势必无法长治久安，因此，必须通过制定礼规，加以限制，但限制必须不能脱离人情，郭店楚简《尊德义》云：

圣人之治民，民之道也。禹之行水，水之道也。造父之御马，马之道也。后稷之艺地，地之道也。莫不有道焉，人道为近。①

水有水道，马有马道，地有地道，能够遵循其道，善用其本性，方可奏其功，方可成其为圣人。治理国家也是如此，不熟悉人们心理，不了解人之常情，只会徒劳无功，甚至事与愿违。程颐在《性理会通》中说："礼之本，出于民之情，圣人因而导之耳。"本乎人情，以礼节之，加以引导，始可为善政。南宋史学家郑樵著有《礼以情为本》一文，对此多有发挥，极为精辟：

礼本于人情，情生而礼随之。古者民淳事简，礼制虽未有，然斯民不能无室家之情，则冠婚之礼已萌乎其中；不能无追慕之情，则丧祭之礼已萌乎其中；不能无交际之情，则乡射之礼已萌乎其中。自是以还，日趋于文。燔黍捭豚，足以尽相

---

① 李零：《郭店楚简校读记》，中国人民大学出版社，2007年，第182页。

爱之礼矣；必以为未足，积而至于笾豆鼎俎。徐行后长，足以尽相敬之礼矣；必以为未足，积而至于宾主百拜。其文非不盛也，然即其真情而观之，则笾豆鼎俎未必如燔黍捭豚相爱之厚也，宾主百拜未必如徐行后长相亲之密也。大抵礼有本有文，情者其本也。①

在郑樵看来，古代社会民风淳朴，事务简少，虽然还没有后代那样精致严密的礼制，但是凭借着人之常情，礼制的萌芽已经孕育其中。后代社会日趋文饰，行礼时务求隆重，但就其真情而言，或许还不如古代情真意切。个中缘由，也很简单，礼以人情为本，失去对人的性情的体察，制作再严密的礼仪法规，也不过是徒有其表，毫无意义。《礼记·礼器》对此作了一个极其简洁的定义，认为"礼也者，犹体也"，礼就好比是人的身体，必须五官正位，四肢完备，合乎常情，才可以称为人。《淮南子·齐俗训》对此意又加以推广，认为礼就是"体情制文"，依据内在的人情，制定外在的规则，这与《礼记·坊记》中孔子说的"小人贫斯约，富斯骄；约斯盗，骄斯乱。礼者，因人之情，而为之节文，以为民坊者也"正相符合，都强调礼本于人情但又必须限制人情的特征，从中可以看出儒家对礼的基本态度，前后一贯，并无太大变化。

礼的制定，本乎人情是根本，是所有仪式的基础，但作为调节社会关系的国家制度，还远远不够。所以，儒家在人情的基础上又加以提升，孔子云："礼也者，理也。君子无理不动。"② 荀子亦云："礼也者，理之不可易者也。"③ 认为礼就是世间通行的道理，这道理本于自然，弥于六合，散则万殊，合则一贯。它并不是哪个

---

①转引自高明：《礼学新探》"原礼"篇，学生书局，1984年，第4页。
②十三经注疏整理委员会：《礼记正义》，北京大学出版社，2000年，第1619页。
③王先谦：《荀子集解》，中华书局，1988年，第382页。

礼的文化特质与礼乐教化 ◀

地位显赫的人一时兴起突发的奇想或灵感，不是拍脑壳拍出来的决策，也不是"十里不同风，百里不同俗"的风俗，天然地具有地域水土的局限性，明代学者章潢说得好：

> 礼者，理也。在天曰天理，在地曰地理，在人曰脉理，在人伦曰人理，在木曰条理，支分节解，脉络贯通，至纤至悉，秩然不淆。圣人制为五礼，岂能于自然之理加减毫末哉！①

天地山川，世间万物，所以能够井然有序，浑然一体，就在于不仅各有其规则法度，而且这些规则法度可以彼此相通，声息相共。人虽是万物之灵，但也只有遵循这样的道理，才能融合无间，和谐共存。春秋前期，诸侯争霸，许国政乱失刑，群臣离心离德，郑庄公遂联合齐国、鲁国讨伐，于隐公十一年攻下都城，许国国君逃亡他国，不知所终。就如何处置许国，三国国君进行商议，郑庄公认为尽管许君昏虐，失国亡身，但人非完人，谁无失德？所以不主张兼并。在委派一个大夫辅佐许君之弟时，又叮嘱他不要在许国置办家业，一旦自己身死，就赶紧离开，不可贪图财货。这样的事情如果搁在战国甚至在春秋晚期也是不可想象的，所以《左传》的作者再三赞叹，肯定郑庄公"知礼"，为什么呢？就因为礼是用来"经国家，定社稷，序人民，立后嗣"的，② 而它之所以能起到这样巨大的作用，并不是因为那些外在的仪式节目，而是由于它是合乎大家认可的道理的。到了春秋中期子产当政的时候，郑国成了夹在晋、楚两个霸主之间的小国，但因为子产治国能选贤举能，用心公正，对外又能持之以礼，不卑不亢，所以郑国虽小，却没有大国

---

①转引自高明：《礼学新探》，学生书局，1984年，第3页。
②《十三经注疏·春秋左传正义》（附校勘记）第六册，艺文印书馆，2001年，第81页。

·99·

► 中华礼乐文化传承

来侵略讨伐。当时人在评价此事时，用的词语也是"有礼"，① 可见"礼者，理也"的道理，在当时实在是深入人心，也是我们今天所应注意的。

尽管有如此完备的理论，但如果不能落到实处，一切就只是空谈，所以儒家对礼的实践性格外强调，《荀子·大略》云："礼者，人之所履也。"如同穿鞋走路，礼就是这样一个实践的动作。也只有在这样的实践中，礼作为理论的高明之处才有价值，才能成为被普遍接受的价值标准和行为规范，"履道成文"。②《说文解字》所下的定义"礼者，履也"，也正是在这样的认识基础上形成的。儒家重视德政，提倡礼乐教化，但无论礼乐还是德性，离开实践、执行，都不过是一纸空文，中看不中用。《礼记·仲尼燕居》记载了孔子与及门高弟关于如何执政的一段对话，说得就非常清楚，可资参考：

子张问政，子曰："师乎！前，吾语女乎？君子明于礼乐，举而错之而已。"子张复问。子曰："师！尔以为必铺几筵，升降酌献酬酢，然后谓之礼乎？尔以为必行缀兆，兴羽籥，作钟鼓，然后谓之乐乎？言而履之，礼也。行而乐之，乐也。君子力此二者，以南面而立，夫是以天下大平也。③

在孔子看来，只要执政者自己能够通晓礼乐，明白它是本乎人情的万物之理，并举而错之，实践履行，就可以国泰民安，天下太

---

①《十三经注疏·春秋左传正义》（附校勘记）第六册，艺文印书馆，2001年，第688页。

②陈立著，吴则虞点校：《白虎通疏证》卷八，中华书局，1994年，第382页。

③十三经注疏整理委员会：《礼记正义》，北京大学出版社，2000年，第1623页。

平。至于像铺席设几、升阶降阶、酌酒献酬这样的礼器、仪式，并不是真正的礼；同样，舞蹈时如何在队列中站位、如何挥动雉羽竹籥、鸣钟击鼓，也并不是完整的乐。孔子认为，说了就能做到，不发空论，这才是礼；做到之后内心感到愉悦，才是乐。君子如果能够勉力推行礼乐之教，并能有合适的位置，政治就会清明，人民就会舒泰；如果成为天子，或者一国元首，那么就一定会天下大治。

综上所述，礼之所以在古代社会能够作为区分人与禽兽、文明与野蛮的标准，成为统治秩序、国家典制以及人际交往的准则，成为自然秩序在人类社会的体现，几乎涵盖了人类社会生活的方方面面，是与它具有的体、理、履三个特征分不开的。而礼之所以能够成为中国文化的核心，成为影响古代社会生活的根本性力量，又与儒家的大力推行以及儒家的地位密不可分。众所周知，孔子是中国第一位私人办学的教师，他归纳的许多教学方法在后世影响深远。相较于法律对人的约束，孔子更相信教化的力量，他说："君子之德风，小人之德草，草上之风，必偃。"[1] 治理国家，固然离不开法律刑罚，但过于依赖法律，就会"道之以政，齐之以刑，民免而无耻"，[2] 法制禁令能够使人畏惧，但却不能彻底去除人的为恶之心，不能彻底消除犯罪。相反，如果能够"道之以德，齐之以礼"，施政者以身作则，并且以礼乐使人们的行为得以规范，百姓就会"有耻且格"，日徙善而不知，所得又何止是远离犯罪？在教化过程中，"君子"或施政者的态度非常重要，在孔子看来，君子因为德行卓著，立身修洁，可以对一般百姓施加很大的影响，这也是形成善政的重要原因。孔子在回答季康子如何施政的问题时，明确指

---

[1]《十三经注疏·论语注疏》（附校勘记）第八册，艺文印书馆，2001年，第109页。

[2]《十三经注疏·论语注疏》（附校勘记）第八册，艺文印书馆，2001年，第16页。

出:"政者,正也。子帅以正,孰敢不正?"① 公共的政治是否清明,与个人的道德修养直接相关。所以,他说:"善人为邦百年,亦可以胜残去杀矣。"② 突出的就是政治中道德的感召作用,儒家主张的"无讼",其根源亦在于此。

三、礼乐教化之功

这种教化观念影响深远,不仅国君有仁、暴之分,官吏也有循吏、酷吏的不同名目。《史记·循吏列传》太史公曰:"法令所以导民也,刑罚所以禁奸也。文武不备,良民惧然身修者,官未曾乱也。奉职循理,亦可以为治,何必威严哉?"③《汉书·酷吏传》亦云:"法令者,治之具,而非制治清浊之原也。"④ 当秦一统天下之时,法网严密,但却是"奸轨愈起",秦之败亡,亦由于此。由此可见,官吏只要奉公执法,遵循礼义,便可以政平讼理,刑措民从。景帝时,文翁为蜀郡太守,"仁爱好教化",他看到当地风俗僻陋,形同"蛮夷",力图有所改变。他先选派十余位"开敏有材"的郡县小吏,去长安太学跟从博士学习。几年之后,这些人学成归来,都委以重任。又在成都市中修建学官,招收各县子弟来学习,凡来学习者一律免除赋税徭役,学习好的还可以担任郡县官吏。每当到各县巡视之时,就让这些学员中"明经饬行者"陪同出入,极为尊崇。数年之后,蜀地百姓"争欲为学官弟子,富人至出钱以求之"。地方风气,由此大变,当地人纷纷自费去长安学习,其规模之盛,堪比齐鲁这样的礼乐之乡。到武帝时,因为教化之功显著,

---

①《十三经注疏·论语注疏》(附校勘记)第八册,艺文印书馆,2001年,第109页。

②《十三经注疏·论语注疏》(附校勘记)第八册,艺文印书馆,2001年,第117页。

③司马迁:《史记》,中华书局,1999年,第3099页。

④班固:《汉书》(第十一册),中华书局,2013年,第3645页。

"乃令天下郡国皆立学校官"，此后一直到明清，两千年间遵循不改。文翁一时之举，遂成千年之政。去世之后，"吏民为立祠堂，岁时祭祀不绝。至今巴蜀好文雅，文翁之化也"，身后之荣亦可谓显著矣。班固在对循吏作总体评价时，认为其所以能够取得移风易俗的功效，正是因为他们"皆谨身帅先，居以廉平，不至于严，而民从化"，[①] 不仅能服膺礼教，为官清廉，而且能够以身作则，敢为民先。只有满足这样的条件，才可以称得上循吏。

孔子教学，所用教材就是六经，即：《诗》《书》《礼》《乐》《易》《春秋》。《礼》不必言，《乐》就其实质而言，也是礼。因为行礼的场合，往往需要用乐来配合，除了灾荒之年、丧葬之际等特定情况，诸如宗庙祭祀、朝聘、宴飨、乡射、大射以及军中操练，都要举乐，所谓"礼非乐不行，乐非礼不举"，可见二者关系之密切。《诗》亦然。古人行礼，有辞，有乐，有仪，三者紧密配合，不可分离。《诗》即行礼之辞，《雅》《颂》虽用于贵族，但与国风相同，都可用于表达心志。表达之时，都要配乐，因此《诗》可歌，可诵。清人魏源云："古之学者，歌诗三百，弦诗三百，舞诗三百，未有离礼乐以为诗者。"[②]《易》也是礼。《礼记·礼运》云：

> 言偃复问曰："夫子之极言礼也，可得而闻与？"孔子曰："我欲观夏道，是故之杞，而不足徵也，吾得《夏时》焉。我欲观殷道，是故之宋，而不足徵也，吾得《坤乾》焉。《坤乾》之义，《夏时》之等，吾以是观之。"[③]

言偃因为不明白孔子为何那样强调礼的重要性，就请他详细讲

[①] 班固：《汉书》（第十一册），中华书局，2013年，第3623页。
[②] 魏源：《魏源集》，中华书局，1976年，第12页。
[③] 十三经注疏整理委员会：《礼记正义》，北京大学出版社，2000年，第773页。

述。但孔子的回答却很奇怪，他说只找到一本夏代的历书，一本殷代讲阴阳变化的算卦书，就通过这两本书来考察夏商两代的礼。接下来，他就讲到礼如何起源，起源之时如何简陋。宫室衣服器用如何得以制作，祭祀时的鼎俎酒醴、琴瑟钟鼓如何摆放，以及如此安排，如何促进君臣、父子、兄弟、夫妇、上下的关系和睦。从《坤乾》之类的《易》书而能推导出礼乐制作，可见二者的相关性质。实际上，就其本质而言，《易》与礼都取象于天地，以自然法则映证人类伦理，提倡"象法乾坤，顺阴阳，以正君臣、父子、夫妇之义"，① 足见其相通之处。

《书》是三代的典命文诰，属于施政的政典。三代之时，政教合一，礼刑不分，治国方略，多出于礼乐之途。所以说《书》的宗旨所在是礼，当无异辞。② 《春秋》乃孔子所作，目的在于"正礼乐"，"寓褒贬"，尊崇天子，复兴王道，因而司马迁在历叙先秦学术源流时，认为"《春秋》者，礼义之大宗也"，③ 可谓一针见血。

班固《汉书·艺文志》开篇即云"六经之道同归，而礼乐之用为急"，无论是个人修身，还是治国理民，一旦失礼，则不免人有暴慢之气，国有荒乱之政。因此，所谓"同归"，也正是同归于礼。④ 西汉武帝之后，儒家地位渐尊，五经更成为读书人的必读之书，即便是较为简单的《论语》《孝经》，也成为启蒙读物，虽

---

① 十三经注疏整理委员会：《周易正义序》，北京大学出版社，2000年，第7页。

② 郭嵩焘云："三代政教所以纳民轨物，无一不本于礼。"又云："三代王者之治，无一不依于礼。"参阅《郭嵩焘诗文集》，长沙：岳麓书社，1984年，第111、118页。

③ 《史记·太史公自序》。参阅柳诒徵：《国史要义》史义、史原诸篇，上海：华东师大出版社，2000年。

④ 参阅邹昌林：《中国礼文化》，社会科学文献出版社，2000年，第21-24页；匀承益：《先秦礼学》，巴蜀书社，2002年。

"幼年失学，长乃读书者，亦仍从《孝经》《论语》入手"。① 隋唐以后，科举盛行，儒家经书因利禄所在更受重视。虽在穷乡僻壤，识字读书，也从《三字经》《千字文》《幼学琼林》《弟子规》入手，程度稍高，便开读四书五经。虽然不必人人金榜题名，但儒家的礼乐思想、伦常观念却是通过这样的方式，如春雨夜降，润物无声，点滴渗入小民的生活之中。无论世间怎样改朝换代，覆地翻天，教化之道早已成了生活的一部分，成了悠久传统的人间显现。清代礼学家凌廷堪少年时因家境贫寒，随同徽州同乡外出经商，中年方折节向学，著《礼经释例》一书，成就显著。在所著《复礼》一文中，他对礼的产生、作用以及为学之道作了颇为深入的阐释：

> 夫人之所受于天者，性也。性之所固有者，善也。所以复其善者，学也。所以贯其学者，礼也。是故圣人之道，一礼而已矣……父子有亲，君臣有义，夫妇有别，长幼有序，朋友有信，此五者，皆吾性之所固有也。圣人知其然也，因父子之道而制为士冠之礼，因君臣之道而制为聘觐之礼，因夫妇之道而制为士昏之礼，因长幼之道而制为乡饮酒之礼，因朋友之道而制为士相见之礼。自元子以至于庶人，少而习焉，长而安焉。礼之外，别无所谓学也。②

人天性善良，但容易受到环境的影响，导致良知泪没，善性消退。为此，必须借助长期的学习来恒久其心，恢复善性。但是，学习并不仅仅是知识上的增加，更重要的是德行的修养，这就需要礼的学习。自古及今，所谓圣人之教，都是以礼为主线的。人非天

---

①周一良：《魏晋南北朝札记·三国志札记》，中华书局，1985年，第41-43页。
②凌廷堪：《校礼堂文集》，中华书局，1998年，第27页。

生,皆有父母,因父母而有兄弟,成年之后又有夫妇,有朋友、君臣。这五种关系至为重要,不可或缺,但如何才能加以协调,使人人各得其份,各安其位,舍礼之外,别无可能。圣人深明其中道理,所以制作了士冠、聘觐、士昏、乡饮酒、士相见之礼,目的就是能够使父子之间保持亲情;长幼之间井然有序,不起纷争;君臣之间各尽其责,无所僭越;夫妇之间内外有别,彼此敬重;朋友之间讲信修睦,礼让坦诚。这种学习不分血统贵贱,地位高低,少小拜师进学,勤于讲求,长大之后,自然学有所成,心有所安,不为物役,神志清明。这是儒家的修身途径,也是传统中国礼乐文明的教化之功。

试析礼之内涵及学礼以成君子之可能性

高瑞杰[①]

《论语·述而》云:"不愤不启,不悱不发,举一隅不以三隅反,则不复也。"朱子释曰:"愤者,心求通而未得之意;悱者,口欲言而未能之貌。"[②] 习礼事实上也需要存养这样一种求知的渴望,才能真正将礼教落实下去,收事半功倍之效。所以,我们习礼前,首先要问的是,学礼如何可能?或者说"由礼如何入理",即外在化的形仪如何能内化于心,其中有无合理性依据;礼仪与礼义有无某种相通之处,二者的张力又如何调衡。这些都需要我们认真思考和把握,才能真正去践行礼乐文化,成就君子人格。

一、先儒依性以成礼

事实上,礼包含三个层次:礼者,理也;礼者,履也;礼者,体也。[③] 也就是说,礼的内核是理,即天理是其根本的道德依据与理论支撑。儒家从来不会空谈外在的说教,而是综合考虑现实世界与超越世界,将二者勾连起来,从而真正将礼视为一套宇宙间的普遍法则。首先,在对礼的设定上,儒者会预设人具有良善的道德选择能力,并且情性因出自于天而具有天然的善质及为善的可能性,这就为我们习礼提供了情感依据及信念支撑。

[①] 上海师范大学哲学系。
[②] 朱熹:《四书章句集注》,中华书局,2012年,第95页。
[③] 彭林:《礼一名三训解》,《中国经学》第17辑,广西师范大学出版社,2015年,第73–86页。

▶ 中华礼乐文化传承

虽然孔子没有明确提出对人性善恶的看法,但随着郭店简和上博简的陆续整理研究,我们发现,在孔子去世之后,儒家形成了一个系统缜密的"子思学派",从孔子的"性相近,习相远",到郭店、上博楚简中,人性论已经不再是笼统含糊的"自然之性",而是以"善恶""喜怒"等定分的"伦理之性",它以好恶言性,以喜怒哀乐之气谈性,《性自命出》这样说道:

> 凡人虽有性,心无定志。待物而后作,待悦而后行,待习而后定。喜怒哀悲之气,性也。及其见于外,则物取之也。性自命出,命自天降。道始于情,情生于性。始者近情,终者近义。知情[者能]出之,知义者能入之。好恶,性也。所好所恶,物也。善[不善,性也],所善所不善,势也。①

这段文字的重要性无可估量,它大大拓展了情性的理论张力,将《中庸》的核心思想也朴素地表达出来。② 这段话中,首先将心和性的关系明确界定开来。这里既继承了《尚书》"不虞天性"《西伯戡黎》的自然天命观,又阐发了"心无定志"这一"习性"区别上的重大发现,此乃孔子"习相远"之深刻剖析;其次是说又指出,性是天命赋予的,是天生的资质;而情是由性生出的,从情发端而铸淬成"道"。这里为我们呈现出一段人性的渐进生成过程,即天—命—性—情—道,可以说,情是孕育"道"即伦理法则的最后一道门槛。《语丛二》还明确指出:"礼生于情。"情虽有喜怒哀惧,却是人之自然之态,只有在此客观的自然人"情"中才能真正孕育出伦理之"礼",这实在是了不起的创见。又在《语丛》篇

---

①荆门市博物馆编:《郭店楚墓竹简》,文物出版社,1998年。
②按:关于这段材料的阐发,可参见彭林:《始者近情,终者近义——子思学派对礼的理论诠释》,载《中国史研究》,2001年第3期。

试析礼之内涵及学礼以成君子之可能性

中,情是本然之质,有爱、欲、智、恶、喜、愠、惧、强、弱等质,皆"生于性",清儒阮元云:"情发于性……味色声臭,喜怒哀乐,皆本于性,发于情者也。"① 而情性又皆禀于天而来,于是便赋予其形上的道德依据。而且,这种情性往往可以通过现实世界得到某种"潜意识"的发掘,即不忍人之心:

> 所以谓人皆有不忍人之心者,今人乍见孺子将入于井,皆有怵惕恻隐之心。非所以内交于孺子之父母也,非所以要誉于乡党朋友也,非恶其声而然也。《孟子·公孙丑上》

也就是说,善性是本具于我们内心的,"非由外铄我也,我固有之也",《孟子·告子上》有待于掘发。由此即可得出,礼来源于情性,而情性又因天所赋予而具有善质善性,因此可以说,礼即是天道的表征,我们又往往通过对礼的体践将自己本具的善性激发出来,使"复其初"。

因此,礼的丰富性,还体现在它是形上世界与现实世界的聚合点上。朱子对此洞若观火,《论语·学而》曰:"礼之用,和为贵。"这是《论语》中首次出现"礼"这一概念,朱子界定"礼"之定义曰:

> 礼者,天理之节文,人事之仪则也。……盖礼之为体虽严,然皆出于自然之理,故其为用必从容而不迫,乃为可贵。……严而泰,和而节,此理之自然,礼之全体也。②

《论语》所提"礼",基本上是"礼之用"的范畴;朱子却进

---

① 阮元:《揅经室集·性命古训》,中华书局,1993年,第220页。
② 朱熹:《四书章句集注》,中华书局,2012年,第51-52页。

> 中华礼乐文化传承

一步探讨到"礼之体"。朱子以为：礼本于天理，为天理之分殊显现，则"礼之用"必当"依理而行"，《大学章句序》言"无不有以知其性分之所固有，职分之所当为，而各俛焉以尽其力"，① 即此分殊之义。此即"和为贵，小大由之"之等差品节，先王之道斯为美端在于此。礼为"天理之节文"，有分殊之义；又为"人事之仪则"，则有规范之责。人以为天理昭彰，人性澄明，徒以礼理说之，不知礼之轨范之责，亦不能"循礼而行"，复其天理。故"礼之全体"即"理之自然"，明此可谓知礼。由此可知学礼是顺应天性，顺应性情之学；我们讲礼，就是激发内在于心的仁义礼智之四端，然后辐射出去，在践履上不断推衍，成为一个彬彬有礼的君子。

阳明先生有言：

> 夫礼也者，天理也。天命之性具于吾心，其浑然全体之中，而条理节目，森然毕具，是故谓之天理。天理之条理谓之礼。……是故君子之学也，于酬酢变化、语默动静之间而求尽其条理节目焉，非他也，求尽吾心之天理焉耳矣；于升降周旋、隆杀厚薄之间而求尽其条理节目焉，非他也，求尽吾心之天理焉耳矣。②

这里所反映的便是一种自内向外的礼学建构，就是在寻求自己内在之道德良知，而不诉诸于外在的绳矩，因为绳矩也是由内心发散出去，我们只要时时涵养此心之清灵明觉，便可使语默动静莫不有礼。

---

① 朱熹：《四书章句集注》，中华书局，2012年，第1页。
② 王阳明：《王阳明全集》上，吴光等编校，上海古籍出版社，2014年，第245页。

二、重质轻文的礼学走向

礼往往表现为一种"仪",即一种外在规范,这样一种规范,使我们能够更为合理地待人接物,举止更为得体,这在古代可以称为"礼容"。《史记·儒林列传》载:

> 诸学者多言《礼》,而鲁高堂生最本。《礼》固自孔子时而其经不具,及至秦焚书,书散亡益多,于今独有《士礼》,高堂生能言之,而鲁徐生善为容。①

此处徐生所习礼容即习礼之容仪。贾谊《新书》专有一篇《容经》,亦可见古代儒家对礼容的重视。但前面已经提到,"礼生于情",那么自然便又有一种对情感、精神的突出,而不会完全注重外在礼仪。《左传》昭公五年:

> 公如晋,自郊劳至于赠贿,无失礼。晋侯谓女叔齐曰:"鲁侯不亦善于礼乎?"对曰:"鲁侯焉知礼!"公曰:"何为?自郊劳至于赠贿,礼无违者,何故不知?"对曰:"是仪也,不可谓礼。礼,所以守其国、行其政令、无失其民者也。今政令在家,不能取也;有子家羁,弗能用也;奸大国之盟,陵虐小国;利人之难,不知其私。公室四分,民食于他。思莫在公,不图其终。为国君,难将及身,不恤其所。礼之本末将于此乎在,而屑屑焉习仪以亟。言善于礼,不亦远乎?"君子谓叔侯于是乎知礼。

鲁昭公曾出访晋国,自郊劳至于赠贿,无失礼。晋侯称赞其善

---

① 司马迁:《史记》,中华书局,1982年,第3126页。

► 中华礼乐文化传承

礼,女叔齐却诘难"鲁公焉知礼?"认为鲁昭公所作是仪而非礼,"屑屑焉习仪以亟,言善于礼,不亦远乎?"昭公二十五年,子太叔对赵简子也说了同样的话"是仪也,非礼也",可见春秋时期的人们已经自觉将礼义与礼仪做了区分。礼文化从礼仪、礼乐到礼义、礼政的变化,也强调了礼作为政治秩序原则的意义。从而,"礼"越来越被政治化、原则化、价值化、伦理化。义在《说文》里称"己之威仪也",① 出土文献里义多释作"仪",可见二者本来是不分的。而春秋末期的思想家对礼与仪做出明确的区分,本身已经证明理性主义思想的不断加强。其实这样一种价值取向,在孔子那里便尤为凸显。《论语·阳货篇》云:

　　子曰:"礼云礼云,玉帛云乎哉?乐云乐云,钟鼓云乎哉?"

这章也很鲜明地提出了儒家的文质之辩,即重质轻形的取向。皇侃以为礼是指安上治民,乐是指化民成俗,② 礼、乐更强调由内而外的转变,若注重形式仪节,而忽视情感的熏陶,则玉帛、钟鼓就会落入俗谛。子曰:"礼,与其奢也,宁俭;丧,与其易也,宁戚。"《论语·八佾》礼,与其奢侈,宁愿节俭;丧礼,与其追求周备的礼仪,不如内心保持哀伤。丧主哀、礼主敬,敬、戚、哀、俭等状态都是要尽力发掘我们内心的真情实感,它们都是仁之显露或具体呈现,这种内在真情实感是外在揖让周旋之仪节的根本。《论语》中还有"绘事后素",《八佾》"犁牛之子骍且角,虽欲勿用,山川其舍诸",《雍也》"如用之,吾从于先进"《先进》等等,都体现了这种重质轻文的倾向。礼注重的是实质,形式固然重要,但若

---

① 许慎:《说文解字》,中华书局,2015 年,第 267 页。
② 皇侃:《论语义疏》,中华书局,2013 年,第 457 页。

妨害对实质精神的把握，便是舍本逐末。只有我们真正将礼的精神内化于心，对每一条仪节背后所蕴含的礼都有切身的体悟，才能够真正将礼仪践行下去。《礼记·乐记》曰："穷本知变，乐之情也；著诚去伪，礼之经也。"郑玄注又云："礼本著诚去伪。"① 礼之大本正在守心之诚正，程朱强调诚意，亦是此意。

这种重质轻形的儒学取向体现在日常礼仪践履上，也很明显。君子贵洁而不贵富、贵道而不贵形。穿得不好而不感到羞耻，有一个典型的代表，那就是子路。

> 子曰："衣敝缊袍，与衣狐貉者立，而不耻者，其由也与！"《论语·子罕》

子路尚道义，而毫不在意衣袍秀美与否，连孔子对其豁达刚正的性格也表示赞赏。与子路一样贵道不贵形的孔门高足还有原宪：

> 原宪居鲁，环堵之室，茨以蒿莱，蓬户瓮牖，揉桑而为枢，上漏下湿，匡坐而弦歌。子贡乘肥马，衣轻裘，中绀而表素，轩车不容巷而往见之。原宪楮冠黎杖而应门，正冠则缨绝，振襟则肘见，纳履则踵决，子贡曰："嘻，先生何病也？"原宪仰而应之，曰："宪闻之，无财之谓贫，学而不能行之谓病，宪贫也，非病也，若夫希世而行，比周而友，学以为人，教以为己，仁义之匿，车马之饰，衣裘之丽，宪不忍为之也。"子贡逡巡，面有惭色，不辞而去。②

君子忧道不忧贫，贫困易解，道理难明，原宪对于富贵荣辱的

---

① 孔颖达：《礼记正义》，北京大学出版社，2000 年，第 1303 页。
② 韩婴：《韩诗外传》，中华书局，1980 年，第 11 页。

蔑视，对服饰衣冠的淡漠，体现的正是对道德的真正坚守。所以我们对服饰的理解也应上升到道的层面。晏子一件狐裘穿了三十年，不仅仅是节俭，也是爱惜。人穿衣一定要整洁。儒家的礼仪往往在细微处表现出微言大义，所谓见微知著即是此理。即使是服饰，也要秉持理与礼圆融无碍地结合，这便是习礼人真正需要把握的精髓。

三、"立中制节"的礼学内涵

《论语·雍也》言："子曰：'质胜文则野，文胜质则史。文质彬彬，然后君子。'"因此，儒家最终要达到的君子境界，就是文与质相统一，既注重外在的文饰，又注重内在的修养，从而成为一个内外兼修的君子。这样一种"文质彬彬"的境界，即"立中制节"之道，《礼记·三年问》曰：

> 三年之丧，何也？曰：称情而立文，因以饰群，别亲疏、贵贱之节，而不可损益也，故曰：无易之道也。创巨者其日久，痛甚者，其愈迟。三年者，称情而立文，所以为至痛极也。斩衰苴杖，居倚庐，食粥，寝苫枕块，所以为至痛饰也。三年之丧，二十五月而毕，哀痛未尽，思慕未忘，然而服以是断之者，岂不送死有已、复生有节也哉！凡生天地之间者，有血气之属必有知，有知之属莫不知爱其类。今是大鸟兽则失丧其群匹，越月逾时焉，则必反巡过其故乡，翔回焉，鸣号焉，蹢躅焉，踟蹰焉，然后乃能去之。小者至于燕雀，犹有啁噍之顷焉，然后乃能去之。故有血气之属者，莫知于人，故人于其亲也，至死不穷。将由夫患邪淫之人与？则彼朝死而夕忘之，然而从之，则是曾鸟兽之不若也。夫焉能相与群居而不乱乎？将由夫修饰之君子与？则三年之丧，二十五月而毕，若驷之过隙，然而遂之，则是无穷也。故先王焉为之立中制节，壹使足

以成文理，则释之矣。

以"三年之丧"为例，其礼之根源即在于"称情立文""立中制节"之道。我们知道，父母去世，子女往往因哀恸不能继续尽孝，所以守丧以托哀思。其中有的人悲痛特别强烈，虽然守丧三年，但哀恸之情却与日俱增，若无节制，守丧便会永无止境，所以限定一个三年丧期让他渐渐平复；但也有一些人毫无哀思，亲人早晨过世，晚上便遗忘，即便是鸟兽，失去亲人，依然会有"徘徊""鸣号""踯躅"之状，人类何以反不如鸟兽？所以要让其守丧三年，以激发其哀思悔悟之情。圣人制作"三年之丧"，是为了在情思的泛滥与匮乏中达到一个平衡，以达到"立中制节"的状态，即是"无过无不及"之意。虽然孔子也曾言"拜而后稽颡，颓乎其顺也。稽颡而后拜，颀乎其至也。三年之丧，吾从其至者。"《礼记·檀弓》强调首先需表达哀毁之情貌。但这只是对当下的情的尊重，并不意味着可以放任其无限延长，而且，事实上也并不合情理。所以圣人言"先王之制礼也，过之者，俯而就之；不至焉者，跂而及之"，《礼记·檀弓》过度的感情，就折损一点，使他不至于以情伤身；无动于衷，就提高一点感情，使他多一点温情脉脉，即多些人情味，正与此意相合。圣人所持"中"，并非有一止境，而是有一平衡：既不放诞其情思，亦不麻木其心志，达到一种"中正平和"的状态。

又《论语·子张》载：

子游曰："子夏之门人小子，当洒扫、应对、进退，则可矣。抑末也，本之则无。如之何？"子夏闻之曰："噫！言游过矣！君子之道，孰先传焉？孰后倦焉？譬诸草木，区以别矣。君子之道，焉可诬也？有始有卒者，其惟圣人乎！"

子游称子夏的门人只可做"洒扫、应对、进退"之事,但不及大本。子夏听到后颇不以为然,以为君子之道,并不别本末,更不能说洒扫应对之事即为末事。此章似乎讲了一种无奈,即对礼容与仁义内涵的某种张力的无奈。其实对于两人,孔子皆不认可。《论语·先进》篇:"子贡问:'师与商也孰贤?'子曰:'师也过,商也不及。'曰:'然则师愈与?'子曰:'过犹不及。'"师即子张,名师,字子张;商即子夏,名商,子子夏。朱子注以为"子张才高意广,而好为苟难,故常过中。子夏笃信谨守,而规模狭隘,故常不及",① 对二人的性格都分析得十分透彻。二人或重形,或重质,偏于一隅,反而失大本,故夫子不与。总而言之,习礼不仅需外化于行,而且需内化于心,不可屑屑于礼仪,失去根本;亦不能凌虚蹈空,空谈性理,只有内外兼修,本末并重,才能成就君子人格。

四、修身之捷径莫贵于学礼以明理

礼来源于天理,通过习礼,不断熏习,以养成"中正平和"、文质彬彬的君子风范。本末已解开,那么如何做功夫呢?从孔子开始,便强调一个人勤勉好学的重要性,他说:"生而知之者,上也。学而知之者,次也。困而学之,又其次也。困而不学,民斯为下矣!"《论语·季氏》这里的"困而不学",正是在说明,一个人如果不能够在逆境中刻苦勤勉地学习,那么他就注定要"斯为下"了,前人多认为此是宣扬了等级论,殊不知这里的"斯为下"最终还是由后天自己的不努力造成的。不过除了要学,孔子还强调"思",《论语·为政》篇曰:"学而不思则罔,思而不学则殆。"思和学一定要交替并行,不能偏废,这就是孔子强调的"不愤不启,不悱不发,举一隅不以三隅反,则不复也"《述而》"温故而知新,可以为师矣"《为政》的核心内涵。总之,孔子的这一立论,近开辟了孟

---

① 朱熹:《四书章句集注》,中华书局,2012年,第127页。

子性善论的先河,远启发了阳明心学"觉民行道"的开展,不可谓不伟大。故徐复观指出:

> 由孔子而确实发现了普遍的人间,亦即是打破了一切人与人的不合理的封域,而承认只要是人,便是同类的、便是平等的理念,此一理念,实已妊育于周初天命与民命并称之思想原型中;但此一思想原型,究系发自统治者的上层分子,所以尚未能进一步使其明朗化……孔子在两千五百多年以前,很明确地发现了,并实践了普遍的人间的理念,是一件惊天动地的大事。①

孔子而降,思孟学派称:"始者近情,终者近义。知情〔者能〕出之,知义者能入之。"它指出情与道为一个修养路径中的不同阶段,强调了人性由本然状态逐步走向伦理自觉的渐进过程,使人性能学会既"行己有耻"而又"薄责于人",既"慎终追远"而不要"迁怒贰过",以达到"信近义、恭近礼"的道德归宿。如此,则明晰本然之性便能超拔于人情之上而不至混沌,懂得人性之归宿便能通过自我的省察克己功夫到达脱凡入圣的境界,这便是儒家所真正推崇的人性价值与践履功夫。故孟子便十分强调"反求诸己",如《孟子·离娄上》曰:"行有不得者皆反求诸己。"反求诸己就是不怨天尤人,是一个注重反思的过程,"自反"后才能自得,才能体会到道德本体自身之存在,这样一种内向进路便为春秋时代中国哲学思想轴心突破之一大创造;又如《诗大序》说:"发乎情,止乎礼义。发乎情,民之性也。止乎礼义,先王之泽也。"这正是其一脉相承之处。那礼仪处于怎样的境地呢?《性自命出》云:

---

①徐复观:《中国人性论史》(先秦篇),九州出版社,2014年,第59页。

中华礼乐文化传承

"笑,礼之浅泽也;乐,礼之深泽也。"那如何达到此种境地呢?《性自命出》又云:"义也者,群善之蕴也。习也者,有以习其性也。道也者,群物之道也。"强调养性习性的重要性,它还不放心,继续道:"凡古乐龙心,益乐龙指,皆教其人者也,《赉》《武》乐取,《韶》《夏》乐情。"至此,基本完成了一个从指明"性"的发展状态,到如何去完善道德之"性",以达到"仁义礼智圣"的过程。由性而入礼,由礼而入理,进而成就先王之治,这个价值系统正是在子思子之时便已确定下来。

由性而入礼,强调养性习性的重要性,最重要的是不断警醒提撕自己,通过习礼来培养自己的君子气象。张载《经学理窟》曰:"'君子庄敬日强',始则须拳拳服膺,出于牵勉,至于中礼却从容,如此方是为己之学。《乡党》说孔子之形色之谨亦是敬,此皆变化气质之道也。"① 人生气质有染污清浊,所以造成我们后天有贤愚之质,那么我们应该如何解决呢?就是学礼,学礼使我们能够时时提撕自己,保持自己的恭敬心,这样就可以变化气质,达到圣人从人所欲不逾矩的境界。

《经学理窟》又曰:"礼所以持性,盖本出于性,持性,反本也。凡未成性,须礼以持之,能守礼已不畔道矣。"② 礼对于性的持守,就是对其回归本性的一种捍卫,能守礼,便不会叛道。对礼仪的具体把握,能使我们反本成性,而达到道德境界,这便是我们习礼的最终目的。

小 结

综上所述,礼生于情,情性又为天所命赋,自天而出,使我们具有善质,可以通过习礼"复其初",以回归澄明通彻的本然之善。

---

① 张载:《张载集》,中华书局,1978 年,第 269 页。
② 张载:《张载集》,中华书局,1978 年,第 264 页。

因为这样一种情感的来源，使得先秦儒家在面对礼崩乐坏的现实世界时，每每凸显对礼义的关注，以及对情感的保护与尊重。但儒家的魅力在于守"中庸"之道，强调"无过无不及"之义，所以追求的是一种"立中制节"的状态，使我们能真正内外兼修，文质彬彬，而后君子。所以儒家强调修身之捷径莫贵于学礼以明理，既要将礼内化于心，又要将礼外化于行，在这个层次上，强调了人为学的重要性与习礼的可能性。如此首尾通彻，本末兼重，体现了其圆融通达的义理格局。

面对当前教育的种种窘境，使我们每每提及"钱学森之问"都感到羞愧不已。实际上，宋儒便已经找到了这个问题的答案。程子曰："天下之英才不为少矣，特以道学不明，故不得有所成就。夫古人之诗，如今之歌曲，虽闾里童稚，皆习闻之而知其说，故能兴起。今虽老师宿儒，尚不能晓其义，况学者乎？是不得兴于诗也。古人自洒扫应对，以至冠、昏、丧、祭，莫不有礼。今皆废坏，是以人伦不明，治家无法，是不得立于礼也。古人之乐：声音所以养其耳，采色所以养其目，歌咏所以养其性情，舞蹈所以养其血脉。今皆无之，是不得成于乐也。是以古之成材也易，今之成材也难。"[①] 人心之晦暗，世道之窳败，皆在于不能"兴于诗、立于礼、成于乐"，如此涵养践行，复兴礼乐文化之祈盼，或可优游而致。

[①] 转引自朱熹：《四书章句集注》，中华书局，2012年，第105页。

"礼之用,和为贵"
——以宾礼迎送之仪为中心的考察

王 毅[①]

中国传统文化包罗万象,其内涵极为丰富,但是"礼"作为中国传统文化的核心,其地位是不言而喻的。钱穆先生曾说:"中国的核心思想是'礼'……它是整个中国人世界里一切习俗行为的准则,标志着中国的特殊性。"[②] 周公制礼作乐,确立了"以德代礼"的思想文化模式,孔子素崇周公,在继承前人的基础之上,确立"仁——礼"的学说模式。[③] "礼"经孔子发展,被赋予了新的内涵。礼治思想在各个王朝中随处可见,成为统治者所尊奉的一种教化治理模式。诚然,外在礼仪并不代表礼,或可为不知礼,但在具体行动中所展现的仪式,亦可为礼内涵的外推过程。所以对于"礼"的探究,"礼义"与"礼仪"是不可忽视的,应两者兼而有之。在各项活动中,迎送仪式最为普遍,在此过程中既不能失去主人的身份,又不能贬低客人以显自大。所以在宾礼迎送之仪中对于"礼"核心内涵的把握("敬"),以及宾主双方所处的原则与氛围("和"),正是对于礼具体实施过程"礼义"与"礼仪"外推过程中"礼用"最好的考察。

[①] 山西师范大学历史与旅游文化学院。
[②] 邓尔麟:《钱穆与七房桥世界》,社会科学文献出版社,1995年,第7页。
[③] 关于"以德代礼"与"仁——礼学说"的关系参看张焕君:《制礼作乐——先秦儒家礼学的形成与特征》,社会科学出版社,2010年。

一、礼义与礼仪的双重考察

礼的种类很多,大体包括"礼法、礼义、礼器、辞令、礼容",[①] 虽然这些都混同为"礼",但是"礼"的核心内容则是"礼义"。"礼法"与"礼容"等则是"礼"的外在表现形式而不是"礼"的具体内涵,可称之为"礼用"。礼缘情而制,而"礼义"的主要核心内容则如《礼记·曲礼上》所云"毋不敬"。郑玄注:"礼主于敬"[②],由此可知对于"礼"而言其核心思想为"敬"。且孔疏云:"今云曲礼曰'毋不敬',则五礼皆须敬,故郑云礼主于敬。"[③]"五礼"即吉、凶、军、宾、嘉五礼,五礼所涉及的范围基本上涉及了古代生活的各个方面,可以说以"敬"为主题的礼事活动都需要贯彻这一基本观念。所有的形式与活动都需要围绕"敬"来展开,都需要符合"敬"的这一原则。《左传·僖公十一年》载:"礼,国之干也;敬,礼之舆也。不敬则礼不行,礼不行则上下昏,何以长世?"[④] 则更加明确地指出"不敬则礼不行",同时将"礼"与"敬"的关系上升到国家治理的层面。礼主敬不仅仅与社会生活息息相关,更与国家兴衰有关。将"敬"提高到如此高的程度,更加反映出对于"礼"而言,所行出于"敬"是非常重要的,"敬"作为礼义的核心内涵是毋庸置疑的。

礼义所主为敬,但礼义也应有外在表现形式,礼义的外在表现形式则是礼仪。礼义与礼仪两者的关系如《左传·昭公五年》载:

---

① 彭林:《中国古代礼仪文明》,中华书局,2013年,第38页。
② 郑玄注,孔颖达等正义,阮元校刻:《十三经注疏》卷一,艺文印书馆1973年,第12页。
③ 郑玄注,孔颖达等正义,阮元校刻:《十三经注疏》卷一,艺文印书馆1973年,第12页。
④ 杜预注,孔颖达等正义,阮元校刻:《十三经注疏》卷十三,艺文印书馆1973年,第222页。

▶ 中华礼乐文化传承

  公如晋,自郊劳至于赠贿,无失礼。晋侯谓女叔齐曰:"鲁侯不亦善于礼乎?"对曰:"鲁侯焉知礼!"公曰:"何为?自郊劳至于赠贿,礼无违者,何故不知?"对曰:"是仪也,不可谓礼。礼,所以守其国、行其政令、无失其民者也。今政令在家,不能取也;有子家羁,弗能用也;奸大国之盟,陵虐小国;利人之难,不知其私。公室四分,民食于他。思莫在公,不图其终。为国君,难将及身,不恤其所。礼之本末将于此乎在,而屑屑焉习仪以亟。言善于礼,不亦远乎?"君子谓叔侯于是乎知礼。①

  由此可知,礼仪与礼义不能等同,鲁昭公对于礼仪的熟悉,不能代表其知礼义。礼义与礼仪不能混为一谈,但是也不可强行分开。礼义作为礼的内在表现形式,而礼仪则是礼的外在表现形式,两者之间是相辅相成的关系。对于礼治而言其不仅仅需要知仪更需要知义,就鲁昭公所行,鲁国当时"政令在家",其对于仪式过分践行而不去求义,是对于礼的片面把握。但对于礼仪的完全忽视也不可,深知礼义而无从表现,何来深知。礼义与礼仪是一体两面,弃其一面则不全,偏其一面则不知。如上所说,"礼"的核心在于敬,"五礼皆须敬",同时"礼"的外在表现是通过礼仪来进行的,所以在进行"礼仪"的过程中"敬"的内涵是需要时刻存在的。

  礼仪的实践换言之可以称为"礼用",《论语·学而》云:"有子曰:'礼之用,和为贵。先王之道斯为美,小大由之。'"② 朱熹注引范氏曰:"凡礼之体主于敬,而其用则以和为贵。敬者,礼之

---

  ① 杜预注,孔颖达等正义,阮元校刻:《十三经注疏》卷四十三,艺文印书馆1973年,第744-745页。
  ② 朱熹:《四书章句集注》,《新编诸子集成》,中华书局,1983年,第51页。

所以立也；和者，乐之所由生也。"① 礼仪的实现形式需要时刻符合"敬"的内涵，故能行、能立。从而在此种前提之下，在具体施行的过程中用"和"来达到一种和谐的局面即"乐之所由生也"。所以基于"敬"的礼用，"使本意在于区别的礼得以具有沟通的功能，不同地位的人只要处于同一个礼仪场景中，都能形成一个和谐共存的局面"，② 同时也使和谐局面不仅仅为和而和，无所内涵。礼仪的具体展现要以"和"为原则，而具体开展的过程中则要时刻履行"敬"的观念。所以笔者认为，对于礼义和礼仪的考察，两者之间时刻存在的是"敬"，实现形式是"礼"的具体仪式，最终行礼的局面是"和"，而这些都是由"敬"所主，同时由"和"所弥补，两者共同作用并赋予了"礼"沟通的内涵。换言之，礼义主敬，礼仪在其"敬"原则不去的情况下，更重行礼以"和"。因"敬"故能尊礼以行、行事有度、从而不逾矩，同时因"和"故能行礼有弛、相处和谐、从而不拘泥。两者相互调试、相互作用，最终达到"礼用"和谐的局面。

二、宾礼迎送之仪所体现的"敬"与"和"

宾礼是待宾客之礼，其涉及的范围很多，本节所论述的宾礼则为人与人之间待宾客之礼，尤以宾主迎送之仪为要。根据杨志刚《中国礼仪制度研究》所述："仪礼十七篇关涉宾礼，除前述《觐礼》、还有《聘礼》《公食大夫礼》《士相见礼》。按郑玄《三礼目录》，《聘礼》《公食大夫礼》被归于嘉礼。拙稿则将这两篇视为宾礼。"③ 但从事宾主活动，皆有宾主迎送仪节，故宾礼所见仪节不

---

①朱熹：《四书章句集注》，《新编诸子集成》，中华书局，1983年，第52页。
②张焕君：《制礼作乐——先秦儒家礼学的形成与特征》，社会科学出版社，2010年，第156页。
③杨志刚：《中国礼仪制度研究》，华东师范大学出版社，2001年，第388-389页。

仅仅局限于四篇之内，其余诸篇亦有散见如《士冠礼》《士婚礼》等。虽身份不同、仪节详略不同，但统而言之，皆有迎送之仪即请宾、迎宾、送宾等。

伴随着宾礼活动的进行，宾主相接的开始，"敬"和"和"观念亦随之而生。宾礼仪式始于请宾，终于送宾，即迎送之仪。请宾如《仪礼·公食大夫礼》云："上介出请，入告。三辞。宾出，拜辱。"[1] 又如《仪礼·士冠礼》云："主人戒宾。宾礼辞，许。"郑玄注："故就告僚友使来，礼辞，一辞而许。再辞而许曰固辞。三辞曰终辞，不许也。"又孔颖达疏："又三辞而许则曰三辞，若三辞不许乃曰终辞。"[2] 三辞具体对话及其形式，随着场合的不同具体表现皆不同，但都体现主人请宾，宾三辞而后赴邀。三辞皆为宾主双方相敬谦让。"拜辱"依郑玄注为"拜使者屈辱来迎己"。宾主相接，以宾为主，主人请宾，主人敬于宾，但宾不以敬自居，回敬于主，同时宾也会表示"屈辱来迎己"，对于主人之请，不敢贸然接受，三辞而后接受。其也是对于主人请己之"敬"，己不专敬自居，回敬主人的表达。让"敬"的原则得以体现，同时因"敬"而产生的宾主身份差别，以宾主双方的"三辞"达到了"和"的目的。"三辞"行为的出现，既体现出宾主双方对于"敬"的认同，也体现对于"敬"所产生的差别，进行"和"的弥补。随后"主人再拜，宾答拜，主人退，宾拜送"。在和谐的氛围中请宾于是完成，宾已应邀。

迎宾具体仪式分为两部分。在此之前，主人迎宾，主与宾尊卑相同者，迎于门外，主人尊者，迎于外门之内。门内、门外的区别，都有"敬"的体现，但不是本文所述的重点，故简要谈之。两

---

[1] 郑玄注，贾公彦等疏，阮元校刻：《十三经注疏》卷二十五，艺文印书馆，1973年，第299页。

[2] 郑玄注，贾公彦等疏，阮元校刻《十三经注疏》卷一，艺文印书馆，1973年，第6页。

"礼之用，和为贵"

部分的迎宾仪式，其一为从门至阶前，其二则为升阶上堂。首先从门至阶前如《仪礼·士冠礼》云："至于庙门，揖入，三揖，至于阶，三让。"郑玄注："入门将右曲，揖；将北曲，揖；当碑，揖。"① 由上可知，主人迎宾进门，每到转弯之处，主宾相作揖，共有三次。分别为：入门后，将右，揖；将向北，揖；至庭中之碑处，揖。且《礼记·曲礼上》载："凡与客入者，每门让于客。"郑玄注："下宾也。"② 即主人自谦为下，敬宾之义。可知迎宾入门三揖，皆有主人敬于宾而宾不敢承受此敬，而成三揖之仪。至于阶前，又有三让，如果宾主尊卑相同，则如《仪礼·士冠礼》载："至于阶三让，主人升立于序端，西面；宾西序，东面。"郑玄注："主人宾俱升。"③ 如果宾主尊卑不同则如《仪礼·公食大夫礼》载："宾入三揖，至于阶，三让，公升二等，宾升。"④ 虽尊卑不同，都有敬的体现，但为使局面和谐，则会有三让之仪，以来弥补主敬尚别这一礼的大原则。升阶入堂之时，根据《礼记·曲礼上》载："主人就东阶，客就西阶。客若降等，则就主人之阶。主人固辞，然后客复就西阶。"孔颖达疏："客若降等，则就主人阶者，卑下之客也……是继属于主人。"⑤ 宾降等，实为主人请宾来此，宾不敢自专，则是对主人之敬，故"继属于主人"。而主人固辞，让客人回到自己原来的位置，则是敬意已表，仍需维持和谐局面。升

---

①郑玄注，贾公彦等疏，阮元校刻：《十三经注疏》卷二，艺文印书馆，1973年，第19页。
②郑玄注，孔颖达等正义，阮元校刻：《十三经注疏》卷二，艺文印书馆，1973年，第32-33页。
③郑玄注，贾公彦等疏，阮元校刻：《十三经注疏》卷二，艺文印书馆，1973年，第19页。
④郑玄注，贾公彦等疏，阮元校刻：《十三经注疏》卷二十五，艺文印书馆，1973年，第300页。
⑤郑玄注，孔颖达等正义，阮元校刻：《十三经注疏》卷二，艺文印书馆，1973年，第32-33页。

阶之时,"主人与客让登,主人先登,客从之"。经过宾主让登,都是不先登,经过宾主三让,客不从,主人不以自己身份压人,客不从然后主人登阶。送宾如《仪礼·乡饮酒礼》:"宾出,奏《陔》。主人送于门外,再拜。"郑玄注:"宾介不答拜,礼有终也。"[1] 在宾礼迎送之仪的最后,"主人送于门外,再拜"是主人对于宾的尊敬同时也是出于主人身份礼貌性的行为。

请宾、迎宾、送宾仪节大体如上所述。但是从分析过程中不难发现,宾主双方在三个环节当中,都不同程度地体现着,宾主双方之"敬"。如"上介出请""每门让于客"是主人对于宾客的"敬",又"拜辱""客若降等,则就主人之阶"则是宾客对于主人的回"敬"。迎送之仪中"敬"原则的体现是对于礼义的维护与遵循,但在此过程中,由"敬"而导致了行礼过程中地位差异与尊卑尚别的产生。在此种情况下,宾主双方以和为贵的礼用实施原则,弥补了由尚别带来的尴尬局面而达到宾主双方和谐共存的局面。"和"的体现主要凸显在"三辞""三揖""三让"等谦虚性的行为上,弥补了由"敬"而产生的尴尬,同时谦让亦是尊敬的一种体现。"和"不仅是一种局面的产生,更是弥补"敬"的缺失所运用的方法。正是由于"和"的出现,使礼仪性的活动充满着人性化的调试,既体现了礼敬的主旨又同时避免了因尚别而带来的不和谐。

三、"敬"与"和"的调试作用

如上所述,礼主于敬,在行礼之时,通过具体的仪节来反映"敬"的思想内涵,并通过具体调试来达到"和"的局面,礼义与礼仪即是此种关系。以"敬"为主要贯穿线,同时在具体行礼时以"和"为手段,达到和谐的目的,让"礼"更具有人性化的一面。

---

[1]郑玄注,贾公彦等疏,阮元校刻:《十三经注疏》卷十,艺文印书馆,1973年,第101页。

"礼之用,和为贵"

请宾和迎宾具体仪节如上节所述,但所体现的原则为"敬""让""和"。从请宾开始,主人请宾,是对于宾的尊敬。宾对于主人的邀请不敢接受,三辞而后接受,虽是礼仪性的谦让,亦是"和"的运用。但是仍可看出为了体现宾对于主人的"敬",宾三辞而后赴约。且宾"拜辱"根据郑玄所注可知亦是宾对于主人派出使者,屈尊来请自己的回敬。"敬"的主体思想从宾主相接的开始就有体现,且"和"的运用也是因为"敬"的出现而由此发挥作用。迎宾之时,宾主之间有三揖、三让、三辞等环节,其中不难发现,三揖、三让、三辞皆是宾主双方相敬、相和的体现。通过互相的谦让,以表达对于对方的尊敬,同时通过谦让来弥补"敬"的拘泥,达到"和"的局面。主人通过"自卑"而达到尊宾,宾则通过"三让"来敬主、和主。主宾之间通过互动来表达双方的尊敬,同时伴随着仪式活动的进行,使"以和为贵"的实施原则得到体现。"敬"与"和"相辅相成,相依相存,互动交流,对礼进行了一种良性的调试。使主敬尚别的"礼"具有了沟通功能,具有了人性化的一面,同时达到了和谐共存、行礼有成。

"礼之用,和为贵",通过对宾礼中有关请宾、迎宾的考察,可以看到礼的核心精神"敬"始终贯穿,在宾主双方之间由于"敬"这一观念的产生,使"敬"不仅仅是一种礼貌性的行为,更是一种尊卑性的体现。"公升二等""客若降等"则是这一尊卑性的最好诠释。虽然主敬尚别,但是通过三辞、三揖、三让等谦让性仪节的产生,使原本尊卑分明、以"敬"为主的礼,由于"和"的弥补,达到相敬、相和的局面,宾主双方乐得其中。可以认为宾主对接中互动性的谦让行为是礼主敬尚别的调和剂,既维护了礼主敬这一大原则,又使礼在具体运用中行和成礼,赋予"礼"沟通交流的功能,达到了"和为贵"的局面。换言之,在整个礼仪进行过程中,宾主互动谦让,使礼义主"敬",礼用成"和",得到最大限度的体现。在此过程中,主敬尚别无所损失,谦让行礼以成和。谦让性行为既是双方互相尊敬的体现,也是礼具体施行"以和为贵"的体现。换言之,互动性谦让行为既是双方互相尊敬的代名词,也是礼施以和的代名词。正是由于谦让行为的存在,礼的施行才能以和为贵。礼主于敬,谦让行礼,乐得成和或许是对"礼之用,和为贵"最好的诠释。

综上所述,宾主相接的过程中,"敬"的原则贯穿始终,使行礼的原则没有被淹没。同时在礼施行的过程中以和为贵的具体目的,通过互动谦让的仪节来表达,使行礼在交流过程中得以进行。"敬"内涵的不去,"和"原则的施行,通过交流谦让的行为使双方都有所体现,两者相依相存、相互交流、相互调试,最终成礼。正如刘家和先生所说,儒家的礼学核心是"在差别中求和谐,在和谐中存差别"。① 差别的体现由"敬"所起,而在此种差别中的和谐则由行礼以"和"所弥补。同时差别的和谐因谦让行礼进行调试,而和谐的差别则是由"敬"为其底色。礼的实施,"敬"是作为观念性的引导,是不可逾越的准则,但是在具体行礼过程中则是以"和"为手段,其体现形式则是互动性谦让行礼的实施。所以"敬""和"两者的共同存在,相互弥合,相互调试,使礼得以存在,得以施行。

四、结语

礼作为中国传统文化的核心,从周公制礼作乐开始,以德代礼,到孔子之时,创造仁——礼学说体系,是礼学发展的关键时期。从"以德代礼"到"仁——礼"学说的扩充,让礼学具有了丰富的内涵,为后世奠定了礼学基调,虽有扩充,但无出其右。如上文所述,礼主敬尚别,但实施则是以和为贵,以期达到和谐局

---

① 刘家和:《古代中国与世界——一个古史研究者的思考》,武汉出版社,1995年,第382-384页。

面。作为礼的核心要素存在的"敬"和实施要素存在的"和",它们之间的相互联系、相互调试正是礼学或者儒学长盛不衰的根本原动力。如果礼只有"敬"的存在,则会显得礼是多么的死板与不近人情。如果礼只有"和"的存在,则会显得礼过于流俗与丧失原则,礼的实行不是为和而和,而是应该有其底色的存在。正因如此,有"和"润色的"敬"与有"敬"所主的"和"将两者调试作用发挥到极致,让"礼"得到真正的实施与遵循。"敬"与"和"调试作用正是保存原则与克服死板最为主要的体现,也是"礼"得以长久以来被人认同和遵守的原动力。本文所述以宾礼为主,尤以迎送之仪为要。迎送之仪,是人与人的沟通,是日常生活最为主要的模式之一,通过此种行为来观察"敬"与"和"是将"礼"放于现实生活中的考量,也是"礼"最为生动的写照。

史前礼制的形成、演进模式与特征[1]

曹建墩　陈　静[2]

礼制是随着社会复杂化与阶级、国家的形成而逐渐演进形成的。夏商周三代的礼制，是每个王朝的政教刑法和朝章国典，是"经国家，定社稷"，维系社会政治秩序的道德准则、规章制度和礼仪程式，已然规模粲然，对此研究者众多。然而关于史前早期复杂社会中礼制的起源和演进问题，学界对此探讨较少，本文拟结合考古材料，对中国早期文明化进程中礼制的演进模式、特征等问题作一考察，并希望以此为视角，进一步加深对早期文明起源的认识。

一、史前礼制的萌芽与形成

从新石器时代早期到龙山时代，随着从村落到复杂的政治实体演进，原始礼仪也逐渐复杂而政治化、礼制化，进而与政治分层结合，形成礼制。据考古材料，史前礼制的起源与演进大致可以分为三个阶段。

第一阶段，新石器时代早期（约公元前7000年—公元前500年），此时期以家庭为单位或者以聚落为单位的宗教祭祀成为典型的宗教活动形式。如内蒙古兴隆洼文化遗址（约公元前6200年—公元前5200年）中尚未发现独立于居住区之外的祭祀区，推测当时的很多祭祀活动是在居住区内或室内举行的，少数房屋具有居住

---

[1]本文是国家社科基金重大项目《〈仪礼〉复原与当代日常礼仪重建研究》（14ZDB009）的阶段性成果。
[2]河南大学历史文化学院。

兼祭祀的双重功能。巫觋人员应已出现，但尚未挣脱氏族血缘组织，也没有特权，但凭借其巫医、巫术知识技能等获得人的尊崇。此时期属于所谓"家为巫史"时期。

宗教的区域性差异也比较明显。燕山南北与辽西地区的宗教祭祀有使用玉器传统，如白音长汗遗址出土有玉管、玉玦、玉蝉等；宗教崇拜中有陶人面像、妇人像、石雕人像、龙崇拜、山顶石圆圈祭祀遗迹等，尤其是女神像传统悠久而普遍。[①] 兴隆洼文化流行人面雕像，尤其是妇人雕像[②]，应与祭祀活动与女神崇拜有关。陶塑面具与人面雕像，应与原始巫术有关。而黄淮地区的裴李岗文化贾湖遗址（约公元前7000年—公元前5500年）中则有龟灵崇拜以及相关的宗教礼仪活动,[③] 祭祀遗存质略无文。大体来说，在阶级尚未发生明显分化的情况下，聚落阶段的原始礼仪尚未形成制度性规定。

第二阶段，大约公元前5000年—公元前3000年，社会进入贫富分化与社会复杂化阶段，此时期属于礼制萌芽与酝酿时期。

大约公元前五千纪，史前文化进入一个转折点，人口迅速增长，地区间的文化交流与融合进一步加强，社会开始发生变化。尤其是在公元前四千纪以后，社会等级化的现象普遍出现，血缘组织内成员存在贫富分化，社会结构开始复杂化，如出现等级化的聚落形态、大型公共礼仪建筑、墓葬形态差异，贵族阶层控制奢侈品生产，这一切意味着社会形态将要发生本质的变化。

此时期，以家庭为中心的巫教祭祀进而扩展至区域性的公共宗

[①] 中国社会科学院考古研究所：《中国考古学·新石器时代卷》，中国社会科学出版社，2010年，第164页。

[②] 中国社会科学院考古研究所：《中国考古学·新石器时代卷》，中国社会科学出版社，2010年，第164页。

[③] 河南省文物考古研究所：《舞阳贾湖》，文物出版社，1999年，第456－461页。

教祭祀，地区间的文化互动增强，各种礼仪知识、文化交流也逐渐增加，导致大范围内某些共同信仰的形成。① 例如，红山文化大型公共宗教性礼仪建筑成为区域性的公共宗教活动中心，而红山文化各地区出土玉器的风格、形制却基本相似，表明红山文化分布范围内具有大致统一的宗教信仰和公共礼仪体系。红山社会为建造祭坛、女神庙、积石冢这些礼仪中心巨型公共建筑物，能够调动组织很大的社会力量，表明已存在高于氏族部落的政治实体。② 此时，权贵阶层控制了礼仪玉器的生产，掌控了社会控制权力，并利用宗教来神圣化这种权力。此外，江淮地区凌家滩文化的祭坛、墓葬随葬品差异和各种不同用途的玉器，也可以看出已出现贫富分化与不同的社会等级，初步有原始祭仪，与天地沟通的宗教占有特别重要的地位，而神圣的沟通权已被特殊阶层垄断。③ 这些均说明原始宗教礼仪也在经历着重组与革新，向制度化、复杂化方向演进，与社会分层结合的礼制正处于酝酿阶段。

各地的宗教信仰与原始礼仪也存在区域差异。燕山南北与辽西地区的宗教礼仪与信仰延续了更早的传统并有所发展，比如动物崇拜、女神崇拜与祭祀、人面雕像、公共性祭祀场所等。黄河流域仰韶文化的宗教信仰礼仪具有自己的特征。河南灵宝西坡遗址和甘肃秦安大地湾遗址都发现有大房子。西坡遗址房址 F105 占地面积 516 平方米，房址 Fl06 室内面积达 240 平方米。④ 大地湾遗址 F901 是

---

① 李新伟：《中国史前玉器反映的宇宙观——兼论中国东部史前复杂社会的上层交流网》，载《东南文化》，2004 年第 3 期。
② 苏秉琦：《辽西古文化古城古国——兼谈当前田野考古工作的重点或大课题》，载《文物》，1986 年第 8 期。
③ 中国社会科学院考古研究所：《中国考古学·新石器时代卷》，中国社会科学出版社，第 496 页。
④ 中国社会科学院考古研究所、河南省文物考古研究所：《灵宝西坡墓地》，文物出版社，2010 年，第 12 页。

一座由前堂、后室和东西两个厢房构成的多间式大型建筑,原来面积当在300平方米以上。① 陕西扶风案板村遗址的3号建筑面积有165.2平方米,周围灰坑内出土不少陶塑人像。② 这些面积较大的建筑应是举行大规模公共活动的场所,是礼仪中心,这表明仰韶社会对大型公共建筑高度重视,重大社会活动、礼仪活动多在公共性建筑内进行,仰韶社会的宗教信仰应是以祖先崇拜为主,祭祖礼仪呈现出内聚性、氏族向心性特征,具有集体取向。

第三阶段,新石器时代晚期(约公元前3000年—公元前2000年),在一些社会复杂化程度较高的邦国,礼制已经形成。种种证据表明,黄河流域和长江流域的许多地区发生了深刻的社会变革,已经出现可以控制一定地区和大量人口的政治组织以及掌握了世俗和宗教权力的社会上层。在公元前3000年左右,一些文化和社会发展较快的地区开始相继进入初期文明阶段。③ "邦国林立"是龙山时代最显著的特征,也有学者将其称为"古国时代"或"邦国时代""酋邦时代"。④

由于文献不足征,考察早期礼制起源需要依赖考古学材料,因此,在探讨早期礼制起源中,关键要明确礼制形成的考古学判断标准及满足条件。本文认为,礼制形成的前提首先是社会分层已经比较复杂,贵贱贫富的差异较为明显,出现了金字塔形的社会权力分层体制。如所周知,夏商周三代礼制的基础是"别",如《左传·僖公二十二年》云:"为礼卒于无别,无别不可谓礼。"这种差别

---

①中国社会科学院考古研究所:《中国考古学·新石器时代卷》,中国社会科学出版社,第236页。
②中国社会科学院考古研究所:《中国考古学·新石器时代卷》,中国社会科学出版社,第238页。
③李新伟:《最初之中国的考古学认定》,载《考古》,2016年第3期。
④许宏:《中国考古学界国家起源探索的心路历程与相关思考》,载《中原文化研究》,2016年第2期。

具体体现为：财富资源的集中造成贫富分化；由于财富、资源的控制能力以及政治控制力的差异，导致政治地位上的贵贱差异；基于血缘亲疏、年龄长幼、男女性别差异等尊卑划分而产生的身份定位，等等。由"别"而制定形成的体制化的礼仪、规范、原则即礼制。其次，礼制形成在考古学上的体现，是等级的物化形式已经具有初步制度化趋势。按照上述标准，龙山时代的一些考古学文化内涵表明，当时社会等级、社会分层已经比较复杂，并产生了维护社会分层体系的上层建筑。

第一，墓葬分层与社会分层结构的密切结合。龙山时代，如陶寺文化、海岱龙山文化的丧葬礼仪制度已发展到较高的程度，等级制度渗透进丧葬礼仪中，具体表现在墓葬的规模、形制结构和随葬器物组合等方面，具有等级化、规范化等特征，反映出丧礼礼仪的复杂化、程式化，以及初步制度化。比如，陶寺墓地大、中、小型墓在墓葬规模、随葬品的数量、品种和精致程度上差异很大，反映出陶寺社会存在明显的金字塔式等级结构。处在塔尖位置的大型墓随葬品丰富精致，有鼍鼓、特磬、彩绘龙盘等高级礼器，墓主应是掌握祭祀和军事大权的部族首领，是早期的"王"；而占墓葬总数90%的小墓，死者身无长物，应是社会的平民阶层。陶寺文化时期礼器的使用已有严格的等级限制，墓中的礼器和牲体已成为墓主生前权力和地位的标志。[1]

第二，祭祀遗址的文化内涵反映出早期社会祭祀的政治化、礼制化，宗教的政治化、礼制化是上古社会文明形成进程中一重要特征。

在社会复杂化进程中，权贵阶层认识到宗教祭祀在巩固领导权、维护社会秩序方面可以发挥巨大作用，因此开始控制宗教祭祀

---

[1] 高江涛：《中国文明与早期国家起源的陶寺模式》，载《三代考古》（五），科学出版社，2013年，第38-46页。

权力，作为宗教信仰的祭祀较早地被纳入礼制体系，与社会等级制结合，成为维持世俗政权的工具，从而超越其原初的宗教意义而与世俗政治结合在一起。《国语·楚语下》"绝地天通"的记载即反映出少数氏族贵族阶层控制了交接上天的权力，通天成为权贵阶层的垄断性权力。① 在陶寺大墓中（M22、M3015）还发现有宗教礼仪用器玉琮和玉璧，同时还发现有鼍鼓、特磬等礼器②，这些器物多与石钺共出于大墓中，斧钺曾经是军事民主制时期军事首领的权杖，后来演变为王权的象征物③，这种随葬品的组合方式，表明墓主人不但拥有军权，也拥有宗教主祭权。良渚遗址中玉钺和玉琮（还有玉冠）在同一墓葬中出土，也"是良渚社会宗教与世俗权力密切结合的一个浓缩的反映"④。

第三，都邑聚落的分层以及社会成员的分层，并出现分层的邦国政治统治体系。龙山时代聚落分化更加深刻，等级结构充分发展，形成金字塔形层级结构。如鲁东南地区龙山文化有两城镇、尧王城两个大型中心聚落，每个中心均具备四个层级的聚落。其中两城镇遗址出土有玉礼器、玉料，发现有夯土堆积，是一个政治和生产中心。⑤ 陶寺遗址是一大型区域中心，周围被聚落围绕，形成三层聚落等级，"当时已经形成了一个比氏族部落领导集团远为强大有力的管理机构……陶寺城址的兴建似可作为一个初期国家权力中

---

①张光直：《美术、神话与祭祀》，辽宁教育出版社，2002年，第29页。

②陶寺墓地材料参解希恭主编：《襄汾陶寺遗址研究》，科学出版社，2007年，第178－183页。

③林沄：《说王》，见《林沄学术文集》，中国大百科全书出版社，1998年，第1－3页。

④谢维扬：《中国早期国家研究》，浙江人民出版社，1995年，第293页。

⑤刘莉：《中国新石器时代：迈向早期国家之路》，文物出版社，2007年，第182－184页。

心已经形成的标志"①。龙山时期这种单中心的地区聚落形态与聚落分层反映了一种内部统一的、邦国首领具有一定集权的政治实体,可称为统一型的邦国社会,是龙山时期最发达的社会组织。

第四,龙山时代的礼器使用表明当时礼仪的繁复和仪式的规范化,礼器的数量、华美、质地等差异反映出礼器使用具有等级化特征,初步形成与社会层级结合的礼器制度。器以藏礼,礼器是礼仪制度的物化表现形式,既是器主社会地位的等级特权的象征,又是用以"名贵贱、辨等列",区别贵族内部等级的标志物。龙山时代,礼器生产专门化,一些考古学文化中已经具备了基本成熟稳定的礼器组合,它们大多由陶器、玉石器、漆木器构成,这充分说明当时礼仪程式的初步程式化、复杂化和制度化。另如列刀、列琮、列斝等一些特殊礼器具有象征意义,②表明当时的礼仪制度更加复杂。

如上所述,判定礼制形成的重要依据是礼仪规范的政治化,即成为特定社会群体的规范,并逐渐制度化。如陶寺城址和海岱地区一些社会分层复杂的聚落群,都可以视作具有一定社会公权力的邦国。王震中先生指出,邦国较史前的"中心聚落形态"其最显著的区别是凌驾于全社会之上的强制性权力系统的出现。③考古发现表明,社会复杂化程度逐渐加深,与人民大众分离的国家公共权力开始确立,政治治理技术也有了飞跃式发展,礼制体系逐渐形成,成为政治治理的规范,礼治这一政治治理方式已经初步形成。《礼记·礼运》载:"今大道既隐,天下为家,各亲其亲,各子其子,货力为己,大人世及以为礼,城郭沟池以为固,礼义以为纪;以正

---

① 梁星彭、严志斌:《陶寺城址的发现及其对中国古代文明起源研究的学术意义》,载《中国社会科学院古代文明研究中心通讯》,2002年第3期。
② 卜工:《文明起源的中国模式》,科学出版社,2007年,第293-303页。
③ 王震中:《从邦国到王国再到帝国:先秦国家形态的演进》,载《中国古代文明的探索》,云南人民出版社,2005年。

君臣，以笃父子，以睦兄弟，以和夫妇，以设制度。"这段话反映出礼制的形成情况与考古学反映的礼制起源符合若节。其中世袭制在陶寺文化、大汶口—龙山文化都有体现。[①] 礼制是随着社会复杂化逐渐建立起来的，对外有城郭沟池应对外部威胁，对内有"礼义"纲纪以建立稳定的政治秩序。总之，综合考古学材料与文献记载，龙山时期礼制已经形成[②]，开始形成按社会分层来分配财富资源，出现调节政治社会秩序的政治社会规范。当然，龙山时期的礼制肯定不如周礼那样完备，差等秩序分层没周礼那样严格，礼仪形式还比较质朴。

二、交流融合与汇聚中原：中原地区礼制的形成

龙山时代各考古学文化系统内部，在礼器的使用、丧葬、祭祀等方面均存在着很大程度的共性，具有同质性。这可以说明同一文化区或政治共同体内具有大致统一或相近的礼制模式，具有公共性的礼仪，这也表明权力阶层为了维护政治社会秩序，在政治共同体内推行统一的礼仪制度以强化其统治。如陶寺文化大墓中，出土有彩绘龙盘、陶瓶、陶簋及鼍鼓等，在礼器上具有同质性。泗水尹家城和临朐朱封大型墓葬出土的蛋壳陶、玉钺、白陶器、黑陶罍、鼍鼓等已属礼器。[③] 从随葬品组合来看，贵族大墓中高柄杯、鼎、鬶的组合形式已基本固定。朱封和尹家城虽属不同地区、不同类型，

[①]高炜：《关于陶寺墓地的几个问题》，载《考古》，1983年第6期；刘莉：《中国新石器时代——迈向早期国家之路》，文物出版社，2007年，第141页。

[②]高炜：《龙山时代的礼制》，载王仁湘主编：《中国考古人类学百年文选》，知识产权出版社，2009年，第285-300页。

[③]山东大学考古教研室：《泗水尹家城》，文物出版社，1989年；中国社会科学院考古研究所山东工作队：《山东临朐朱封龙山文化墓葬》，载《考古》，1990年第1期，第587-594页。

但其大墓中却都有这种礼仪性陶器组合①，说明此时礼器已得到贵族群体的广泛认同，成为表征身份等级的象征物，推测应具有大致相同的礼仪程式。

另一方面，由于文明起源模式的不同和受地理环境的影响，不同考古学文化系统的礼仪制度呈现不同的面貌，反映出在邦国林立的政治格局下礼制形态的区域性、多元性特征。譬如，从玉礼器分析，以石家河文化为代表的南方苗蛮集团所用玉礼器与中原华夏集团、海岱东夷集团存在很大的差异，这反映出南北方各族团之间的礼制存在区域性差异。有学者即指出龙山时代的礼器"地域分歧性还很强，各擅胜场，不相为用，与商周青铜礼器比较，尚不够普遍化"。② 其主要原因是缺乏有力的广域王权，各邦国的军事、文化实力不足，导致各邦国礼仪文化的扩张性、辐射性不强。③ 但是，不同的政治体之间（邦国部族）或者族群之间的上层文化交流已比较广泛和深入，社会上层为维护自己的地位和威望构建了远距离"社会上层交流网"，在这一交流网中交流的是宇宙观、天文历法、沟通天地的手段、各种礼仪、各种巫术和特殊物品制作技术等当时最高级也最神秘的知识。④ 这种上层文化的交流，对于不同区域或邦国之间礼仪文化的整合以及形成共同的文化认同具有重要意义，它有力促进了礼仪制度的同质化。

---

① 于海广：《山东龙山文化大型墓葬分析》，载《考古》，2000 年第 1 期，第 61 - 67 页。

② 杜正胜：《从三代墓葬看中原礼制的传承与创新——兼论与周边地区的关系》，见《中国商文化国际学术讨论会论文集》，中国大百科全书出版社，1998 年，第 220 页。

③ 高炜：《晋西南与中国古代文明的形成》，载《汾河湾——丁村文化与晋文化考古学术研讨会文集》，山西高校联合出版社，1996 年，第 111 - 118 页。

④ 李新伟：《中国史前社会上层远距离交流网的形成》，载《文物》，2015 年第 4 期，第 51 - 58 页。

与龙山中后期相对应的尧舜禹时期,中原华夏集团与周边邦国部族有着紧密频繁的交往与文化互动,经过交流融合,逐步形成共享的礼仪制度,公共性的礼器体系以及公共礼仪在逐渐形成,进而在文化价值观、宗教信仰等方面形成共同的文化认同。考古学上各区域文化之间礼器趋同现象,在一定程度上可以说明象征权力的仪式文化在各区域上层社会的传播。例如,排除战争掠夺与商业交换因素,山东海岱文化的礼器与陶寺文化礼乐器相同,表明两者在礼义制度以及思想意识方面的交融在走向深入。在尧舜禹时期,承载社会政治功能的瑞玉成为当时各族群以及部落之间会盟、缔结婚姻等关系的礼器,中原华夏集团的礼仪制度出现了显著的趋同性。《左传·哀公七年》记载:"禹合诸侯于涂山,执玉帛者万国。"①玉帛成为被中原华夏集团与其他邦国所共同认可的具有象征意义的"公共礼器",成为建立与维持方国之间友好关系的礼器。《尚书·舜典》记载舜时"辑五瑞,既月乃日,觐四岳群牧,班瑞于群后","岁二月,东巡守,至于岱宗,柴,望秩于山川,肆觐东后。协时月正日,同律度量衡。修五礼、五玉、三帛、二生、一死贽,如五器,卒乃复"。②与文献记载相吻合,龙山时期,部分玉礼器譬如玉琮、玉璧、玉璋、玉钺等礼器成为不同区域考古学文化的"公共性礼器",具有"共通的意义的空间"。这似乎也可以说明,当时已经存在为各族邦广泛认同的礼仪程式以及共享的信仰和价值观。

龙山时期,中国境内形成以中原为中心的文明演进趋势。③ 中原地区由于其得天独厚的地理区位优势以及兼容并蓄的胸怀,吸收着周边邦国部族的文化精华以发展壮大自己。陶寺文化早期的文化

---

① 杨伯峻:《春秋左传注》(修订本),中华书局,2009年,第1642页。
② 刘起釪:《尚书校释译论》,中华书局,2005年,第110、129页。
③ 赵辉:《以中原为中心的历史趋势的形成》,载《文物》,2000年第1期。

因素来源即具有多元性，它是东方文化西移，并与当地文化融合的产物，如陶寺文化早期遗存中的高领折肩尊和折腹尊、高领折肩瓶、折腹盆、侈口鼓腹或折腹罐、尖底尊、陶鼓、鼍鼓、钺、厨刀、琮、璧、璜等，以及陶、木器上的彩绘，大小墓的严重分化等因素，与大汶口文化晚期以至于良渚文化为代表的东方地区的文化面貌相当吻合。① 苏秉琦先生曾指出："陶寺大墓殉葬成套的庙堂礼乐器、漆木器，反映了比红山文化更高一级的国家形态。圆腹底斝、鬲原型可追溯到内蒙古中南和冀西北，彩绘龙纹与红山文化有关，扁壶序列的近亲只能到山东大汶口文化寻找，俎刀更要到远方的浙北杭嘉湖去攀亲。"② 此外，陶寺文化宽沿豆受到屈家岭文化晚期双腹豆的影响，陶鼓可能是受石家河城址出土的陶管形器和筒形器之启发，彩绘工艺是受大汶口文化的影响，敛口灶可能是受东关庙底沟二期灶圈的启示③，而"V"形厨刀，多数学者认为是受良渚文化破土器或三角形犁状器的影响，陶盘上的龙纹来自良渚文化④。陶寺文化中期大墓中，早期大墓常见的世俗陶器群不见踪影，成套木器以及特磬等礼器群也销声匿迹，而陶寺文化中期偏晚大墓IIM22改而崇尚玉器、漆器和彩绘陶器。尤其是玉器中玉琮、玉兽面等明显是受到良渚文化的强烈影响。不宁唯是，中原地区的厚葬、棺椁、玉石器等表征死者身份地位的礼俗也应是受到周边文化的影响。如学者指出，在中原地区，山西陶寺龙山文明遗址见到厚葬的风

---

① 韩建业：《晋西南豫西西部庙底沟二期——龙山时代文化的分期与谱系》，载《考古学报》，2007年第1期。
② 苏秉琦：《中国文明起源新探》，三联书店，1999年，第123、133页。
③ 何驽：《陶寺文化谱系研究综论》，见《古代文明》第三卷，文物出版社，2005年，第54-86页。
④ 朱乃诚：《再论陶寺彩绘龙源自良渚文化——兼论中原地区"王室文化"的形成》，载《古代文明研究》第一辑，文物出版社，2005年，第70-79页。

俗，以及用随葬品和葬具、墓葬规模、墓葬在墓地中的地位等来表现被葬者的身份、地位，这一礼俗在屈家岭文化、崧泽文化早期至良渚文化、大汶口文化花厅期和红山文化等周边史前文化里都曾经存在；在周缘文明中发现的龙和其他动物外型，以及琮、璧之类玉器所表现的精神信仰，也直接或间接地为中原文明及其后续者所承继。[①]

中原地区在积极吸取周边地区先进文化因素的基础上，不断地进行融合与创新，进而发展成中原地区的礼乐文化系统。这也使中原文明具有吐故纳新的胸襟与能力，具有一种拿来主义式的务实精神。这种能力也使后来的夏商周三代虽然朝代更替，但后继王朝能够因时制宜地吸取前代的优秀文化元素，采取一种扬弃态度以服务于世俗政治秩序的建构，也就是孔子所说的"殷因于夏礼，所损益可知也；周因于殷礼，所损益可知也"。《论语·为政》

总之，在邦国林立的龙山时期，礼仪体系也在超越地域性限制，在交流融合中逐渐走向系统化、规范化，趋于同质化，成为邦国或邦国联合政体的公共礼仪。龙山时期，中原地区逐渐成为四方文化汇聚的中心，周边这些礼乐元素逐渐向中原汇聚，开启了以中原为中心的礼制一体化演进序幕，经过中原地区的选择性吸收、融合与创新，为后来中原王朝的礼制文明奠定了坚实的基础。

三、血缘性格、世俗性与理性化：中原礼制的特质

在史前文明化进程中，中原地区的演进模式具有重实用理性与重血缘人伦的理性色彩，形成了积极进取、刚健有为、务实内敛、质朴无华的文化性格。高江涛曾提出"陶寺模式"的概念，并指出其特征之一是文化和社会发展的务实性与世俗性。[②] 据考古资料，

[①] 赵辉：《以中原为中心的历史趋势的形成》，载《文物》，2000年第1期。
[②] 高江涛：《中国文明与早期国家起源的陶寺模式》，载《三代考古》（五），科学出版社，2013年，第38–46页。

► 中华礼乐文化传承

中原龙山文化的文明演进模式有别于以红山文化、良渚文化、凌家滩文化、石家河文化为代表的具有浓厚巫教色彩的神权模式。[1] 中原这一世俗王权模式的特征是对世俗政治社会秩序的高度关注，政治的重心是运用各种资源协调整合社会秩序，尤其是维护和强化王权秩序。之所以如此，其原因大概有如下几点：首先，一方面，龙山时期的中原地区分布着大大小小的聚落群，各聚落群由一处较大的聚落和一群中小型聚落组成，呈现多中心、对抗式的布局，形成邦国林立的政治景观。中原地区资源相对匮乏，社会分化程度普遍较低，社会的主要矛盾更多体现在这些聚落之间和聚落群之间的利益冲突。[2] 这些邦国部族之间关系紧张，经常有频繁的社会冲突。龙山时代普遍出现的城[3]，应当就是这种时代背景下的产物。另一方面，中原地区处于天下之中，自然条件优越，容易导致周边族群的内迁或入侵。例如东方大汶口文化曾进入豫东、豫西地区，一部分先民曾经定居中原[4]；南方屈家岭文化也曾向北渗透，并占据了原来仰韶文化势力范围的南阳盆地。[5] 从考古学文化看，中原的西北有强悍的石峁文化，南方有石家河三苗文化，东方有强大的海岱夷族群。周边族群向中原地区迁徙汇聚，对中原族群的生存构成严

---

[1] 李伯谦：《中国古代文明演进的两种模式：红山、良渚、仰韶大墓随葬玉器观察随想》，载《文物》，2009 年第 3 期，第 47 - 56 页；赵辉：《中国的史前基础——再论以中原为中心的历史趋势》，载《文物》，2006 年第 8 期，第 50 - 54 页。

[2] 赵辉：《中国的史前基础——再论以中原为中心的历史趋势》，载《文物》，2006 年第 8 期。

[3] 许宏：《何以中国：公元前 2000 年的中原图景》，三联书店，2016 年，第 48 - 50 页。

[4] 张翔宇：《中原地区大汶口文化因素浅析》，载《华夏考古》，2003 年第 4 期。

[5] 中国社会科学院考古研究所：《中国考古学·新石器时代卷》，中国社会科学出版社，2010 年，第 433 页。

重威胁。其次,中原旱地农业生产依靠自然降雨,农业生产不稳定,随着龙山时期的人口剧增①,导致资源生产供应产生紧张。加之自然灾害的发生与不定期的河水泛滥,给中原族群的农业生产造成严重威胁。这就要求在农业技术不发达的情况下采取适宜的务实的政治策略,以组织更多劳力抗旱防涝,合作从事农业劳作,从而生产出更多的物资。压力就是动力,中原地区面临的生存压力势必要求政治社会秩序的凝聚与统一,要求调整邦国族群之间的矛盾,建立新的社会关系,要求产生一种能够凌驾于不同聚落、族群之上的组织机构来应对自然和人为的双重挑战。面对各种挑战,中原华夏集团权威机构的管理职能也因而更为凸显,这也导致建构和谐的政治社会秩序是其核心目标。

经过邦国部族之间的兼并与融合,中原地区形成建立在社会分层等级基础上的政体,其所面临的秩序建设主要是强化尚处于雏形的王权体系,维护强化社会分层的等级秩序,凝聚社会成员的向心力和聚合力。中原各部族邦国重新整合成的以尧、舜、禹为首领的"联合政府",其实即以尧、舜、禹各自族邦为主体的邦国联合体形式的华夏政治体。据《尚书·尧典》,这个政治联合体其实有着中央集权的最高权力中心和行政及政治管理机构,产生了社会分层或阶级分化,有领土观念和国家意识形态等,也有学者称之为酋邦。②总之,如何整合华夏政体中这些大大小小发展不平衡的邦国部族,维护强化族邦之间或族邦内成员的尊卑差等秩序,经过整合以"协和万邦",便成为政治联合体权贵阶层面临的重要问题。实际上,鉴于中原族群面临的压力强度,社会控制手段和社会组织的完善与否,社会组织是否具有内聚力、向心力,以及是否拥有先进的观念

---

①参阅刘莉、陈星灿《中国考古学:旧石器时代晚期到早期青铜时代》,三联书店,2017年,第233页。

②谢维扬:《中国早期国家》,浙江人民出版社,1995年。

意识形态以处理日益复杂的各种关系,都成为应对外在挑战能否成功,是否能够进一步发展强大的重要因素,甚至是决定性因素。在文明化进程中,中原地区由于建构政治社会秩序的需要,由于其独特的文明演进路径,逐渐发展演进为一套务实理性的政治治理方式,这就是礼治,礼在中原地区文明化进程发挥了重要作用。

如所周知,在中原地区文明化进程中,血缘组织并没有随着战争征服以及兼并而被打散,反而继续成为国家与社会的基本单元或细胞。[1] 也正是父权血缘氏族组织以及血亲观念的发达,导致早期政治共同体内非常重视以亲缘纽带来整合族内关系。因为顾念族群血缘亲情以及族群之间的姻亲关系,因此社会治理更主要的是依赖一种道德体制,从而形成一种柔性的治理方式——礼治,礼而不是刑成为重要的社会整合方式。《尚书·尧典》记载尧"克明俊德,以亲九族。九族既睦,平章百姓。百姓昭明,协和万邦。黎民于变时雍",这种由家族到国家的治理模式是建立在亲缘情感基础上的,亲亲之德是血缘政治的重要理念,也是礼制的重要原则。建立在亲缘关系基础上的规范准则,是早期社会"德"的重要内容,经过商周社会的发展演进,就形成了一种以德礼为核心的、强调亲缘政治的宗法伦理政治。

由于文明化进程中的血缘性格,作为政治上层建筑的礼制不仅是一种社会控制机制,更是一种柔性的社会协调机制,它不仅可以维护和强化社会分层的政治秩序,而且可以增强社会成员的凝聚力、向心力,协调缓解社会冲突,传统礼学所言礼的"和合"功能,即指礼具有这种柔性的社会整合功能。因此早期复杂社会的政治治理又具有温情的一面,既维护等级关系的尊尊,又依赖亲缘组织与血亲意识来实现社会整合。比如从史前即存在的祭祀、氏族的

---

[1]侯外庐:《中国思想通史》,人民出版社,1957年,第1-17页;张光直:《中国青铜时代》,三联书店,1999年,第484-496页。

宴饮礼即是宗族成员亲密关系的黏合剂，具有"序宗族""以笃父子，以睦兄弟，以和夫妇"，团结氏族成员的功能。建立在这种亲缘纽带基础上的礼制体系具有较强的稳定性，能更好地凝聚社群内部的人力、物力资源与智力资源来应对外在的挑战。

这种血亲组织的存在与血亲意识的浓厚，使早期社会凝聚血缘家族、宗族组织向心力，强化内部组织的体制中，祖先崇拜及相关的丧葬、祭祖礼仪是极其重要的方式，这在龙山时期的中原及二里头文化的贵族墓葬、宗庙宫殿建筑、祭祀遗址等现象中都有鲜明而充分的体现。① 这种建立在祖先崇拜基础上的礼制体系，其特征是将宗教祭祀与社会组织、政治分层体系结合，以世俗化的政治体系来组织整合宗教祭祀，并利用宗教信仰来促进政治体成员的文化认同与政治认同，增强贵族阶层与邦国部族成员的凝聚力，强化宗族成员的血脉联系，建构世俗政体的伦理道德、价值观、意识形态。因而，中原地区的礼治是一种政治统治策略和政治治理方式，具有世俗化、理性化特征。体现于考古学上，如河南灵宝西坡墓地代表的庙底沟类型社会既无奢华的随葬品，也无浓厚的宗教气氛。② 龙山时期的中原地区关注现实的政治社会秩序，缺少巫术色彩③，缺乏巫教偶像崇拜，缺少大型的祭祀遗存。在文明化进程中，中原地区的巫教氛围并不浓厚，而是高度关注现实秩序，宗教祭祀的理性化、礼制化、政治化发生较早，造成政治权力与祭祀的结合，宗教巫史等人员从属并服务于世俗政治，并不具有独立性。而祭祀也主要是服务于现实政治秩序的建构。

---

①徐良高：《祖先崇拜与早期国家》，见韩国河、张松林主编：《中原地区文明化进程学术研讨会论文集》，科学出版社，2006年，第123-158页。

②中国社会科学院考古研究所、河南省文物考古研究所：《灵宝西坡墓地》，文物出版社，2010年，第298页。

③赵辉：《中国的史前基础——再论以中原为中心的历史趋势》，载《文物》，2006年第8期。

▶ 中华礼乐文化传承

总之,建立在血缘氏族基础上的中原农耕族群,其以族群向心力、集体取向为特征的礼制更容易整合各方族群邦国形成更高级复杂的政团,中原地区之所以在邦国林立的史前时期异军突起,较早迈入文明国家,这种务实理性的礼制体系和以整合政治社会秩序为鹄的礼治策略发挥了重要作用。

荣仲方鼎铭文所见诸子之官及其职掌
——兼论周初学校的设立及学中所习之业

贾海生[1]

新近发现的荣仲方鼎有两件，二器的出土地皆不详，一件入藏保利艺术博物馆，另一件见于《中国文物学会青铜器专业委员会成立大会暨首届年会文集》所收署名吉金的论文。二器内壁均有铭文，共计48字，合文2，重文1，文字风格、铭文内容完全相同，唯行款略有差异，保利艺术博物馆所藏荣仲方鼎有铭文10行，而吉金的论文所附铭文照片则仅有9行。铭文云：

> 王作荣仲序，在十月又二月生霸吉庚寅，子加（嘉）荣仲锡庸一、牲大牢。己巳，荣仲速内（芮）伯、觳（胡）侯子。子锡白金（钧），用作父丁饢彝。史。

李学勤首先隶写了上引释文，对铭文也进行了深入的研究，结合有关文献的记载，断铭文中的"序"是周代所立学校的名称，认为铭文中前后两"子"的身份不同，并非是同一个人，前一"子"是国子，后一"子"则是芮伯、胡侯之子，同时还根据器形、字体及铭中月相词语等因素，估定荣仲方鼎是康王时器。[2] 其后学术界围绕着文字的释读、铭文中前后两"子"身份的确认等问题展开了

---

[1] 浙江大学古籍研究所。
[2] 李学勤：《试论新出现的坂方鼎和荣仲方鼎》，载《文物中的古文明》，商务印书馆，2008年，第240页。

广泛的讨论，发表了一系列论文。李朝远从三个方面论述了李学勤释为"序"的字当释为"宫"字，认为"宫"在铭文中表示宗庙之义，铭中的"子"是代表天子的王子。[①] 李占奎也认为李学勤释为"序"的字当释为"宫"字，断器作于昭王末年，而"子"则是尚未逾年的周穆王，还对整篇铭文作了新的诠释。[②] 冯时亦认为李学勤释为"序"的字当释为"宫"，分析字形为从广从雔，同时还认为铭文反映了宫室落成，荣仲接受庆贺之礼一事，铭中的"子"即史氏宗子。[③] 此外，何景成、陈絜等学者也对荣仲方鼎铭文提出了各自不同的意见，进行了有益的探索。[④] 继诸家讨论之后，李学勤又撰文对荣仲方鼎作了进一步的研究，据甲骨卜辞及执卣、执尊铭文辨古文字"序"与"宫"的差别，证荣仲方鼎铭文首句末字释为"序"字不误，但修正了自己以前对铭中前后两"子"身份的判断，认为铭中前一"子"指王子，又进而据张培瑜《中国先秦史历表》，结合夏商周断代工程西周历谱及觉公簋铭文，断荣仲方鼎铭文所言十二月生霸吉庚寅在公元前1003年，此年是康王二十一年，十二月戊子朔，初三日庚寅。[⑤]

  诸家考释荣仲方鼎铭文，之所以对首句末字有释"序"、释"宫"之争，就在于在古文字系统中"序"与"宫"的字形极其相似。研习古文字的学者都知道，考释铜器铭文中的古文字，除了特别关注字形、音读外，还应兼顾铭文反映的内容。单从荣仲方鼎铭

[①] 李朝远：《青铜器学步集》，文物出版社，2007年，第278-281页。

[②] 王占奎：《新出现荣仲方鼎的年代学意义》，载《中国文物报》，2005年12月2日。

[③] 冯时：《坂方鼎、荣仲方鼎及相关问题》，载《考古》，2006年第8期。

[④] 何景成：《关于〈荣仲方鼎〉的一点看法》，载《中国历史文物》，2006年第6期；陈絜：《浅谈荣仲方鼎的定名及其相关问题》，载《中国历史文物》，2008年第2期。

[⑤] 李学勤：《论荣仲方鼎有关的几个问题》，载《通向文明之路》，商务印书馆，2010年，第153-157页。

荣仲方鼎铭文所见诸子之官及其职掌

文的字面意思而言，大意是说，周王为荣仲建造了序或宫，十二月生霸吉庚寅日，子赏赐了荣仲扬庸一、牲大牢，至于己巳日，荣仲召唤芮伯、胡侯之子入于序或宫中，子又赏赐了荣仲白金一均，荣仲受此荣宠，就制作了用于祭祀其父的方鼎。若据铭文字面反映的内容寻绎隐藏在字面背后的历史事实，则不由得使人联想到王朝中职掌国子之政的诸子之官。《周礼·诸子》云：

> 诸子掌国子之倅，掌其戒令与其教治，辨其等，正其位。国有大事，则帅国子而致于大子，唯所用之。若有甲兵之事，则授之以车甲，合其卒伍，置其有司，以军法治之，司马弗正。凡国政弗及。大祭祀，正六牲之体。凡乐事，正舞位，授舞器。大丧，正群子之服位。会同、宾客，作群子从。凡国之政事，国子存游倅，使之修德学道，春合诸学，秋合诸射，以考其艺而进退之。

诸子在《周礼》的职官系统中属于司马的属官，由下大夫二人担任其职。诸子作为职官名称，亦称庶子官，见于《礼记·燕义》。郑注云："庶子，犹诸子也。"诸、庶义同，俱训为众。庶子官亦简称为庶子，见于《文王世子》。文中"庶子之正于公族者"之"庶子"，即《燕义》所谓庶子官。庶子作为职官名称，其义与相对于嫡子而言的庶子不同。诸子或庶子之官，皆是王朝设置的职官，名异实同，并非如孔疏所言，王朝谓之诸子而诸侯谓之庶子。孙希旦明确指出："《周礼》有诸子而《礼记·燕义》引诸子职作庶子，则庶子即诸子，非侯国之异名也。"[①] 众所周知，《周礼》所记大宰、大司徒、大宗伯、大司马、大司寇及各自的属官并非一朝一王同时设置的职官，而是周初至于晚周随时设置又随时废弃的职官，

[①] 孙希旦：《礼记集解》，中华书局，1989年，第567页。

▶ 中华礼乐文化传承

同一职官的职掌在不同的时代往往也不相同，《周礼》的作者衷而叙之，与金文职官系统中的职官及其职掌互有出入。金文职官系统中的小子一职，见于西周初期的铜器铭文。如小子生尊铭文云："王命生辨事于公宗，小子生易金、郁鬯。"再如何尊铭文云："王诰宗小子于京室曰：昔在尔考公氏克弼文王。"张亚初、刘雨已指出，金文所见小子，或是属官之官，或是诸子之官，与《周礼》中的小子一职名同实异。① 以《周礼》与金文相互参证，可见职掌国子之政的职官早在西周初期就已设立，其官名或称诸子，或称庶子，或称小子，则《诸子》和《燕义》所记并非无据。因此，合观《诸子》所记与荣仲方鼎铭文，荣仲方鼎铭文中的一系列疑问都可以得到合理的解释。

第一，铭文中的己巳日是庚寅后的第四十天，根据前文所述李学勤的研究，庚寅日是前一年的十二月初三，则己巳日当在下一年的孟春之月。此日荣仲召唤芮伯、胡侯之子入于序中或宫中，与《诸子》所言"春合诸学"相合，不仅可证铭文首句末字释为表示学名的"序"字不误，而且也可证铭文反映了西周时代王朝立学施教的历史事实，同时也透露了荣仲的职掌是治国子之政。国子春季入学，屡见于文献的记载。如《礼记·月令》于孟春之月云："是月也，命乐正入学习舞。"再如《周礼·大胥》云："春入学，舍采合舞。"凡此皆可证荣仲己巳日召唤芮伯、胡侯之子入于序中是"春合诸学"的反映。

第二，以铭文所言"子加（嘉）荣仲扬庸一、牲大牢""子锡白金钧"与《诸子》所言"国有大事，则帅国子而致于大子，唯所用之"相互参证，则铭文中的"子"当指大子，而荣仲的身份当是诸子之官。大子位尊权重，唯国子是用，荣仲既掌国子之政，

---

① 张亚初、刘雨：《西周金文官制研究》，中华书局，1986年，第45-47页。

明是任诸子之职,受爵例不过大夫,大子赏赐荣仲乐器、牲牢,不违周礼的等级制度,则铭中"子"指大子而荣仲为诸子之官当无疑问。《诸子》云"诸子掌国子之倅",《燕义》作"庶子官职诸侯、卿大夫、士之庶子之卒",郑注训倅为副贰,孙诒让驳其误,认为倅或卒皆当读为萃,义训聚集。① 铭中"荣仲速内(芮)伯、鄎(胡)侯子",即是召唤芮伯、胡侯之子而聚集于序中。相互推阐,亦可证荣仲的身份是诸子之官,而铭文反映了诸子之官,聚集国子入学习业的历史事实。

实际上,若能明确荣仲方鼎铭文中的"子"指大子而荣仲任诸子之官,则无论是释首句为"王作荣仲序",还是释为"王作荣仲宫",都不妨碍揭示铭文反映了诸子之官聚集国子入于序中讲学习业的历史事实,况且凡是宫室若用于教学习礼,即有学宫之称,传世文献与铜器铭文皆有明文。《周礼·大司乐》云:"凡有道者有德者使教焉,死则以为乐祖,祭于瞽宗。"郑注引郑司农云:"或曰:'祭于瞽宗,祭于庙中。'《明堂位》曰:'瞽宗,殷学也。泮宫,周学也。'以此观之,祭于学宫中。"瞽宗是殷商所立学校的名称,周人立学承用其名,郑司农则称为学宫。静簋铭文云:"唯六月初吉,王在莽京,丁卯,王令静司射学宫,小子眔服及小臣及夷仆学射,雩八月初吉庚寅,王以(与)吴㸚、吕犅佮豳益师邦君射于大池。"静簋属王世民等所分圈足簋中的第3式,是西周中期约当穆王前后的标准器之一。② 从铭文来看,六月丁卯,周王命静职掌学宫射事,至八月庚寅,周王与吴㸚等人在大池习射,则学宫即大池。杨树达列举数证,证大池即辟雍,亦即学宫。③ 辟雍是周人所立

---

① 孙诒让:《周礼正义》,中华书局,1987年,第2475页。
② 王世民、陈公柔、张长寿:《西周青铜器分期断代研究》,文物出版社,1999年,第61页。
③ 杨树达:《积微居金文说》(修订本),中华书局,1997年,第168—170页。

学校，铭文亦以学宫称之。因此，诸家释荣仲方鼎铭文首句末字为"宫"，若进而视为学宫，则与释为"序"字并无二致，皆与铭文反映的内容契合无间，只不过释为"序"字而"序"在文献中明指学校，意义更加显豁而已。

根据甲骨卜辞的记载，商代不仅有教授贵族子弟礼、乐、舞、射等技艺的大学、内学、教瞽、右学等名称不同的学校，① 而且还有以序为名的学校，《甲骨文合集》第36542号黄组卜辞云：

甲午卜，贞在狱天邑商皿序卒兹月亡畎，宁。
乙丑卜，贞在狱天邑商公序卒兹月亡畎，宁，在九月。
甲午卜，贞在狱天邑商公序卒兹月亡畎，宁。

从上引卜辞的内容来看，是贞问设在狱地的天邑商皿序或公序在兹月之内是否安宁。李学勤指出："天邑商皿序或公序是商都的学校。"② 传世文献中，亦有殷商所立学校名序的记载。《孟子·滕文公上》云："夏曰校，殷曰序，周曰庠，学则三代共之。"序本是殷商所立学校的名称，卜辞与文献的记载皆可为证。周承殷制，立学施教，沿用旧名，亦名其所立学校为序。因此，释铭文首句末字为序，不仅意义更加显豁，而且还反映了殷周学名相承不替的历史事实。当然，文献中亦有以序为夏代学名的记载。如《礼记·明堂位》记鲁国所立学校云："序，夏后氏之序也。"传闻异辞，不足为怪，或许商代名序的学校亦是承用了夏代的学名。

传世文献关于周代王朝所立学校及其名称的记载，颇为零碎而散见于各处：天子立东学、西学、南学、北学、中学而中学最尊，

---

① 宋镇豪：《夏商社会生活史》下册，中国社会科学出版社，1994年，第679-695页。

② 李学勤：《论荣仲方鼎有关的几个问题》，载《通向文明之路》，第154页。

见于《大戴礼记·保傅》所引《学礼》；虞学名上庠、下庠，夏学名东序、西序，殷学名右学、左学，周学名东胶、虞庠，见于《礼记》的《王制》和《内则》；东序、瞽宗、上庠、成均，见于《文王世子》；辟廱，见于《诗经·大雅》的《灵台》和《文王有声》；师氏因守王门而教国子三德、三行，保氏因守王闱而教国子六艺、六仪，见于《周礼》而后世遂有师氏、保氏在门闱立学施教的说法。经书的记载支离破碎，汉唐的注疏相互违依，令人难以对周代所立学校的格局有一个明晰的认识。至于宋代，陆佃始将诸书所言学校与《学礼》的记载结合起来，对周代所立学校的格局作出了合理的阐释。① 其后黄式三、黄以周父子等学者续有发明，周代王朝所立学校的格局及其名称始了然可辨。② 综合诸家所论，周代王朝所立学校有五，并于一处建之，东学名东序，南学名成均，西学名瞽宗，北学名上庠，中学名辟雍而辟雍四周有水环之，若称辟雍为大学则东序、成均、瞽宗、上庠皆有小学之名，师氏、保氏教国子之小学别在王宫南之左，同在一处的五学相对于王宫南之左的小学而言又往往皆称为大学。

序作为周王朝沿用殷商旧名设立的学校，因其建在辟雍之东，亦或称东序，或称东胶。东胶之称，不仅在于明其所在，亦在于明其功能。郑注《王制》云："胶之言纠也。"纠察德行之善恶、学业之精疏，故因其位在辟雍之东或有东胶之称。在西周时代，序不仅是讲学习业的学校，亦是执行选举制度、养老制度、受成告克等各项政治制度的行政机构之一。荣仲方鼎的铭文极其简略，未言荣仲召唤芮伯、胡侯之子入学所习之业。若据上引静簋铭文的记载，似可推测在序中所习之业是射礼，因为序或学宫都是演习礼乐、施

---

①卫湜：《礼记集说》卷一百十三，文渊阁《四库全书》本。
②程继红、张涅主编：《黄式三全集》第五册，上海古籍出版社，2014年，第85－87页；黄以周：《礼书通故》，中华书局，2007年，第1327－1352页。

教布政的学校。传世礼书中,《仪礼》的《乡射礼》《大射》分别记载了州长、诸侯所行射礼的总体进程与主要仪节,却不见详细记载天子所行射礼的总体进程与主要仪节的文本。州长、诸侯举行射礼之前皆先行饮酒之礼,天子行射礼当也不例外。凡射前先行饮酒之礼,必杀牲以为俎实膳羞。天子制俎实膳羞之牲,传世文献有记载。《周礼·牛人》云:"飨食宾射,共其膳羞之牛。"孙诒让据《诗经·伐木》及《毛序》,认为天子射前所行饮酒之礼用于制俎实膳羞之牲当是大牢。《周礼正义》天子举行射礼,不仅杀牲制俎实膳羞,而且自始至终的主要仪节都以乐行礼,有关的记载散见于《周礼》中各职官之下:凡射,笙师共其钟笙之乐;宾射,典庸器帅其属设簨虡、陈庸器,眡瞭奏其钟鼓,镈师鼓其金奏之乐;大射,王出入,大司乐令奏《王夏》,及射,大司乐令奏《驺虞》、诏诸侯以弓矢舞,大师帅瞽而歌射节;燕射,乐师帅射夫以弓矢舞。因此,就荣仲方鼎铭文而言,周王为担任诸子之职的荣仲建造了名序的学校,大子赐予荣仲扬庸一、牲大牢,二者皆是射礼不可或缺的礼物,可证荣仲召唤芮伯、胡侯之子入于序中是为了演习射礼。

若根据传世文献的记载,亦结合大子赏赐荣仲扬庸一、牲大牢而论,似又可推测荣仲召唤诸侯之子入于序中的目的是行养老之礼。《礼记·文王世子》云:

> 天子视学,大昕鼓征,所以警众也。众至,然后天子至,乃命有司行事,兴秩节,祭先师、先圣焉。有司卒事反命,始之养也。适东序,释奠于先老,遂设三老、五更、群老之席位焉。适馔,省醴、养老之珍具,遂发咏焉。退,修之以孝养也。反,登歌《清庙》,既歌而语,以成之也。言父子、君臣、长幼之道,合德音之致,礼之大者也。下管《象》,舞《大武》,大合众以事,达有神,兴有德也。

释礼的记文大都是针对实际践行的礼典阐释整个礼典或主要仪节的礼义,上引记文也不例外。从其据礼释义的叙述来看,略可分辨出养老之礼的主要仪节及其进程,可证东序中所行养老之礼是西周以来实际践行的礼典,绝非出于后世的凭空杜撰。西周以来,在学中举行养老之礼,其他文献也有记载。《王制》云:"周人养国老于东胶,养庶老于虞庠。"《乐记》云:"食三老、五更于大学,天子袒而割牲,执酱而馈,执爵而酳,冕而总干,所以教诸侯之弟也。"前文已指出,东胶即东序,亦简称序,皆指建在辟雍之东的学校,相对于王宫南之左的小学而言,东序亦有大学之称。因此,上引诸文有关养老的记载并无不同,相兼互补,义更显豁。"养老之珍具"即袒而所割之牲牢,"冕而总干"即合乐所舞之《大武》。实际上,铜器铭文也记载了养老之礼。效卣铭文云:

唯四月初吉甲午,王雚(观)于尝,公东宫内(纳)乡(飨)于王。王赐公贝五十朋,公赐厥涉(世)子效王休(好)贝廿朋,效对公休,用作宝尊彝。

与此卣同铭之器,还有一尊。关于铭文的释读,自来有多种不同的意见。① 冯时认为铭中"观尝"与《周易·颐》所言"观颐"意同,又据《彖》《序卦》的说明,明确指出效卣铭文所记是养老之礼,西周时代早已成为制度。② 效卣属扁圆体罐形卣中的一种类型,是西周中期偏早时段的标准器之一。③ 传世文献中的东序、东胶皆指处于辟雍之东的学校,以东序、东胶例之,东宫或亦代指学校,只不过公东宫可能指诸侯所立学校,亦因其所在而有东宫之

---

① 陈梦家:《西周铜器断代》上册,中华书局,2004年,第121页。
② 冯时:《堇鼎与召公养老》,载《考古》2017年第1期。
③ 王世民、陈公柔、张长寿:《西周青铜器分期断代研究》,文物出版,1999年,第128页。

名，犹如凡可作为学校的宫室皆可称为学宫一样，铭文中未必一定是太子、官名或姓氏的代称。若此判断不误，联系前引《文王世子》文，则效卣铭文所记或亦是周王视学观礼而在学中行养老之礼的记载，可证东序养老是西周时代自天子至于诸侯都实际践行过的礼典。综上所述，养老之礼是西周时代曾经践行的重要礼典之一，之所以在序中行此大礼，目的是教国子以孝道，行礼时升歌《清庙》、下管《象》、舞《大武》以乐三老、五更及群老，又备醴酒、牲牢等养老之珍具以养之。至此再联系荣仲方鼎铭文所言大子赏赐荣仲之物而言，扬庸或是用于奏乐合舞，牲牢则是养老之珍具。若此推测不误，则荣仲孟春召唤芮伯、胡侯之子入于序中所习之业正是养老之礼。于此需要补充说明的是，《象》和《大武》都是周初制礼作乐时周公主持制作的乐舞，而升歌《清庙》、下管《象》、舞《大武》则是合用武舞与文舞的程序，所用乐歌除《清庙》外，见于《诗经·周颂》的还有《维天之命》《维清》《武》《赉》《酌》《桓》，旨在表现周王朝的文治武功。[①] 荣仲方鼎是康王时器，若铭文所言果是养老之礼，行礼时用周初制作的乐舞以乐所养之诸老，固在情理之中，也符合历史发展的逻辑顺序。

相传古代的学校是依季节的变化分别以诗、书、礼、乐四科教授国子，如《王制》云："乐正崇四术，立四教，顺先王诗、书、礼、乐以造士。春秋教以礼、乐，冬夏教以诗、书。"《文王世子》亦云："凡学世子及学士必时：春夏学干戈，秋冬学羽籥，皆于东序。……春诵夏弦，大师教之瞽宗。秋学礼，执礼者诏之。冬读书，典书者诏之，礼在瞽宗，书在上庠。"荣仲召唤芮伯、胡侯之子聚于序中是在孟春之月，若在序中所行之礼是射礼，行礼时有奏乐歌诗的仪节，体现了以诗、礼、乐为国子所习之业的情形，若在

[①]贾海生：《周公所制乐舞通考》，见《周代礼乐文明实证》，中华书局，2010年，第133-159页。

荣仲方鼎铭文所见诸子之官及其职掌

序中所行之礼是养老之礼，升歌《清庙》、下管《象》、舞《大武》更能体现以诗、礼、乐为国子所习之业的情形。无论是哪一种情况，都反映了《王制》《文王世子》所言春季应当实施的教学内容，可见二者所言虽互有出入，却并非完全无据。若此判断亦不误，可据以推测至于夏、冬两季国子所习之业又变为以读书为主了。

综上所论，荣仲方鼎的发现，不仅为研究西周初期的官制，也为中国教育史的研究，提供了珍贵的资料，值得不断进行更加深入的探索。

附荣仲方鼎器形及铭文拓本：

▶ 中华礼乐文化传承

"季札观乐"是否为僭越行为?
——对身份、行为与场合的认知与判断

胡雅静[①]

《春秋左传》中记载有诸侯国中使用周乐的活动,如公元前623年"卫宁武子出聘于鲁",[②] 公元前569年"鲁穆叔如晋报知武子之聘"。[③]

[①] 清华大学中国经学研究院。

[②] 见《左传·文公四年》:"卫宁武子来聘,公与之宴,为赋《湛露》及《彤弓》。不辞,又不答赋。使人私焉。对曰:'臣以为肄业及之也。昔诸侯朝正于王,王宴乐之,于是乎赋《湛露》,则天子当阳,诸侯用命也。……'"这里宁武子的不拜谢并不是真正认为鲁国乐工在练习周乐,而是出于对宗周之礼的维护,拒绝接受这种超越身份的礼乐。

[③] 见《左传·襄公四年》:"穆叔如晋,报知武子之聘也。晋侯享之,金奏《肆夏》之三,不拜。工歌《文王》之三,又不拜。歌《鹿鸣》之三,三拜。韩献子使行人子员问之,曰:'子以君命,辱于敝邑。先君之礼,藉以乐,以辱吾子。吾子舍其大,而重拜其细,敢问何礼也?'对曰:'三《夏》,天子所以享元侯也,使臣弗敢与闻。《文王》,两君相见之乐也,使臣不敢及。《鹿鸣》,君所以嘉寡君也,敢不拜嘉?《四牡》,君所以劳使臣也,敢不重拜?《皇皇者华》,君教使臣曰:"必咨于周。"臣闻之:"访问于善为咨,咨亲为询,咨礼为度,咨事为诹,咨难为谋。"臣获五善,敢不重拜?'"

· 158 ·

"季札观乐"是否为僭越行为？◀

在晚出的《晏子春秋》① 中，也记载有一则春秋时晋国大夫范昭"请观周乐"的事件，由于此事是在"季札观乐"之前先秦文献中明确记载的"请观周乐"事件，因此值得关注：

> 范昭佯醉，不说而起舞，谓太师曰："能为我调成周之乐乎？吾为子舞之。"太师曰："冥臣不习。"范昭趋而出。……景公谓太师曰："子何不为客调成周之乐乎？"太师对曰："夫成周之乐，天子之乐也。调之，必人主舞之。今范昭人臣，欲舞天子之乐，臣故不为也。"②

上述三件乐事活动，都属诸侯国外交宴饮场合中对周天子所用之乐（诗乐）的使用：宁武子不拜谢的原因是出于对宗周之礼的维护，拒绝接受超越身份的礼乐；鲁穆叔不拜谢，同样因为晋国为其

---

① 关于《晏子春秋》的著作性质有不同的观点：清代《四库全书》将其归入史部传记类（《四库全书总目》，北京：中华书局，1962年），后世学者谭家健认为其属"传记文学或历史故事"一类（谭家健：《〈晏子春秋〉简论——兼评〈晏子春秋集释·前言〉》，载《北京师范大学学报》，1982年第2期）；刘文斌认为"是我国最早的历史人物传记"（刘文斌：《再论〈晏子春秋〉的著作性质》，载《南京师范大学文学院学报》，2013年第2期）。关于《晏子春秋》的成书年代，董治安根据其书名和写作体裁来看，认为成书于战国时代（董治安：《与吴则虞先生谈〈晏子春秋〉的时代》，载《文史哲》1962年第2期）；邵先锋认为"《晏子春秋》初成书于春秋末期，由齐史与晏婴之宾客的记载而形成。"（邵先锋：《也论晏婴与〈晏子春秋〉——兼与郑良树等先生商榷》，载《管子学刊》，2002年第3期）；段巧玲在其硕士论文《〈晏子春秋〉的史学价值》中也认为"《晏子春秋》从形式上看是一部史书，且内容也符合一般史书的共同特征。"（段巧玲：《〈晏子春秋〉的史学价值》，2006年山东师范大学学位论文）就目前而言，学者们一般将其作为先秦的史料来对待。

② 吴则虞：《晏子春秋集释·内篇杂上第五》，中华书局，1962年，第325-326页。

演奏了不符合身份的周乐（诗乐）；而范昭是晋国的大夫，所以乐工拒绝了其"请观周乐"的请求。这三件事情早于"季札观乐"的时间，且因观乐者的身份为诸侯国的卿大夫，故记载本身就都已表明其具有僭越的性质。而《左传·襄公二十九年》中记载的吴公子季札在鲁国"请观周乐"，且所"观"之乐涉及的作品、内容之多，所作评论之丰富，前所未有。这条史料历来被学界视为了解季札音乐思想、礼乐修养及先秦文艺批评与文艺理论、美学思想的重要材料。这里暂不讨论这则史料是否染有后人笔的问题，但是，就本题而言，同样是诸侯国之间的交往、来聘，作为使臣的季札，其身份与宁武子、鲁穆叔、范昭相同，为什么宁武子等人观周乐是僭越行为，而对"季札观乐"是否是僭越行为则没有做过讨论呢？况且，历史上对这个问题也并非没有质疑的声音，清代学者就曾对鲁国可否有周乐一事提出质疑（若鲁国有周乐是僭越行为，季札观周乐自然也是僭越行为了）。因此，本文提出此问题，并非"无中生有"。针对此问题，本文尝试从以下几个方面进行分析。

一、"季札观乐"的前提条件

讨论"季札观乐"是否为僭越行为，有两个重要的前提条件：其一，鲁国可否有周乐；其二，"季札观乐"事件的真实性。如果鲁国有周乐本身就是僭越行为，"季札观乐"一事当然也属僭越了；其次，如果"季札观乐"一事的记载并不属实，那自然也没有讨论的必要。

（一）鲁国可否有周乐？

《清儒学案》卷三十四《鄞县学案上》的《读明堂位》一篇中就曾对鲁国可否有周乐提出过质疑：

> 吴季札聘鲁观乐，歌则《风》《雅》《颂》毕陈，舞则异代咸备。窃疑鲁虽周公之后，亦诸侯之国耳，奚以独备礼乐？

"季札观乐"是否为僭越行为？◀

咸制作出自周公，故鲁独守之乎？王朝侯国，制各不同，当时侯国礼乐，谅必同时颁布，鲁不得独异也。谓周公制作，鲁独守之，是周公自私其子孙矣，有是理乎？然则鲁何以独备礼乐？曰："因郊禘而有之也。"鲁何以得有郊禘？曰："僭也。"成王之赐，伯禽之受，非乎？曰："重耳请隧，襄王犹知却之。成王，贤主也，必不以非礼加人。周公抗世子法于伯禽，伯禽固知礼者，必不以非礼受。其谓成王赐而伯禽受者，盖鲁后人即僭用之，恐遗讥后世，假先王先公以自文耳。"然则，仲孙湫、韩宣子何以称之曰："僭即久矣，即鲁之子孙亦且相忘，况他国之卿乎？"久假而不归，恶知其非有也？曰："是则然矣。"孔子尝言："鲁一变至于道。"又曰："我观周道，幽、厉伤之，吾舍鲁何适矣！"非与其礼乐之独存乎？盖孔子之时，周衰已甚，礼乐沦亡，犹幸鲁僭窃之，余尚存十一于千百。①

上引清儒提出的质疑是，鲁国何以有郊禘？何以独备礼乐？清代儒生认为：王朝诸侯的礼法是同时颁布的，鲁国与其他诸侯国不会有异同；且成王是贤主，周公和伯禽又是贤臣，"必不以非礼受"。所以认为"周礼尽在鲁矣"是在长期的僭越行为下，人们已经习以为常的事。文中甚至用"僭窃之"一词以定性。

面对清人的质疑，我们可以从以下两则史料来分析：

> 昔殷纣乱天下，脯鬼侯以飨诸侯，是以周公相武王以伐纣。武王崩，成王幼弱，周公践天子之位，以治天下。六年，朝诸侯于明堂，制礼作乐，颁度量，而天下大服。七年，致政于成王。成王以周公为有勋劳与天下，是以封周公于曲阜，地

---

① 徐世昌等编撰：《清儒学案》卷三四《鄞县学案上》，中华书局，2008年，第 1273–1274 页。

▶ 中华礼乐文化传承

方七百里，革车千乘，命鲁公世世祀周公以天子之礼乐。《礼记·明堂位》①

于是成王乃命鲁得郊祭文王。鲁有天子礼乐者，以褒周公之德也。《史记·鲁周公世家》②

面对《礼记》和《史记》中都有的记载，我们不能轻易否定鲁有周乐这一事实。周公对周王朝建立、政治稳定、文化发展功不可没，成王在周公去世后特意将其葬在宗周，以示用王的待遇来礼待周公。③ 鲁国作为周公之后，自然可以世世代代祭祀周公，也可以在此祭祀时使用周乐。所以，面对清人的质疑，我们可以回答的是，鲁国可以有周乐，只是在具体实施过程中，只有祭祀周公时可以使用具天子规模的周乐，其余时间与场合中，则应该和其他诸侯国一样遵循宗周的礼制。④

---

① 李学勤主编：《十三经注疏·礼记正义》卷三一，北京大学出版社，1999 年，第 934 页。

② 司马迁撰，裴骃集解：《史记》卷三三，中华书局，1982 年，第 1523 页。

③《史记·鲁周公世家》："周公在丰，病，将没，曰：'必葬我于成周，以明吾不敢离成王。'周公既卒，成王亦让，葬周公于毕，从文王，以明予小子不敢臣周公也。"

④ 从音乐文物的材料来看，从西周至春秋，乐悬制度在数量、规模等方面都发生有较大变化，礼制也不会一成不变。可关注任宏博士在其专著《两周乐悬制度与礼典用乐考》（人民音乐出版社，2016 年版）中的集中论述。此书中认为："对于'宗统''君统'体系下的各个等级，都有比较严格的用乐规范。并且，这样的规范并非一成不变，而是具有与时俱进的特点。"文中还提出："西周时期乐器的编列由每组 3—5 件，发展到每组 8—16 件；春秋早期编组规模扩大，甬钟最多为 8 件成组，钮钟最多为 9 件成组，石磬为 10 件组，编镈是国君特有的乐悬器物；春秋中期，国君级乐悬，4—6 件编镈与 20 件甬钟或钮钟，可能是最基本的配置，一般大夫级乐悬，甬钟或钮钟以 9 件为通例，编磬以 10—14 件为通例；春秋晚期，编镈以 8 件成组为通例，钮钟 9 件成编，编磬 10—13 件成编已成为规范。"具体论述，本文不涉此题。

"季札观乐"是否为僭越行为？◀

(二) 季札观乐的真实性

关于"季札观乐"的过程，《左传》中这样记载：

> 吴公子季札来聘，……请观于周乐。使工为之歌《周南》《召南》……为之歌《邶》《鄘》《卫》……为之歌《王》……为之歌《郑》……为之歌《齐》……为之歌《豳》……为之歌《秦》……为之歌《魏》……为之歌《唐》……为之歌《陈》……为之歌《小雅》……为之歌《大雅》……为之歌《颂》……见舞《象箾》《南籥》者，……见舞《大武》者……见舞《韶濩》者……见舞《大夏》者……见舞《韶箾》者……观止矣！若有他乐，吾不敢请已！①

从文献的记载来看，季札虽然为吴国的公子，对中原的文化却有深入的了解，他的分析不仅仅是停留在乐的表面形式所带来的感官层面，对乐的含义也分析得鞭辟入里，甚至反映一定的政治智慧与预见。对于这样的记载，也有学者提出质疑，② 质疑之处主要有

---

① 杨伯峻编著：《春秋左传注》，中华书局，1983 年，第 1161－1167 页。此文讨论的重点不是季札观乐的评论，限于文章篇幅故对原文有所节选。

② 学者郭碧波认为：季札观乐做出的评论和汉人解的《毛诗序》一致，且多带有预测性，在春秋时人是不能预测出其历史史实的。(详见《季札观乐质疑》，《宝鸡师院学报》(哲学社会科学版)，1985 年第 4 期)；学者赵制阳从此说 (详见《左传季札观乐的有关问题的讨论》，载《诗经国际学术研讨论文集》)。学者祁晓明从季札观乐评论的句法方面，其句式和孔子评《关雎》"乐而不淫，哀而不伤"一样，认为是杜撰的"史实"。(详见《孔子"删诗"与季札观乐》，《大连理工大学学报》(社会科学版)，2013 年第 3 期)。学者津田左右吉从一些概念入手，比如"将《唐风》与尧 (陶唐氏) 相联系，以唐为尧的故国的说法出现很晚，至少在司马迁《史记·尧本纪》中未见，且《史记》中也没有以唐为尧子孙封国的说法"，认为此事值得怀疑。(详见《〈左传〉的思想史研究》)

· 163 ·

▶ 中华礼乐文化传承

两个方面：其一，"季札观乐"一事有浓重的预测性色彩；其二，季札对所观之乐的评价与《毛诗序》存在差距。针对这些质疑，本文作如下思考：

季札在观乐中的评论，确实带有预测的色彩，并将音乐和当时的政治现实紧密联系在一起。也不能完全否认这些记载没有染上后人的笔墨。但是，这种评价恰是基于"乐与政通"认识基础上的，这种思想很早就有了萌芽，也很早就具有较为成熟的理论形态。《尚书·大禹谟》中有："九功唯叙，九叙唯歌"，①《国语·郑语》中史伯和郑桓公有这样的对话：

> 史伯答郑桓公。"夫和实生物，同则不继。以他平他谓之和，故能丰长而物归之；若以同裨同，尽乃弃矣。故先王以土与金木水火杂，以成百物。是以和五味以调口，刚四支以卫体，和六律以聪耳，正七体以役心，平八索以成人，建九纪以立纯德，合十数以训百体。……声一无听，物一无文，味一无果，物一不讲。王将弃是类也而与剖同，天夺之明，欲无弊，得乎？"②

史伯与郑桓公的对话发生于公元前774年，早于"季札观乐"二百多年。其中的"和实生物，同则不继""和六律以聪耳，正七体以役心，平八索以成人，建九纪以立纯德，合十数以训百体"即是由声到心、到人、再到政治的一种思维方式。这正是"乐与政通"思维方式的建立。我们可以说，这个时候虽然还没有"乐与政通"的具体概念，但是不能否定那时已经有这类观念的存在。春秋

---

① 李学勤主编：《十三经注疏·尚书正义》，北京大学出版社，1999年，第89页。

② 徐元诰撰，王树民，沈长云点校：《国语集解》，中华书局，2002年，第470－471页。

"季札观乐"是否为僭越行为？

时期，各诸侯国的发展也出现并积累起许多问题，季札的评论，也是看到了当时社会存在的一些现象，其评论有所预测，也并非不属于现实中的判断。如鲁襄公十六年，"晋侯与诸侯宴于温，使大夫舞，曰：'歌诗必类！'齐高厚之诗不类。荀偃怒，且曰：'诸侯有异志矣！'"① 鲁襄公二十七年，"郑伯享赵孟于垂陇……卒相，文子告叔向曰：'伯有将为戮矣……'"② 鲁襄公二十九年，晋侯通过齐高厚所赋之诗判断他将有反叛之心，文子通过伯有的赋诗断定伯有将有诛戮之祸，这些也都是一种预测。而这样的记载在春秋时期还有很多。

再者，以《毛诗序》的解读来否认"季札观乐"一事的真实性也不是十分合理的。③《诗经》的形成有一定的时间过程，《毛诗序》是汉人对其的注疏，其中难免沾染有后人的笔墨，以后人的理解来解读《诗经》，这和诗的本意有一定的距离。所以，以《毛诗序》的注疏来否认季札观乐的事实也并不太合理。

从史料自身的角度来讲，《左传》作为传世文献在流传过程中被后人不断地重新抄录和修订。在文本的抄录、传播中间，有可能

---

①李学勤主编：《十三经注疏·春秋左传正义》，北京大学出版社，1999年，第939页。

②李学勤主编：《十三经注疏·春秋左传正义》，北京大学出版社，1999年，第1063页。

③学者郭碧波将季札对《诗》的评论与现存《诗经》内容相对照，并加以时间逻辑上的分析，认为季札观乐的内容是汉代的政教影响和历史条件下产生的。一方面，季札观乐作出的评论与汉人解诗的《毛诗序》是一致的；另一方面，季札说了很多预测性质的话，在春秋时人是不能预测出其历史事实的。（郭碧波：《季札观乐质疑》，载《宝鸡师院学报》（哲学社会科学版），1985.04）学者赵制阳也将季札所观之乐的评论与《诗经》内容对照，认为"'季札观乐'是汉儒之笔，且不是一篇很有价值的诗乐评论。"（赵制阳：《左传季札观乐有关问题的讨论》，载《诗经国际学术探讨论文集》，1993.08）

▶ 中华礼乐文化传承

染上后人的笔墨。但是，这也只能说明传世文献在某些地方的记载会和事实有距离，而不能完全否认事实的存在。因此，鉴于目前并没有直接的证据来否认"季札观乐"这件事的真实性，秉着对史料本身的尊重以及"研古"的心态，我们并不能轻易否认此事的存在。

在肯定了"鲁有周乐"及"季札观乐"一事真实性的前提之下，我们再来看"季札观乐"是否为僭越行为。

二、"季札观乐"是否为僭越行为？

按照宗周礼制的规范，季札所"观"到的诗和乐舞，已经超越了他的身份。但是，《左传》及后人并没有对此事做出僭越礼制的评判，甚至连感叹"八佾舞于庭，是可忍，孰不可忍"的宗周礼制的捍卫者孔子，也并没有对季札这一行为做出评论；历史上也很少有对"季札观乐"是否是僭越行为的评论。这并非是此问题不重要，而是事情本身当另有原因。

（一）鲁国的礼乐现状

分析"季札观乐"一事，离不开当时鲁国的礼乐现状。"季札观乐"一事发生在鲁襄公二十九年（公元前544年），这时候鲁国季孙氏的权势已经彰显出来。与"季札观乐"同一年，鲁国也发生了"季武子取卞"[①]一事，作为卿大夫的季武子趁鲁襄公去楚国朝见之时，攻战了卞邑，事情结束后才派人告诉鲁襄公。这种"先斩后奏"的行为，连鲁襄公自己都说"欲之而言叛，只见疏也"。其

---

①《左传·襄公二十九年》："（襄公）公还，及方城。季武子取卞，使公冶问。玺书追而与之，曰：'闻守卞者将叛，臣帅徒以讨之，既得之矣。敢告。'公冶致使而退，及舍，而后闻取卞。公曰：'欲之而言叛，只见疏也。'公谓公冶曰：'吾可以入乎？'对曰：'君实有国，谁敢违君？'公与公冶冕服。固辞，强之而后受。公欲无入，荣成伯赋《式微》，乃归。"

"季札观乐"是否为僭越行为？

至作为国君的鲁襄公都不愿意，也不敢回鲁国。季武子自作主张的行为已经是将国君置之度外。这正是季孙氏集团强盛，鲁公室衰落，大夫僭越诸侯的体现。

但是，鲁国毕竟是保存周礼比较完好的国家。不然韩宣子也不会感叹"周礼尽在鲁矣"。① 韩宣子的感叹晚于"季札观乐"四年，说明鲁国当时的礼乐还不至于完全崩溃。在鲁国也的确还有遵守礼乐之人，"季札观乐"中负责接待季札的叔孙穆子就是其中一位。鲁国很多的外交场合都是叔孙穆子负责参与的，比如"叔孙穆子答知武子聘问"②，两次"宴请庆封"③。叔孙穆子在答知武子的聘问中开始不答拜，是因为晋悼公用天子之乐招待他，直到乐工奏出符合自己身份之乐时，他才三次拜谢。宴请齐国的庆封时，他对庆封不知礼的行为感到厌恶。可见，叔孙穆子不仅自己懂礼，也是守礼之人，并对不知礼和僭越礼的行为感到耻辱。尤其是在鲁襄公二十四年，叔孙穆子去晋国，与范宣子的谈话中讲到"死而不朽"，叔孙穆子说："'大上有立德，其次有立功，其次有立言'，虽久废，

---

①《左传·昭公二年》："二年春，晋侯使韩宣子来聘，且告为政而来见，礼也。观书于大史氏，见《易》《象》与鲁《春秋》，曰：'周礼尽在鲁矣，吾乃今之周公之德与周之所以王也。'"

②《左传·襄公二年》："穆叔如晋知武子之聘也。晋侯享之，金奏《肆夏》之三，不拜。工歌《文王》之三，又不拜。歌《鹿鸣》之三，三拜。韩献子使行人子员问之，曰：'子以君命，辱与敝邑，先君之礼，籍之礼乐，以辱吾子。吾子舍其大，而重拜。其细。敢问何礼也？'对曰：'三《夏》，天子所以享元侯也，使臣弗敢与闻。《文王》，两君相见之乐也，臣不敢及。《鹿鸣》，君所以嘉寡君也，敢不拜嘉？《四牡》，君所以劳使臣也，敢不重拜？《皇皇者华》，君教使臣曰：必咨于周。'"

③《左传·襄公二十七年》："齐庆封来聘，其车先公美。孟孙谓叔孙曰：'庆季之车，不亦美乎？'叔孙曰：'豹闻之：'服美不称，必以恶终。'美车何为？'叔孙与庆封食，不敬。为赋《相鼠》，亦不知也。"《左传·襄公二十八年》："叔孙穆子食庆封，庆封氾祭。穆子不说，使工为之诵《茅鸱》，亦不知。"

此之谓不朽。"可见，叔孙穆子将遵守礼乐之德看得非常重要。

所以说，即使鲁国这个时期由于季孙氏权势的膨胀，往日的宗周礼制也可能受到损害，但还不至于到崩溃的地步。"季札观乐"一事，从叔孙穆子这一方面看，应不会做出僭礼的行为。

（二）季札之身份与观乐时间

从季札出使鲁国的身份来讲。首先，季札是春秋时期吴国国君寿梦的幼子。① 其次，在《左传·襄公二十九年》中对季札出使的身份记载为："其出聘也，通嗣君也。"关于"聘"，《左传·襄公元年》有："九月，邾子来朝，礼也。冬，卫子叔、晋知武子来聘，礼也。凡诸侯即位，小国朝之，大国聘焉。以继号、结信，谋事，補阙，礼之大者也。"② 可见，季札的出聘在当时也是一件礼之大事。关于"通嗣君"的概念，也有"穆叔聘于宋，通嗣君也"③"夏，宋华定来聘，通嗣君也"④ 的记载。目前学者们倾向于将"通嗣君"的身份认为是"为了新君嗣立而与各国通好的使者"⑤，也就是说，季札是作为一国代表的使臣出使诸侯国的。

季札观乐的时间，《左传》中并没有记载。有的学者认为是在六月，其推论的依据是《礼记·明堂位》中记载的"季夏六月，以禘礼，祀周公于大庙""升歌《清庙》，下管《象》；朱干玉戚，

---

①《史记·吴太伯世家》："寿梦有四子，长曰诸樊，次曰馀祭，次曰馀昧，次曰季札。"
②杜预注，孔颖达疏：《十三经注疏·春秋左传注疏》，北京大学出版社，1992年，816页。
③李学勤主编：《十三经注疏·春秋左传正义》卷二九，北京大学出版社，1999年，第820页。
④李学勤主编：《十三经注疏·春秋左传正义》卷四五，北京大学出版社，1999年，第1294页。
⑤沈玉成译：《左传译文》，中华书局，1981年，359页。杨伯峻编著：《春秋左传注》，中华书局，1983年，1167页。

"季札观乐"是否为僭越行为？

冕而舞《大武》；皮弁素积，裼而舞《大夏》。"① 鲁国在六月份举行禘祭，而季札又在鲁国看到了这些乐舞的表演，所以认为季札观乐的时间应该是在六月。② 这是反推性的，按照鲁国禘祭的时间来推算季札观乐的时间。这样的反推也是有可能的。但是，这一推断的合理性有多少？

首先，从"季札观乐"的记载史料来看，只提到了"吴公子札来聘，见叔孙穆子"，从头到尾并没有当时执政国君鲁襄公的身影。如果"季札观乐"的场合是禘祭，是不可能没有国君参与的，而作为史官也不会将国君的参与记录在外。其次，依据《礼记·明堂位》的记载，禘祭时使用的乐舞只有《大武》和《大夏》，而季札所观之乐中还有《韶濩》和《韶箫》。这是解释不通的。再者，记载中"季札观乐"过程中充满了对所"观"之乐的评论，倘若是在禘祭的场合，季札又怎么能在这样严肃的场合品头论足？这样看来，"季札观乐"场合为禘祭的可能性不大，那反推之在六月也就有问题了。

从《春秋经传》的编排是按照时间顺序这一特点推断来看：

夏五月，公至自楚。
……
吴子季札来聘。
……
秋九月，葬卫献公。

所以，目前我们只能粗略地推断"季札观乐"的时间应在夏五

---

①郑玄注，[唐]孔颖达疏，龚抗云审定，王文锦审定：《礼记正义》卷三一，北京大学出版社，1999年，第938页。
②孔瑜：《〈左传〉季札观乐研究》，2015年陕西师范大学硕士学位论文。

月至秋九月之间,具体的却无从知晓。

(三) 观乐的性质与场合

既然"季札观乐"在禘祭时的可能性不大,那么这次"观乐"行为会是在何种场合举行?这与观乐的性质有关,也是讨论"季札观乐"是否为僭越行为的核心所在。

"请观周乐"的记录有两个层面的意思:其一,鲁国请季札观乐,这相当于展示性质的。即便如此,在正式的场合鲁国这样做也是不"合礼"的。其二,季札主动提出来"请观周乐"。然而,作为"通嗣君"的季札,又怎能不知道请"观"周乐已经超越了自己的使臣身份呢?况且,就史料来看,"使工为之歌《周南》《召南》……"明显表明这些诗和乐舞是专门为季札演奏的。这里的关键,是季札所观周乐的规模与"请观周乐"之"观"的性质。

"观"在甲骨文中作🐦,卜辞中用"雈""蒦"。① "雈"在最初即有"视"之意。② 在文字后来的不断丰富中,"观"又有"广瞻"之意。《诗经·小雅·小弁》中就有:"靡瞻匪父,靡依匪母"③,可见在两周时期,瞻即为敬仰、瞻仰之意。且《谷梁传·隐公五年》:"常事曰视,非常曰观""以观祸福"④;《淮南子·原道训》中有:"五色之变不可胜观也",高诱都将"观"注为"常事曰视,非常曰观"。⑤ 可见,"观"不同于普通的"视"或"看"。因此,这里"季札请观周乐"的"观",应带有一种"广瞻"的敬仰

---

① 徐中舒:《甲骨文词典》,卷八,四川辞书出版社,1989年,第979页。
② 徐中舒:《甲骨文字典》卷四,四川辞书出版社,1989年,第408页。
③ 李学勤主编:《十三经注疏·诗经正义》卷一二,北京大学出版社,1999年,第747页。
④ 李学勤主编:《十三经注疏·春秋谷梁传》卷二,北京大学出版社,1999年,第19页。
⑤ 何宁撰:《淮南子集释》卷一,中华书局,1998年,第59页。

"季札观乐"是否为僭越行为？

之意。

鲁国作为拥有周乐的国家，也自然会有教习礼乐的场所和机构。《左传·文公四年》中就有这样的记载：

> 卫宁武子来聘，公与之宴，为赋《湛露》及《彤弓》。不辞，又不答赋。使人私焉。对曰："臣以为肆业及之也。"

卫国宁武子来鲁国聘问，鲁文公为其赋《湛露》及《彤弓》，宁武子对这一僭礼的行为不拜谢，推辞曰以为是乐工在习演。看来，鲁国的宫廷中是有乐工在排练习演周乐的。这或许可以印证我们这样一种推断，季札并不是在太庙禘祭这样的正式场合"观"周乐，很可能是在演习礼乐的机构中，由叔孙穆子为其安排，专门为使臣身份的季札演出了一场周乐。因此，这应是一种具有"观摩"性质的观乐行为，或者是一场适时而为、专门安排，使季札得以"观周乐"的诗乐歌舞演习。

作为与本题相关的一种拓展，"季札观乐"一事，又可延及"孔子闻《韶》"一事。虽然这是两件不同的乐事活动，但因其有某些性质相似的方面，在这里罗列两条大家熟知的史料来讨论。

材料一：子在齐闻《韶》，三月不知肉味，曰："不图为乐之至于斯也。"《论语·述而篇》[①]

材料二：子谓《韶》，尽美矣，又尽善也。谓《武》，尽美矣，未尽善也。《论语·八佾》[②]

材料一中，记载孔子在齐国观看《韶》乐；材料二中，孔子观乐的地方不明确，但肯定是在齐国而不是在周宫廷，并且也明确记

[①] 李学勤主编：《十三经注疏·论语注疏》卷三，北京大学出版社，1999年，第28页。

[②] 同上，第45页。

▶ 中华礼乐文化传承

载孔子观看了"六代乐舞"中的《韶》《武》之乐。这说明，在春秋时期，除了周宫廷之外，其他诸侯国中的确保存有"六代乐舞"。韩宣子曾说："周礼尽在鲁矣"，他发此感慨时晚于"季札观乐"四年，当时孔子也仅十二岁。那么，"孔子在齐闻《韶》"也应晚于此时。那齐国何以有《韶》乐？孔子观《韶》《武》是不是僭越行为呢？

孔子是恪守周礼之人，面对季氏的"八佾舞于庭"，孔子的愤怒用"是可忍孰不可忍"这样的话来表达。从孔子对宗周礼制的态度来看，不会做出僭越礼制的行为。因此，既然孔子"在齐闻《韶》"不会是僭越行为，那么，只能认为，春秋时期，"六代乐舞"除了在周宫廷及鲁国，也已经在其他诸侯国存在并得到传播。"孔子在齐闻《韶》"，就是这样一个例子。如果这些乐舞被仅限于在周宫廷或鲁国的祭礼活动中，就不具有这类传播的意义。从另一个角度来看，如果同意春秋时期"六代乐舞"在诸侯国宫廷中有传播，但就其表演的规模而言，估计在使用中，根据对象身份的不同而会有所差别。关于乐舞队列的规模，所谓"天子用八，诸侯用六，卿大夫用四，士有二"，[①] 是对乐舞使用规模的规定。所以，本文判断，"孔子在齐闻《韶》"所看到的乐舞或听到的音乐（这里不绝对排除另一种"听"乐、也就是器乐演奏《韶》乐的可能），应该是符合其使用规定的，这一点和"季札观乐"有某些相似之处。

结　论

综上所述，通过问题的提出、质疑和分析，本文认为，《左传》中记录的"季札观乐"一事，是鲁国为作为"通聘使"的季札提

[①] 李学勤主编：《十三经注疏·春秋左传正义》卷三，北京大学出版社，1999年，第98页。

"季札观乐"是否为僭越行为？◀

供的一次观乐的机会。季札的观乐活动及其场合，不是太庙禘祭这类祭祀活动，更不是娱乐场合的活动，"季札观乐"的"观乐"，实际上是一种具有"观摩"性质的观看周乐的行为。因此，"季札观乐"并不属于僭越行为。

　　值得再思考的是，无论是"季札观乐"，还是"孔子闻《韶》"，都是在春秋时期。孔子年轻时，已感叹"吾闻之天子失官，学在四夷，犹信"《左传·昭公十七年》。在季札观乐之前，已经发生有周学由王室向公室转移的现象，重要事件有周惠王与周襄王之际王子颓、叔带争夺王位发生内讧，太史司马氏离周去晋；周景王死后，王子朝起兵争夺王位失败，率一批贵族、百工及文献典籍奔楚。春秋时期一些诸侯国中，如齐国、晋国在不同程度上都已经有周乐，且在使用。他们拥有的周乐，是来自周王室所赐之乐还是有其他途径？有哪些可证的材料？其拥有本身是否属于僭越行为？这些问题是值得进一步讨论的。

春秋时期晋国河流祭祀制度初探
——以西高东周祭祀遗址为例

杨云鹏[1]

西高东周祭祀遗址位于晋都新绛遗址台神古城西3公里处，西、北面为汾河谷地（图1），于2001年3月—9月由山西省考古研究所侯马工作站进行发掘，共清理祭祀坑733座，均为春秋时期遗存。下面从考古材料和文献记载两个方面对该遗址进行简要分析。

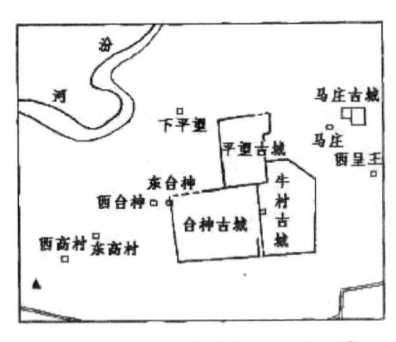

图1 西高祭祀遗址位置示意图[2]

一、西高东周祭祀遗址祭祀制度

遗址堆积较简单，祭祀坑口直接叠压在近现代土层下。祭祀坑除部分零散分布外，大多成片，分布密集，排列有一定规律，方向多为南北向，少数为东西向，其中20多组祭祀坑存在打破关系。祭祀坑形制均为竖穴土坑，平面多为长方形，少数为圆角长方形，个别为椭圆形。存在直壁与口大底小两种，多为平底，其中80多座祭祀坑发现有壁龛。按规模可将祭祀坑分为三类，其中大者约

---

[1] 清华大学人文学院。
[2] 山西省考古研究所侯马工作站：《山西侯马西高东调祭祀遗址》，《文物》，2003年第8期，第18页。

10%，口长超过1.3米，深3米—8米，牺牲由多到少分别为马、牛、羊；中者约60%，口长0.8米—1.3米，深1米—3米，牺牲由多到少为羊、无牲、牛；小者约30%，口长小于0.8米，深0.5米—1.5米，多数无牲，少数有羊。

祭祀坑埋牲者317座，其中埋器者138座，无遗物者179座；无牲坑416座，其中埋器者108座，无遗物者308座。埋牲一般为一坑一牲，少数埋有两牲或多牲。埋牲葬式有仰卧、侧卧、俯卧、蹲坐、蜷曲、散乱几种，同时存在活祭和死祭。下面根据埋牲不同分别选取样本叙述其用器用牲情况。

J536马坑，平面为圆角长方形，口大底小，斜壁，平底。口长1.71、宽0.6、深4.4米。坑底埋有马骨一具，为蹲坐姿势，马头装饰铜环3件。坑底南壁有壁龛一处，内置玉块1件（图2）。

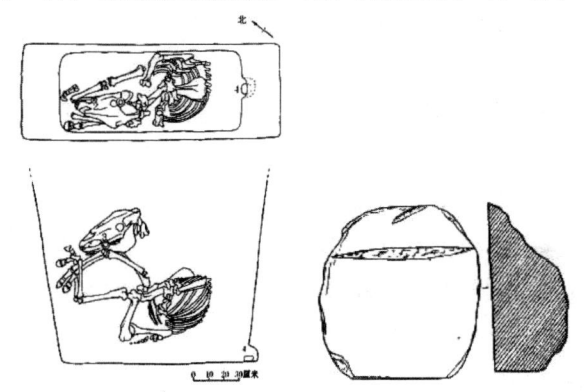

图2 J536马坑平、剖面示意图及出土玉块①

J775牛坑，平面为长方形，口略大于底，微斜壁，平底。口长1、宽0.45、深2.9米。坑底埋有牛骨一具，为仰卧姿势。坑底西壁有壁龛一处，内置龙形玉佩2件（图3）。

---

①山西省考古研究所侯马工作站：《山西侯马西高东调祭祀遗址》，《文物》，2003年第8期，第20，34页。

▶ 中华礼乐文化传承

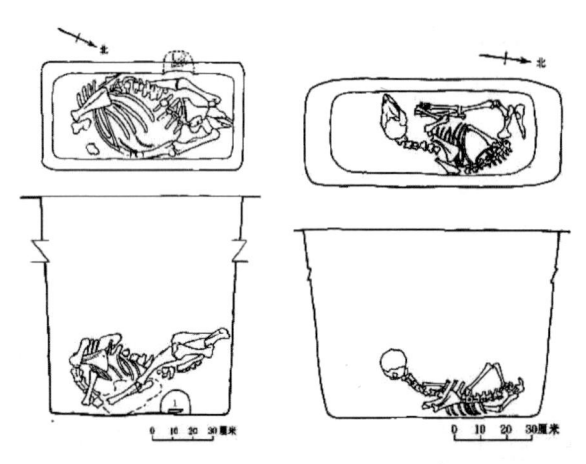

图 3　J775、J573 平、剖面图①

J573 羊坑，平面为圆角长方形，口大底小，斜壁，平底。口长 1、宽 0.4、深 2.8 米。坑底埋有羊骨一具，为仰卧姿势（图 3）。

J175 无牲坑，平面为长方形，直壁，平底。口长 0.81、宽 0.36、深 0.61 米。距坑底 0.1 米处紧贴西壁放置 2 件石圭（图 4）。

西高祭祀遗址出土遗物由多至少包括玉器、石器、铜器、骨器和蚌器，前文所列几例多为一坑一物，其他祭祀坑中少数有出土两件及以上。凡有壁龛者，器物必放置于壁龛内，无壁龛者，多出于坑底近一壁处。其中出土玉器 256 件，成形者 93 件，种类包括龙形佩、

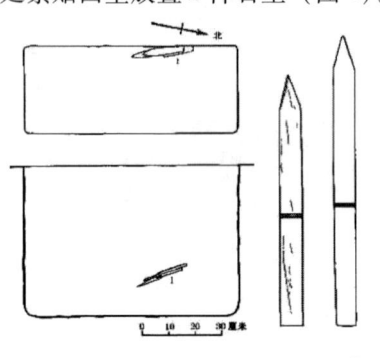

图 4　J175 平、剖面图及出土石圭②

---

① 山西省考古研究所侯马工作站：《山西侯马西高东调祭祀遗址》，《文物》，2003 年第 8 期，第 20，21 页。
② 山西省考古研究所侯马工作站：《山西侯马西高东调祭祀遗址》，《文物》，2003 年第 8 期，第 22，35 页。

璧、瑗、璜、环、剑饰、管、柱、带钩、玉人、合页形器等，形态各异，种类十分丰富，以素面居多，也有部分饰有简化蟠螭纹、谷纹、扭丝纹、方格纹、云纹、斜线纹等；未成形玉器包括玉片和玉块两种，应当为制作玉器的边角料，表面多有加工痕迹。铜器包括铜环和带钩，出土铜环100余件，带钩仅1件。石器出土数量不多，有筒、璋、圭三种，制作规整。

总体来看，西高祭祀遗址的祭祀在形式上采取土埋的方式，用牲用玉规格相比晋国其他祭祀遗址高出很多，这可能和祭祀对象的特殊性有关。遗址发掘者根据《左传·昭公元年》中"昔金天氏有裔子曰昧，为玄冥师，生允格、台骀。台骀能业其官，宣汾、洮，障大泽，以处大原。帝用嘉之，封诸汾川。沈、姒、蓐、黄，实守其祀。今晋主汾而灭之矣。由是观之，则台骀，汾神也"的记载以及该遗址的地理位置，推测西高遗址的祭祀对象为汾水之神。

二、文献中的山川祭祀

"三礼"中关于山川祭祀的记载很多，其所祭祀的原因和方式也较为繁杂，下面就从祭祀方式和用器用牲制度两个方面讨论文献记载与西高遗址反映的山川祭祀制度。

《仪礼·觐礼》载："诸侯觐于天子……天子乘龙，载大旂……礼山川丘陵于西门外。祭天，燔柴。祭山、丘陵，升。祭川，沉。祭地，瘗。"[①] 表明诸侯朝觐天子的礼节中就包含了天子祭祀山川的内容，并且明确了祭祀河流的方式是"沉"，而瘗埋应当是祭祀大地的方式。然而即使西高遗址曾经使用过将祭品沉河的祭祀方式，我们今天也无从找寻其踪迹。然《仪礼·觐礼》中提到，要"礼山川丘陵于西门外"，结合西高遗址、新绛和汾水的位

[①] 郑玄注、贾公彦疏：《仪礼注疏》，上海古籍出版社，2017年，第842–850页。

置关系,这里依然可能成为祭祀汾水之神的场所。《周礼·春官·大宗伯》提出了另一种说法:"以狸沈祭山林川泽",同样,甲骨文中就有商代埋祭用来祭祀河流的先例,如"□埋于河二宰四月"(《合集》14609),可见埋祭在商代就是祭祀河流的方式,那么周代继续出现以埋祭的形式祭祀河流也属正常。

《礼记·月令》载:"孟春之月……是月也,命乐正入学习舞。乃修祭典。命祀山林川泽牺牲毋用牝。……季夏之月……是月也,命四监大合百县之秩刍,以养牺牲。令民无不咸出其力,以共皇天上帝名山大川四方之神……仲冬之月……天子命有司祈四海大川名源渊泽井泉。……季冬之月……乃毕山川之祀……命宰历卿大夫至于庶民土田之数,而赋牺牲,以共山林名川之祀。凡在天下九州岛岛之民者,无不咸献其力,以共皇天上帝社稷寝庙山林名川之祀。"①只是说明了各个季节对祭祀所使用的牺牲的蓄养征集方式,其中涉及到祭祀制度的是孟春之月(春季的第一个月)时,祭祀山林川泽不用雌性的牺牲,孙希旦将之解释为:"郑氏曰:'为伤妊生之类'。愚谓大祭祀,牺牲皆用牡。大宗伯:'以狸沈祭山林川泽',地祇之中祀也。其神卑,故余月祭之牺牲或用牝,唯此月特禁之。"②

《周礼·春官·鬯人》:"凡祭祀……凡山川四方用蜃……"③祭祀山川要用"蜃",指装矩鬯的漆尊,但西高祭祀遗址并未发现有酒器。这里有两种解释,一是祭祀所用的酒器仅于祭祀过程中使用,并不参与瘗埋沉河的过程;二是这里的"蜃"就是《周礼·天官·鳖人》所载"以时籍鱼、鳖、龟、蜃,凡狸物"④中的蜃,意为大蛤,这与西高遗址中出现的蚌器或许有一定关系。

---

①孙希旦:《礼记集解》,中华书局,2016年,第418-465页。
②孙希旦:《礼记集解》,中华书局,2016年,第418页。
③孙诒让:《周礼正义》,中华书局,2014年,第1498-1501页。
④孙诒让:《周礼正义》,中华书局,2014年,第305页。

《周礼·春官·典瑞》提道："璋邸射,以祀山川,以造赠宾客。"郑玄注："璋有邸而射,取杀于四望。"① 宋淳熙二年刻本《三礼图》中有璋邸射的图示;钱玄将其解释为"以琮为本体,其上连有一璋,无饰文",并附有其所认识的璋邸射的形制图(图5)②。这样看来,聂氏与钱氏关于璋邸射的认识基本一致,差别在于该器下半部分一为圆一为方。从西高遗址出土遗物的情况来看,玉石器确实在祭祀用器中占了极大的比例,并且素面玉石器较多,也符合"无饰文"的说法,这说明以玉器祭祀山川的记载应当是较为可靠的。但玉器的形制种类并未发现类似郑玄和钱玄所解释的璋邸射的形制,较多的器类是龙形佩、玉璧、玉瑗、玉璜、石璋、石筒等,可见春秋时期祭祀山川所用玉器种类和文献中璋邸射的关系或许并非是绝对的,抑或是汉代以后历代经家对于"璋邸射"一物的认识存在一定问题。

另外,《周礼·春官·司服》与《周礼·春官·大司乐》篇中还提到了祭祀山川时所穿着的服饰和使用的乐舞,由于这二者于考古材料中不见甚至已不可考,此处不做详细的说明。

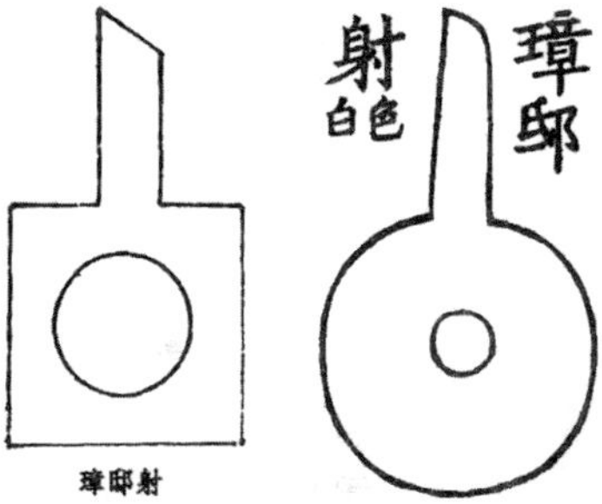

图5 《三礼图》(右)与《三礼辞典》(左)璋邸射形制图

三、结论

总而言之,西高遗址所体现的河流祭祀制度与文献中的制度基本吻合。首先是祭祀方式,西高遗址现存的埋祭的方式虽然与《仪礼·觐礼》中所提及的"沉"不同,但不能否认西高遗址可能存

---

① 孙诒让:《周礼正义》,中华书局,2014年,第1591–1592页。
② 钱玄、钱兴奇:《三礼辞典》,凤凰出版社,2014年,第1064–1065页。聂崇义:《三礼图》,宋淳熙二年刻本。

在过沉祭，并且结合《周礼·春官·大宗伯》和商代甲骨文的记载，埋祭在河流祭祀中应当也有使用。

  祭祀用器方面，西高所反映的用器制度与文献中使用玉器的记载基本一致，所不同的是祭祀所用的玉器种类十分庞杂，并且有成形器也有未成形器，等级差距明显。其中未成形器显然不可能是诸侯甚至高级卿大夫这一阶层祭祀所使用的，而文献中祭祀国境内的山川河流是诸侯的权力，这说明河流祭祀活动在这一时期已经不再重要，抑或是该时期河流祭祀活动的主体已经在向更下层拓展转移。另外关于文献中祭祀山川四方所用的蜃，结合考古发现的蚌器以及酒器的不存在，似乎更应该解释为大蛤一类的蚌器而不是尊一类的酒器。

从《乐记》到《慈湖遗书》
——礼—乐关系的思想史意义

罗艺峰[1]

我今天选择了一个中国音乐思想史研究的重要课题之一,即:绵延数千年的礼乐思想的演化问题来作为自己的发言题目,之所以如此,乃是取决于中国音乐思想史的现实而不是某个学者的喜好,甚至也不取决于他的学术态度。但是,在我看来,20世纪对礼乐关系思想的认识,却是异乎中国学术传统常态的,这里当然有历史背景的深刻变化和思想基础的巨大差异,也当然有方法论的很大不同。在这里,许多对立的观点产生了:

王光祈说:"礼乐是中国古代唯一最有价值的文化。"[2] 这是一位在德国读书写作的中国音乐史家的判断,且时间在20世纪早期。

黄翔鹏说:"雅乐不是中国音乐传统的主流。"[3] 这是一位在中国研究思考的中国音乐学家的判断,时间在20世纪80年代。

虽然他们用词不同,一说"礼乐"、一用"雅乐",但细观其文,则所指为一,祭祀天地的郊社之乐,祭祀祖先的宗庙之乐和宫廷仪礼之乐,军队鼓吹之乐、朝会和燕享之乐,都既是礼乐,也是雅乐[4]。但两人却表现出强烈的判断差异,再参以时代影响,不能

---

[1] 西安音乐学院。
[2] 王光祈:《王光祈文集》,巴蜀书社,1992年,第41页。
[3] 黄翔鹏:《雅乐不是中国音乐传统的主流》,载《人民音乐》,1982年第12期。
[4] 请参中国艺术研究院音乐研究所编:《中国音乐词典》,"雅乐"词条。人民音乐出版社,1984年,第444页。

► 中华礼乐文化传承

不说这也是一种思想现象，也不妨纳入现代音乐思想史的观察视野之中。那么，礼与乐的关系如何？是不是就一定如中国思想史界和中国音乐美学史界的近乎众口一词的看法，是一个压制一个、一个利用一个的关系？礼—乐的关系逻辑真的就如某些先师时贤所论吗？

李泽厚说："根据礼乐传统，'乐'本来就是与'礼'并行的巩固政治秩序的工具……"① 这一"工具论"在中国现代思想学术里非是唯一，我们自然也不陌生。

蔡仲德说："儒家强调礼的制约，必然既束缚人，又束缚乐。""明确规定乐中之情必须受礼的制约。""要求音乐受礼制约，成为礼乐。""使音乐沦为礼的附庸，政治的奴婢，失去独立的地位与自由发展的可能。"② 这也是建立在"工具论"立场上的观点。

当然这些认识并非只是言者自言、论者自论，一方面似乎的确"言之有故"，古人是说过这些意思的；一方面也是时代思潮使然，有人早就从阶级分析、政治观念和唯心论哲学出发，说过"乐"不过是政治上"怀柔的工具"的观点③。

我们可不可以说，礼乐问题研究史反映出现代中国的思想学术倾向和基本方法上的问题？把礼乐问题当成艺术问题、美学问题、文艺理论、音乐哲学和音乐理论问题，许多历史学家、文学史家、美学家、文艺家和音乐史家，都发表过关于礼乐关系的观点。又因为《乐记》有最重要而典型的礼乐思想，故而《〈乐记〉论辩》④一书可以发现许多极有意思的思想现象，一些中国美学史著作涉及

---

①李泽厚：《华夏美学》，广西师大出版社，2001年，第43页。
②蔡仲德：《中国音乐美学史》（修订版），人民音乐出版社，2003年，第10、11、17、362页。
③杨公骥：《中国文学》第一分册，第一章第二节。人民音乐编辑部编：《乐记论辩》，人民音乐出版社，1983年，第32页。
④人民音乐编辑部编：《〈乐记〉论辩》，人民音乐出版社，1983年版。

《乐记》的观点也不妨纳入我们的观察：

郭沫若说孔子的礼乐主张是："内以建立个人的崇高的人格，外以图谋社会的普及的幸福。"并且明确地说，"礼乐是政教的大端"①。

吉联抗说：《乐记》的音乐观念是："统治者通过音乐来提高道德修养，被统治者通过音乐来发现自己的错误。"②

周谷城说，"礼完全属于斗争的过程，乐完全属于是斗争的成果"。礼是客观的，乐是主观的；礼是偏于先行的，乐是偏于继起的；礼是偏于独立的，乐是偏于依附的。③

宗白华说："《乐记》最突出的特点，是强调音乐和政治的关系。一方面强调维持等级社会的秩序，所谓'天地之序'——这就是'礼'；一方面又强调争取民心，保持整个社会的谐和，所谓'天地之和'——这就是'乐'：两方面统一起来，达到巩固等级制度的目的。"④

廖辅叔说："因此制礼作乐的目的是'将以教民平好恶，而反人道之正也'。这里使我们看到儒家思想的局限性以及它为统治阶级服务的本质。"⑤

敏泽说："说来说去，无非是礼是'节'制'民心'，以道德伦理规范维护等级制的尊严和差异的；乐是主和同而起团结作用的。……长期影响我国美学思想的发展，扼杀着人的个性的发展，

---

①郭沫若：《青铜时代》，上海新文艺出版社，1951年版。人民音乐编辑部编：《〈乐记〉论辩》，人民音乐出版社，1983年版，第8、第14页。

②吉联抗：《〈乐记〉——我国古代最早的音乐理论》，《人民音乐》，1958年第5期。

③周谷城：《礼乐新解》，见《上海文汇报》，1962年2月9日。

④宗白华：《中国美学史中重要问题的初步探索》，载《文艺论丛》，1979年第6辑。

⑤廖辅叔：《中国古代音乐史》，人民音乐出版社，1964年版。见《〈乐记〉论辩》，第人民音乐出版社，1983年，第75页。

▶ 中华礼乐文化传承

及其情感的自由抒发。"①

叶朗说:"《乐记》的作者受汉代官方宗教神秘主义哲学的影响,把'礼''乐'及其功能加以神秘化,使《乐记》在很多地方带上了神秘主义的色彩。"②

……

……

礼压制乐、乐服务于礼,礼是乐的目的,乐是礼的工具,礼乐外内,礼主乐辅,这些观点几乎已经成为当今社会的普遍意识,且似乎已固化定型③,我们不难发现许多中国音乐史著作、音乐美学著作和论文,甚至一些教材,基本上都是取这样的观点来看待礼乐关系的。问题是:

这样一来,绵延两千多年的礼乐思想就是僵固的、且无历史可言。

——不变何以有"史"?

这样一来,礼—乐的关系逻辑就只能是相互外在的、"工具论"的。

——"乐"能逃出它的附庸地位吗?

这样一来,历史上无数学者以注疏形式发表的观点就完全被屏蔽。

——两千年来的礼乐学术在哪里?

这样一来,"历史意见"就无可怀疑地被"时代意见"代替和遮盖。

——"时论"岂不就成为了唯一?

同样无可怀疑的是,当代关于礼乐思想的言说,基本上是建立

---

①敏泽:《中国美学思想史》(上卷),湖南教育出版社,2004年,第367-368页。

②叶朗:《中国美学史大纲》,上海人民出版社,1985年,第153页。

③蔡仲德:《中国音乐美学史》(修订版),认为"自从《乐记》被收入《礼记》,成为经典,礼乐思想便定型化,成为统治思想。此后的音乐美学思想,除《声无哀乐论》以及李贽所代表的主情思潮外,便大都未能跳出其范围。"人民音乐出版社,2003年,第17页。

在西汉《乐记》思想的基础上，就是前文所说今人的这些观点大都"言之有故"的"故"，问题是这个"故"和许多由此而来的历史之"故"，却并非是僵死的、不变的，而是发展的、变化的。

首先，礼乐的关系逻辑问题。我们知道，大凡谈中国文艺者，往往就接受了一个普泛的观点，即儒家文艺美学中有社会功能与审美功能的矛盾，如文学理论家刘若愚认为在中国传统批评中，儒家的实用理论是最有影响的；美学家李泽厚认为儒家文艺美学有狭隘实用框架①；在音乐美学中常常就是"礼"与"乐"的矛盾，所谓附庸说、服务说、工具说、以礼抑情说等等，无不与此有关。显然，"礼"——"乐"在这些论述中就成为一对逻辑上相互外在的东西，"礼"成为"乐"的目的，"乐"则是"礼"的工具，这种认识，我们称之为"外在目的论"。值得参考的是徐复观先生论礼乐关系的观点，他特强调应该揭示出儒家文艺思想中相关因素的"内在化"联系，被人总结为"内在目的论"②，如孔子学琴于师襄子，由"曲""数"而进达"志""人"，就是一个由音乐技术到人格精神的过程，同时也说明，"曲""数"和"志""人"是互为内在的、互为目的的，"志"和"人"寄托于"曲""数"，"曲"和"数"表达"志"和"人"③。此所谓"内在目的论"或"外在目

---

①刘若愚：《中国文学理论》，江苏教育出版社，2006年；李泽厚：《实用理性与乐感文化》，三联书店，2005年。

②陈昭英：《儒家美学与经典阐释》，华东师大出版社，2008年。

③《韩诗外传》："孔子学鼓琴于师襄子而不进，师襄子曰：夫子可以进矣。孔子曰：丘已得其曲矣，未得其数也。有间，曰：夫子可以进矣。曰：丘已得其数，未得其意也。有间，复曰：夫子可以进矣。曰：丘已得其意矣，未得其人也。有间，复曰：夫子可以进矣。曰：丘已得其人矣，未得其类也。有间，曰：邈然远望，洋洋乎，翼翼乎，必作此乐也！黯然而黑，几然而长，以王天下，以朝诸侯者，其惟文王乎！师襄子避席再拜，曰：善！师以为文王之操也。故孔子持文王之声知文王之为人。"可参蔡仲德：《中国音乐美学史资料注译》（上册），人民音乐出版社，1990年，第211页。

的论",是黑格尔在他的《小逻辑》①中谈到的问题,前者是指有机生命的、整体的观点,有机体的各部分是相互内在的、彼此互为目的、互为手段的;后者是机械论的观点,指事物不具自身的使命,只是达到自身之外的目的的工具,目的与自身是相互外在的。显然,前引许多关于礼乐关系的观点基本上是建立在外在目的论的关系逻辑上的,而事实却是,中国思想根本上是有机论、整体论的,或称之为有机世界观的②,礼乐思想当然也是建立这样的思想基础上,礼—乐正是一种相互内在、彼此互为目的的东西,古人所谓"礼乐相须""无礼不乐,无乐不礼"正是这一关系逻辑的表达。如此,关于礼乐关系的言说,是不是可以从这样一种关系逻辑去理解、去建立起来呢?至少不只有一种关系逻辑、只有相互外在的、附庸说的或工具论的观点。这样,礼乐关系论的思想,就肯定是有发展的、差异的、活性的,我们后文还要介绍的南宋杨简的观点,更是说明礼乐关系思想的历史性,即不断变化的样态。

其次,《乐记》研究和礼乐学术史问题。《乐记》是入了《礼记》的,成为了儒家的经典,所以,作为中国学术主流的经学就自然要研究它、关注它,历史上儒家学者们只要是治经学者、尤其是治礼学者,几乎没有不发表自己关于礼乐关系问题的看法的,据统计,自东汉到清,直接或间接注释和研究《乐记》的著作多达一百三十余部,其中清代最多,也正是梁启超所说的,清儒喜欢把议论"乐"作为自己的副业③。可是我们注意到,现代研究者很少或基本不引证礼学家们的意见,这与古代音乐学家大异其趣!这方面北宋陈旸是一个典范,他做过礼部官员,其所著《乐书》一开头就讨

---

① 黑格尔:《小逻辑》,贺麟译,三联书店,1954年。
② 罗艺峰:《从〈韶舞九成乐补〉的数理运演看古代音乐思想的范式特征》,载《中国音乐学》,2007年第3期。
③ 梁启超:《中国近三百年学术史》,天津古籍出版社,2003年,第396页。

论了五礼用乐的问题,古代许多音乐学家同时也是礼学家。欧阳修奉敕编修的《太常因革礼》既讨论了"礼",也讨论了"乐",其书第17、18、19、20卷详细论述了五礼用乐。虽然近年来一些学者注意到这方面的问题①,一些博士论文也多少涉及了一点礼学文献,但这些礼学的"历史意见"显然不被重视也是事实。不必讳言的是,"唯天为大"的汉代学术中礼—乐的双元架构对当时社会的价值和意义,《乐记》所建构的天人秩序是那个时代的基本文化设计的认识,是被人们多少忽视了的。另一方面,礼乐思想的变化,常常体现在《乐记》的历代注疏和专门著作中,从东汉郑玄—南朝齐王俭—唐孔颖达、陆德明,到宋朱熹、卫湜、杨简—元陈澔、吴澄—明王夫之—清朱彬、汪烜—近代俞越等人的研究中,俨然形成了一部《乐记》学术史、礼乐思想史,成为我们今天了解礼乐关系思想演化的重要基础。我认为,礼乐关系思想是中国音乐思想史在长时段上的结构要素,它一直存在、也一直在演化,但其变化的速度很慢,以至于给人"静止"的印象,但它确实在变化,汉宋明清都在缓慢地变,成为了许多短时段演化的历史现象的结构背景。在两千年来的历史中,礼乐关系思想的深刻演变呈现出礼乐功能的逐渐内化的过程,从汉学到宋学,表现为从"唯天为大"(孔子)、"礼乐外内"(荀子)到"礼乐者,人心之妙用"(朱熹),更发展到"以心为本"的"礼乐无二道"的思想(杨简),至南宋,礼乐思想向内转的形势已经非常明显了,政教之用被淡化而转向了对人心的关注,由外在的建立在天人秩序哲学基础上的礼乐雅颂转向内在道德自觉的意识也非常清晰了。这个过程的节点人物非常值得我们注意,尤其是公元七世纪时的初唐学者孔颖达(574—648)和南

---

① 孙星群:《言志·咏声·冶情——〈乐记〉研究与解读》,人民出版社,2012年版。《〈乐记〉论辩》一书收集的文章中很少一点引用古代经学的观点,显然也被占主流的时代意见遮蔽了,实际上没有发生什么影响。又可参看龚妮丽:《中国音乐美学史》,山西教育出版社,2013年版。

▶ 中华礼乐文化传承

宋哲学家杨简（1141—1226）[①]，前者已经透露出理学音乐思想的先声，后者则更是对《乐记》发出前无古人的激烈批判。[②] 这一历史进程关涉到的古代文献主要有两汉时期的《乐记》《史记·乐书》《太玄》《汉书》《白虎通》等等；唐宋时期的《礼记正义·乐记》《中庸疏》《朱子文集》《慈湖遗书》《礼记集说·乐记》等等；明清时期的《宋元学案》《礼记章句·乐记》《礼记训纂·乐记》等等。

再次，这一深刻的礼乐雅颂外在规范转向内在心性要求的历史性变革，有一个十分重要的哲学基础，即由天人哲学转向心性哲学，学术形态上则是由经学转向理学。这一思想转向的过程中有一个自北宋到明代的延续了数百年的关键论题，即由《乐记》窜入《中庸》的一句佚文"喜怒哀乐之未发谓之中，已发谓之和"的讨论而来[③]，而这一句佚文却又与《乐记》的"人生而静，天之性也，感于物而动，故形于声"的命题有深刻关联。问题是：讨论这一观点的现代音乐思想论者，似乎没有意识到，情感未发之前（"人生而静"）的那个"中"是什么？情感已发（"感于物而动"）之后的那个"和"是什么？未感（未发）之前有什么，已动（已发）之后是什么的问题好像从来不是问题，却在唯物、唯心上争论起来，为什么不可以先听听古人的意见呢？

唐代大学者孔颖达在《五经正义·礼记·乐记正义》中指出：

[①] 阮元：《十三经注疏》，浙江古籍出版社，1998年，第1625页。杨简：《慈湖遗书》，山东友谊书社，1991年版。可参本文作者的《中国音乐思想史五讲》对此一的论述，第249页及其注2，上海音乐学院出版社，2013年。

[②] 罗艺峰：《中国音乐思想史五讲》，上海音乐学院出版社，2013年，第249页。又可参本文作者发表在南京艺术学院学报2014年第1期上的《思想史、〈中庸〉与音乐美学的新进路》一文。

[③] 参见徐复观：《中国人性论史》，第5章，华东师大出版社，2005年。

"喜怒哀乐之未发谓之中者,言喜怒哀乐缘事而生,未发之时澹然虚静,心无所虑而当于理,故谓之中;发而皆中节谓之和者,不能虚静而有喜怒哀乐之情,虽复动,发皆中节限,犹如盐梅相得,性行和谐,故云谓之和。"

南宋哲学家朱熹在《朱文公文集第四十一卷》中说:"喜怒哀乐,情也,其未发,则性也;无所偏倚,故谓之中。发皆中节,情之正也,无所乖戾,故谓之和。"

明代哲学家王畿(字汝中,号龙溪,1498—1583)在自己的《龙溪全集》中写道:"感不离寂,寂不离感。舍寂而缘感,谓之逐物;离感而守寂,谓之泥虚。"

清初的哲学家王夫之(船山)在《乐记章句》里精辟地分析道:"静含动理,情为性绪。喜怒哀乐之正者,皆因天机之固有而时出以与物相应,乃一以寂然不动者为心之本体,而不识感而遂通之实,举其动者悉归外物之引触,则与圣人之言不合,而流为佛、老之滥觞,学者不可不辨。"

值得我们警觉的是,在认识"物感心动"的唯物、唯心问题上,我们是否达到或超越了古人的哲学思维水平?这都是在讨论哲学本体论问题,以心为体,感而遂通,哪里是唯物或唯心的问题啊!由此几百年相关论题的讨论产生的关于"道心"与"人心","已发"与"未发",关于"自然之节"与"自然之和",关于"道体""心体""有无""动静"等与音乐思想有密切关系的论述①,往往表现出与前辈们的不同,而带有深刻的哲学思辨色彩,也正是在这一哲学思潮中,朱子发出了"礼乐者,人心之妙用"的时代声音,其妙在何处?妙在体—用、动—静、情—理、心—物之

---

①中国现代哲学家牟宗三在自己的著作中讨论了这个问题,见《心体与性体》(中),上海古籍出版社,1999年,第292页以下。李泽厚在《实用理性与乐感文化》中也讨论了这个问题,三联书店,2005年,第111页。又见氏著《论语今读》,安徽文艺出版社,1998年。

间直觉的精微变化之际所获得的活泼泼的精神体验，而非两汉以降之礼乐政教的端严气氛和说教，宋儒明确地指出："圣人作乐以养情性。"《朱文公文集》卷六十五。至此，我们所谓"礼乐关系思想是发展的"之论述，确乎无疑矣！

礼乐关系思想发展，到朱子这里并没有停滞下来，而发生了更为强烈的历史动作，即南宋哲学家杨简对《乐记》的批判。杨简（1141—1226），字敬仲，浙江慈溪人，世居慈湖，因称慈湖先生，史称南宋哲学家陆九渊高足，为一代心学大师，影响及于宋、明。其音乐思想集中在《慈湖遗书》第九卷，我们把他论述批判《乐记》的两千多字的文字姑拟为"慈湖乐记"。

杨简批评《乐记》把"礼"与"乐"分裂起来论述的错误，"谆谆言礼乐之异，分裂太甚，由乎其本心之未明，故其言似通而实塞，似大而实小，是谓'以其昏昏，使人昭昭'，已自疑阻，安能使人不疑阻？"他的根据是"礼乐无二道，吾心发于恭敬品节，应酬文为者，人名之曰'礼'，其恭敬文为之间，有和顺乐易之情，人名之曰'乐'"。"庸众生而执形动意，形不胜其多，意亦不胜其多，不知夫不执不动，则大道清明。广博天地位其中，万物育其中，万事万理交错其中，形殊而体同，名殊而实同。""即实而言，乐即礼，礼即乐，名殊而实一。"《乐记》所谓"乐由中出，礼自外作。乐由中出故静，礼自外作故文"，"乐统同，礼辩异"，杨简认为都是错误的："分裂坚定如此，害道为甚。"

他又批评《乐记》的所谓"物感心动"说，"其曰：'人心之动，物使之然也，此语固然，庸众皆不知其非，而知道者不肯为。是言盖知道则信，百姓日用斯道而自不知，百姓日用无非妙者，唯不自知，故昏乱也。故曰：'物使之然'，则全以为非，裂物我析，动静害道，多矣！"为什么？因为"夫乐之道，无本末，无始终，如欲启诱庸众，姑言其本，则人心之未感于物者，其本也。《易》曰：'乾元，万物资始'，'乐者，乐也'，乐说何自而生乎？知此则知乐矣!则知宫商角徵羽上下抑扬之妙矣,则知动静一矣,感与未感一矣。今也专指感于物为本,则蔽惑人心,害其本然之妙矣!"

他还认为《乐记》的一些观点"尤其可笑"且"与圣言霄壤",如"礼乐极乎天而蟠乎地""穷高极远而测深厚""乐者敦和,率神而从天;礼者别异,居鬼而从地"等言说;《乐记》一些迂腐的说教,如"钟以立号,号以立横","丝声哀","竹声滥",都非儒家要求的"正音",而"磬以立辩,辩以致死",则也已经"失和",对此等言说都给予了讥评。

杨简关于《乐记》的观点,抉其要者可以归结为:

礼即乐,乐即礼,礼乐无二道(故"礼乐外内"说不成立);

人心之未感于物者,其本也;感与未感一矣(故"物感心动"说不成立);

不执不动,大道清明;裂物我析,动静害道(故"乐者心之动"说不成立);

所以,他说:"礼者,断断乎人心所自有,而非外取",《慈湖遗书》卷二,"复礼斋记"。"仁义礼智非由外铄,我固有之也",《慈湖遗书》卷二,"绝四记"。"乐者,吾心之和顺。礼者,吾心之等节,无二心也"。他把陆九渊的"吾心便是宇宙,宇宙便是吾心"的思想发挥到极致,说"惟《易》《诗》《书》《礼》《乐》《春秋》一也。天下无二道,六经安得有二旨?"《慈湖遗书》卷一,"春秋解序"。

慈湖的惊人结论是:"《乐记》非圣人之言","亦非知道者作",甚至是"惑乱后学"的著作。这样激烈的批判,可说前无古人、后无来者!被古今论者称赞为儒家文艺思想的集大成、东方美学的圣典、古代音乐思想宝库的《乐记》,在杨慈湖这里就彻底被否定了!

我们自不必完全赞同杨简的观点,心学哲学思想背景中的礼乐关系论述也当然不同于经学思想背景中的论述,这里不仅体现出时代的不同,也反映出思想的差异。令人惊讶的问题是,杨简的《慈湖乐记》几乎完全没有出现在现代音乐思想的论域中，在许多中国音乐美学史著作、音乐史著作和音乐理论著作中，甚至一些专门研究礼乐思想者和一些研究《乐记》的博士论文中，杨简其人其思都缺席了！

这样，需要讨论的问题出来了：

如前所论，礼乐关系反映的礼乐规范，是动态的、发展的，僵死地看待礼乐关系是不是可能？以"时代意见"遮蔽或代替"历史意见"，是不是合适？

如前所论，在许多历史材料尚未得到研究和认识，而以有限的材料得出全局性判断是否合理？礼乐关系已经"定型化"的认识是否应该再思考？

如前所论，礼乐思想是在长时段上缓慢演化的，它无疑有自己的历史发展，那么，它为中国音乐思想史提供了一个什么样的结构背景？

如前文所提示，"审美认知主义"能不能成为理解中国音乐史、音乐思想史的出发点？尤其是，来自18世纪欧洲的这一思想，是以艺术音乐为对象、以审美理论为基础的，对于我们今天理解中国古代礼乐文化，其有效性在哪里？

这些重要问题，我并不指望在一次发言中解决，它涉及的历史纵深和时代广度，它涉及的内涵丰度和思想复杂程度，也远非能够在一篇文章中说清，这里，我只提出问题，希望引发大家的思考而已。所言所思，也不一定正确，许多问题尚不及深入研究，希望得到大家批评指正！

从宋学看"礼"是儒家思想体系的核心

丁 鼎[①]

一、问题的提出

我国古代伟大的思想家、教育家孔子所创建的儒家思想学说是中国传统文化的主干或主体。这一命题基本上成为现代学术界的共识。然则孔子思想的核心就是儒家思想体系的核心,也理应是中国传统文化的核心。

然而,关于孔子思想体系的核心是什么这个问题,近百年来我国思想界、学术界一直争议不休,智者见智,仁者见仁,迄今尚无定论。总括说来,学术界上个世纪对于孔子思想体系核心的认识,主要可以分为三大派:第一派认为孔子思想体系的核心是"礼",以陈独秀和蔡尚思等学者为代表[②];第二派认为孔子思想体系的核心是"仁",以牟宗三、匡亚明和金景芳等学者为代表[③];第三派认为孔子思想体系的核心是"仁礼双元统一结构"[④],亦即认为"孔子的思想体系是一个(仁礼)二位元一体的结构,在仁和礼

[①] 中国孔子研究院、山东师大齐鲁文化研究院。
[②] 陈独秀:《宪法与孔教》,《独秀文存》,亚东图书馆,1922年,第110页;蔡尚思:《孔子思想体系》,上海人民出版社,1982年,第238-243页。
[③] 牟宗三:《心体与性体》上册,上海古籍出版社,1999年,第188页;匡亚明:《孔子评传》,济南:齐鲁书社,1985年,第192页;金景芳:《谈礼》,载《传统文化与现代化》,1997年第1期。
[④] 刘蔚华:《儒学、传统文化与现代文明》,载《孔子研究》,1998年第3期。

中,无法把任何一个选为孔子思想体系的核心。"① 这种观点兴起较晚,是对孔子思想"仁""礼"两种核心说的折中和调和。

2006年6月20日—22日,浙江大学举办"庆祝沈文倬先生九十华诞暨礼学国际学术研讨会"。在这次会议上我宣读了我专门为这次会议撰写的论文《礼:中国传统文化的核心》。对近百年来我国学术界关于孔子思想的核心是什么的争论情况进行了回顾和总结,肯定并论证了孔子思想的核心就是"礼",中国传统文化的核心也是"礼"。拙文指出,"礼"是中国传统文化的特质。它不仅包含了我国古代社会生活各个领域的制度和规范,而且还包容了与这些制度和规范相适应的思想观念。儒家六经无不渗透着浓重的"礼"学内容;而在孔子的思想体系中,"礼"是孔子政治思想和社会伦理思想的出发点和归宿点。由此可以得出结论说"礼"是孔子思想体系的核心。从而可以进一步推论说"礼"是中国传统文化的核心。

拙文还指出:20世纪认为孔子思想体系的核心是"礼"的学者,基本上都是反孔派或批孔派;而认为孔子思想体系的核心是"仁"的学者基本上都是尊孔派。之所以会出现这种现象,主要是在上世纪初以来形成的一浪又一浪的社会革命和文化革命形势影响下形成的对"礼"的认识偏差所致。20世纪初期的新文化运动时期,许多主张社会革命和文化革命的思想家和学者普遍认为,中国数千年的封建社会的种种罪恶都是导源于封建"礼教",而孔子所创立的儒家学说实际上就是几乎一无是处的吃人的"礼教",于是这些主张社会革命和文化革命的学者们便普遍认为孔子的核心思想就是"礼",孔子及其所倡导的"礼"是落后的、反动的,都在应该受到批判和反对之列。对此,蔡尚思先生在《孔子的礼学体系》一文中有过较明白的阐述:"古代崇拜儒家孔子者,都公开宣传礼

---

① 王世明:《孔子伦理思想发微》,齐鲁书社,2004年,第15页。

学与孔子的密切关系;到了近现代,传下西方的民主主义、社会主义等思想后,崇拜儒家孔子者便多避而不谈孔子的礼学,甚至宣传孔子反对三纲、孔子主张臣权、孔子尊重女权等等。……我从幼至今不断研究孔子思想,写出的文字也不少,其中较大的转变,是对他从尊信到疑问,从笼统到具体,从核心是仁到核心是礼,核心是礼并不以礼为限。"① 而一些尊孔派学者,尤其是当代新儒家的一些学者,由于意识到难以否认封建"礼教"中确实存在着许多消极、落后、反动的内容,又难以完全否认孔子与"礼教"的关系,因而便设法从孔子思想中挖掘、提炼出"仁"这一范畴,作为孔子思想体系的核心,而否认"礼"是孔子思想的核心。因为"仁"虽然在"以阶级斗争为纲"的年代常受到"阶级调和论"和"资产阶级人性论"的指责,但无论如何,谁也难以否认"仁爱"精神在历史上的进步性,谁也难以否认在儒学的"仁"范畴中蕴含着丰富的人道主义和民本主义精神,于是20世纪的尊孔派学者基本上都主张孔子思想体系的核心是"仁",而不是"礼"。

  这篇拙文的观点得到了当时许多与会者的赞同。会后,会议组委会将本次会议宣讲的论文结集交由中华书局出版时,甚至将这篇拙文编排于这本论文集的第一篇。② 拙文正式发表十余年来,虽然迄今还未见到对拙作进行正面批评的文章,但曾有多位学界朋友私下里对我的观点表示质疑。由此可知现代学术界对孔子思想的核心这个问题并未取得共识。有鉴于此,笔者拟从宋学的视角对这个问题进一步加以申论。

---

  ①蔡尚思:《孔子的礼学体系》,载《孔子研究》,1989年第3期。
  ②浙江大学古籍研究所:《礼学与中国传统文化——庆祝沈文倬先生九十华诞国际学术研讨会论文集》,中华书局,2006年。

二、从"礼者,理也"这一命题看"礼"在程朱理学体系中的重要地位

程朱理学虽然将"理"看作世界万物的本原,是天命心性的本体,但他们普遍认为"礼"就是"理"。他们不仅看重礼于培养道德情感及维护社会秩序的规范与功用,将道德修养视为践礼的重要途径之一,而且把孔孟所倡导的礼义道德看作理学最根本的理论目标。正如崔大华所指出的那样:"对儒家所主张的伦理制度道德规范的永恒性、合理性及其实践过程中应有充分自觉性的论证,是理学最根本、最终的理论目标,理学的全部论题都直接或间接地支撑着这一目标,然而直接显示此目标的命题却是——'礼即理'……这一命题及其论证,使儒家伦理观念在理学获得了丰富的本体性内涵。"①

虽然宋儒普遍关注礼与理的关系,但对于礼与理的关系问题的讨论并非肇始于宋代,早在先秦时期,就有儒家学者提出了"礼也者,理也"这样一个命题,如《礼记·仲尼燕居》记载孔子曰:"礼也者,理也。乐也者,节也。君子无理不动,无节不作。不能诗,于礼缪;不能乐,于礼素;薄于德,于礼虚。"《礼记·乐记》曰:"礼也者,理之不可易者也。乐统同,礼辨异,礼乐之说,管乎人情矣。穷本知变,乐之情也;著诚去伪,礼之经也。礼乐偩天地之情,达神明之德,降兴上下之神,而凝是精粗之体,领父子君臣之节。是故,大人举礼乐,则天地将为昭焉。"

先秦儒家还将礼的起源归为大(太)一或者天。如《礼记·礼运》曰:"是故夫礼,必本于大一,分而为天地,转而为阴阳,变而为四时,列而为鬼神。其降曰命,其官于天也。夫礼必本于天,动而之地,列而之事,变而从时,协于分艺。其居人也曰养,

---

①崔大华:《儒学引论》,人民出版社,2001年,第602页。

其行之以货、力、辞让、饮、食、冠、昏、丧、祭、射、御、朝、聘。"

需要注意的是，对于《礼记·乐记》中所谓的"礼也者，理之不可易者也"，郑玄注曰："理，犹事也。"① 而对于《礼记·仲尼燕居》中所谓的"礼也者，理也"，孔颖达疏曰："言礼者，使万事合于道理也。……君子无理不动，无节不作，言古之君子若无礼之道理不妄与动。"② 可见郑玄、孔颖达都将理释为事、道理。准此可知，《礼记》中虽然礼、理并举，但其所谓的"理"还不是哲学本体论意义的范畴，与宋明理学中具有本体意义高度的"理"还有着本质区别。

二程是宋明理学的主要奠基人，他们对宋明理学的主要贡献就是在《礼记》"礼即理"的命题基础之上建立起以天理为最高范畴的"理学"。天理说是二程对传统儒学的创新性发展。程颢自谓："我学虽有所受，天理二字却是自家体贴出来。"程颢、程颐：《二程外书》卷十二。二程认为世界的本源是"理"，也叫作"道"，也叫作"天理"。程颢提出"天者理也"的命题。《遗书》十一。所谓"天"，指最高本体，认为"天即是理"，就是认为"理"是最高本体。

在二程的理学体系中，"理"是最高本体，而"礼"则是与"理"相通的。程颢曰："礼者，理也，文也。理者，实也，本也。文者，华也，末也。"③ 在程颢看来，"礼"的根本就是"理"，同时"礼"也是理之文，也就是理的体现。与此相应，二程还将儒家

---

①孔颖达：《十三经注疏·礼记正义》卷三八，中华书局影印本，1980年，第1537页。

②孔颖达：《十三经注疏·礼记正义》卷五十，中华书局影印本，1980年，第1614页。

③程颢、程颐：《河南二程遗书》卷十一，《二程集》，北京：中华书局，1981年，第125页。

·197·

▶ 中华礼乐文化传承

倡导的礼义道德、伦理纲常纳入了"理"的范畴之中。程颢说："为君尽君道，为臣尽臣道，过此则无理。"《遗书》五。"父子君臣，天下之定理"（同上）。程颐则说："视听言动，非理不为，即是礼，礼即是理也。不是天理，便是私欲。"①

朱熹继承并发展了二程的理学思想。他以理为统摄世间万物的最高哲学范畴并建构起庞大的哲学体系，他认为理是世间万物客观性、普世性、至高性的化身，"太极只是天地万物之理。在天地言，则天地中有太极；在万物言，则万物中各有太极。未有天地之先，毕竟是先有此理。动而生阳，亦只是理；静而生阴，亦只是理"。②不仅如此，朱熹还在周敦颐、张载、二程等学者援理入礼理路的启发影响下，将研究视角由理学转向人类社会，他认为人世间的道德伦常、礼乐政刑都是天理。他说：

> 礼是那天地自然之理。理会得时，繁文末节皆在其中。"礼仪三百，威仪三千"，却只是这个道理。千条万绪，贯通来只是一个道理。夫子所以说"吾道一以贯之"，曾子曰"忠恕而已矣"，是也。盖为道理出来处，只是一源。散见事物，都是一个物事做出底。一草一木，与他夏葛冬裘，渴饮饥食，君臣父子，礼乐器数，都是天理流行。活泼泼地，那一件不是天理中出来！见得透彻后，都是天理。③

朱熹还认为：

> 三纲五常，礼之大体，三代相继，皆因之而不能变，其所

---

①程颢、程颐：《河南二程遗书》卷十五，《二程集》，北京：中华书局，1981年，第144页。
②黎靖德编：《朱子语类》卷一，中华书局，1986年，第1页。
③黎靖德编：《朱子语类》卷四一，中华书局，1986年，第1049页。

损益，不过文章制度小过不及之间。①

在朱熹的理学体系中，礼既是形上天地自然之理，又是有形有迹、看得见摸得着的形下的人间社会。礼本于理，礼就是理。这样朱熹之礼顺理成章地上升到宇宙本体的高度并理学化，从而推论出儒家的伦理道德在本质上具有永恒的性质。

综上所述，可知程朱理学把理（天理）看作宇宙最高本体，同时以理解礼，将以"礼"为代表的儒家道德价值体系抽象为天理之应然，对最直接体现儒学治世观的礼学也做出相应调整，最突出的特点是将理学的概念融入礼学诠释中，在肯定礼制的同时力倡理学化思想体系的建构，奉行以理解经、以理解礼的原则并推动礼学朝着形上性、义理性、思辨性风格的转变。在程朱理学体系中理是统摄宇宙自然与人类社会生活之上的一切道德法则、人伦纲常的终极本体，理在人世社会的化身与代理就是礼。

三、从"礼"与"仁"的关系看"礼"在宋学中的重要地位

关于"礼"与"仁"二者在儒家思想体系中的地位和关系，宋代著名学者李觏在《礼论一》作出了很明确的论述：

或问圣人之言礼，奚如是之大也？曰："夫礼人道之准，世教之主也，圣人之所以治天下国家、修身正心，无他，一于礼而已矣。"曰："尝闻之礼乐刑政天下之大法也，仁义礼智信天下之至行也。八者并用，传之者久矣。而吾子一本于礼，无乃不可乎？"曰："是皆礼也！……曰乐，曰政，曰刑，礼之支也。而刑者又政之属矣。曰仁，曰义，曰智，曰信，礼之别名

---

①朱熹：《四书章句集注》，《新编诸子集成》，中华书局，1983年，第59页。

也。是七者盖皆礼矣。"①

显然，在李觏看来，乐、政、刑是礼的分支，而仁、义、智、信是"礼"的别名。"礼"能涵盖乐、政、刑和仁、义、智、信。也可以说"礼"是可以统摄包括"仁"在内的其他思想、政治观念的根本范畴。显然，在儒家思想体系中，只有"礼"这一范畴才具有这样的地位。"礼"是儒家经典文献中一以贯之的核心内容。

二程认为"礼"是孔门之教中最重要的核心价值观念。《论语·子罕》载："颜渊喟然叹曰：'仰之弥高，钻之弥坚，瞻之在前，忽焉在后。夫子循循角善诱人，博我以文，约我以礼。'"朱熹《论语集注》引："程子曰：'此颜子称圣人最切当处也，圣人教人，惟此二事而已。'"②

按程子在这里将"礼"与"文"看作孔门之教中最重要的两件事，但并未提到"仁"。似乎可以据此推断在程子的心目中，在孔子的思想体系中或教学体系中"礼"的地位是高于"仁"的。

朱熹虽然非常推崇二程，但他对"礼""仁"关系的理解却与二程有所不同。他一方面认为礼与仁是一回事："一于礼之谓仁。只是仁在内，为人欲所蔽，如一重膜遮了。克去己私，复礼，乃见仁。仁、礼非是二物。"③ 可见在朱熹看来仁与礼不是二事，是一体两面。另一方面他又非常强调礼在孔门之教中的重要性：

固是克了己便是理。然亦有但知克己而不能复于礼，故圣

---

① (宋) 李觏：《礼论七篇》，《盱江集》卷二，文渊阁《四库全书》，上海古籍出版社，1987年。
② (宋) 朱熹：《四书章句集注》，《新编诸子集成》，中华书局，1983年，第111-112页。
③ (宋) 黎靖德编：《朱子语类》卷四一，中华书局，1986年，第1043页。

人对说在这里。却不只道"克己为仁",须著个"复礼",庶几不失其则。……若是佛家,尽有能克己者,虽谓之无己私可也,然却不曾复得礼也。圣人之教,所以以复礼为主。①

朱熹在这里强调"圣人之教,所以以复礼为主",与前述程子把"礼"看作"圣人教人"最重要的二事有异曲同工之妙,实际上也体现了朱熹对"礼"在儒家思想体系中核心地位的认同。

①(宋)黎靖德编:《朱子语类》卷四一,中华书局,1986年,第1045页。

▶ 中华礼乐文化传承

朱元璋推行礼乐教化研究

贾福林[①]

朱元璋，中国六百多年前改变历史的人物。《明史》评价他："太祖以聪明神武之资，抱济世安民之志，乘时应运，豪杰景从，戡乱摧强，十五载而成帝业。崛起布衣，奄奠海宇，西汉以后所未有也。惩元政废弛，治尚严峻。而能礼致耆儒，考礼定乐，昭揭经义，尊崇正学，加恩胜国，澄清吏治，修人纪，崇凤都，正后宫名义，内治肃清，禁宦竖不得干政，五府六部官职相维，置卫屯田，兵食俱足。武定祸乱，文致太平，太祖实身兼之。"

清代康熙皇帝六祭明孝陵，立碑"治隆唐宋"。赞誉朱元璋："明太祖天授智勇，崛起布衣，纬武经文，统一方夏，凡其制度，准今酌古，咸极周详，非独后代莫能越其范围，即汉唐宋诸君诚有所未及也"；"洪武乃英武伟烈之主，非寻常帝王可比"。

一般人对朱元璋的印象是出身贫苦，而"面目丑陋，性情残暴"，似乎和文化沾不上边。而"礼致耆儒，考礼定乐，昭揭经义，尊崇正学""纬武经文，统一方夏，凡其制度，准今酌古，咸极周详"这些功绩，更难与"穷苦土皇帝"挂上钩。但是，历史和创造历史的人物，会有奇迹，特别是朱元璋惊人地与中华礼乐文化结缘，创新，推行。不仅为大明王朝的华夏正统加分，在中华数千年的历史中留下浓重、杰出的一笔，而且，对后世产生了极大的影响。可以说，中华礼乐文化在当代出现了传承的强音，对中华民族文化自信和文化复兴依然具有重大的价值。

---

①北京市劳动人民文化宫。

· 202 ·

一、中华礼乐文化概述

提到礼乐文化，人们首先想到的是音乐，误认为是常人的娱乐行为。但实际上，礼乐文化是一个系统，包含的内容很多。周公，姓姬名旦，中国文化的"原圣"。3000多年前，周公总结前代经验，"制礼作乐"，涉及到社会的方方面面。建立规矩，提供方法。正所谓："周公吐哺，天下归心。"使得神州大地进入崭新的历史时期，创造了数千年领先于世界的中华文明。

中华礼乐文化起源于对祖先的崇拜，起源于对自然规律的尊崇。《尚书·泰誓》周武王说："唯天地万物父母，唯人万物之灵"，在天地中找到人的位置，确立朴素的"以人为本"思想。将礼乐上升到教育人、衡量人的道德修养法则的高度。《礼记·乐记》解释说："乐者，天地之和也；礼者，天地之序也。故百物皆化，群物皆别，四海之内，合敬同爱矣。"特点是以人伦为基础，以人为本。以秩序形成和谐，以和谐促进创造。通过"和"而实现"爱"，从而形成牢固的民族文化认同，形成巨大的凝聚力，对社会形成持续的推动力。

狭义的礼乐只是外在形式。但是，讲礼乐，一般要从形式上讲起。礼乐是华夏正声，是德音雅乐。最早的礼乐，发源于三皇五帝。远古传说乐器的发明与8000年前的贾湖骨笛等出土文物相互印证。周公制礼作乐，施行文明教化。他整理了包括黄帝时期的《云门大卷》、唐尧时期的《大咸》（也称《大章》）、虞舜时期的《韶》、夏禹时期的《大夏》、商汤时期的《大濩》以及周武王时期的《大武》，总称六代乐舞，用于祭祀等隆重场合。可以说，周公是古代乐舞的第一位集大成者。乐舞的特点是礼、乐、舞一体。五音齐备，八音克谐。以后历朝历代，都传承下来。虽然有时代进步带来的变化，但坚守雅正，保持华夏民族的本土特色。传承到元代，元代朝廷认同中华文化，采用华夏礼乐，但民族特色使之变化较大。至明朝，朱元璋恢复华夏正统，对雅乐进行了改革，形成了完善、平和、悠扬的"中和韶乐"。

二、元代礼乐制度的状况和特点

作为历史背景，在研究明代礼乐制度之前，有必要了解元代的礼乐制度的状况。经过对比，才能彰显出朱元璋对中华礼乐文化的突出贡献。元代建国时，元世祖忽必烈采用刘秉忠的建议，认同华夏正统文化。其国号出自《易经》，礼乐制度，亦尊仿汉制。实际上，元代"一切制度文物"，"与汉土历代不甚沿袭"，其礼乐亦异于旧制。本俗之礼为多，雅俗之乐兼用，"揆之于古，固有可议"。然其朝仪既起，"规模严广，而人知九重大君之尊"，其乐"雄伟而宏大"，亦"足以见一代兴王之象"。元代的礼乐典制并非像《经世大典》所讲的那么简单，它具有与其他各族各朝都不相同的文化特质。

事实上，不但雅乐与国朝乐并用已属非古，即便是其所谓"雅乐"，亦只是借用其名而并无其实的。虽然元礼乐器物多自西夏、金朝、宋朝而来，实则"雅器而非雅声"，对于元代雅乐的实质，在元朝中后期出现的一些儒学理论便已有明确论述。

赵孟頫在其所著《乐原》《琴原》中，皆叹古乐之不存。如其《乐原》云："今之乐以四清混于七音之中，岂不谬乎？黄钟为众律之祖，宫声为众音之君，皆尊而无二者也，是以有清声焉，此圣人作乐之妙用也。还宫之法，黄钟之均无清声，谓钟为宫，则商角徵羽以渐而清，自然顺序，不待用清声也……今也不然，四清之外无有也，必欲复古制，当复八清，八清不复而欲还宫以作乐，是商角徵羽重于宫，而臣民事物上陵于君也，此大乱之道也。"其《琴原》有句云："琴也者，上古之器也。所以谓上古之器者，非谓其存上古之制也，存上古之声也。世衰道微，礼坏乐崩而人不知之耳。"

元之"五礼"皆以其国俗行之，唯祭祀稍稽诸古的现象便没有什么值得奇怪的了。古乐的泯绝不继，各民族礼乐的有机融合，以及通变革新指导思想的作用，便规定了元代礼乐文化的总体特质。历史上，中国礼乐文化皆以上溯到远古为宗的传统，在元代被动摇。

三、朱元璋的礼乐思想和推行措施

朱元璋出身贫困，少时无缘读书，更无缘接触皇家主流文化。对古代皇家核心文化——传承数千年的礼乐制度更是连做梦都无法梦到。但在历史的机缘巧合下，他成为大明的开国皇帝。天性聪明，认真学习，使他认识、掌握了帝王经天纬地，经国治世之法。中国历史的规律是：礼崩乐坏，天下大乱，旧朝因此而灭亡。新朝开国初定，必先制礼乐。

明代开国，与以往朝代更迭不太一样。不是汉族朝廷的变迁，而是从文化上有较大差异的蒙古族建立的元朝脱颖而出。而且元朝是一个大一统的庞大帝国。近百年的文化形态，若想回归华夏正统文化，确实有难度。明代开展了去蒙古化的风潮，在文化上采取了多项举措。其中最为重要的就是中华礼乐文化的重新建立。

明朝立国之初，太祖朱元璋"锐志礼乐"，确立祭天祭祖制度，从朝廷到地方，制礼作乐。太祖在位30余年，今可见之礼乐之书达十余本，虽然太祖仿汉制，但实际上可谓其"远迈汉唐"。

自周代以来，礼乐便是政治文化的核心，礼乐活动便是一种政治活动。因此，对于历朝历代的君主而言，开展礼乐活动是一项政治工作。明初，朱元璋以复兴三朝礼乐为己任，由此彰显自己的文治武功。在制度设计上，朱元璋设想了一套雅俗分流的礼乐体系。洪武元年，朱元璋设太常寺。洪武初年，朱元璋设教坊司。洪武二十四年，朱元璋设钟鼓司。除朝廷的礼乐制度外，在地方府、州、县，乃至村镇，建立了一整套礼乐制度，并得到有效的推行。

（一）朝廷尊古制祭祀各种神祇和列祖列宗

明初，朱元璋尊崇古制，朝廷施行五礼，五礼的具体内容是：

吉礼的名目多达129项，包括祭祀天地、神祇、太庙、历代帝王、先圣先贤、忠烈名臣等祭典。

嘉礼的名目有74项，包括登极、传位、亲政、婚嫁、庆寿、册封、颁诏、筵宴等庆典。

军礼名目有18项，包括大阅、亲征、命将、纳降、凯旋、献俘、日月食救护等礼仪。

宾礼名目有20项，包括朝贡、敕封、宗室外藩王公相见、官员相见、宾朋相见、师弟相见等礼仪。

凶礼名目有15项，包括帝后、妃嫔、皇子、亲王、公主、品官以及庶士、庶人等的丧葬礼仪。

吉礼即祀神致福之礼。凡祀事皆领于太常寺而属于礼部。明初以圜丘、方泽、宗庙、社稷、朝日、夕月、先农为大祀，太岁、星辰、风云雷雨、岳镇、海渎、山川、历代帝王、先师、旗纛、司中、司命、司民、司禄、寿星为中祀，诸神为小祀。后改先农、朝日、夕月为中祀。凡天子所亲祀者，天地、宗庙、社稷、山川。若国有大事，则命官祭告。其中祀小祀，皆遣官致祭，而帝王陵庙及孔子庙，则传制特别进行。每岁所经常举行的祭祀，大祀十有三：正月上辛祈穀，孟夏大雩，季秋大享，冬至圜丘，皆祭昊天上帝，夏至方丘祭皇地祇，春分朝日于东郊，秋分夕月于西郊，四孟季冬享太庙，仲春仲秋上戊祭太社、太稷。中祀二十有五：仲春仲秋上戊之明日祭帝社、帝稷，仲秋祭太岁、风、云、雷、雨，四季月将及岳镇、海渎、山川、城隍，霜降日祭旗纛于教场，仲秋祭城南旗纛庙，仲春祭先农，仲秋祭天神地祇于山川坛，仲春仲秋祭历代帝王庙，春秋仲月上丁祭先师孔子。小祀八：孟春祭司户，孟夏祭司灶，季夏祭中霤，孟秋祭司门，孟冬祭司井，仲春祭司马之神，清明、十月朔祭泰厉，又于每月朔望祭火雷之神。至京师十庙，南京十五庙，各以岁时遣官致祭。其不是常祀而间行之者，若新天子耕耤而享先农，视学而行释奠之类。嘉靖时，皇后享先蚕，祀高禖，皆因时而专门举行。

其王国所祀，则太庙、社稷、风云雷雨、封内山川、城隍、旗纛、五祀、厉坛。府州县所祀，则社稷、风云雷雨、山川、厉坛、先师庙及所在帝王陵庙。各卫亦祭先师。至于庶人，亦得祭里社、穀神及祖父母、父母并祀灶，载在祀典。虽时稍有更易，其大要莫能逾也。这是《明史》中记载吉礼祭祀的内容，表明从宫廷、王国、地方官府到卫所甚至庶人之礼的总体状况。这种状况在有明一代是上下贯通的。

（二）中央朝廷的礼乐传承和制度健全

1. 礼乐起源于祭祀，形成后主要用于祭祀。所以礼乐的发展首先要形成皇家祭祀系统，并建成相应的祭祀场所——坛庙。

建天地坛及其礼乐制度。

朱元璋建都南京，明初仿古制在南郊建天坛，北郊建地坛。洪武十年（1377）朱元璋认为，自己是天子，天是父亲、地是母亲，父母岂能分居。于是创立天地同坛合祀制度。坛名天地坛。坛上覆盖大殿，名大祀殿。形状为每面7.8丈（约25米，明间阳数象天，次间2.4丈，阴数象地，总长是阴阳合数），面阔三间，呈"九宫"分割的方形重檐大殿。图见正德年间《金陵古今图考》。

建太庙及其礼乐制度。

朱元璋登基之后，曾册封自家祖先，首先，尊称先人为皇帝、皇后，其次，还得在祖先的葬身之处修建陵墓。

明洪武元年，在皇宫的阙左门外建造四庙。德祖庙居中，懿祖在东面第一庙，熙祖在西面第一庙，仁祖在东面第二庙。庙和神主都朝南。由于是开国的皇帝，朱元璋追尊其高祖考曰玄皇帝，庙号德祖；曾祖考曰恒皇帝，庙号懿祖；祖考曰裕皇帝，庙号熙祖；皇考曰淳皇帝，庙号仁祖，妣皆皇后。追尊四册宝。

同年制定太庙每月初一荐新的仪物。这个礼仪由天子恭敬地执行。没过多久，这些职责属于太常寺管理，在这之后，初一、十五祭祀及荐新、献新包括奉先殿。

太祖朱元璋同时建造太庙并制定宗庙祭祀的制度，每年四孟和岁际共有五次大的祭祀。第二年正月时享的日期更改为清明节、端午节、中秋节和冬至祭祀，岁际的祭祀日期不变。

明洪武三年冬天，太祖朱元璋认为仅有太庙的平日四孟的祭祀不足以表达对祖先的孝敬和追思，开始在乾清宫另外建造奉先殿，每天早晚烧香，逢初一和十五亲往祭拜，平日供奉时鲜的食品和果品，先祖生日和忌日祭祀用标准的祭品规格，行拜家人的礼节。

洪武九年，改建太庙。规制是前面是正殿，后面是寝殿，东西两边都设有配殿。寝殿九间，以每一间为一室。中一室奉安德祖神主，懿祖在东第一室，熙祖在西边第一室，仁祖东第二室，神主都朝南。这里预备的香几、席子、床榻、被褥、竹箱、帷幔等器物，都和侍奉在世的皇帝一样。在宝座上陈设着先祖的衣服和帽子，而不是安放着神主。在东墙是亲王配享，功臣在西墙配享。配享就是和先祖一块享受祭祀的荣誉待遇。

洪武二十六年，制定了详细的时享祭祀的礼仪。

明洪武三十一年，将太祖朱元璋的神主归附到太庙供奉，太祖的神主位于寝殿的西边第二室，神主面向南。奉请到正殿祭祀的时候，太祖的位置在正殿神座右边第二位，神主面向东。

洪武三年，遣官访查历代帝王陵庙，并另具图进。四年二月，议祭祀古先圣、贤帝、贤王。遂派遣使者诣陵，但礼乐布局庞大，定从当地州府县遣乐人前往祭祀。与刑法相比，太祖更加注重礼乐。或者曰："有礼乐而不可无刑政。朕观刑二者，不过辅礼乐为治耳……大抵礼乐者，治平之膏粱；刑政者，救弊之药石。"明代多数礼乐制度是于洪武初年已经定成定制，后世不得改动。国家治理制度方面，礼乐一体。祭祀中多用乐，明代官私修撰的礼乐书籍中也多有记载。同时，地方官署的祭祀礼乐，也很重视，有一套相应的制度。

2. 朝廷与地方礼乐部门与规制的健全

宫廷礼乐需要礼部、太常寺、鸿胪寺、光禄寺、神乐观等众多部门的配合。仅礼部就下设仪礼司、行人司、铸印司、教坊司。部门不同，地方官署的礼乐机构和官员的设置精简很多。洪武年间制定的《诸司执掌》中《到任须知》共31条，第一项就是祭祀。"祀神有几。各开：祭祀国之大事，所以为民祈福。各府州县、每岁春祈秋报，二次祭祀，有社稷山川风云城隍诸祠，及旧有功德于民，应在祀典之神，郡厉、邑厉等坛。到任之处，必须报知祭祀诸神日期，坛场几所，坐落地方。周围坛垣、祭祀器物，如遇损毁，随即修理。务在常川洁净，依时致祭，以尽事神之诚。"

3. 乐舞制度的继承和改创

洪武三年所制定的宴飨九章，代表了洪武时期宴飨乐的最高成就。宴飨九章由九部曲组成，依次是《临濠之曲》《开太平之曲》《安建业之曲》《削群雄之曲》《平幽都之曲》《抚四夷之曲》《定封赏之曲》《大一统之曲》《守承平之曲》等九部。从曲名上不难看出，这是一部歌颂朱元璋平定天下，开创万世基业，具有史诗气质的大作。而且，属于原创作品，充分体现了教坊司艺人的惊人才华。此外，洪武时期的教坊司创作的宴飨乐还有《玉街行》《过门子》《朝天子》《新水令》《滚绣球》《庆宣和》《太平令》《清江引》《沽美酒》《金殿万年欢》《普天乐》《喜秋风》等，总计57首。这些作品中，多数为明代原创，并且流传甚广，对于后世戏曲发展的影响十分深刻。

4. 以朱元璋祭先农坛仪轨为例，说明祭祀礼乐的规模、礼器陈设，祭品品类和礼仪过程。

《明集礼》载洪武祭先农坛仪轨，为雅乐类型，教坊只是承担其中部分仪式用乐。祭器正配位：各尊二，笾豆各十，簠簋各二，登铏俎案各三,币自唐宋以来皆用青币,牲用犊一、羊一、豕一。配位同。酒齐正配位,牺尊实以醴齐,象尊实以盎齐,山罍实以清酒,上尊各实明水玄酒,著尊实醴齐,壶尊实盎齐,上尊各实玄酒,设尊并实五齐三酒粢盛,簠实以黍稷,簋实以稻粱。乐章:迎神奏《永和之乐》三成,奠币奏《永和之乐》,迎俎奏《雍和之乐》,三献并奏《寿和之乐》《文德之舞》,彻豆、送神并奏《永和之乐》,望瘞奏《泰和之乐》。新耕用教坊乐。其日,附京耆老皆帅其子弟,以村社箫鼓集于耕所而迭春焉。冠服:皇帝服衮冕十二章,皇太子侍祠服衮冕九章,陪祀官俱法服。车辂:皇帝乘玉辂,而以耕根载耒耜。陈设:祀前二日,有司扫除坛上下,洒扫斋舍、馔室、神厨。设皇帝大次于外壝之东,设皇太子次于大次之右。祀前一日,设省牲位于内壝东门之外,设乐悬及协律郎位于坛下之南。设先农神座于坛上南面,设后稷神座于坛上西面,设御位于坛下北向。皇太子位于御位之东稍后,设望瘞位于坛西南,设典仪御史四人,位于坛下东西相向。设导驾官、太常卿六人位于御位之前,东西相向。设传赞、赞引各二人位于协律郎之南,东西相向。设文武官陪祭,位于乐悬之南。

这里所用乐章是明代之国乐——"和"乐,其乐队组合明确为乐悬领衔,是典型意义上的雅乐。虽然在"新耕"仪式中用教坊乐,但正祭仪式符合中祀之雅乐类型。

(三)地方及民间礼乐制度的健全

寓教于礼乐是朱元璋的治国理念。朱元璋认为,礼乐对百姓,特别是青少年道德教育十分重要,在他的倡导推动下,从国子监到地方各种学校,都祭祀孔子,表明对尊师重道、例行教化的高度推崇和认同。明初规定孔庙乐舞用六佾。

1. 地方衙署的礼乐制度

地方衙署礼乐机构和官员的职责任务是:"'迎接诏敕':凡朝廷遣使各处开读诏敕,如至开读所,本处官员具龙亭彩舆仪仗鼓乐，出郭迎接，朝使下马取诏书，置龙亭中，南向，朝使立于龙亭之东。本处官员具朝服北面，行五拜礼。众官及鼓乐前导引，朝使上马，在龙亭后行。至公庙门外，众官先入。文武官员分东西序立，候龙亭至公庭当中，朝使立于龙亭之东，西向。如有出使官员。赞者先唱曰，出使先行礼，礼生引出使馆，于公庭露台上，行五拜礼毕，于露台之上东向立，赞众官排班。有武官处，文东武西排班，如无武官处，文管依次左右排班。班齐，乐作。赞四百拜礼……众官俯伏、兴、四拜，礼毕……本处官员复具鼓乐，送诏于官亭。"

2. 地方学校的礼乐制度

明代初年，南京和中都均设立国子监，天下州府县，具设儒学。"洪武二年，诏天下府、州、县立学校。学者专致一经，以礼、乐、射、御、书、数设科分教。"洪武时期重建或创建的学校达到一千多所，新建的学校主要分布在礼乐较为薄弱的北方及西南边疆地区。学校为国家培养人才，包括乐官、协律郎。日常教学中有乐的教习。

礼乐教学的内容十分详备。洪武二十六年正月戊午，明大成乐曲颁给天下学府。先是以天下通祀孔子而乐器未备，命礼部、工部召集工人制造。至于乐成，给各府儒学，俾州县皆如式制之。

"大成乐舞"据《汀州府志》《頖宫礼乐疏》之《学校志》相同的记载："大成乐共六曲入奏。内叠奏二曲。其谱止有合、四、上、尺、工、六，六个字。共用二律、三旅、五正声、一子声。有宫、商、徵、羽，而无角。有喉、齿、舌、唇，而无牙。自前明律于太常，颁行天下。至国朝复察废坠。审音律，招徕乐舞，先期预演，故声容缀兆，盛肃雍和平云。"

洪文八年，诏有司立社学。延师儒，以教民子弟。社学是地方最基础的教学机构，讲习基本的冠婚丧祭等礼仪。

3. 地方书院的礼乐制度

书院是官方在各地设立的专职礼乐教化机构，负责收藏乐舞等书籍资料，同时朝廷倡导"民间立私学，有司不得干预"。对礼乐文化的民间普及，对礼乐艺术的传承，都起到了很大的作用。可以说，从朝廷到地方，礼乐文化都得到了十分高的推广。洪武年间的宗庙乐章，直接被编入了明太祖九世孙朱载堉的《律吕精义》当中。可见，明代的礼乐文化，在太祖朱元璋的推动下，从上到下，贯彻传承得十分成功，为明代的社会稳定，百姓教化发挥了极为重要的作用。

4. 乡酒礼的礼乐制度

古代乡学，三年业成，以贤能者推荐于朝，临行前，由乡大夫为主人，设宴饯行，饮酒酬酢，皆有礼仪。这就是"乡酒礼"。有很强的教化作用。朱元璋在开国之初就规定天下各级学校学习实施乡酒礼。据《明会典》记载：洪武初，诏中书省详定乡酒礼条式。使民岁时燕会，习礼读律。期于申明朝廷之法，敦敘长幼之节，遂为定制。洪武五年定，在内应天府及直隶府州县，每岁孟春正月，孟冬十月，有司与学官率士大夫之老者，行于学校，在外行省所属州府县，亦皆取法于京师。在明代，乡酒礼的实施遍布基层，成为规模巨大，影响深远的中国传统的民间礼乐教化活动。

（四）礼乐之"孝"文化的倡导

朱元璋深知"为治之要，教化为先"《明史纪事本末》的治国理念，亲自编写了《圣谕六言》。语言简练，内容平实，对仗工整且朗朗上口，在朝廷的大力推动下很快深入人心，使百姓耳熟能详，对于明代社会乃至后世的礼乐教化也产生了深远影响。

《圣谕六言》的内容是："孝顺父母，尊敬长上。和睦乡里，教训子孙。各安生理，毋作非为。"二十四个字。宣讲圣谕的活动从洪武年间开始，几乎贯穿了整个明朝。

据考证，圣谕宣讲主要依靠三方面的力量，首先是政府组织的，以基层政治组织为主体教化百姓。宣讲方式大致以明嘉靖年间为界，前期被称为"洪武模式"，即由乡里老人或盲人手持木铎（古代类似于铃的金属器物，金口木舌，施教之用）沿道宣讲圣谕。据记载，明洪武三十年（1397）九月，明太祖朱元璋传令天下："每乡里各置木铎一，内选年老或瞽者（盲眼人），每月六次持铎徇于道路。"可见明初圣谕宣讲即有了一定模式，反映了明太祖对于圣谕宣讲及民间道德教化的重视。然而，早年的圣谕宣讲方式单一，效果不佳。明嘉靖年后，在乡约中宣讲圣谕逐渐取代了木铎。乡约是明代官方认可的一种民间基层组织，以推行教化为目的，有较为完善的组织机构和固定的聚会场所。宣读"圣谕六言"是乡约聚会中的核心内容，在明万历年间，政府甚至颁布法律规定各地建立乡约宣读圣谕。有史记载，"独赖乡约圣谕，朝夕宣扬"致使"民兵不呼而自集，城守不戒而自严"，可见乡约宣讲圣谕对教化百姓确实起到了积极作用。

除乡约等基层组织大力推行"圣谕六言"外，明朝许多宗族的族规家规的制定也以"圣谕六言"为核心，族规家规的第一条往往就是"圣谕当遵"。明朝人认为，圣谕中包含做人的基本准则，遵循圣谕才是做好人的基本标准，不遵循则是恶人，因而"圣谕六言"成为族规家规的金科玉律，要求族人必须遵守。之后才是诸如和睦邻里、和睦宗族、谨慎婚姻、谨慎择业等方面的要求。此外，各家族在祭祀祖先之前，或是每月固定时间也会将全族聚于祠堂，由族长或族长指派的专人向全族宣读宗谱、宗法族规、祖先历史以及宣讲"圣谕六言"，定期对族人实行道德教化，使得圣谕深入各个社会组织的基层，实现道德教化作用。许多王室宗族甚至在家中设立圣谕牌，并设立严格的宣读圣谕的礼仪。要求每月朔望之日宣读完圣谕后，到摆设圣谕牌位的香案前行五拜三叩之礼。

此外，士人阶层也是宣扬"圣谕六言"教化百姓的重要主体。士大夫主要通过成立地方会社来宣扬圣谕。如明嘉靖年间，颜钧成立的"三都萃和会",据记载即是"会中启发讲修,无非祖训六条"。同样,明万历年间沈鲤组织的"文雅书社"要求将圣谕写成牌匾,悬挂于门上,使子弟"朝夕出入,仰瞻明命",进而为乡间百姓做出榜样。此外,书院也是士人阶层宣扬圣谕的重要场所,《虞山书院志》记载:"凡书院讲乡约,堂上设圣谕牌,台上设讲案。"宣讲圣谕时同样配有复杂的礼仪,甚至有类似于宗教唱诗班的"排班",在宣读六言之外,还包括歌诗和等演唱内容,不仅有明确的分组宣唱安排,还有何时揖、拜、叩首等复杂的礼仪规范。

朱元璋为了给百姓树立"孝"的榜样,洪武十八年(1385)赐封浦江县"九世同居",有3000人的郑氏家庭为"江南第一家",十分明确地宣示了国朝的文化传统和价值取向。

(五) 中和韶乐的重大改革

中和韶乐源于雅乐,又称郊庙乐,有五千年的历史,明洪武年间,明太祖朱元璋将雅乐更为中和韶乐,清朝沿用。中和韶乐在明清两朝普遍用于祭祀、朝会、宴飨。

1. 中和韶乐概述

韶乐是中国宫廷音乐中等级最高、运用最久的雅乐,由它所产生的思想道德典范和文化艺术形式,一直影响着中国的古代文明,韶乐因而被誉为"中华第一乐章"。

韶乐源于远古先民的原始乐舞。最初是远古先民一种基本的艺术活动,表现了氏族部落的图腾崇拜、祭祀典礼、农耕狩猎、部落战争、繁衍生息等社会生活。早在3000多年前我国就产生了"八音",即根据制作材料所分的金、石、丝、竹、匏、土、革、木等八种乐器。雅乐就是用我国传统的八音古乐器演奏的音乐。所演奏的乐曲庄严优雅,意境尽善尽美。在商周时期经过宫廷乐师的整理成为宫廷雅乐。经过几千年的传承,韶乐成为历代宫廷举行祭祀及宴享等重要活动时所使用的音乐,明朝初年明太祖朱元璋将其更名为中和韶乐。清代继承了明代中和韶乐的制度和风格。

中和韶乐融合礼、乐、歌、舞为一体，仅用于宫廷重大场合的演出。帝王郊社祭祀天地，宗庙祭祀祖先，宫廷礼仪如朝会、燕飨宾客，射乡即宴享士庶代表，还用于军事大典等庄严隆重的场合演奏。

2. 集历代之大成将雅乐更名为中和韶乐

明朝建国之初即设典乐官，置雅乐，朱元璋还曾亲自敲击石磬试定音律，设太常寺主持祭祀礼乐事宜，招冷谦为协律郎，编制乐章声谱，并教令乐生肄习。朱元璋还根据雅乐具有的中正平和的乐理特点和思想理念将雅乐更名为中和韶乐，此后雅乐即改称为中和韶乐。因此，中和韶乐并非舜帝时代夔所创制的韶乐，而是集包括韶乐在内的历代雅乐之大成。如果说韶乐入齐，是韶乐的改良，那中和韶乐的诞生，是雅乐的熔炼和提升。既保留了韶乐的本质，又凝结了雅乐的精华。体现"中和"理念，完全融入封建社会全盛期"礼乐文化"，为国家长治久安服务，是朝廷典雅严肃文化的象征。

中和是中庸之道的主要内涵，是一种伦理道德，受到古代儒家学派极力推崇。《礼记·中庸》讲到："喜怒哀乐之未发谓之中，发而皆中节谓之和；中也者，天下之大本也，和也者，天下之达道也。致中和，天地位焉，万物育焉。"即人的修养能达到中和境界（即致中和），就会产生"天地位焉，万物育焉"的效果。

韶乐教化的中和作用非常神奇并被历朝历代推崇备至。

韶乐一语出于舜时所作的《韶》。《韶》又称《箫韶》或《韶简》，清同治《湘乡县志》载："相传舜南巡时，奏韶乐于此，凤为之下。"记载舜帝南巡到达位于汉、苗交界处的韶山，登上最高峰，遇到手执弓矛的苗民将舜等围困。舜帝命人奏乐，乐曲奏响，一时间凤凰来仪，百鸟和鸣。在美妙的乐声中，苗民也丢下弓矛跳起舞来，化干戈为玉帛。舜帝演奏的乐曲即称韶乐，奏乐的山峰也由此得名"韶山"。

韶乐在中国古代一直受到学者特别是孔子的极力推崇，孔子在齐国欣赏了《韶》后陶醉得"三月不知肉味",说"不图为乐之至于斯也",《论语·述而》意思是说没有想到音乐能够达到如此令人如痴似醉的地步,称赞《韶》为"尽善尽美"。吴公子季札是孔子的老师,曾经被孔子赞美为"至德"之人,司马迁称其"见微而知清浊"。季札是当时权威的评论家,他欣赏周代乐舞《大武》时称:"美哉周之盛也,其若此乎!"观《韶濩》时叹曰:"圣人之弘也,而犹有惭德,圣人之难也!"观《大夏》称赞:"美哉!勤而不德。非禹,其谁能修之!"观《韶箾》惊呼:"德至矣哉!大矣,如天之无不帱也,如地之无不载也!虽甚盛德,其蔑以加于此矣。观止矣!若有他乐,吾不敢请已!"(见《左传·襄公二十九年》)季札认为《韶箾》是最令人叹为观止的至德乐舞,就如同苍天无不覆盖,大地无不承载,就算是盛德之至,也是无以复加了。季札所以对《韶箾》有如此评价,是因为他认为《韶箾》表现的"德"达到了极点,其宽厚仁大,没有什么乐舞可以超过它。西周的乐舞就是在"以德配天"的观念下,将乐舞向礼仪性发展,使乐舞保持了肃穆、崇高的特征,故而得到了季札由衷的赞美。

因为《韶箾》受到了广泛地推崇,故在中国古汉语里"韶"也被定义为美好。在远古时就有人将雅乐称为韶乐,以后更把美好的音乐称为韶乐。著名的东汉儒家学者郑玄称:"韶之言绍也,言舜能继绍尧之德。"

中和韶乐在明清两朝都被用为宫廷大乐。清顺治元年(1644)议定,祭天地、太庙、社稷,都用中和韶乐,亦称宫廷雅乐,它包括祭祀乐、朝会乐、宴会乐。朝会乐、宴会乐只有奏乐而无演唱和舞蹈,祭祀乐则包括了演奏、演唱和舞蹈。康熙五十二年(1713),考定坛、庙、宫殿乐器,乾隆时又加修改,凡大朝会、大祭祀皆在殿陛(月台)奏此乐。

最早的雅乐采用五声音阶,古人把宫商角徵羽称为五声或五音,大致相当于现代音乐简谱上的 1(do)、2(re)、3(mi)、5 (sol)、6（la）。从宫到羽，按照音的高低排列起来，形成一个五声音阶，宫商角徵羽就是五声音阶上的五个音级。中和韶乐所有颂歌均采用这五个音阶谱曲，突出了其古朴典雅的歌唱音色。

中和韶乐除了在音乐方面采用五声音阶外，另一个显著特点是融礼、乐、歌、舞为一体，具有强烈的礼乐意义。中和韶乐的舞蹈采用八佾，即对应的人等分列为对应的队数起舞，八佾是古代天子用的一种最高级别的乐舞排列方式，排列成行，纵横都是八人。舞蹈的种类有文德舞、武功舞，交替上演。按中国古代传统，以征伐得天下者祭祀先演武功舞，以揖让得天下者祭祀先演文德舞。天坛大祀采用八佾舞即八八六十四人的队列形式起舞，舞蹈场面宏大，等级鲜明。舞蹈时，八音合奏，颂歌清越，祭祀人员在音乐舞蹈映衬中虔诚地进退恭献，表达对神明的敬仰、拜服。

中和韶乐的歌词充满了对皇帝的颂扬，宣传皇帝禀受上天眷佑，受命于天，替天行道，而皇帝对上天无限敬仰，顶礼膜拜。明洪武年钦定的献辞为："圣灵兮皇皇，穆严兮金床。臣今乐舞兮景张，酒行初献兮捧觞。载斝兮再将，百辟陪祀兮具张。感圣情兮无已，拜手稽首兮愿享。三献兮乐舞扬，肴羞俱纳兮气蔼而芳。祥光朗朗兮上下方，况日吉兮时良。粗陈菲荐兮神喜将，感圣心兮何以忘。民福留兮佳气昂，臣拜手兮谢恩光。旌幢烨烨兮云衢长，龙车凤辇兮驾飞扬。遥瞻冉冉兮上下方，必烝民兮永康。"用极其华丽的辞藻描述了人们对上天的崇拜。

明嘉靖年间实行天地分祀，重撰祭祀颂词，主要内容仍然是反映皇帝祈求上天赐福的愿望，其"礼觞再举兮荐玉浆，帝颜歆悦兮民福昂，民生有赖兮感上苍"，"三献兮礼告成，一念微衷兮露悃臣情。景张乐舞兮声锽鋐，仰瞻圣容兮俯锡恩泓"等章句明白无误提出"荷恩长""锡恩泓"的期盼。

中和韶乐历代沿袭，一脉相承，千古流芳，其乐音纯正，舞姿庄重，颂词唯美，具有教化民众移风易俗的社会功能，受到了儒家学者和中国古代历朝统治者的推崇,认为中和韶乐是最和谐完美、最具伦理道德的音乐,成为"德音雅乐",尊为"华夏正声"。

3. 音乐以及舞蹈是祭祀礼仪中重要的方面,祭祀和宫廷典礼乐舞在古人的心目中并不是一种艺术,而是道德、教化和天命的载体。令孔夫子"三月不识肉味"的"中和韶乐"使用了土、木、金、石、丝、竹、匏、革八种材质的乐器演奏,乐曲的结构和演奏上有非常繁复和严格的规定,使得"中和韶乐"成为最中正平和、稳健中庸的音乐。所以使孔子陶醉的不只是音乐本身,更多的可能还是它所代表的儒家理想和道德力量。祭祀时跳的舞蹈在现代人的眼里可能有些可笑:一队队排列整齐的舞者穿着宽袍大袖的服装,手持道具,缓慢地摆着一系列姿势,好像是太极拳的集体表演。这些舞蹈的意义同样也不在于展现舞者的技巧和编舞者的巧思,而更多地是为了歌颂帝王的文治武功。因此,中和韶乐是一种载体,是中国礼制的一种化身。每当人们置身于神乐署的院子里,凝视着光彩重生的大殿,它在澄彻的天空下仿佛显得格外高大雄伟。这时候,喧嚣仿佛渐渐退去,天地间回响起庄严的中和韶乐和祭祀颂歌。

四、朱元璋能够对中华礼乐文化做出贡献的原因及其历史价值

朱元璋出身于贫苦农民,小时候没钱读书。当了和尚以后,才有机会"立志勤学"。有了权力和地位后,朱元璋在众多儒生的影响下,努力学习文化知识,学问益进。当皇帝以后,对礼乐教化更加重视,甚至喜欢音律和文墨,主张"通道术,达时务",以适应政治上的需要。

(一)朱元璋对礼乐文化做出贡献的原因主要有以下几个方面。

1. 来源于对江山社稷巩固发展的高度责任心和自觉性。他深知打江山的不易,更知守江山的艰难。因此深谋远虑,从制度和教化上下功夫,丝毫不敢懈怠。

2. 来源与敢于改革的精神。对国家制度的改革,对民生的关注

与改善，对民族文化的传承，对礼乐制度的改革，其能力和水平造就他大胆地亲自改革数千年的皇家雅乐成为中和韶乐。

3. 来源于勤奋好学和聪颖过人。锲而不舍，勤学苦学，善学有道，恒学不懈。这才把"讨饭僧"历练成了"文化达人"。正如朱元璋自做《苦命诗》所写："百僚未起朕先起，百僚已睡朕未睡。不如江南富足翁，日高五文犹披被。"

4. 来源于对人才的吸引和任用。他打江山时延揽知识人才，坐江山时培养礼乐人才。采取优待知识分子的策略，时常表现出求贤若渴的姿态。为了争取知识分子，朱元璋表现海纳百川的胸怀，对在元朝为官的文人也一律来者不拒。如刘伯温"自以仕元，耻为他人用"。但朱元璋不予计较，千方百计劝刘伯温出山，写信开头都是："元璋顿首奉书伯温老先生阁下"，尽显恭敬谦卑柔和之态。

朱元璋为了培养和提拔新生力量，建国后专门成立了培养人才的国子监，为没有入仕的年轻读书人提供升迁机会。他对这些新科进士和监生厚爱有加，还经常教育他们要尽忠为公，不为私利所动。以至于从上到下推行礼乐文化都有人才，使礼乐教化能够有效地贯彻执行。

（二）朱元璋改革推行礼乐文化的历史价值

朱元璋出身贫苦，从放牛娃、讨饭的小和尚，靠自己的奋斗成了开国皇帝。在位三十多年，成功地建立一个强大统一的明帝国。这在中国历史上，乃至世界历史上可谓绝无仅有。朱元璋登基以后，也没有停止步伐，勤于政事，建树颇多，特别是创设众多的礼乐典章制度，不仅为明朝近三百年基业奠定坚实的基础，而且对清朝影响巨大。自明到清，中央集权和统一的多民族国家的管理制度渐趋完备。

朱元璋对礼乐文化的创新与推行，恢复乃至极大地增强了汉族的民族地位和民族自信心，修复并光大了已经走样的中华优秀传统文化。朱元璋为巩固来之不易的大明江山，接受元代华夏礼乐不正

▶ 中华礼乐文化传承

规的教训，在大臣的建议和支持下，把礼乐制度的传承发展作为重要的国家战略。对中华传承数千年的礼乐制度继承并大胆改革。使体现华夏正统的礼乐文化达到一个新的阶段，并为清朝学习传承华夏正统文化奠定了厚重的基础。

在朱元璋建立了明朝以后，帝国再次迈向了繁荣与强盛。明朝二百多年间，汉人之鲜明风骨在历朝历代可谓仅见，明朝军队包括海军在多次大的对外战争中所表现的强劲战斗力在总体上要超越其他朝代。

清承明制，清朝以偏远少数渔猎民族兴起，从白山黑水入主中原，在保持本民族特色的同时，全盘接受汉族正统礼乐文化。清代的雅乐，在康熙皇帝、乾隆皇帝的推动下，虽规模远不及唐宋，但体制尚且完备。除宫廷乐舞服装具有清代特点、歌词进行修订以外，几乎全盘继承了明代的中和韶乐，形成中华雅乐最后的兴盛。然而，清代雅乐随着清朝的衰落而衰落，在辛亥革命的风暴中，随着封建帝制退出历史舞台，被近代历史所湮没。

五、中华礼乐文化的现代传承

可以看出：中国古代礼乐文化，"礼"是内容，是核心；"乐"是形式，是特征。"礼"和"乐"结合形成"礼乐"，其意义已经超出了两字的简单相加，而形成了中华独特的文化形态，是中华文明发展的累累硕果。"礼"是其本质，"乐"是其外化。互为表里，凝结升华，传承不息，规范和引导了中华民族数千年的和谐发展，自立于世界民族之林，并且对周边国家如日本、韩国、越南、泰国、缅甸的文化产生了重要的影响。形成与西方文化相媲美的东方文化。中华礼乐文化，不仅在历史上就得到世界的认可和尊重，而且在现代国际社会日益得到重视。

《保护非物质文化遗产公约》给"非物质文化遗产"所下的定义是："指被各群体、团体、有时为个人视为其文化遗产的各种实践、表演、表现形式、知识和技能，及其有关的工具、实物、工艺品和文化场所。"非物质文化遗产及其扎根、生长、发展的人文环境和自然环境,才是其作为遗产的整体价值所在。非物质文化遗产的表现形式包括若干方面:口头传说和表述(包括作为非物质文化遗产媒介的语言);表演艺术;社会风俗、礼仪、节庆;有关自然界和宇宙的知识和实践;传统的手工艺技能。所有的形式都是与孕育它的民族、地域生长在一起的,构成文化综合体。

中华礼乐的内涵和分类如下:首先礼乐是中华文化和国家尊严的体现,祭祀礼乐是自然神和祖先崇拜的文化体系。这是中国传统礼乐产生和依托的历史文化环境,蕴涵着先人的宇宙观和生命观,是典型的非物质文化形态。无论是文化体系还是具体的程序和表演,都包括在"表演艺术;社会风俗、礼仪、节庆;有关自然界和宇宙的知识和实践"的典型的范围之内。这些建立在中华民族源远流长的历史和文化之中的生存形态,只要中华民族存在,只要中华文化延续,就永远传承。

中国礼乐文化在"非遗"中的地位:礼乐由于其悠久和独特,在"非遗"中具有极为重要的地位。效仿明代北京坛庙祭祖礼乐而形成的"韩国宗庙祭祖礼乐"早在2001年已经被批准为第一批世界非物质文化遗产。效仿中国雅乐的所谓"越南雅乐"也于2003年获批进入第二批世界非物质文化遗产名录。这完全可以说明北京宫廷坛庙礼乐更加有资格申报世界非物质文化遗产。中国首都北京作为明清两代的帝都,正是北京宫廷坛庙礼乐这典型的非物质文化遗产及其扎根、生长、发展的人文环境,完全能体现其作为遗产的整体价值所在。

中华传统文化是中华民族五千年历史发展的精神根基,是中华文化的精髓。以周代为本源的中华民族的礼乐形式,随着世界性的传统回归,随着中国改革开放并与世界文化的接轨,作为中华传统文化经典的中华礼乐日益得到了社会各界空前的重视。保护中国传统文化,重构中国传统文化,使中国传统文化深入民心,为社会和谐、民族凝聚和国家长治久安发挥无可替代的重要作用，成为世界文化的重要组成部分。

参考文献

[1]（唐）贾公彦《周礼注疏》，刊文渊阁四库全书电子检索版上海人民出版社。

[2]（宋）王与之《周礼订义》，刊文渊阁四库全书电子检索版上海人民出版社。

[3]（宋）陈旸《乐书》，刊《文渊阁四库全书》电子检索版上海人民出版社。

[4]（宋）易祓《周官总义》，刊文渊阁四库全书电子检索版上海人民出版社。

[5]（明）《太常续考》，刊《文渊阁四库全书》电子检索版上海人民出版社。

[6]（明）《明集礼》，刊《文渊阁四库全书》电子检索版上海人民出版社。

[7]（明）丘濬《大学衍义补》，刊《文渊阁四库全书》电子检索版上海人民出版社。

[8]（明）姚广孝《明实录》，台北"中央研究院"历史语言研究所影印1926年。

[9]（明）霍久思《孔庙礼乐考》，《续修四库全书》电子在线查询。

[10]（明）宋濂《元史》，中华书局1976年。

[11]（清）张廷玉等《明史》，中华书局1974年版。

[12]（清）秦蕙田《五礼通考》，刊《文渊阁四库全书》电子检索版上海人民出版社。

[13]（清）龙文彬《明会要》，中华书局1956年。

丧礼矫正与王道再复
——明初丧礼重建评议[1]

陈士银[2]

关于有明一代丧礼问题，学界已有相当规模的关注。[3] 然而多以整个明朝乃至明清两朝为时间跨度讨论丧礼，却未及对明初丧礼重建展开充分讨论。明初尤其是洪武时期的丧礼重建是整个明朝丧礼的基石，直接影响明朝的丧礼建设。其重要性与复杂性非同一般，值得更多关注。

一、丧礼重建的历史背景

除了赓续儒家丧礼传统之外，明廷还多了一层前元丧礼混乱的历史背景。元统治下，恪守儒家丧礼者也不乏其人，[4] 但是由于深

---

[1]本文是国家社科基金重大项目《〈仪礼〉复原与当代日常礼仪重建》（14ZDB009）的阶段性成果。

[2]扬州大学社会发展学院。

[3]举其大端，即有赵克生：《明代丁忧制度述论》，载《中国史研究》，2007年第2期；宋继刚、赵克生：《明代文官丧葬公文与丧礼制度建设》，载《古代文明》2014年第2期；宋继刚：《明代文官恤典研究》，东北师范大学博士学位论文，2015年；宋继刚、赵克生：《明代赐赙初探》，载《故宫博物院院刊》2015年第1期；彭卫民：《经典、仪式与地方知识人——明清时期民间丧礼中礼生及其对〈家礼〉的运用》，载《社会科学论坛》2015年第7期；张佳：《新天下之化：明初礼俗改革研究》，复旦大学出版社，2014年等。

[4]《故丽水叶府君墓铭》载："（叶元颢）终身孝慕不衰，四时祭享，必极其丰腆。获一珍品，不荐不敢食。遇讳日之临，设席奠（、）酒浆（、）笾豆（、）菹醢，哭尽哀，追想容声，竟日乃已。"宋濂：《宋濂全集》卷六十四，黄灵庚校点，人民文学出版社，2014年，第1515页。

受佛教浸染，火葬、水葬等情况几乎成为主流情形。这里所说的火葬、水葬与通俗意义上的火葬、水葬不同，而是多指焚尸后将骨灰投入水中，故而统称为火葬、水葬。

在给张恕写的墓志铭中，宋濂提到："公素患脾疾，至是发寖剧，遗命治丧勿用浮屠氏法，当依朱子《家礼》从事。"①《故泰和刘府君坟前石表辞》也载："府君驭家有政，内外肃若，丧祭二者，悉据《礼经》，不用浮屠法，人多化之。"② 丧葬不用浮屠法已经成为可圈可点的人生功绩，由此足可反观佛教对丧礼的巨大冲击。

翻检墓碣、碑铭，元末明初焚尸后投水的例子不胜枚举。《姑苏林君母墓铭》载："（姑）苏之俗，嗜浮屠法，丧亲以烬骨水瘗为贵。"③ 尤其在江南一带，烬骨水瘗的方式十分盛行。《阎府君墓碣》载："适病疠将殆，不复知有人间事，以故父母皆从越俗，火葬而投骨清渊之中。"④ 这种丧葬风气不仅在民间广为流传，也冲击了士大夫阶层。《傅守刚墓碣》即载："自焚尸沉骨之俗成，虽缨弁之家亦靡然从之。鱼烂河决，不可救药。君子每为之太息。"⑤

除了焚尸投水的丧葬风俗之外，还有停柩不葬、作乐娱尸、多发故冢等情形。宋濂在给吴肜写的墓志铭中提到："赣俗泥堪舆家说，有踰半世不葬其亲者，府君召父老谕之，曲尽伦理。不两月

---

① 宋濂：《宋濂全集》卷六十三，黄灵庚校点，人民文学出版社，2014年，第1478页。

② 宋濂：《宋濂全集》卷七十一，黄灵庚校点，人民文学出版社，2014年，第1699页。

③ 宋濂：《宋濂全集》卷六十七，黄灵庚校点，人民文学出版社，2014年，第1587页。

④ 宋濂：《宋濂全集》卷六十八，黄灵庚校点，人民文学出版社，2014年，第1610页。

⑤ 宋濂：《宋濂全集》卷六十九，黄灵庚校点，人民文学出版社，2014年，第1648页。

间，葬者以千数。"① 可知停柩不葬陋俗之劣，以及辐射范围之广。洪武元年（1368）十二月，监察御史高原侃言："京师人民循习元氏旧俗，凡有丧葬，设宴会亲友，作乐娱尸，惟较酒殽厚薄，无哀戚之情。"② 丧礼本是凶礼，却沦为嬉戏之事，与传统儒家丧礼截然不类。京师作为首善之区尚且如此，他地更不难想见。不仅佛教影响深远，堪舆等说也乘虚而入。《故泰和刘府君坟前石表辞》载："族属茔域为势家所攘，俗狃堪舆家书，谓地气能贱贵，人多发故塚以瘞新魄。"③ 本来循规蹈矩的丧礼，历经元近百年的统治以及元明交替的变局，愈发纷挐，亟待拨正。

二、明人对前元所谓丧葬陋俗的矫正

民间这种风俗的盛行，元统治难辞其咎。如上文所揭橥，元政府在执政时期崇尚浮屠的政策导向，对民间丧礼多用火葬、水葬风气的形成，起到一定的推波助澜的作用。上行下效，浮屠的"荼毗（阇鼻多）火葬法"鼓荡下层百姓，行之渐久，积重难返。④ 若非洪武建国，推翻元统治，任由这种风俗越演越烈，那么，原来的儒家丧礼则有被完全置换的可能。

前元的这些丧葬风俗很快引起了明廷的注意，并促使明廷下定清肃的决心。《双槐岁钞》载："圣祖尝与学士陶安登南京城楼，

---

① 宋濂：《宋濂全集》卷五十九，黄灵庚校点，人民文学出版社，2014年，第1371页。
② 《明太祖实录》卷三十七，洪武元年十二月辛未，台北中研院历史语言研究所，1962年校印本，第709、710页。
③ 宋濂：《宋濂全集》卷七十一，黄灵庚校点，人民文学出版社，2014年，第1698页。
④ 佛教"荼毗（阇鼻多）火葬法"对中国的影响由来有自。东汉已降，就逐渐成势。到了元朝统治时期，火葬流布范围、程度较唐宋时期明显扩大、加重。可参江新建：《佛教与中国丧葬文化》，湖南人民出版社，2008年，第92-95页。

闻焚尸之气，恶之，安曰：'古有掩骼埋胔之令，推恩及于枯骨。近世狃于胡俗，或焚之而投骨于水，孝子慈孙，于心何忍？伤恩败俗，莫此为甚。'上曰：'此王道之言也。'"① 此番严厉措辞已经表明了洪武君臣对火葬、水葬等风俗深恶痛绝的态度，发动清肃只是时间问题。又如前所述，洪武元年（1368）十二月辛未，监察御史高原侃谏言京师"作乐娱尸"不妥之后，同样引起朱元璋的重视，"上是其言，乃诏中书省，令礼官定官民丧服之制"。②

在下定决心后，明廷接二连三通过诏令、律法等强制措施对这些丧葬风俗予以申禁。浙江等地区首先成为重点整治对象。洪武三年（1370），"令天下郡县设义塚，禁止浙西等处火葬、水葬。凡民贫无地以葬者，所在官司择近城宽闲地，立为义塚。敢有徇习元人焚弃尸骸者，坐以重罪。命刑部著之律"。③ 明廷一方面广立义塚，

---

① 黄瑜：《双槐岁钞》卷一，魏连科点校，中华书局，1999年，第14页。

② 《明太祖实录》卷三十七，洪武元年十二月辛未，台北中研院历史语言研究所，1962年校印本，第710页；俞汝辑：《礼部志稿》卷八七，文渊阁《四库全书》，影印本第598册，第563页。

③ 陈建：《皇明通纪》卷五，钱茂伟点校，中华书局，2008年，第163页。洪武三年六月，《明太祖实录》也载朱元璋谕令："若贫无地者，所在官司择近城宽闲地为义塚，俾之葬埋。或有宦游远方不能归葬者，官给力费以归之。"《明太祖实录》卷五十三，洪武三年六月辛巳，第1053页。《（嘉靖）仁和县志》保留了未经润色的圣旨及礼部议文的原貌："洪武三年，钦奉圣旨：'浙江等处火葬水葬，好生有伤风化，可禁止了。恁省部家讲究将来。钦此！'礼部议得：'民间凡有死丧，必须埋葬，并不许焚化。若贫穷无地者，仰所在官司，拣择附近城郭空闲、宽阔山园田地，设为义塚，以便安葬，并不得焚化。如有仍前不悛焚化骨殖弃置水中不行埋葬者，坐以重罪。若亡殁远方子孙无力归葬者，听从其便。刑部著之律令。'"沈朝宣：《（嘉靖）仁和县志》卷七，《四库全书存目丛书·史部》第194册，齐鲁书社，1996年，第103页。

丧礼矫正与王道再复 ◀

另一方面禁止水葬、火葬，恩威并施，刚柔相济，期在易俗。①

除了火葬、水葬外，停柩等行为也遭禁绝。洪武五年（1372）诏："惑于风水，停柩经年，不行安葬。宜令中书省集议定制，违者论罪。"② 中书省臣的讨论结果集中反映在《大明律》中。

为了配合诏令的实施，《大明律》严惩停柩、火葬、水葬、娱尸等行为："凡有丧之家，必须依礼安葬。若惑于风水及托故停柩在家，经年暴露不葬者，杖八十。其从尊长遗言，将尸烧化及弃置水中者，杖一百。卑幼并减二等。"③ 明廷对火葬的情况也进行了具体问题具体分析，并非一律禁止。其中，《大明律》规定："若亡殁远方，子孙不能归葬，而烧化者，听从其便"，④ 对特殊情况，允许火化。同时对丧礼设宴的情况加以禁止，"若男女混杂，饮酒食肉者，家长杖八十"。⑤

冰冻三尺，非一日之寒。民间丧葬受浮屠、堪舆等思想诱导而成的风俗不是一天形成的，也不可能在短时间内被清除。尽管《大明律》对火葬、水葬等行为严加禁止，但是民间丧葬受佛教、风水等方面影响的余风犹在。这种风俗惯性之大，不由不引人侧目。到了洪武十八年（1385）三月，礼部主事陈章应奏言："丧亲者惟惑

---

①关于明初对火葬风俗的禁令，可详参张佳：《新天下之化：明初礼俗改革研究》，复旦大学出版社，2014年，第149-162页。

②《礼部志稿》卷八七，文渊阁《四库全书》影印本第598册，第563页上，元朝时，婺源等地就有停柩不葬的陋俗。仁宗延祐年间，史载："（婺源之俗）亲丧，贫而不举，有停其柩累数世不葬者。文傅下车，即召其耆老，使以礼训告之，阅三月而婚丧俱毕。"宋濂等：《元史》卷185，《干文傅传》，北京：中华书局，1976年，第4254、4255页。后来此俗死灰复燃，至明初又予以申禁。

③《大明律》卷十二，怀效锋点校，北京：法律出版社，1998年，第96页。

④《大明律》卷十二，怀效锋点校，北京：法律出版社，1998年，第96页。

⑤《大明律》卷十二，怀效锋点校，北京：法律出版社，1998年第96、97页。

于浮屠、风水之家，而或缺衣衾、棺椁之具。"① 因此，仅靠律令的强制，难以从根本上扭转风俗，必须通过丧礼重建加深对百姓的影响。

三、品官丧礼重建

在大刀阔斧破除前元所谓丧葬陋俗的同时，明廷也在积极展开丧礼重建的工程。礼律结合，双管齐下，重建本朝的丧礼规制。鉴于丧礼范围宏大，本文仅遴取品官、庶人等中下阶层为主要讨论范围。

丧礼为慎终大礼，惜乎周秦已降，典籍漫漶，确乎可考者只有士这一阶层的丧礼，能够稽查的文献也局限于《士丧礼》《士虞礼》《既夕礼》等少量《礼经》记录。汉魏以来，国家丧礼都是在士礼的基础上推论而成。逮于唐宋，品官丧葬之礼载籍较详，可资仿效。因此，明人在重建丧礼时，"今本之周经，稽诸唐典，而又参以朱子《家礼》之编，列其名物之概，次其仪文之节，斟酌之，以著于篇，俾有所法"。②

洪武三年（1370）颁布《明集礼》，作为国家礼仪重建的参考资料汇编。五年（1372）六月，"上曰：'婚丧之礼，人道之重，斟酌得宜，行之唯允。其颁布天下，使臣民皆遵守之'"，③ 明廷正

---

①《明太祖实录》卷一百七十二，洪武十八年三月壬戌，第2624页。陈章应反映的问题是民间依然部分存在火葬、水葬的行径，但是从侧面也可以反映出丧礼设宴男女混杂、饮酒食肉等行为似乎得到了有效遏制。由此，不难反推，《大明律》的执行依然有其不可忽略的功效。

②徐一夔等：《明集礼》卷三十七上，文渊阁《四库全书》影印本第650册，第141页上。《明史·礼志十四》亦言："本之《仪礼·士丧（礼）》，稽诸《唐典》，又参以朱子《家礼》之编，通行共晓。"张廷玉等：《明史》卷六〇，《礼志十四》，北京：中华书局，1974年，第1490页。

③《明太祖实录》卷七十四，洪武五年六月丙申，第1368页。

式厘定文武品官及庶民丧制。①

在具体丧礼仪节上，明人都进行了细致的考证。根据《明集礼》《明会典》等相关资料，明人以周、唐、宋等朝代为主，简要爬疏丧礼沿革。对此，我们可以归纳为丧礼器物、祭奠陈馔、冠服、仪节等四个方面。②

丧礼器物内容十分丰富，包含复衣、盘盆、巾栉、袭衣、含、铭旌、小敛衣、大敛衣、灵座、棺椁、庐次、明器、下帐、墙翣、引、披、铎、纛、功布、方相、卤簿、鼓吹、大舉、志石、碑碣、墓圹、赗赙、神主等器物。

祭奠属于丧祭的范畴，其中陈馔也十分具体，包含始死奠、小敛奠、大敛奠、朝夕奠、朔望奠、祖奠、遣奠、虞祭、卒哭祭、袝祭、小祥祭、大祥祭、禫祭等。

冠服则考订祥禫、吊服等所用冠服。具体的丧葬仪节囊括初终、小敛、大敛、成服、吊奠、赗、择地、祭后土、葬、虞、卒哭、袝、小祥、大祥、禫等。闻丧、奔丧、改葬等情况也紧随其后。

以上四个方面内容都与《仪礼》大同小异。所异者，卤簿、鼓吹、志石、碑碣等承袭唐宋之例，为《仪礼》所不及。其中，最引人注目的还是明人卒哭后袝祭的排序。③袝祭是在卒哭之后，还是

---

①可参《礼部志稿》卷八十七，文渊阁《四库全书》影印本第598册，第563-565页。

②《明集礼》卷三十七上，文渊阁《四库全书》影印本第650册，第141-160页；申时行等：《明会典》卷九十九，中华书局，1989年，第553-556页。

③虞祭为葬后安神之礼，依照士、大夫、诸侯的等级区分，分别举行三次、五次、七次等。卒哭为最后一次虞祭后的礼节，哀情递减，不再哭丧。袝祭将神主安放到宗庙之中，与祖先合祭。以三年丧为例，小祥即是周年祭，一般在人死后第13个月举行，大祥则是三年祭，一般在人死后第25个月举行，禫祭则是除丧之礼，一般在人死后第27个月举行，标志服丧完毕。

在小祥之后，有殷周之异。依周礼，《仪礼·既夕礼》载："三虞。卒哭。明日，以其班祔"，明确规定了"虞祭→卒哭→祔祭"的仪节次序。不过，《礼记·檀弓下》却载："殷练而祔，周卒哭而祔，孔子善殷。"练祭，即人死之后满一年的小祥祭。郑玄注："期而神之，人情。"[1] 孔子在祔祭问题上从殷而背周是出于礼顺人情的考虑，因而得到了礼家认同。由于祔祭殷周说都有合理之处，因此在具体实施上，历朝历代的选择也不尽相同。

《大唐开元礼》对品官丧葬的规定极为详细，各用四卷篇幅分别拟定三品以上官员、[2] 四品五品官员、[3] 六品以下官员[4]的丧葬。祔祭之礼一反《仪礼》旧规，都安排在禫祭之后，而非卒哭之后，即采用"虞祭→卒哭→小祥祭→大祥祭→禫祭→祔祭"的顺序。宋承唐制，品官丧仪包含初终、小敛、大敛、成服、吊赗、启殡、葬、祭后土、虞、小祥、大祥、禫、祔、闻丧、奔丧、三殇、改葬等，[5] 祔祭的仪节同样放在禫祭之后。

及至朱子厘定新礼时，秉持两大原则：一是以礼经为准，不拘《大唐开元礼》《政和五礼新仪》之例；二是并不墨守礼经遗说，而是删繁就简，以周实用。除了恪守齐衰三年之丧之外，[6] 还规定

---

[1]《礼记正义》卷九，郑玄注、孔颖达疏、龚抗云整理，北京大学出版社，2000年，第320页。

[2] 萧嵩等：《大唐开元礼》卷一三八至卷一四一，民族出版社，2000年，第654-677页。

[3] 萧嵩等：《大唐开元礼》卷一四二至卷一四五，民族出版社，2000年，第677-700页。

[4] 萧嵩等：《大唐开元礼》卷一四六至卷一四九，民族出版社，2000年，第700-720页。

[5] 郑居中等：《政和五礼新仪》卷二一五，文渊阁《四库全书》影印本第647册，第878页下、879页上。

[6] 杨复、刘垓孙：《文公家礼集注》卷五，中国国家图书馆藏元刻本。

"卒哭，明日而祔"。① 这与《仪礼·既夕礼》"三虞。卒哭。明日，以其班祔"一脉相承，等于恢复了"虞祭→卒哭→祔祭"的仪节次序。②

奇怪的是，一向奉《朱子家礼》为圭臬的明廷，在祔祭选择上并没有遵循《朱子家礼》，反而依从《大唐开元礼》《政和五礼新仪》的先例。这是明人在丧礼重建时的一时失察，还是故意为之？如为一时失察，则暴露明人在《明集礼》等礼典时的粗略；如是故意为之，那么，明人对《朱子家礼》的尊信程度则要打上一个问号。

四、庶人丧礼重建

溯本清源，《仪礼》中丧礼规制原来不及庶人。唐人大体还是依循"礼不下庶人"的传统，所拟丧礼，多与庶人无关。与唐礼相较，宋礼具有浓重的礼下庶人的色彩。北宋所定庶人丧仪，与品官雷同，不过已经略去祔祭等仪节。③

庶人丧礼无法与品官比肩，在具体器物、冠服以及祭奠陈馔上明显减损，但是二者在仪节等方面均可通行。有了唐宋尤其是宋代庶人丧礼的基础，所以明人指出："唐宋之所定，《家礼》之所载，庶人与品官亦不甚悬绝。"④ 以此为基，洪武五年（1372），明廷开

---

①《文公家礼集注》卷七，中国国家图书馆藏元刻本。
②关于祔祭的问题，囿于篇幅，无法展开。礼家聚讼纷纷，莫衷一是。除了郑玄、朱熹之外，他若张载、陈祥道、吕大临、黄以周等皆持己说。可参黄以周：《礼书通故》卷十一，王文锦点校，北京：中华书局，2007年，第 597-599 页。
③《政和五礼新仪》卷二一八，文渊阁《四库全书》影印本第 647 册，第 892 页下、893 页上。
④《明集礼》卷三十七下，文渊阁《四库全书》影印本第 650 册，第 160 页下。

始厘定庶民丧制。①

在仪节上，庶人丧礼包括初终、小敛、大敛、成服、吊奠、赙、择地、祭后土、葬、虞、卒哭、祔、小祥、大祥、禫等一应仪节，也包括奔丧、改葬等，与品官大致雷同。②

仿照品官丧礼重建的路子，明人对庶人丧葬所用器物等方面加以考订。器物方面涉及复衣、盘盆、巾栉、袭衣、含、灵座、铭旌、小敛衣、大敛衣、棺、服次、③明器、功布、大轝、志石、灰隔、墓圹、赙赠、木主等。④

与品官相较，一方面，庶人丧葬少了下帐、墙翣、引、披、铎、蠹、方相、卤簿、鼓吹、碑碣等彰显死者品官身份、地位的器物。同时，庶人丧葬器物有棺无椁，用灰隔代替椁。另一方面，《明集礼》对庶人丧葬器物的记载显得比较混乱，比如庶人、品官同用神主，《明集礼》却在"庶人丧仪"条目中变为"木主"，⑤强作区分，又如记载次序有失谨严，与上文品官丧葬器物相比，复衣、盘盆、巾栉、袭衣、含之后就不再严格按照顺序胪陈。这种杂乱的排列彰显出《明集礼》的编写仓促，当然也折射出洪武初年重建礼仪的迫切心理。

庶人的祭奠陈馔比较简单，主要仿效《朱子家礼》，包含酒、肉、鱼、米、菜、果之类。也许可庶人根据实际情况，"力能办者

---

① 《礼部志稿》卷八十七，文渊阁《四库全书》影印本第598册，第565页上。
② 申时行等：《明会典》卷一百，中华书局，1989年，第556－558页。
③ 笔者按，"服次"似当为"庐次"之讹。
④ 参见《明集礼》卷三十七下，文渊阁《四库全书》影印本第650册，第160－163页。
⑤ 《明集礼》卷三十七下，文渊阁《四库全书》影印本第650册，第162页下。

必当如仪，不然则称家随宜"。① 庶人丧葬所用祥禫冠服也较品官规格有所简省。平民丧葬，无力置办者，多由亲族、乡里扶持，大体从简，"丧葬，亲族亦相为助，但葬不甚厚。齐民之家，大抵有棺而无椁"。②

无论是根据洪武三年（1370）颁布《明集礼》中的规定，还是洪武五年（1372）的丧制厘定，庶人丧礼都过于健全，未有具体区分，比如上户、中户、下户等。如此健全的庶人丧礼，不能不让人怀疑实践效果。

五、丧礼戒奢的规定

一波未平，一波又起。在品官、庶人丧礼重建的同时，从政府到民间涌现出新的问题，即丧葬从奢风气的抬头。对一个刚建立的王朝来说，民生凋敝，百废待兴。百姓就是从元末明初的战乱中恢复正常的生产、生活尚需时日，为何在洪武初期就冒出丧葬从奢的风气？究其缘由，丧葬从奢绝非百姓生活富足的体现，而是不良风气的驱动。

洪武三年（1370）七月，礼部尚书崔亮言："礼所以辨上下、防奢侈也。今丧葬之礼，自公侯卿大夫至于士庶，各有等第。然其间仪制，上可以兼下，下不可以僭上。力虽有余，不得过度。力不足者，称家有无，不拘常例。"③ 明廷早在制定品官、庶人的丧葬之礼时，就已经注意到了防奢的问题。到了洪武五年（1372），丧葬从奢的问题依然不容小觑。

洪武五年（1372）四月诏令："天下大定，礼仪风俗不可不正

---

① 《明集礼》卷三十七下，文渊阁《四库全书》影印本第650册，第163页上。
② 邵时敏、王心：《（嘉靖）天长县志》卷三，《天一阁藏明代方志选刊》第26册。
③ 《明太祖实录》卷五十四，洪武三年七月甲辰，第1066页。

……婚姻毋论财。丧事称家有无。"① 同年，明廷发布丧礼禁令："古之丧礼以哀戚为本，治丧之具，称家之有无。近代以来，富者奢僭犯分，力不及者揭借财物，炫耀殡送"，② 开始力杀丧葬从奢的歪风。

明廷下达丧葬禁奢从俭的政令之后，没有偃旗息鼓，而是挥戈猛进，具体到对个别的丧葬仪物按照等级予以申约。洪武朝先从公侯、品官丧仪定制入手，以品官为主体（如表1所示），并及妇人，发布近二十项具体规定。

表1 公侯、品官丧仪（洪武五年，1372）③

	公侯	一品二品	三品	四品	五品	六品	七品	八品九品
袭衣		三袭			二袭		一袭	
饭		稷					粱	
含		珠					小珠	
铭旌		绛帛为之，广一幅，长九尺			长八尺		长七尺	
敛衣		朝冠朝衣一袭，常服十袭，衾十番。命妇大衫褙子一袭，常服十袭，衾十番						
灵座		灵座设于柩前，用白绢结魂帛以依神						
棺		油杉，朱漆						
椁		土杉						
墙翣	六	四			二		不用	

---

①张廷玉等：《明史》卷二，《太祖本纪一》，北京：中华书局，1974年，第27页。

②申时行等：《明会典》卷一百，中华书局，1989年，第558页下。

③《明太祖实录》卷七四，洪武五年六月丙申，第1364－1366、1368页；申时行等：《明会典》卷一百，中华书局，1989年，第556页上；《礼部志稿》卷八七，文渊阁《四库全书》影印本第598册，第563－565页。

	公侯	一品二品	三品	四品	五品	六品	七品	八品九品
明器①	九十	八十	七十		五十	三十		二十
引②	四	二	二		二			
披③	六	四	二		二			
铎④	左右各八	左右各六	左右各四		左右各一			
羽籥竿		长九尺，一人执之，以引柩				不用		
功布				长三尺				
方相			四目			两目		不用
柳车		上用竹格，以彩结之，旁施帷幔，四角垂流苏						
志（石）		二片。其一为盖，书某官之墓；其一为底，书姓名、乡里、三代、生年月及子孙葬地。妇人则随夫或子孙封赠，二石相向，用铁束埋墓中						
祭物		羊、豕				豕		

明廷还对坟茔、石兽、碑碣等作了具体规定："封王茔地，周围一百步，每面二十五步，坟高二丈，四围坟墙高一丈，石人四，文武各二，石虎羊马、望柱各二；一品茔地，周围九十步，每面二十二步半，坟高一丈八尺，坟墙高九尺，石人二，文武各一，石虎羊马、石望柱各二；二品茔地，周围八十步，每面二十步，坟高一丈六尺，坟墙高八尺，石人、石虎、石望柱同一品；三品茔地，（周）围七十步，每面一十七步半，坟高一丈四尺，坟墙高七尺，

---

①"明器"，《明会典》作"冥器"，二者可通。《明会典》卷九九，第556页上。
②即引车之绋。
③以纁为之，系于輤车，四柱在傍，执之以备倾覆者也。
④以铜为之，所以节挽歌者。

石虎羊马、石望柱同二品；四品茔地，周围六十步，每面一十五步，坟高一丈二尺，坟墙高六尺，石虎羊马、石望柱同三品；五品茔地，周围五十步，每面一十二步半，坟高一丈，坟墙高四尺，石羊马、石望柱各二；六品茔地，周围四十步，每面一十步，坟高八尺；七品茔地，周围三十步，每面七步半，坟高六尺。"① 从封王到七品官，碑碣也有严格定制，② 兹不一一枚举。

颇为蹊跷的是，坟茔等定制屡次出现在史籍之中。早在洪武元年（1368），《大明令》就对品官所用坟茔、石兽等进行具体的规定。③ 洪武三年（1370），礼部尚书陶凯奏定品官坟茔之制。④ 其后，洪武五年（1372）品官坟茔之制大体遵行陶凯所拟之制。洪武二十九年（1396）十一月颁布《稽古定制》，重申品官坟茔、碑碣、石兽等定制。⑤ 我们不禁要问：厘定坟茔的必要性何在？为何明廷从洪武元年（1368）到洪武二十九年（1396）不厌其烦地强调坟茔等定制？坟茔是安置祖先躯体的地方，具有神圣性。坟茔占地过大不但侵扰百姓，又因在律令宽纵范围中，一旦放开坟茔占地，日后更难申禁。早在洪武元年（1368）颁布《大明令》中就规定："凡籍没犯人家产田地，内有祖先茔坟者，不在抄扎之限。"⑥ 坟茔既关乎祖先的安宁，又关乎百姓的耕地，更是官员的

---

①《明太祖实录》卷七十四，洪武五年六月丙申，第1367、1368页。"三品茔地，（周）围七十步"，"周"字恐属抄脱。

②可参《明太祖实录》卷七十四，洪武五年六月丙申，第1366、1367页。

③《大明令》，《大明律》，第252、253页。

④《礼部志稿》卷八十七，文渊阁《四库全书》影印本第598册，第567页上。《明通鉴》也载："军礼及品官坟茔之制，皆凯议也。"夏燮：《明通鉴》卷三，沈仲九标点，中华书局，2013年，第260页。

⑤《稽古定制》，《皇明制书》，杨一凡点校，社会科学文献出版社，2013年，第741-744页。

⑥《大明令》，《皇明制书》，第38页。

最后退路。① 有了这三重利害，洪武朝臣在丧葬定制时当然需要缜密考虑。

明初不仅严防品官丧葬从奢，也对庶民丧仪进行细化规定。比如，"庶民袭衣一，用深衣一、大带一、履一双，裙裤衫袜随所用。饭用梁，含钱三。铭旌用红绢五尺，敛衣随所有衣衾及亲戚襚仪。棺随所用，坚木油杉为上，柏次之，土杉、松木又次之。用黑漆、金漆，不得用朱红。明器一事。功布以白布三尺引柩。柳车以衾覆棺。志石二片，如品官之仪。茔地周围十八步，每面四步半。祭物用豕。力不及者，随家之有无"。②

礼本缘人情而作，与时损益。如果政府在礼仪重建的过程中，不对丧仪进行约束，那么，"富者奢僭犯分，力不及者揭借财物，炫耀殡送"的情形就难以扭转。明廷在防止品官、庶民丧葬从奢方面，可谓煞费苦心。大到坟茔占多少地方，小到拉丧车用几根引绳、死者含钱几枚，都有涉及。也正是通过这些事无巨细、不惮其烦地重重定制，才增强了洪武朝官民丧葬的可操作性，同时也可对逐渐兴起的丧葬从奢之风进行有效遏制。

---

①《红楼梦》第十三回《秦可卿死封龙禁尉 王熙凤协理宁国府》，秦可卿劝王熙凤预置祖茔田地："目今祖茔虽四时祭祀，只是无一定的钱粮；第二，家塾虽立，无一定的供给。依我想来，如今盛时固不缺祭祀供给，但将来败落之时，此二项有何出处？莫若依我定见，趁今日富贵，将祖茔附近多置田庄房舍地亩，以备祭祀供给之费皆出自此处，将家塾亦设于此。合同族中长幼，大家定了则例，日后按房掌管这一年的地亩、钱粮、祭祀、供给之事。如此周流，又无竞争，亦不有典卖诸弊。便是有了罪，凡物可入官，这祭祀产业连官也不入的。便败落下来，子孙回家读书务农，也有个退步，祭祀又可永继。若目今以为荣华不绝，不思后日，终非长策"，正是出于预留退路的打算。于公而言，朝廷需要防止礼制上的僭越；于私而言，在洪武朝为官尤为凶险，官员难免会为自己的退路着想。

②《明太祖实录》卷七十四，洪武五年六月丙申，第1368页；申时行等：《明会典》卷一百，中华书局，1989年，第558页下；《礼部志稿》卷87，文渊阁《四库全书》影印本第598册，第565页上。

六、丧礼重建中的缺失

丧礼重建虽然次第推行,但是毕竟多为草创之作,加之戎马倥偬,洪武君臣多不知礼。因此,在具体的推行过程中,明初的丧礼重建本身也不可避免地出现了若干问题。其中,尤以伐丧、人殉等为突出表现。

(一)伐丧

儒礼重丧,人在服丧之中,断无伐丧之理。如此,不仅是趁人之危的小人之行,而且无以昭示天下朝廷重礼的文明形象。然而,就在洪武初期却赫然出现了伐丧的行径。

洪武三年(1370)五月,元顺帝刚死不久,"元嗣主与数十骑遁,文忠自率精骑追之。至北庆州,见角端而还。过兴州,降元将江文清等三万六千九百余人。至红罗山,又降杨思祖等万六千余人。班师"。①

大将李文忠在洪武功勋集团中,尚通文治。《明史》本传称其"颇好学问""通晓经义",②王世贞称其"敦诗说礼,有儒者风"。③ 就是这么一位"通晓经义""敦诗说礼"的将军却做出了伐丧的失礼行为。

对此,谈迁评价:

"礼不伐丧。侯君集征高昌,闻其丧,引师而还。元帝虽失国,寄生沙漠,无禄即世,不过十五日。彼俨然衰绖之中。李将军倘悬军百里外,遣介使相唁,兼告之曰:'本奉命逐北,宜薄城下。闻嗣君未辍哭,仁人之所隐也。然不能以虚返,进退惟命。'彼穷虏

---

① 谈迁:《国榷》卷四,张宗祥校点,中华书局,1958年,第416页。
② 张廷玉等:《明史》卷一二六,《李文忠传》,北京:中华书局,1974年,第3745页。
③ 谈迁:《国榷》卷八,张宗祥校点,中华书局,1958年,第640页。

丧气，有即遁耳。如其不然，鼓行而前，畴为御之。李将军功在旦夕，惜无以侯君集之事语之者。"①

谈氏的说法似是而非，谈氏而知礼，孰不知礼？礼原为立国之本，却被用作诈术。果如谈氏所言，虽遣使吊唁，不过表面文章而已，"如其不然，鼓行而前，畴而御之"，结果还是伐丧。谈与李，如一丘之貉。明人真能守礼，李文忠直接效仿侯君集闻丧退兵即可。李文忠胜之不武，视丧礼蔑如耳。朝廷不但未加责罚，反而大彰其功，② 足见举朝失"礼"。

(二) 人殉

人殉为上古陋俗，早被孔子严厉斥责，所谓"始作俑者，其无后乎"。《孟子·梁惠王上》可是，洪武帝死后却发生人殉丑事。

根据《万历野获编》"英宗敬妃丧礼"条载："太祖孝陵，凡妃嫔四十人，俱身殉从葬。仅二人葬陵之东西，盖洪武中先殁者。"③ "谢韩二公论选妃"条载："孝陵在南京，高皇帝之葬，帝后以下祔葬者，妃嫔共四十人。"④《明会典》也提道："孝陵四十妃嫔，唯二妃葬陵之东西，余俱从葬。"⑤ 由上可知，为明太祖殉葬的妃嫔就达四十人之众！明太祖之后，太宗、仁宗、宣宗、景帝等先后沿袭人殉，直到英宗复辟后才予以废除，"英宗独见，罢免此举，遂破千古迷谬"。⑥

---

①谈迁：《国榷》卷四，张宗祥校点，中华书局，1958年，第416页。
②此役之后，史载："（李文忠）献捷京师，帝御奉天门受朝贺。大封功臣，文忠功最，授开国辅运推诚宣力武臣，特进荣禄大夫、右柱国、大都督府左都督，封曹国公，同知军国事，食禄三千石，予世券。"张廷玉等：《明史》卷一二六，《李文忠传》，北京：中华书局，1974年，第3744页。
③沈德符：《万历野获编》卷三，中华书局，1959年，第80页。
④沈德符：《万历野获编》卷三，中华书局，1959年，第86页。
⑤申时行等：《明会典》卷九十，中华书局，1989年，第515页下。
⑥沈德符：《万历野获编》卷三，中华书局，1959年，第80页。

中华礼乐文化传承

客观地讲，这些殉葬的妃嫔、宫女未必都出于强迫，甚至很大一部分人可能是自愿殉葬。《廿二史札记》"明宫人殉葬之制"条载："太祖崩，宫人多从死者。建文、永乐时，相继优恤，如张凤、李衡、赵福、张璧、汪宾诸家，皆世袭锦衣卫千百户，人谓之太祖朝天女户。历成祖、仁、宣二宗皆然。"[①] 无论是出于对太祖的感情，还是出于殉葬利益的考虑，从葬者往往不乏其人。

但是，礼制犹在，不论是出于洪武朝君臣的有意识，还是无意识，人殉都严重背离了复礼的初衷，更是赤裸裸的野蛮行径。比起之前的水葬、火葬、停柩、娱尸等风俗，人殉更令人难以容忍。总之，人殉成为明初丧礼重建无法抹去的污点。

七、群体心理学启发下的丧礼重建

勒庞在《乌合之众》一书中指出："真正的历史大动荡不一定是最宏大、最暴烈的。唯一重要的变化，也就是引起文明更新的变化，发生在思想、观念和信仰上。"[②] 借用勒庞的表达方式，就元明之际的变革来说，"最宏大、最暴烈的"不一定是元明政权的交替，而是这种交替进程中所引起的"文明更新的变化"。洪武朝的文明更新，即是包含丧礼重建在内的一连串的礼仪重建。

勒庞提到："不能跟它（他）们在理论上空谈平等，用规章制度来领导它（他）们，而是要研究什么东西能打动它（他）们、吸引它（他）们。比如说，立法者想增加一个税种，他会选择理论上最正确的税种吗？绝对不会。"[③] 勒庞的这种论断就颇具启发意义。以丧礼重建为例，洪武不厌其烦地构建起一整套覆盖皇室、品

---

①赵翼：《廿二史札记》卷三十二，王树民校证，中华书局，1984年，第753页。

②居斯塔夫·勒庞著：《乌合之众》，胡小跃译，浙江出版社联合集团、浙江文艺出版社，2015年，第2页。

③居斯塔夫·勒庞著：《乌合之众》，第7页。

官、庶人的丧礼，竭力矫正前元所谓丧礼陋俗，本来无可厚非。然而，从群体心理学的角度考虑，这一套丧礼重建系统是不是百姓真正需要的？重建之后，品官丧礼与《仪礼》高度吻合，庶人丧礼也与品官高度雷同。这其中就流露出令人不安的疑惑：这套丧礼重建的可行性究竟多大？

洪武朝竭力选择"理论上最正确的税种"，想要构筑最原汁原味的符合周代以来的丧礼，而不去考虑如何打动、吸引百姓，结果又会怎样？对洪武政府而言，民间流行的火葬、水葬等都是前元陋俗。既然是陋俗，洪武朝必欲除之而后快，随之以最精美的儒家丧礼予以置换。

从群体心理的角度分析，比起繁缛的合乎《仪礼》的儒家丧葬，火葬、水葬等却具有难以替代的优势：一是省事，二是省钱。人情往往避重就轻，能省一事，何不省一事？元末明初，民间多有贫不能葬之事。如方观保在亲人死后"家徒四壁，无以为葬资"，[①] 又如宋濂旧友吴子善亡殁时，"子善之友张良、金韦编、蒋伟器，率诸好义者，既买棺以敛子善"，[②] 另有叶祯死后，也是友人李骧龙"为具棺敛，买地葬焉"。[③]《故天台朱府君霞坞阡表》也载："诸孤贫，丧不得入土。"[④] 百姓可以贫窭到买不起裹尸之棺与葬身之地，但是绝对可以点得起一堆火。即便有明令，"凡民贫无地以葬者，所在官司择近城宽闲地，立为义冢"，但是贫民对官府一般都持有畏迫之心，除非逼不得已，谁会将亲人的尸体交由官府打

---

① 宋濂：《宋濂全集》卷六十三，黄灵庚校点，人民文学出版社，2014年，第1484页。
② 宋濂：《宋濂全集》卷六十四，黄灵庚校点，人民文学出版社，2014年，第1491页。
③ 宋濂：《宋濂全集》卷六十四，黄灵庚校点，人民文学出版社，2014年，第1492页。
④《宋濂全书》卷七十一，第1701页。

发？再者，虚荣之心，人皆有之，"力不及者揭借财物"便成为不错的选择。炫耀倒未必，即便担负一些债务，至少可以慰藉生人对死者的最后一份情感。洪武禁令下达后，平民百姓面临两难的处境：继续焚尸投水，省事省钱，却干犯律令，面临严惩；依礼殓葬，财力不逮，如不顾及脸面，固然可以移尸官府的义塚，稍微顾及尊严，则要通过借贷购置丧葬仪物。百姓的这种两难困境，恐怕并不在明廷法令制定者的考虑之中。

关于明初丧礼重建的功效，到了明中叶已然形成士人与百姓判隔的两重天地。明初的丧礼重建对士大夫影响较大，对普通百姓而言，则收效甚微。嘉靖时期，潘庭楠即论："丧礼，士夫家多遵朱文公仪节，用佛事者，编氓而已。"① 另以河间府下辖庆云县的丧礼情况为例，"士夫家或仿《家礼》，齐民则是阴阳，信风水，供佛饭僧，盛幢幡，借金鼓，杂倡优，会宾客，虚文特盛焉"。② 按照樊深的说法："吾瀛所习，虽未能尽拟诸古，而礼度雍雍，亦略可观矣。"③ 明初丧礼重建对士大夫的影响最为直接，而对民间底层的影响未必乐观。礼制重建以士风为典型，能如樊深所说"礼度雍雍，亦略可观"，也可显见明初重制丧礼的成效。

要之，只有最大限度地满足百姓需要的礼仪才是最具生命力的礼仪，才最能获得百姓的拥戴与奉行。下一纸诏令固然容易，能否切实起到革除旧俗的效果，尚成疑问。洪武朝不从百姓的切身需要出发，甚至在丧礼重建上有站到百姓对立面的嫌疑，这就使得丧礼重建的功效难尽人意。不从百姓心理考虑，或者对儒家丧葬与所谓

---

①潘庭楠：《（嘉靖）邓州志》卷八，《天一阁藏明代方志选刊》第48册。

②郜相 樊深：《（嘉靖）河间府志》卷九，《天一阁藏明代方志选刊》第1册。

③郜相 樊深：《（嘉靖）河间府志》卷九，《天一阁藏明代方志选刊》第1册。

的陋俗火葬、水葬等丧葬方式各自的优劣认识不足，就难以征服人心。

结　语

明初丧礼重建的主要目的与其说是建立一套完全合乎礼制的丧礼系统，不如说是满足当下的预期，并加以大规模的推广。对于其中存在的问题，诸如伐丧、人殉等，都暴露了洪武朝利用行政权力戕坏礼制的嫌疑。从群体心理学的角度分析，洪武朝的务实又不尽然，明显缺乏对群体心理的足够关切，以至于丧礼重建的许多政令都披上一层一厢情愿的外衣。其所取得的效果只能是约束了士大夫阶层，对民间丧葬流行的信阴阳、用佛事、会宾客等行为并不能发挥预期效力。

尽管在复礼过程中出现诸多问题，明人丧礼重建的功绩却不容抹煞。原来各种淆乱的丧礼得到矫正，王道得以再复。经过洪武朝臣的努力，前元丧葬的种种所谓陋俗，如水葬、火葬、停柩不葬、作乐娱尸、多发故冢等行为，很快得到了约束。明廷还厘定了品官、庶民丧礼之制，使上下有序，从此官民重回儒家礼仪文化圈之中。尤其及时遏制了丧葬从奢的歪风，极为可贵。更重要的是，丧礼重建有其不可替代的作用，对确立明廷的正统地位与培养国家的文明气度等都具有举足轻重的意义。

明廷的丧礼诏令绝非一纸具文，在实际执行当中，也发挥功效。洪武十五年（1382），马皇后崩，"礼部引宋制为请"。[①] 二十五年（1392），皇太子薨后，朱元璋从礼部议，秉持《仪礼》齐衰

[①] 张廷玉等：《明史》卷五十九，《礼志十三》，北京：中华书局，1974年，第1455页。

期年之义，又以日易月，"服齐衰十二日"。① 二十八年（1395），朱元璋次子秦王樉薨，礼官也是"考之宋制"。② 不仅品官、庶民遵守重新确立的丧礼，就连皇室也无一例外严加恪守。易言之，儒家丧礼经过明廷的号令推行，从上到下重新树立起来。值得玩味的是，政令的调控本欲并士大夫与编民同时约束，在实施过程中却让步于风气的迁移，针对庶民的丧礼规制收效甚微，最终形成了明朝士大夫遵《家礼》、编民用佛事的两重天地。

---

①张廷玉等：《明史》卷五十九，《礼志十三》，北京：中华书局，1974年，第1463页。
②《明太祖实录》卷237，洪武二十八年三月癸丑，第3462页。

明清时期山西婚姻礼俗中的贞节观
——以临汾为中心的考察

武俊杰[①]

任何一种传统文化的产生与演进都有着特定的历史环境,在明清这个特定的历史时期内,基于特殊的地理环境和多民族杂居的历史背景下,山西乃至临汾这个领域上形成了不同的婚姻礼俗,而与少数民族的共存,使得这不同的婚姻礼俗并没有完全按照《周礼》中所规定的发展。但是"道莫重乎人情,教莫先乎礼。礼行则彝伦叙而人道立。先王本天理,因人心,而为之节文。其大体固根乎性命之际,而至于毫厘曲折之间。莫不各有精义存焉,当是时,人于其中,涵泳服习,敦庞淳固,盖有不期然而然者。"[②] 使得礼不仅可以使人在规范的社会中立足,同时礼作为传统政治中重要的文化现象,对社会的教化作用是重大的。于世人,"礼者,将以教民平好恶而反人道之正也。"[③] 尤其是婚礼作为礼仪的本,"上以事宗庙,而下以继后世也",其意义是非凡的。正如英国的人类学家马林诺夫斯基讲:"求偶问题所表现于个人意识上的,并不是理智的选择,情感的动机,及如何得偶的手段,而是许多事实上的可能及安排,引导着个人在某种方式中如何行为,最后达到婚姻的结合。"个人的婚姻不是按照自己的意愿与情感,而是以一神秘的人或东西来引导,也就是我们祖先所留下的"规矩"以及社会的习俗来完成

[①]上海师范大学文学院。
[②]解缙等:《永乐大典》,中华书局,1986年,第4357页。
[③]民国《临汾县志》卷二《礼俗略》,中国方志丛书,民国22年铅印本,第119页。

的。与其说是"个体的婚姻,还不如说是一种文化模式"。① 所以婚姻礼俗作为传统文化中的一部分,其教化和规矩世人的作用可见一斑。然而明清时期的临汾尽管在多民族融合的环境中突破了传统的嫁娶结构,但是贞节观念往往伴随其间。

一、国家旌表与女子改嫁

明清时期,程朱理学被纳入官方的统治体系中,《朱子家礼》被奉为一个家族的准则,在婚姻方面,人们常以此或者是民间流传的习惯性准则作为婚姻缔结的依据。而合乎伦理是首先被考虑到的,诸如贞节观等。明太祖开国后,将旌表节列作为治国一项政策。并且于国初:"凡有孝行节义,为乡里所推重者,据各地方申报。风宪官核实奏闻,即于旌表。其后止许布衣编民委巷妇女得以名闻。"② 洪武元年又令:"凡孝子顺孙,义夫节妇,志行卓异者,有司正官举名,监察御史,按察司体核,转达上司,旌表门闾。"③ 可见,旌表制度的实行和国策化,在一定程度上激励了更多的女性去坚贞守节,同时伴随着诸如徐皇后所撰的《内训》、顺治帝所撰的《内则衍义》、王相母亲的《女范捷录》、蓝鼎元的《女学》、宋氏姐妹的《女论语》、班昭的《女诫》等等书籍的出现,使得贞节观达到了空前的普及和强化,而贞节观所带来的直接结果就是列女这一群体的出现。

据董家遵《中国古代婚姻史研究》中对《古今图书集成》中材料的统计:"明代节妇数目达到 27141 人,烈女达到 8688 人,合

---

① 马林诺夫斯基,许章润译:《原始的性爱》,中国社会科学出版社,2000年,第56页。

② 申时行等修:《明会典》卷七十九《旌表》,中华书局,1989年,第457页。

③ 申时行等修:《明会典》卷七十九《旌表》,中华书局,1989年,第457页。

计35829人，超过以前历代人数总和的数倍。而仅到清代中期的雍正时期，节妇、烈妇数目就分别达到9482人和2841人，合计12323人。进入乾隆时期以后，数目有着更明显的增加。"[1] 此时期的临汾地区，列女的数量也是很大的，明清时期临汾各县的贞节烈女共有9331人。明一朝为399人，受国家旌表的有110人，清一朝为8932人，受国家旌表的有1064人。具体到各县分别是：隰州，明代是20人，清代是223人。曲沃，明代是39人，清代是2552人。永和，明代是7人，清代是70人。翼城，明代是66人，清代是631人。蒲县，明代是5人，清代是46人。吉州，明代是6人，清代是94人。汾西，明代是14人，清代是173人。襄陵，明代是20人，清代是553人。太平，明代是32人，清代是1426人。洪洞，明代是65人，清代是1256人。大宁，明代是11人，清代是41人。安泽，明代是20人，清代是230人。霍州，明代是14人，清代是311人。赵城，明代是11人，清代是98人。灵石，明代是34人，清代是391人。浮山，明代是24人，清代是314人。乡宁，明代11人，清代是234人。据县志中可见，明清两代的列女人数占了绝大多数，尤其是清代的列女人数，占历代总人数的95%。同时，明清统治者，为了提倡此种贞节观念，以立贞节牌坊、祀入节孝祠、旌扁以及经济上援助等方式来鼓励。

　　在此种封建伦理与传统习俗的压迫下，女性再嫁非常地困难。对于女性再嫁，国家也有明确的规定："改嫁者，夫家财产及原有妆奁，并听前夫之家为主。"[2] 除了财产上的规定和限制外，还有以下四方面的规定：一、命妇不允许再嫁，"若命妇夫亡（虽服满）再嫁者，罪亦如之（亦如居丧嫁人者拟断），追夺（诰敕）并

---

[1] 董家遵：《中国古代婚姻史研究》，广东人民出版社，1998年，第246页。

[2] 沈之奇撰，怀效锋等点校：《大清律辑注》卷十一《户律·婚姻》，法律出版社，2000年，第105页。

离异。知（系居丧及命妇）而共为婚姻者，（主婚人）各减五等，（财礼入官）。不知者，不坐。（仍离异，追财礼）。"① 二、居父母丧及夫丧期间不许再嫁。"凡（男女）居父母及（妻妾居）夫丧，而身自（主婚）嫁娶者，杖一百。若男子居（父母）丧（而）娶妾，妻（居夫丧），女居（父母丧），而嫁人为妾者，各减二等。"②"其夫丧服满（妻妾）果愿守志，而女之祖父母、父母及夫家之祖父母、父母强嫁者，杖八十。期亲加一等，大功以下又加一等。"③ 三、父母犯死罪而被囚禁期间不许再嫁。"凡祖父母、父母犯死罪被囚禁，而子孙（自）嫁娶者，杖八十。"④ 四、没有离婚的不许再嫁。"若（夫无愿离之情）妻（辄）背夫在逃者，杖一百，从夫嫁卖，（其妻）因逃而（辄自）改嫁者，绞（监候）。其因夫（弃妻）逃亡，三年之内不告官司而逃去者，杖八十。擅（自）改嫁者，杖一百。妾各减二等。"⑤ 政府的规定以及伦理观念的限制，在一定程度上约束了女性的婚姻自由，鉴于此，许多女性在丈夫死后，一般有不嫁而赡养舅姑和不嫁而抚养子孙两种选择。然而以上两种情况一般是家境较为好的，对于贫苦家庭，在丈夫死后，女性可能就会面临"烈易而贞难，守贞者，富易而贫难"的情境。

受贞节观念影响，使得女子不得随意毁婚另字，明清时期，订

---

①沈之奇撰，怀效锋等点校：《大清律辑注》卷十一《户律·婚姻》，法律出版社，2000年，第105页。

②沈之奇撰，怀效锋等点校：《大清律辑注》卷十一《户律·婚姻》，法律出版社，2000年，第105页。

③沈之奇撰，怀效锋等点校：《大清律辑注》卷十一《户律·婚姻》，法律出版社，2000年，第105页。

④沈之奇撰，怀效锋等点校：《大清律辑注》卷十一《户律·婚姻》，法律出版社，2000年，第106页。

⑤沈之奇撰，怀效锋等点校：《大清律辑注》卷十一《户律·婚姻》，法律出版社，2000年，第116页。

婚与婚成间隔的时间比较长，其中易生变故；常出现男方经商在外身亡、因疾病而面容毁伤、不幸夭折等状况。之前双方家长同意的婚事转为相互的不协调，家长要求另聘新字。如："史烈女，农家史良奇女，村农也。女许字张元星之子，某年十六未婚，婿为虎伤，女欲往吊，父母弗许，嗟叹累日。适有求婚者，父母将允之。女曰：我字张，即张妇也，奚再为字？欲自尽，防之甚，至寸丝尺缕搜取殆尽。越日……已缢死于别室。"① "药氏，冯凤翔未婚妻，凤翔故，氏以死自誓，有富室求婚，遂吞毒死。"② "卫女，幼字李三，李贾外之。舅姑以女年及笄，先迎入室，俟子归。成礼，无何，李客死。姑令再嫁，女泣曰：'父母命妾箕帚于李氏，天也，违天不祥。遵守终身，邑令柳佐上其事，敕建坊旌之，祀节孝。'"③ 可见，未成婚之女在未婚夫去世或者患病之后，誓不更二夫，不许他人，认为是天命，违天不祥。对于家人的压力左右为难，也是违亲非孝，大事顺从非贞，但是在家人和死去的未婚夫两者之间，惟以死明志。还有如："金姐，失姓氏，南太许村女，家贫。父佣作许同侪子昼昼为婚，未及笄而童养于昼昼家，未几，昼昼死，女恸哭不欲生，翁姑以为成婚也，送归，将议他适，女闻之。不语潜出，径至夫家，遽冠笄，上堂拜舅姑，誓于昼昼之灵，孝养。以代子职，虽至戚未尝见面也。"④ 未婚夫去世，女子主动到夫家照顾夫家舅姑，以代替儿子的责任，以至于其自己家人都很

---

①民国《乡宁县志》卷十一《烈女录》，乡宁县编纂委员会翻印，1985年，第353页。
②光绪《续修隰州志》卷四《列女》，中国地方志集成，凤凰出版社，2011年，第357页。
③民国《新修曲沃县志》卷十七《列女传》，中国地方志集成，凤凰出版社，2011年版，第459页。
④民国《新修曲沃县志》卷十六《列女传》，中国地方志集成，凤凰出版社，2011年，第461-462页。

少见面。

二、婚书许字与女子守节

女方许字男方，为婚书已定，因此，女子对婚约尤其地重视，坚持婚书一经修订，双方就确定所属关系。因此，未婚夫的祸福安危对女子会产生很大的影响，不啻于父兄之变故。女子在听闻未婚夫的死讯之后，向父母请求往哭或者奔丧；如有不许，或自寻短见、或以死相逼、或以妇德身份殉节等等。而童年定立婚约，在一定程度上为她们在后来做列女准备了很大的心理和情感的条件，也就是说，在正式的婚礼之前，女子已经将自己内化为妻子的身份。而未婚夫的突然离世，以及贞节观的根深蒂固使得此时此刻的女性常常会有三种行为：第一种是女子会去吊唁死去的未婚夫，并为之守孝。第二种是女子为未婚夫守孝，之后赡养其父母。第三种是女子听到未婚夫的死讯后马上自杀。对于前两种情况，如果女子父母可以满足其要求的话，她大概还能活得下去。假如父母悔婚另字，那么女子会将第二次订婚看成是自己品格的污点和对自己归属感的冒犯。因此，此时的女子会选择自杀，以杜绝自己的品格和名誉受到污损。但是归有光在《贞女论》中曾说："男女无自相婚姻之礼，所以厚别，而重廉耻之防也。女子在室唯其父母为之许聘于人也，而己无所与，纯乎女道而已矣。六礼既备，婿亲御授绥，母送之门，共牢合卺而后为夫妇。苟一礼不备，婿不亲迎；无父母之命，女不自往也。犹为，奔而已。女未嫁而为其夫死，且不改适，是六礼不俱，婿不亲迎，无父母之命而奔者也。"[1] 可见，六礼不完备，就不符合婚礼的规范，女性也就没有必要为男子守节或者殉死。女子在结婚前父母对其有绝对的主导权，"未成妇则不系于

---

[1] 归有光：《贞女论》卷三《震川先生集》，上海古籍出版社，1981 年，第 69 页。

夫"。因此，女子在成婚之前，应以孝道为先。但是父母和女子在看待婚约的问题时是有很大分歧的，父母认为女儿与未婚夫从未见过面，毫无感情可言。而在女子看来"自纳采问名，所天已定，何必成礼而后亲？"《古今图书集成·闺媛典》卷五十二。对于女子来说，她们以纳采为婚姻之首，因此"女子不待父母之命，自往自归，则诚奔也（中略）若父母所许字之夫死，女不顾一身而再许人，或为之守，或为之死，是重廉耻之防，守礼而笃者也，奈何比于无父母之命而奔者哉？"[①] 坚决反对父母之言，可以说在追风逐利的明清社会，此时的女性较之于父母给予了未婚夫深切的同情，一定程度上超越了人性所有的自私。同时，也可见到，古时婚书对女性的重要性，尤其是古代订婚和成婚相隔甚长的情况下，其在给女子带来保障同时，也给女子带来了悲痛。

但是自古以来就没有对男子在婚姻上有任何的约束，反而理学家也强调说："夫妇之道，当其初议婚未尝约再配，是夫之合一娶，妇只合一嫁。今妇人夫死而不可再嫁，如天地之大义然，夫岂得而再娶。然以重者计之，养亲承家，祭祀继续，不可无也，故有再娶之理。"[②] 从中可见，男性的再娶只是延续香火。据现有的临汾各县的碑刻材料可见：墓志、墓表和墓碑中刊刻的男性在元配早卒或者没有子嗣的情况下续娶的例子有很多，因此，本文对临汾地区的11个县区的碑刻资料进行了统计，得出临汾地区刊刻此方面的墓志铭、墓表和墓碑共有151通。曲沃的25通碑中刊刻有45例当事人的嫁娶情况，其中27位男性有再娶的经历；洪洞的21通碑中刊刻有21例当事人的嫁娶情况，其中有17位男性有再娶的经历；蒲县的5通碑中刊刻有3例当事人的婚嫁情况，其中有2位男性有再娶

[①] 归有光：《贞女论》卷三《震川先生集》，上海古籍出版社，1981年，第70页。

[②] 张载：《张载集》，中华书局，1978年，第298页。

的经历;古县的6通碑中刊刻有6例当事人的婚嫁情况,其中有5位男性有再娶的经历;尧都区的13通碑中刊刻有8例当事人的婚嫁情况,其中有7位男性有再娶的经历;侯马的35通碑中刊刻有19例当事人的婚嫁情况,其中有12位男性有再娶的经历;安泽有9通碑中刊刻有2例当事人的婚嫁情况,其中有一位男性有再娶的经历;浮山的35通碑中刊刻有40例当事人的婚嫁情况,其中有16例为男性有再娶的经历;大宁的2通碑中刊刻有1例当事人的婚嫁情况,其中没有男性有再娶的经历。从其男性的再娶经历看,有再娶1任,2任,3任,4任,5任,6任,甚至有再娶8任的。如:"元配张宜人,邑庠生景载公女也,生康熙癸卯十一月二十八日,卒康熙癸亥四月初五日,得年二十一岁。继配许宜人,邑庠生元樵公女也,(中略),生康熙庚戌七月二十五日,卒乾隆癸亥五月十五日,享寿七十四岁。副室六人:马、丁、张故,秦、郑、卫存。"[1]碑刻中显示,男性再娶人数以2到3人为多数,最多达8人。可见,男性的再娶是没有限制的,这在古时的婚姻礼俗中体现得淋漓尽致,并和女性严守贞节观形成了鲜明的对比。

明清时期,对于贞节烈女的观念:认为女子订婚后,未婚夫离世,女子守节是必要的,《白虎通疏证》中也载入:"阴系于阳,所以专一之节也。"[2] 同时,还认为,女子殉夫或者去男方家守节是合乎礼教的,即女子不待父母之命,自己去决定为之守还是为之死。贞节烈女在大多时候是不赞许父母为其另寻婚配而自己去完成守节,更加显示出女子对当时礼教的遵循。但是,此时的女子并没有完成与男子的婚姻程序,此种六礼的不完备,是否符合六礼的要

---

[1]《三晋石刻大全·侯马卷》,《皇清诰赠奉直大夫鸿胪寺主簿乡饮大宾方园裴公暨配配诰赠宜人张太君许太君合葬墓志铭》(清乾隆十一年(1746)),第75页。

[2]陈立撰:《白虎通疏证》卷十《嫁娶》,中华书局,1994年,第455页。

求？归有光解释到："阴阳配偶，天地之大义也，天下未有生而无偶者。终身不适，是乖阴阳之气，而伤天地之和也。"① 对于此，之前的士大夫是反对的。但是，从大量的地方文献资料显示，关于女子许字后，未完婚嫁之程序而为已逝男子守节的状况有许多，可见当时社会礼教和贞节观念在百姓观念中的根植，此种观念一定程度上使得婚姻自由很有限，使得女性看不到所谓的旌表和建坊入祠的背后，隐藏着一个动人的谎言，她们非常愿意站在伦理教化的立场上去要求和规范自己，她们有时以此为荣；而此种在精神上的压迫和紧缩以及庶民的自觉，正符合了当时统治者的目的和意愿。那么载入史册的烈女群体到底是传统礼教观念的牺牲品，还是儒家道德观念的崇尚者，是被贞节观念奴化的底层人，还是逾越高尚的伟人？不同的人，不同的利益集团有着不同的观点。而此种现象，此种群体的出现，对我们当下处理男女关系是否有积极的作用？

结　语

中国的传统社会中，婚礼被认为是"礼之本也"，是"基于天地阴阳自然之性，为人伦之本，家始于是，国始于是，社会之一切制度，莫不始于是，是为中国古代婚姻观念之又一特点"。② "千里不同风、百里不同俗"，尽管各个民族的婚姻礼俗有着不同的方式，但是其重要性一直被重视，主要是源于"昏礼者，将合二性之好，上以事宗庙，而下以继后世也"，③ 其被视为延续后世，祭祀祖先的大事，因此，其礼节更是繁杂和隆重。但是随着时间的推移，明清时期，临汾地区的婚姻礼俗在继承传统古六礼的同时，也展现出

---

①归有光：《贞女论》，《震川先生集》，上海古籍出版社，1981年，第59页。
②陈鹏：《中国婚姻史稿》，中华书局，1990年，第16页。
③《十三经注疏·礼记正义》卷六十一，艺文印书馆，2007年，第999页。

了较之古六礼不同的婚姻礼俗，并带有明显的时代和地方特征。尽管在清末西方式的文化进入，在个别方面出现了变化，诸如贞节观念的淡化、婚姻仪式的简化、男女自主选择婚姻得到尊重，但是婚姻礼俗在整体上仍保持着传统的婚姻样式，传统的婚姻礼俗仍然是大众社会的主题。就像我们现在经常将中国古代称呼为中国传统一样，只是想说明传统的东西意味着现在还活着，它是一条线，一个系统，并由前而后地延续和继承。它不仅停留在古代近代现代这样一个时间的分割点上，同时可以穿越，它可以在古代，也可以在现代。因为传统的东西里面有我们感兴趣的东西，并与我们产生共鸣，所以它才会穿越，才会打破古代近代现代的分期。例如我们在进行社会调查时，过去的社会结构肯定不会很明显，但是在仔细观察之后，会发现仍然可以看到过去的影子，即使现今所见到的社会结构变了样，出现了调整，但是不可能去颠覆。可见，不管是传统还是其他，都是一个未完成的状态。这恰恰体现了传统的开放性，以至于后人在继承的同时，不仅仅在尊重传统，而且也融入了当时社会对礼制的理解，所以无论是婚姻，还是丧葬，民间都被赋予了极为庄严和隆重的礼仪以及那种不可抗拒的传统俗制。而它们只有被持续关注，才可以深入到社会，深入到民间，并产生可持续的影响。因此，传统有它自己内在的逻辑，并且有些东西是无法消灭的，只能在传统的基础上去发展它，取舍它。

明清时期晋西北丧礼习俗成因初探
——以保德、偏关两县丧礼为例

徐 琳[①]

狭义上的晋西北指位于山西省西北部的保德、偏关、兴县及河曲四个县。此外，1949年2月21日，中共在撤掉晋绥边区后成立了晋西北区，其行政机构是晋西北行政公署，属陕甘宁边区统辖范畴。当时设立的晋西北区下设五寨分区、离石分区、雁北分区、雁南分区以及兴县、岚县两个直属县。其中五寨分区包括五寨、保德、神池、岢岚、偏关、河曲六个县，而这六个县的婚丧礼俗虽各自有其特色，但因地缘相近，相互影响较深，六个县的婚葬习俗在明清以来的发展中有其共通性，对这一区域丧礼研究也可为山西婚葬礼俗研究及今后山西婚葬发展方向提供一些思路。故本文研究的晋西北地区主要指这六县。

一、绪论

明清时期中央所制定的丧礼仪式分为三阶段：治丧、出殡、服丧。其中初丧又分为初终、入殓、成服、设奠四阶段；出殡含有朝祖、起殡、发引、下葬、反哭几阶段；服丧中以虞祭、卒哭、祔、小祥、大祥、禫祭为重。

以保德、偏关为代表的晋西北丧俗在执行中央所制定的丧礼时则显示出明显的地域特征。据《保德州志》所载：

[①]山西省忻州市岢岚县岚漪镇人民政府。

丧：疾病多召巫祷神。始死，不讣亲友，惟自署其门。明日，即受吊，吊客红缨色服，亦不具柬贴、香楮，一叩而出。三日，饭僧诵经，谓之暖灵。七七、百日、发引、周年，亦如之。①

又《偏关志》载云："关俗，人家男、妇死后，每夜必于城隍庙呼魂，谓之叫夜。或三夜、或五夜、或七夜不等。"② 可见其时，保德、偏关地区治丧多以日期划分，而至于今日，晋西北的多数地区其治丧过程仍以日期划分，与国家所制定的丧礼颇为不同。其叫夜、暖灵风俗也为地方一特色，至今多地仍有保留。此外，在其治丧过程中多唐尧之古风，不具柬贴、香楮，惟叩首耳，只重缅怀之情。只是这种古朴之意在执行过程中不免偏离其本意而出现异化，如《保德州志》所载其"收头"仪式，"引将发，戚党醵金书帛以挽之，设祖奠送至葬所，取括麻弃之，谓之收头。亦有送至阛阓外，拜辞而归者。但红紫艳饰殊为非礼"。且在送丧中，"乡间甚有携酒盒送丧者。至墓，孝子亦来饮啖"。③ 如此之行，可窥其时州人在治丧过程中对于执行中央丧礼的差异及背离。

明清时期，以保德、偏关两县为代表的晋西北丧礼，除在形式上对国家丧礼有所损益外，在其内核上也体现了自身特色。虽受国家规定的丧礼仪制限制，又不囿于其中。同时，晋西北明清时期的丧礼受限于其经济发展，较之于其他地区的厚葬之风，更显简薄之风。此外，因地处边鄙加之佛教盛兴，其民在治丧中又摆不脱神佛

---

①《康熙保德州志》卷三，《风土》，成文出版社，1976年影印本，第196页。

②《道光偏关志》卷上，《地理志·风土》，成文出版社，1968年影印本，第78页。

③《康熙保德州志》卷三，《风土》，成文出版社，1976年影印本，第196页。

信仰对其的影响。

二、两县丧礼习俗成因初探

明清时期,保德、偏关两县丧礼在执行国家制定的丧礼中所呈现出的特性,其根源离不开两县经济文化以及当时盛兴思想的影响。一方面,晋西北地区经济发展及物产所有,将其地丧礼的规制限定在一定范围内;另一方面,在其经济影响下,人们为生计所迫而出走口外,这种人口迁移所带来的文化交流也为其地丧礼特色添加了新元素。当时社会上所盛行的功利性思想,更是其丧礼仪式的功利性思想之来源。

(一)当地经济、地域的限制

晋西北地区的丧葬礼俗之所以呈现其特性,与晋西北地区经济的发展有密切关系。具体来说,主要集中在其财力及物产方面。

晋西北地区多地瘠民贫,富庶之家较少,百姓多是丰年自足,饥年不至饿死。故较之于其他地力较丰、百姓富足之地,晋西北地区的丧礼尽显古朴,礼节也较为简洁。铺张奢靡之风较少,但在经济有所发展后也有向奢靡转化的趋势。此外,由于晋西北地区地力不丰,且处于边地,故晋西北地区多有古朴之风,其民忠厚尚勇,其葬也尽显其淳厚之情。

表1 明清时期晋西北地区木属物产

地区	木属	出处
偏关	缺载	
保德[①]	榆、蔡、柳、槐、松、樗、柏、青杨、桑、檉、椿、河杨、三春柳、枫、桦	《保德州志》卷三《风土》

---

①《康熙保德州志》卷三,《风土》,成文出版社,1976年影印本,第203页。

此外，晋西北地区的物产对于该地区的丧葬规模及丧具有重要的影响。晋西北地区的树木以杨树、柏树、柳树、松树为主，故晋西北地区的棺木材质多就地取材，以松树、杨树、榆树为主。（具体如表1）且其土质以黄土及红土为主，这些土质极具粘性及延展性，适于凿穴打洞，为土葬提供了客观条件。

量物力以行其事，晋西北地区丧礼的特性，其根源便在于此。其丧礼程序较之于其他地区之古朴，其服制以及赙赠之寡薄，其丧礼仪式之简约，莫不与此相关。

(二) 功利性思想的影响

礼典在礼官制定完成时，是一种理想化的状态，是一种理论性文件。在实践的过程中，各个地区会根据自己的实际需要进行调适。纵观历史，井田制、王安石变法，其内容实施的程度都受到各地需求的影响。特别是王安石变法，在一地可以良好实施，却不一定适用整个国家。丧礼仪制在实施中也离不开这一点，人们在具体实施中难免会从利于本地实施的功利思想来考虑。

晋西北地区丧礼的功利性思想与其在面对当地自然灾害所形成的功利性和多样性的信仰崇拜不无关系。而其中的功利性与多样性又互为影响，因为选择性的不唯一，可以根据自身需要进行选择，更助推了其功利性，而信仰的功利性又倒逼信仰的多样性发展，这些最终促成其丧礼功利性的形成。基于晋西北独特的地理环境以及其处于农牧文化圈的交错带上，使其更容易同时接触到农、牧这两种文化信仰体系，从而促使其传统的信仰体系不仅含有中国传统农业文明的色彩，亦有游牧民族信仰的成分。特别是在北部兵祸频仍的明朝中、后期，为该地区这两种文明的交融渗透创造了可能，亦促成了其信仰体系的多样性。

其信仰的功利性与该地民生之多艰息息相关。自北宋以来，晋西北地区一直处于与少数民族对峙的边界上，其中又以北宋、明代为特，北宋时期该地以岢岚为中心，设立岢岚军，作为内边[1]是对抗辽、金的前哨，明代则以嘉靖时期及明末为典型。这一独特而漫长的边镇历史，使得晋西北地区长期以来兵祸频仍，（其具体战争详见表2、表3）饱受兵祸之苦的百姓就逐渐将保卫他们安全的将军视为保护神，在他们去世后就在当地为他们建庙立祠，如《保德州志》所载的赵元帅祠[2]。此外，如表2、表3所载，明清时期除连绵不断的兵祸外，更有频繁的水旱等自然灾害和虫灾威胁着该地民众的生存，在求助无门的情形下，他们只能求助于平时的保护神，把他们视为雨神、火神来祭祀。以上这些因素就促成了长期以农业为生的晋西北地区民众，在面对天灾人祸无力抵御时，转而求助于自己所熟悉的神灵，也促使当地在明清时期修建了众多相关庙宇，如《保德州志》中所提到的山神庙、河神庙、井神庙、火神庙、龙神庙、马神庙，乃至于发展到为蝗虫、蚱蚂这些害虫建庙供奉。无独有偶，《偏关志》中也提及了当地于明清时期建造并反复重修的马神庙、火神庙。可见其时，在大的自然灾害发生而政府的救助政策未落实之前，灾民寄希望于当地庙祠里供奉的神灵，因其认知水平、村风民俗及地域范围的限制，他们的信仰往往不统一，呈现一种神灵为我所需、有用为上的功利性特征。《保德州志》所载"灵感庙"的建设更是对其直接的体现，"俗传，文殊菩萨化现在州西南，后会村每旱，祷雨立应"，[3] 可见这种神迹对于当地人们影响之深。而在这种信仰体系的影响下，晋西北地区丧礼的功利性便由来有自了。

---

[1]关于晋西北地区行政层级的划分详见郑涛、张文：《极边、次边、近里：北宋西北边疆层级体系三级制界说》一文。
[2]《康熙保德州志》卷二，《形胜》，成文出版社，1976年影印本，第189页。
[3]《康熙保德州志》卷二，《形胜》，成文出版社，1976年影印本，第183页。

表2　明清时期偏关地区灾荒

地区	时间	灾害			出处
		虫灾	旱、雨、霜灾	其他	
偏关①	明	缺载	嘉靖：元年，偏关大旱，饿殍盈野；三十九年，偏关大饥，草木皆尽；万历二十九年，山西诸卫旱，七月霜杀草；崇祯十四年夏，大饥；	宣德：七年、十年，兀哈良寇；正统：元年，北虏入寇；四年，大饥，诏垦荒田；十四年，也先寇；景泰元年也先犯；成化：十五年火饰部大掠；十八年小王子寇，守御失利；十九年寇，破杨勉保；弘治：元年火饰部入杨勉保；十四年小王子寇，十五年复入；正德：七年小王子寇；十一年，复寇；嘉靖：七年、十六年、十七年、二十八年、四十三年；北虏大举入寇；九年、十五年、十九年、二十年、二十七年，俺答入寇；四十四年入，杀掠甚众；十一年三关大饥；三十八年，小王子等入掠；隆庆：元年、三年，俺答入寇；	《偏关志》卷下《志余》
	清	缺载	雍正元年，偏关大水，斗米三百钱；乾隆五十年，偏关大水；	顺治八年大饥；康熙十九年大饥；嘉庆：十八年，祁二寡之变，多阵亡；十九年，大饥；道光二十年大饥	

①《道光偏关志》卷下，《志余》，成文出版社，1968年影印本，第271－282页。

表3　明清时期保德地区灾荒

保德[①]	明	万历六年夏蚄蚜害稼，民饥；嘉靖十六年飞蝗蔽天，禾伤，民饥甚；	正德十六年春夏不雨，斗米三钱；万历：辛丑，霜甚，禾尽萎；十五年夏，大旱，无麦，斗米二钱；三十七年夏，大旱，斗米二钱；四十、四十一年、四十三年大旱，九年以后无岁不荒，至十三年斗米八钱	正德十一年饥；嘉靖十九年民饥，多取干泥杂以糠麦食之；嘉靖四十四年俺答入偏关，及于保德；	《保德州志》卷三《风土·祥异》
	清	顺治年飞蝗二次，禾伤亦甚；	康熙：三年荒旱；四年涝；十八年旱至十九年，荒；三十三年霜早降；三十四、五年霜大杀禾；三十六年霜早降；三十三年至三十七年俱夏旱秋霜；四十八年霜早降，麦豆多萎	缺载	

晋西北地区丧礼的功利性亦是当地气候条件下的理性选择。该地处于较寒冷地区，特别是五寨、神池，基本处于风口上，进入寒冷期的时间要比其他地区早近十五天甚至一个月，加之晋西北地区山地多，耕地少，即使将山体开垦，受限于气候条件，其粮食产量仅限于糊口。所以在这种情况下，人们在进行丧礼时更在意的是如何经济地举行。在生病时，如何更有效、省钱地治病。在这种思想影响下，加之当地药材产量少，人们死亡率较高，所以人们对神佛更加地相信和依赖。此外，晋西北地区的一些丧事过程中也尽显其功利色彩。如晋西北地区的叫夜就是为了让死者在城隍审判后可以顺利回到棺材，免于流落在外；其棺内所放衣物不加扣子就是为了死者不再打扰子孙；而死者棺内衣物摆放，所谓的头顶衫，也是为

[①]《康熙保德州志》卷三，《风土》，成文出版社，1976年影印本，第211-214页。

了让子孙后代可以发达兴旺。

功利性思想影响下的晋西北地区丧礼，对于当地的影响之深之远，及于今日。今天晋西北农村地区的厚葬便是对这一思想的延续，一方面担心丧礼不细致到位会祸延子孙，另一方面担心丧礼安排不周到，子孙后人如之对待自己。一些农村地区对逝去老人的身后厚葬，身前薄养则是对其的一种变异。时至今日，为自己养老送终、福及子孙仍是当地丧礼中一个重要的含义。

(三) 人口流动对于晋西北丧礼的影响

明清时期晋西北的人口流动主要受"走西口"的影响，其中又以河曲、保德为典型，"走西口"与"闯关东"类似，是当地百姓迫于生计向口外寻求生路的移民运动，其大规模发展必然会带来经济之外的习俗、文化的交互影响。

明清时期，晋西北地区的自然灾害以旱灾、蝗灾为多。如表2、表3所载，晋西北地区以虫灾、水旱灾害为主的自然灾害几乎遍及明清两朝，这种地力不丰，加之天灾不断的现状便促成了明清时期该地大规模的"走西口"。其中县志虽未提及，却对其造成深重影响的"丁戊奇荒"，更是加剧了这一移民现象。此外，如上文所述及的该地独特的地理位置使其在明中叶以后屡为兵祸所累，尤其在嘉靖时期，平均每四年就有一次战争，这些北边的兵祸多是由偏关及于周围县境，这些少数民族的累次劫掠对生活本不富足的晋西北民众更是雪上加霜，迫于生计他们纷纷向口外寻找出路。此外，清代康熙朝对于蒙汉交界处的开放，也让这种移民活动更加频繁。如《河曲县志》所载："自康熙三十六年（1697），圣祖仁皇帝特允鄂尔多斯之请，以故河保营得与蒙古交易。又准汉民垦蒙古地，岁与租籽"①，这种政策优待为晋西北地区的走西口提供了便利。

---

①《同治河曲县志》卷五，《风俗类》，凤凰出版社，2005年影印本，第166页。

明清时期晋西北丧礼习俗成因初探

据秉荣、原鲁《九死一生"走西口"》所载，明清时期，晋西北地区河曲、保德、偏关三地每年的出口总人数均在万人左右甚至以上，其中河曲县的出口人数最为稳定，在四千人左右，保德县走西口的人数约为三千人到四千人，偏关人数较少，在两千人至三千人之间。而这些走西口的晋西北人，其出口的地点多在内蒙一带。[1] 晋西北的民众，因六县相邻，河曲水路方便，故多从河曲经水路到达内蒙。据《河曲县志》载："河邑人耕商塞外草地，春夏出口，岁暮而归。"[2] 可知明清时期晋西北民众出口外谋生，定居者较少，他们这种春夏而出，岁末而归的频繁流动，既为内蒙地区带去了当地的风俗文化，也将内蒙的一些风俗文化带回了当地，促使晋西北民众独特的风俗民俗文化的形成。而这些日渐形成的民俗文化具有相对的稳定性，时至今日仍对当地民众有着深远影响。丧礼作为保留传统文化最多、变迁性最少的民俗，自是深受其影响。

请亲仪式便是晋西北地区这种人口流动下的产物。在走西口的过程中，同宗同族甚至一个家庭的人都不能经常聚在一起，在遇到重要的事情需要家族共同商议时，便要专门差人去请。这一行为久而久之便演变成了当地的请亲仪式。请亲仪式最初是在婚丧嫁娶这些重大的人生仪节时，将整个家庭甚至家族中的亲朋好友聚集起来，共同参与的活动。这种请亲仪式现在在婚礼等民俗中已经不多见，而在晋西北的丧礼中却保留得较为完整。其典型便是请人主这一仪式。据当地的丧礼司仪讲述[3]：在当地，人主一般是找亡者的姑舅（姑表亲），没人主就要找从姑舅（亡者父辈的姑表亲）。当

---

[1] 秉荣、原鲁：《九死一生"走西口"》，见郭裕怀主编《山西社会大观》，上海书店出版社，2000，第54页。

[2]《同治河曲县志》卷五，《风俗类》，凤凰出版社，2005年影印本，第166页。

[3] 主要根据笔者于2017年1月18日的实地采访调查，被采访者徐满全为山西省忻州市岢岚县高家会村民，当地的许多丧事均由其主持。

地的请人主一般在择定下葬日期后,孝子穿好孝服去通知人主什么时间下葬,人主会在叫夜的当天赶来。请人主时,孝子要穿孝服、手持哭丧棒,专门跪下向人主说明家中谁去世了,什么时间下葬,请他来。请人主一般是由长子去请,如果长子不方便(例如生病或者是有些忌讳不能请),就依据死者儿子年龄往下排,由其他孝子请。请人主时必须得系麻辫、拿出丧棒。人主一般在安鼓(即开吊)那一天去丧主家里,到时要有专人等着迎接人主。人主的孝服要放在盘子里,人主进院子时,司仪会示意孝子,高喊"人主到了",孝子就跪端孝服,请人主穿。人主被司仪带到灵堂后,由孝子领着人主烧纸祭拜,之后其他人才可以烧纸祭拜。到了三井(三井镇属于岢岚县北川地区)接近五寨附近,去请人主的时候就要带上人主的孝服。

在晋西北地区,特别是农村地区,至今都十分强调落叶归根。这与长期走西口生活中形成的日渐浓厚的乡愁有着密切关系。如河曲民歌《走西口》中所唱,在走西口的漫漫长路上,出口外寻找生计的人们不得不与家人一次次上演着悲欢离别,行走在走西口路上的人们在一次次的悲欢离别中,浓浓的乡愁不断累积,让归乡成为许多人的企盼。走西口的晋西北人在出口的讨生活中,固然有发家致富的,但更多的是聊以果腹的贫苦之人,他们有的在走西口的过程中客死他乡,此种情形下,魂归故乡、返回家乡便成为他们的唯一心愿。这种浓浓的乡情在今天的晋西北农村丧礼中也极为常见。

丧礼中邻里之间的助丧行为更与走西口有着密切的关系。中国传统社会是熟人社会,人情一直为人们所重视。而在明清时期的走西口,条件艰苦,很多晋西北人在走西口的路上葬身他乡,这也使得在外的晋西北人日渐团结起来、互相帮忙。晋西北地区的助丧,从死者去世后就开始了,据各县县志记载,死者去世后亲友都会带着贡品去助丧。今天,晋西北地区邻里之间的助丧,从死者刚去世时的帮忙缝制孝服,一直到最后的下葬抬棺,期间邻里多是热心帮忙。

在数百年的走西口移民运动中，除了大部分长期游走于走西口路上的晋西北人，还有定居其地的晋西北人，他们的风俗习惯，是其祖籍地与迁入地的风俗习惯在双向的互动中不断渗透发展的产物。这种互动因素与时人的婚丧嫁娶这些人生重要礼俗阶段结合起来，成为维系其亲族关系的重要纽带。此时，婚丧嫁娶便不再是单独的人生重要礼仪，同时亦发挥着连结亲族、增加亲族联系和凝聚力的作用，使人生礼仪与根祖文化实现有效、快速的结合。这种移民也使原本以血缘关系为基础的亲缘关系进一步扩大，随着晋西北人在迁入地的落地生根，与当地人的联姻，使其亲族因姻亲关系而进一步扩大，这也使双方婚丧礼仪的相互影响进一步深化。为晋西北地区明清时期丧礼的形成注入了更多的内涵。

结　语

在晋西北地区中，偏关、河曲两县所处地理位置及其修县志之详、之频，为研究其丧礼以窥晋西北明清时期丧礼之貌提供了可能。

明清时期晋西北地区丧礼所呈现出的对中央礼法执行的宽松性、从薄从简、信仰神佛之特性，既是其在自身生存空间下对于丧礼执行的从权选择，亦是丧礼在礼制下移中执行的现实体现。既有中央丧礼整体上的宏观把控，又有其地方差异性融于其中。既有礼法上的刚性，又不乏地方执行中蕴含人情温度的柔性。

知古以鉴今。明清时期晋西北丧俗特性及成因，对于今天我们重塑新时代城乡文明丧礼等人情习俗又有极大借鉴意义。一方面我们要重视礼俗在执行中的整体性与差异性之互动；另一方面也要缘情制礼，为各地执行文化风俗留有足够余地，以期使得新时代社会主义文化新风早日完善。

20世纪"新儒家"的"礼乐"建设探索

林大雄[1]

20世纪的"新儒家"学派,是后人对以梁漱溟、冯友兰、熊十力、贺麟、牟宗三、徐复观、张君劢和唐君毅等人为代表的学术建树和影响给予的称谓。20世纪的"新儒家"以儒家"礼乐"为主体,会通西学,提出了"礼乐复兴"的"新儒家"音乐思想。在音乐领域,则有以王光祈、江文也等音乐理论者和实践者为代表,其思想和实践,且与20世纪的"新儒家"提出"礼乐复兴"的理念基本一致。关于"新儒家"音乐思想的专题研究,目前是我国现、当代音乐思想史研究中尚待深入的领域。

一、注重"礼乐"的理性启蒙建设

20世纪的"新儒家",以其对"礼乐"文化的理性表述,向世人宣言了一个返本求新的"礼乐复兴"的文化理想。他们对我国"礼乐"精神不懈努力的追求,以及对中华民族具有重要的"理性"启蒙之作用的阐述,乃是谋求传统"礼乐"与西方哲学及印度哲学的会通,是对传统儒家"礼乐"精神务实于当代意义的致用与升华。梁漱溟将"礼乐"视为人感于社会生活的体验,是中国古代社会得以存在和维系人生的基础。对此,他认为:

> 礼乐是什么?礼乐原不过是人类生活中每到情感振发流畅时那种种的活动表现,而为各方各族人群一向所固有者而已。

[1] 中国音乐学院。

20世纪"新儒家"的"礼乐"建设探索

……中国古人(周、孔)之所为制作和讲求者,要在适得其当,以遂行人情,以安稳人生就是了。岂有他哉!①

孔子深爱理性,深信理性。他要启发众人的理性,他要实现一个"生活完全理性化的社会",而其道则在礼乐制度。盖理性在人类,虽始于思想或语言,但要启发它实现它,却非仅从语言思想上所能为功。抽象的道理,远不如具体的礼乐。具体的礼乐,直接作用于身体,作用于血气:人的心理情致随之顿然变化于不觉,而理性乃油然现前,其效最大最神。②

"礼之源即天理,为礼之要在居敬以存天理"且"孔子言人生涵养灵性之道,而发于《诗》《礼》《乐》三学,此是导其情意于正大之发展,即情意莫非灵性之流行也"。③

由此可以发现,梁漱溟认为"礼乐"即是孔子所追求的"生活完全理性化的社会"的基础,不但能够对人的"心理情致"具有"教化"的作用,且能够直接体现于人们在社会规范下的"理性"修养与自觉。梁漱溟将"礼乐"所具有的理性启蒙功能,直接致用于我国"新村"秩序的建设实践中,以求来改变当时农村文化建设无序、混乱的局面。他认为:

最有效的教育,就是我国的礼乐。礼乐予人以柔和的自然的影响,使人有公共的生活,最好的秩序,而代替了强制的法

---

①刘梦溪主编:《中国现代学术经典·梁漱溟卷·以美育代宗教》,河北教育出版社,1996年,第765页。

②刘梦溪主编:《中国现代学术经典·梁漱溟卷·以美育代宗教》,河北教育出版社,1996年,第337页。

③刘梦溪主编:《中国现代学术经典·梁漱溟卷·以美育代宗教》,河北教育出版社,1996年,第406页。

律；使人有公共的秩序，公共生活，同时也代替了宗教。①

梁漱溟所认为的"礼乐"对乡村文化建设具有提振文化自信的认知，源于他多年来在乡村文化建设中的探索和实践，所得出的感悟。一则，体现了梁漱溟先生自信"礼乐"对改造乡村文化所具有"教化"作用，这也是我国"礼乐"文明在历史中所积淀下的文化心理的优势；再则，体现了他注重"礼乐"对一个时代、一个民族的理性启蒙，以求乡村文化建设能够在返本求新之中得到新生。当然，这种"礼乐"的"新生"，不是一蹴而就的。对此，梁漱溟以为：

> 中国将来也是要慢慢找回古人的精神，也许现在还没有开始找，因为现在差不多还是一个唾弃的时代。中国民族精神将来慢慢找回来的时候，一定是一个再生的，是一个重新认识的，而不是因袭的、传统的。②

由此来看，寻求在乡村文化土壤上复兴"礼乐"精神的实践，成为了梁漱溟期望觉悟和自救的理想乐土。

在音乐领域，以王光祈为代表的音乐理论研究者和实践者，也在谋求以复兴"礼乐"态度，来进行农村社会改造和农村文化建设的探索。譬如，鉴于我国20世纪30年代农村教育不振的现状，主张推行"新农村运动"，是王光祈依托"少年中国学会"来进行改善当时中国农村社会环境的设想，王光祈认为：

---

① 《梁漱溟全集·政教合一》，第五卷，山东人民出版社出版，2005年，第675页。
② 《梁漱溟全集·精神陶炼要旨》，第五卷，山东人民出版社出版，2005年，第509页。

20 世纪"新儒家"的"礼乐"建设探索

我们劳农两界的子弟,生下地来就受了饥寒交迫的苦况——他并未做过恶事——哪里还有读书机会!列位!你要知道,教育不平等就是社会上的绝大危机!①

"我尝因此深思苦索中国人的性格,详考细察西洋人的习俗,最后乃恍然大悟。中华民族的'民族文化'便是中国古代的'礼乐',由这种'礼乐'以养成中华民族的根本思想。礼也者,小而言之,则为起居进退之仪;大而言之,则为处世待人之道(西洋人最不懂得待人,只知待己)。乐也者,小而言之,则为涵养灵性之具;大而言之,则为协和万方之用。我们中国人生息于孔子学说之下者数千年,而孔子学说又实以礼乐二事为其基础,所以中华民族的根本思想,与我们古代礼乐实有至深密切之关系。我们的古礼古乐,诚然有许多不适于今的地方,而且简陋得狠,但是古人立礼制乐的本意则千古不磨。我们现在宜利用西洋科学方法,把他整理培植出来,用以唤起我们中华民族的根本思想,完成我们的民族文化复兴运动(请参看拙著《欧洲音乐进化论自序》《德国音乐与中国》《音乐中之民族主义》)。"②

很显然,他寄望于组织"少年中国学会"团体,来改变无序的教育与无序的社会危机问题,他强调:"我们尽我们的力量,随时随地创办平民学校、半工半读学校,是一个不要学费而且能顾全他的生活的学校。"在王光祈看来,正是这种无序的文化教育现实境况,造成了当时的社会重重危机。王光祈视"礼乐"为"千古不磨"的"中华民族的根本思想",也客观地指出其中"有许多不适于今的地方,而且简陋得狠"的不足之处。他揭示了 20 世纪初至

---

①四川音乐学院、成都市温江区人民政府编:《王光祈文集·时政文化卷·少年中国》,四川出版集团、巴蜀书社出版,第 50 页。
②四川音乐学院、成都市温江区人民政府编:《王光祈文集·市时政文化卷·少年中国》,四川出版集团、巴蜀书社出版,第 166 页。

▶ 中华礼乐文化传承

20 世纪 30 年代的中国乡村音乐文化建设所聚焦出的一系列社会问题。对此，我们可以理解为，王光祈以务实的态度，谋求通过"西洋科学方法"来达到寻求适于今之"民族文化复兴运动"的致用。于是，王光祈推导出这样一个认识：

> 因为中国是农业国，为世界分工计，为国富发达计，皆非大规模从事农业发展运动不可。我以为现在世界上虽是工商国家大出风头的时代，而最后胜利则仍属之于农业国家。所以我常常提倡"农村改造"完成一种"基于农业的社会主义"，无论在人类生计方面、道德方面，皆有重要关系。其义甚长，非此处所能详尽，读者可以参观拙著《读了社会主义者傅立叶学说后的感想》一文，便可略知一二（此文曾登载坎拿大《劳动杂志》）。总之，发展农业，改造农村，诱导农人，是我们学会对于"民族生活改造运动"的一个下手之处。①

王光祈所倡导的"新农村运动"，其目的，就是针对当时不振的中国农村教育，所提出的要对中国农村实施系统性社会改造活动的期望和尝试。王光祈希冀通过推行"新农村运动"所进行的改良农村社会的思想，尽管是汲取了欧文、圣西门和傅里叶的"空想社会主义"学说，以及武者小路实笃的"新村主义"学说的设想，但是，他努力要去改变当时乡村文化建设现状的愿景，最终未能在纷繁的思潮碰撞与社会变革中得到印证。

二、注重中华民族的"礼乐"精神建设

"新儒家"在 20 世纪 40 年代进行的复兴儒学思想体系探索，

---

① 四川音乐学院、成都市温江区人民政府编：《王光祈文集·时政文化卷·少年中国》，四川出版集团、巴蜀书社出版，第 167 页。

对当时的音乐思想领域也产生了一定的学术影响。譬如，活跃于20世纪三四十年代的我国作曲家江文也，正是处在与梁漱溟、熊十力、冯友兰等为代表的第一代"新儒家"们同一时代的文化历史背景下，将自己对民族音乐文化情感和对儒家音乐思想的认知，融入于自己的音乐创作和著述之中。自1939年至1941年间，江文也相继创作完成管弦乐作品《孔庙大晟乐章》与著述《孔子的乐论》。

不论是江文也的管弦乐创作实践（作品《孔庙大晟乐章》），还是他的理论著述，《孔子的乐论》可以说，都体现了他将儒家音乐思想灌注于自己的创作理念之中，使"礼乐"成为了他以作曲的方式，去实践儒家文化信仰的历史支点。在祖国危难的时候，江文也创作的《孔庙大晟乐章》，当然有着深远和特殊的意义，这既是当时罕见的管弦乐作品，也是江文也接受儒家思想洗礼的代表之作。江文也为创作这部作品，不仅去了"北平国子监孔庙"参与祭孔典礼和感受祭孔音乐，而且还研究和参考了古代文献，在融入儒家思想和体悟儒家思想方面进行了充分的准备。正如江文也在《孔子的乐论·序言》中所言：

> 笔者在北京，碰巧有机会聆听到几近失传的孔庙音乐《大成乐》六章，当时痛感非将它改编成近代的交响乐加以复兴不可。因此，才动手作此研究。尔后，我先发现孔子的人性。等我进一步翻阅各种古籍之后，才开始接触到他的音乐思想，最后不得不由衷发出赞叹。[①]

江文也在此文中，还阐明了著书的目的，即

[①] 参阅江文也著：《孔子的乐论》，杨儒宾译，华东师范大学出版社，2008年，第3页。

> 在中国,"礼"之于"乐",犹如阴之于阳,两者密不可分。而且,"礼"同时还是中国政治的核心因素。因此,透过本书的考察,我们或许可以凭借"乐"的论点,以它的线索,观察中国古代文化。①

江文也十分注重在历史文献中挖掘"礼乐"文化信息,以求对具有代表性的学术前沿问题进行比较和印证。譬如,他认为:

> 一般而言,在中国古代史中,我们可以简约归纳出代表时代精神的文化特色,比如说,夏代勤俭,殷代维新,周代礼乐。我们在此仅举周代礼乐制度为例,它绝不是儒者的夸张所致,也不是白纸上装饰门面的绮言妙辞。我们最好还是相信它,而且,我们如果翻过整部中国史,就知道礼乐制度的成立是事所必至,理所当然。②

依此来看,这也反映出江文也的历史意识,是在对夏商周"礼乐"精神的认知和对"礼乐"历史的考证基础上,所形成"新儒家"式的文化自觉。历史上的儒家,都具有与生俱来的历史使命感,20世纪的"新儒家"们亦不例外。他们以历史的视角关注"礼乐",以儒家的情怀缀合古今。可以说,江文也是20世纪40年代,为数不多的且能够主动去关注和探索夏商周"礼乐"文化历史的作曲家。

总之,在20世纪的"新儒家"们看来,我国今后的必由之路,就是返本开新的儒家文化之路。返本,就是在历史中认识中国"礼

---

① 参阅江文也著:《孔子的乐论》,杨儒宾译,华东师范大学出版社,2008年,第3页。
② 参阅江文也著:《孔子的乐论》,杨儒宾译,华东师范大学出版社,2008年,第47页。

乐"文化的来龙去脉，且将"民族性"植入于我们的文化信仰，从而形成每一位文化人的文化自觉；开新，就是在"会通"他学中给予传统文化顺应时代的诠释，且将"民族性"引入世界多元的思想潮流中，从而使传统儒家的"礼乐"文化精神彰显出更独特的魅力。本文以为，"礼乐"是中国学术思想中所特有的文化概念，其涵盖了中华民族以"和为贵"（其中也包含了"多元"文化的聚合性）、"和而不同"（其中包含了"多元"文化的丰富性）的文化态度，也涵盖了"会通"他学，且将异域文化"和"而化之为"礼乐"文化精神象征的文化历史建设的全过程。

▶ 中华礼乐文化传承

礼学文献整理研究的回顾与展望

王 锷[1]

礼学有狭义、广义之分，狭义的礼学即"三礼"之学，专指以研究儒家经典《周礼》《仪礼》《礼记》包括《大戴礼记》兼及综论"三礼"之学。广义的礼学是指研究"三礼"、中国古代礼仪制度兼及各地区礼俗演变之学，包含范围甚广，几乎与今日所言"中国文化"概念相等。我们讲的礼学，是指狭义的礼学，即"三礼"之学。礼学文献是指注释研究"三礼"的文献，即《隋书·经籍志》《四库全书总目》经部礼类收录的文献。礼学文献整理与研究方面有哪些成绩？存在哪些问题？将来研究的重点方向在哪里？就以上问题，谈一点个人粗浅的看法，就教于方家。

一、礼学文献整理研究的成绩

第一，礼学文献影印。1919年，张元济主持影印的《四部丛刊初编》出版，《续编》《三编》分别于1934年—1936年出版，收录礼学文献《周礼注》12卷（叶德辉藏翻岳本）、《仪礼注》17卷（叶德辉藏明嘉靖徐氏翻宋本）、《纂图互注礼记》20卷（南宋本）、《仪礼疏》50卷（汪士钟翻宋本）、《礼记要义》50卷（宋刻本）、《礼记正义》残存8卷（日本享延文库藏宋本）等，是古籍影印的代表作，对后来古籍影印影响很大。

1982年，台湾商务印书馆影印出版文渊阁《四库全书》，具有划时代意义。此后，大型影印古籍丛书不断出版，如《续修四库全

---

[1] 南京师范大学文学院。

书》《四库全书存目丛书》《四库禁毁书丛刊》《四库未收书辑刊》《四库提要著录丛书》《四库全书底本丛书》《北京图书馆古籍珍本丛刊》《皇清经解》《皇清经解续编》《清经解三编》《清经解四编》《中华再造善本》《国学基本典籍丛刊》《十三经注疏》《师顾堂丛书》，等等。这些丛书中包含了很多礼学文献。中华书局1980年据世界书局本影印的阮刻本《十三经注疏》，几乎是所有从事中国古代文史哲研究者的案头必备书。

除大型丛书之外，尚有部分重要的礼学文献，单独影印出版。如1979年台湾学海出版社据来青阁本影印的《礼记郑注》20卷（余仁仲本），1984年中国书店据潘宗周覆刻版重印《礼记正义》70卷，1992年中华书局（下简称"中华"）据国图藏抚州本影印的《礼记注》20卷，2015年北京大学出版社（下简称"北大"）《影印南宋越刊八行本礼记正义》70卷，相对于大型丛书影印，专书影印质量较好。

第二，礼学文献整理。古籍文献影印，是文献整理的重要方式之一，属于"粗"加工。有些重要的礼学文献，必须要进行"精"加工，就是在调查文献版本的基础上，确定底本、对校本和参校本，对全书进行标点、分段，撰写校勘记和整理前言，编制附录等；经典文献，尚需要今注今译。我们说的礼学文献整理，就是指对礼学文献的这种"精"加工。

相对于其他经典文献而言，礼学文献的"精"加工脚步要缓慢很多，但近二十年成就斐然。"三礼"经文最早的标点本是陈戍国点校的《周礼仪礼礼记》（岳麓书社1989年，岳麓书社下简称"岳麓"）。1999年，北大出版阮刻本《十三经注疏》标点本，其中有《周礼注疏》（赵伯雄整理、王文锦审定）、《仪礼注疏》（彭林整理、王文锦审定）、《礼记正义》（龚抗云整理、王文锦审定），后又出版繁体字本，这是大陆出版最早的经注疏标点本，对于《十三经注疏》的普及作用甚大。2001年，台湾新文丰出版公司出版

《十三经注疏》分段标点本，其中有《周礼注疏》（邱德修点校）、《仪礼注疏》（邱德修点校）、《礼记正义》（田博元点校）。2008年—2010年，上海古籍出版社（下简称"上古"）出版《周礼注疏》（彭林整理）、《仪礼注疏》（王辉整理）、《礼记正义》（吕友仁整理）。2016年，浙江大学出版社出版《中华礼藏》之《仪礼注疏》（贾海生点校），2019年，出版宋魏了翁《仪礼要义》（王红娟点校）、《礼记正义》（郜同麟点校）。

《儒藏》工程系统整理了一批礼学文献，收入精华编第39—73册，2009年以来陆续出版者有清孙诒让《周礼正义》（王文锦、陈玉霞、乔秀岩校点），《仪礼注疏》（彭林校点），宋李如圭《仪礼集释》（杨华、李志刚校点），宋杨复《仪礼图》（马延辉校点），元敖继公《仪礼集说》（曹建墩校点），清程瑶田《仪礼丧服文足征记》（徐到稳校点），清张尔岐《仪礼郑注句读》（张涛校点），清吴廷华《仪礼章句》（徐到稳校点），清胡培翚《仪礼正义》（张文、徐到稳、殷婴宁校点），《礼记正义》（吕友仁校点），元陈澔《礼记集说》（虎维铎校点），卢辩《大戴礼记注》（张显成校点），清孔广森《大戴礼记补注》（胥洪泉校点），清王聘珍《大戴礼记解诂》（章红梅校点），清孙希旦《礼记集解》（何锡光校点），宋朱熹、黄榦《仪礼经传通解》（王贻樑、徐德明校点），清黄以周《礼书通故》（王文锦、马清源、乔秀岩校点），清凌廷堪《礼经释例》（彭林校点），清曹元弼《礼经学》（周洪校点），宋司马光《书仪》（张焕君校点），宋朱熹《家礼》（王燕均、王光照校点），合计21种。

礼学文献整理本尚有清王聘珍《大戴礼记解诂》（王文锦点校，中华1983年）、清孙诒让《周礼正义》（王文锦、陈玉霞点校，中华1987年）、清孙诒让《周礼正义》（汪少华整理，中华2015年）、清胡培翚《仪礼正义》（段熙仲点校，江苏古籍出版社1993年）、清孙希旦《礼记集解》（沈啸寰、王星贤点校，中华1989

年)、清朱彬《礼记训纂》(饶钦农点校,中华 1996 年)、宋朱熹《仪礼经传通解》(《朱子全书》2—5 册,王贻樑校点,上古 2002 年)、清黄以周《礼书通故》(王文锦点校,中华 2007 年)、元敖继公《仪礼集说》(孙宝点校,上古 2017),清凌廷堪《礼经释例》(彭林整理,台湾"中国文哲所"2012 年)、宋杨复《仪礼经传通解续卷祭礼》(叶纯芳、桥本秀美整理,台湾"中国文哲所"2011 年)、清焦循《礼记补疏》《三礼便蒙》(《焦循全集》第 5 册,刘建臻整理,广陵书社 2016 年,广陵书社下简称"广陵")、清张锡恭《丧服郑氏学》(吴飞校点,上海书店 2017 年)、刘师培《周礼古注集疏》(《仪征刘申叔遗书》第 2 册,万仕国点校,广陵 2014 年)、刘善泽《三礼注汉制疏证》(刘孚永点校,岳麓 1997 年)、陈成国《礼记校注》(岳麓 2004 年)。宋聂崇义《新定三礼图》(丁鼎点校,清华大学出版社 2006 年)、王锷编纂《曲礼注疏长编》(广陵 2019 年),等等。这些点校整理本,既是整理礼学文献的重要成果,也为研究经学、礼学提供了方便。

"三礼"今注今译方面有王宁主编的《评析本白话三礼》(北京广播学院出版社 1993 年)。许嘉璐主编的《文白对照十三经》(广东教育出版社等 1995 年),其中《周礼》《仪礼》是许嘉璐注译,《礼记》是姚淦铭注译。

黄公渚(字孝纾)《周礼》选注(商务印书馆出版 1936 年),是第一本《周礼》选注本。此后,《周礼》注译类著作有林尹《周礼今注今译》(台湾商务印书馆 1972 年),钱玄等《周礼注译》(岳麓 2001 年),杨天宇《周礼译注》(上古 2004 年),吕友仁《周礼译注》(中州古籍出版社 2004 年),徐正英、常佩雨译注《周礼》(中华 2014 年),闻人军《考工记译注》(上古 2008 年),戴吾三《考工记图说》(山东画报出版社 2003 年)等。

《仪礼》有杨天宇《仪礼译注》(繁体版,上古 1994 年;简体版,2004 年)、彭林《仪礼全译》(贵州人民出版社 1997 年)。

大小戴《礼记》有王梦鸥《大小戴礼记选注》（重庆正中书局1944年），王梦鸥《礼记今注今译》（台湾商务印书馆1970年），杨天宇《礼记译注》（繁体版，上古1997年；简体版，2004年），吕友仁、吕咏梅《礼记全译》（贵州人民出版社1998年），钱玄等注译《礼记》（岳麓2001年），王文锦《礼记译解》（中华2001年），潜苗金《礼记译注》（浙江古籍出版社2007年），鲁同群选注《礼记》（凤凰出版社2011年），高明《大戴礼记今注今译》（台湾商务印书馆1975年），方向东译注《大戴礼记》（江苏人民出版社2019年）等。《周礼》《仪礼》《礼记》《大戴礼记》的今注今译本，在方便读者学习"三礼"的同时，也普及了礼学。

第三，礼学文献研究。礼学文献研究是指从礼学角度对礼学文献的专书研究和从目录、版本、校勘等文献学方面对礼学文献进行的研究。

早在1923年—1934年，叶圣陶依据世界书局影印阮刻本《十三经注疏》编纂《十三经索引》，用以查检《十三经》经文句子，1934年由上海开明书店出版；1932年—1940年，哈佛燕京学社先后出版洪业编《仪礼引得》《礼记引得》《周礼引得》（附注疏引书引得），是查检《周礼注疏》《仪礼注疏》《礼记注疏》的工具书。这两种索引，为研读"三礼"经注疏文提供了方便，一直到近年才逐渐淡出学者的视野。

新中国成立以来，礼学文献主要收藏在公立图书馆和科研高校单位。对于礼学文献的著录、研究主要见于各馆藏书目录和题跋。1960年，赵万里主编《中国版刻图录》（文物出版社1960年），介绍多种宋元版礼学文献，类似的著作有王重民《中国善本书提要》（上古1983），《北京图书馆古籍善本书目·经部》（书目文献出版社1987），黄永年、贾二强《清代版本图录》（浙江人民出版社1997年），张玉范、沈乃文主编《北京大学图书馆馆藏善本书录》（北大1998年）等。另如傅增湘《藏园群书经眼录》（中华1983

年)、李盛铎《木犀轩藏书题记及书录》(北大 1985 年)、杜泽逊《四库存目标注》(上古 2007)、《中国人民大学图书馆古籍善本书目》(中国人民大学出版社 1991 年)、刘蔷《天禄琳琅知见书录》(北大 2017 年)、《清华大学图书馆藏古籍善本书目》(清华大学出版社 2003 年)等,也著录了一些礼学文献。1989 年林庆彰主编《经学研究论著目录》(1912—1987)出版,1999 年《经学研究论著目录》(1988—1992)出版,1993《日本研究经学论著目录》(1900—1992)出版,这三部目录的编纂出版,为学者了解近百年来经学、礼学研究提供了方便。王锷《三礼研究论著提要》(甘肃教育出版社 2001 年,2007 年增订本)为研读礼学、经学提供了一些重要线索。

随着礼学文献的影印和数字化,礼学文献版本研究有了长足发展,已经跳出仅限书名、卷册数、行款、题跋、藏书单位等版本特征的著录,学界更加注重文字正误、版本优劣、版本源流、递藏轨迹以及先后印次差异、原本翻刻异同等问题,发表了一批很有价值的学术论文,如乔秀岩《〈礼记〉版本杂识》、叶纯芳与乔秀岩《影印南宋越刊八行本〈礼记正义〉》(《文献学读书记》,生活・读书・新知三联书店 2018 年)、张丽娟《南宋抚州本经书的刊刻与修补》(《版本目录学研究》第 3 辑)、廖明飞《〈仪礼〉注疏合刻考》(《文史》2014 年 1 期)、张学谦《"岳本"补考》(《中国典籍与文化》2015 年 3 期)等。出版了一些研究专著,如张丽娟《宋代经书注疏刊刻研究》(北大 2013 年)、程苏东《从六艺到十三经》(北大 2018 年)、李霖《宋本群经义疏的编校与刊印》(中华 2019 年),三书中有关礼学文献的章节,值得关注。王锷《〈礼记〉版本研究》(中华 2018 年)于《礼记》重要版本亦有讨论。

礼学文献专书研究方面,出版了一些高质量的学术著作,如侯家驹《〈周礼〉研究》(台北联经出版事业公司 1987 年)、彭林《〈周礼〉主体思想及其成书年代研究》(中国社会科学出版社 1991

年)、王关仕《〈仪礼〉服饰考辨》(台北文史哲出版社 1977 年)、王梦鸥《礼记校证》(台北艺文出版社 1976 年)、王锷《〈礼记〉成书考》(中华 2007 年)、黄怀信《大戴礼记汇校集注》(三秦出版社 2005 年)、方向东《大戴礼记汇校集解》(中华 2008 年)、李云光《三礼郑氏学发凡》(台北嘉新水泥公司文化基金会 1966 年)、钱玄《三礼名物通释》(江苏古籍出版社 1987 年)、《三礼辞典》(江苏古籍出版社 1993 年)、《三礼通论》(南京师范大学出版社 1996 年)、沈文倬《宗周礼乐文明考论》(杭州大学出版社 1999 年)、张舜徽《郑学丛著》(华中师范大学出版社 2005 年)、唐文《郑玄辞典》(语文出版社 2004 年)、杨天宇《郑玄三礼注研究》(中国社会科学出版社 2008 年)、叶国良《礼学研究的诸面向》(台北清华大学出版社 2010 年)、《礼学研究诸面向续集》(台北清华大学出版社 2017 年)、《十三经辞典·周礼卷》(汤斌主编)、《仪礼卷》(胡大浚主编)、《礼记卷》(王明仓、白玉林主编,陕西人民出版社 2011 年)等。近二十多年来,随着学术研究的发展,有一大批硕博士加入研究礼学文献的队伍,推出了一批研究成果,如邓声国《清代〈仪礼〉文献研究》(上古 2006 年)、潘斌《宋代〈礼记〉学研究》(吉林人民出版社 2011 年)、李洛旻《贾公彦〈仪礼疏〉研究》(万卷楼图书股份有限公司 2017 年)、瞿林江《钦定礼记义疏研究》(广陵 2017 年)、徐渊《仪礼丧服服叙变除图释》(中华 2017 年)等,都是礼学文献研究的重要成果。

金文、石刻、简帛和敦煌遗书等出土文献中,有一些与礼学文献密切相关的典籍,像汉熹平石经、唐开成石经,武威汉简、郭店楚简、上博简、清华简以及敦煌遗书等,研究的代表作有陈梦家《武威汉简》(文物出版社 1964 年)、许建平《敦煌经籍叙录》(中华 2006 年)、张涌泉主编《敦煌经部文献合集》(中华 2008 年)、虞万里《上博馆藏楚竹书〈缁衣〉综合研究》(武汉大学出版社 2009 年)、贾海生《周代礼乐文明实证》(中华 2010 年)、杨华

《古礼新研》（商务印书馆 2012 年）等。这些出土文献备受学术界关注，已经形成单独的学科，如金石学、简帛学、敦煌学等，故仅举大略如上。

二、礼学文献整理研究的问题

新中国成立以来，特别是近 30 年间的礼学文献整理与研究，成就斐然，有目共睹，这是当代学人在继承中华优秀传统文化方面做出的重要贡献。但是，礼学文献整理研究仍然存在一些问题。

在礼学及礼学文献研究方面，因历史的原因长期不受重视，以至于礼学号称"冷门""绝学"，不仅研究者少，且大量的礼学文献难以看到。随着经济的发展和国家实力的迅速提升，近年来大量礼学文献影印出版。但是，礼学文献与其他古籍一起影印，至今未见有专门的"礼学文献汇编"丛书。浙江大学古籍所策划整理《中华礼藏》，已经出版了一批成果，但进展不快。《儒藏》整理本价格昂贵，阅读不易。

在礼学文献影印方面，目前部分影印礼学文献在保留原书文字信息，不出错误，保证印刷质量，清晰美观等方面还有提升空间。如《中华再造善本》影印余仁仲本《礼记注》卷一第一页 A 面，因去底色处理太过，导致第八行右"字""音"之间成为空格。查检国家图书馆出版社《国学基本典籍丛刊》影印余仁仲本，空格是"一"字，来青阁影印本同，此乃《释文》文字，原文是"欲，如字，一音喻"。再如，古籍在流传过程中，往往在书中保留一些藏书家批注文字，大多以浮签形式加在书中，时间一长，就会粘错位置。古籍影印中，如果遇到浮签，就应该加以整理，粘贴在相应的位置。《中华再造善本》影印《纂图互注礼记》，其中有 22 条浮签，没有一处粘贴对位置。所以，古籍影印，不是拿来就印，应该做一些专业处理，然后写一篇题跋或提要，说明影印的版本依据以及有关情况，让读者尽可能了解这些珍本。

在礼学文献整理方面，重要的文献诸如《周礼注疏》《仪礼注疏》《礼记正义》《周礼正义》《仪礼正义》《礼记集解》《仪礼郑注句读》《礼经释例》等均有了整理本，孙诒让《周礼正义》有王文锦、汪少华两位先生的整理本，相辅相成，后出转精，是目前最好的《周礼正义》整理本。但就已经出版的礼学文献整理本而言，尚存在三个问题。

第一，重复整理，无所适从。《周礼注疏》《仪礼注疏》《礼记正义》各自最少有三到四种整理本，类似的整理本还在整理出版中，这种现象，既浪费人力物力，又令读者无所适从。不断有人整理这些文献，一说明此书重要，二说明学术界对已经出版的整理本不满意，三说明重新整理仍然有提高的空间。已经出版的整理本，存在底本选择不当、版本源流不明、缺乏校勘、校勘记不当、断句错误、不符合古籍整理规范等问题。

第二，经注单疏，未见整理。《周礼》《仪礼》《礼记》的经注疏合刻本，已经多次整理出版，但没有《周礼注》《仪礼注》《礼记注》《周礼疏》《仪礼疏》《礼记正义》等经注、单疏的整理本。随着大量宋元善本的公布，"三礼"的经注本、单疏本是礼学文献整理研究的基础，应该对经注本、单疏本（即使是残卷）分开整理，以便满足不同层次读者的需求。

第三，重要文献，无人问津。近年对礼学文献的整理，除"三礼"经注疏合刻本和清代胡培翚、孙希旦、孙诒让等人著作以外，其他诸如朱熹《仪礼经传通解》、刘师培《周礼古注集疏》等，都是伴随着《朱子全书》《仪征刘申叔遗书》等整理而完成的。其他重要典籍如宋卫湜《礼记集说》、清《钦定三礼义疏》、徐乾学《读礼通考》、蔡德晋《礼经本义》、盛世佐《仪礼集编》、金曰追《仪礼经注疏正讹》、杭世骏《续卫氏礼记集说》、戴礼《礼记通释》等，尚无人问津。

礼学文献研究出现上述问题，究其原因，主要有以下几个方面不足。

　　第一，礼学文献版本研究不够。经过多年的研究，我们已经知道《周礼》《仪礼》《礼记》等礼学基本文献自宋代以来经历了多次刊刻，有经注本、单疏本、注疏合刻本，经注本和注疏合刻本有附释文、不附释文之别，这些版本多次翻刻，元明清时期翻刻的经注本、注疏本与宋本之间是什么关系？孰优孰劣？如果要整理点校，如何确定底本？哪些可以作为对校本和参校本？这些问题，《周礼》《仪礼》仍有一些问题说不清楚，需要进一步研究。

　　第二，缺乏汇校成果。清代乾嘉时期，阮元主持撰写《十三经注疏校勘记》，其中有《周礼注疏校勘记》《仪礼注疏校勘记》《礼记注疏校勘记》等，后经卢宣旬摘录，附在阮刻本《十三经注疏》中流传。阮元的校勘成果，至今是我们阅读"三礼"的主要参考文献。另外，浦镗《十三经注疏正字》、汪文台《十三经注疏校勘记识语》、孙诒让《十三经注疏校记》，日本人山井鼎、物观《七经孟子考文补遗》中的礼学文献校勘成果，仍然分散各处；就《仪礼注疏》而言，陈凤梧本、应榗本、汪文盛本、闽本、监本、毛本、武英殿本、《四库》本《仪礼注疏》各自有何差异？《仪礼注疏》17卷本系统与张敦仁、阮元合刻《仪礼注疏》50卷之间，文字异同如何？差异何在？等等，这些在已有整理本中未能全部吸收。所以，在一定程度上影响了《周礼注疏》《仪礼注疏》《礼记注疏》整理水平。

　　第三，礼学文献研究不够深入。郑玄《周礼注》《仪礼注》《礼记注》是完整保留到现在的汉人注本，之前对郑注的研究，多从训诂学角度研究，如《郑学丛著》《郑玄辞典》等，从礼学角度的研究不够。"礼是郑学"，为什么说"礼是郑学"？郑注在礼学文献传承中起到什么样的作用？为何郑注取代了王肃注？唐代撰写《五经正义》，贾公彦撰写《周礼疏》《仪礼疏》，为何选择郑玄注本？孔颖达、贾公彦之后，一直到清代，才出现类似的义疏或正义类著作如《仪礼正义》《周礼正义》,这又是为什么?宋元明学者在礼学文献研究和传承过程中做了哪些工作?朱子为什么要编纂《仪礼经传通解》?清人设置三礼馆的目的是什么?如何看待《三礼义疏》?如何认识阮元重刻《十三经注疏》?每个时代出现的礼学文献,与其同时代的政治、文化、学风有何关系?等等,这些问题有些已有研究,如张涛《乾隆三礼馆史论》(上海人民出版社2015年)对三礼馆有关问题有深入分析。但大多问题,尚需要从某部礼学文献入手,拓宽视野,深入探讨。

至于礼学文献的数字化,主要存在两个问题:一是国内公立图书馆收藏的礼学文献,大多没有数字化。即使部分已经数字化者,或掩盖"遮羞布",强调这是"我家"的,你们不得"造次";或者只能亲临其馆,在"严密监视"下观看,让人有"做贼"的感觉,心情不爽。二是部分重要的礼学文献数字化,大多属于个人行为,都是礼学文献的热爱者和研究者,亲自动手,制作成电子书,上传网络,友朋传递,有"盗版"嫌疑,没有名分,羞羞答答,多有不便,甚至不清楚,不便使用。

三、礼学文献整理研究的展望

随着我国经济的快速发展,国家实力的不断强大,文化建设越来越重要。建立文化自信,不能是一句空话,应该付诸实践,从事礼学文献整理与研究,本身就是继承中华优秀传统文化的重要举措。展望未来,礼学文献整理研究尚有许多工作可做。

第一,编纂《礼学文献集成》。我认为中国文化的核心是经学,经学的核心是礼学,礼学的核心是仁,内主诚信,崇尚明德;外在恭敬,推崇谦让。礼学文献是研究礼学的基石,所以,编纂一部《礼学文献集成》,对前人研究礼学的成就进行总结,是传承中华礼乐文明的重要工作。

第二,加快礼学文献数字化。尽快将国家图书馆、上海图书馆、南京图书馆等公共图书馆的礼学文献数字化,分期分批扫描上传网络,一则可保护善本古籍,二则可解决读者阅读利用的困难。建设礼学文献专门数据库,将礼学古籍文献、研究专著、学术论文分别建档,编纂查检引用程序,为学术研究服务。

第三,汇校《三礼注疏》。就目前学术研究的状况来看,能够看到的礼学文献版本和研究成果,已经远远超过阮元校刻《十三经注疏》之时。《三礼注疏》是礼学研究的核心,所以,一定要在阮刻本基础上,充分吸收后来的研究成果,仿照山东大学杜泽逊教授《尚书注疏汇校》的做法,汇校目前能够看到的"三礼"经注疏版本,汇集有关校勘成果,为整理高质量的《三礼注疏》奠定基础。

第四,整理礼学文献。礼学文献虽然已经出版了好多种整理本,但因不明版本源流等原因,仍存在一些缺憾。在汇校《三礼注疏》的基础上,整理出《周礼注》《周礼注疏》《仪礼注》《仪礼注疏》《礼记注》《礼记正义》等经注、注疏以及白文、单疏的整理本,提供给不同读者研究使用。同时,选取整理不理想的礼学文献和没有整理的礼学文献,标点整理,供读者研读。

第五,编纂长编新注。就"三礼"而言,目前可供阅读的注释本,基本是清代以前学者撰写的。自汉至清,历代学者注疏"三礼"的资料,需要进一步清理总结,清理的最好方式是编纂长编,诸如《周礼注疏长编》《仪礼注疏长编》《礼记注疏长编》,在长编的基础上,总结过去,删繁就简,撰写新的注释文本。我们正在编纂《礼记注疏长编》,其中《曲礼注疏长编》已出版,《檀弓注疏长编》正在编辑中。

第六,专书研究和专题研究相结合。礼学文献中很多的专书缺乏研究,很多礼学专题缺乏探讨。如《仪礼疏》《仪礼经传通解》《仪礼经传通解续卷祭礼》《周礼义疏》《仪礼义疏》《仪礼正义》《读礼通考》等,这些专书,都是礼学文献的代表作,需要专门研究。中国是礼仪之邦,礼仪之邦的特征是什么?礼乐文明体现在哪里？两千多年的古代先贤如何解读礼乐文明？汉代以来历代制定的礼仪制度如何变迁？如何借鉴"三礼"？中华礼乐文明传承的轨迹是怎样的？历代学者如何注解阐释"三礼"？蕴含着什么样的思想？"三礼"对历代政府产生了哪些影响？等等，这些问题，均需要专题讨论。这样的讨论，均离不开礼学文献。

第七，正确看待出土文献与传世礼学文献的关系。出土的简帛文献、金石文献以及敦煌遗书，为研究礼学文献提供了很重要的参照。但是，在利用出土文献研究礼学文献时，不能顾此失彼，妄加评判。我们现在看到的《周礼》《仪礼》《礼记》《大戴礼记》等文献，经历两千多年流传，其中包含了历代学者的研究心血，大致定型，并影响中国社会两千多年。大量简帛文献的出土，尤其是战国竹简的出土，说明传世的部分文献，在战国时期有不同传本，这些竹简本文字与传世本有别，但不能有差异，就说传世本是错的，简帛是对的。如果真是那样，为什么所谓"对"的没有流传下来，而将"错"的流传于后世？出土文献真实反映了不同时期文献的面貌，至于谁对谁错、孰好孰坏，需要认真研究。

第八，编著通俗读本，普及礼学知识。中国是礼仪社会，礼无处不在，无时不行。中国人每天在礼仪社会中生活，然而对于很多礼学知识，知其然而不知其所以然，非礼之事，时常发生。因此，应该立足儒家经典，以"三礼"为核心，编著各种生动活泼的通俗读本，诸如《〈礼记〉选读》之类的书籍，图文并茂地宣传礼学知识，让行礼讲礼深入人心。等条件一旦成熟，制定适合时代的礼仪制度。

大驾卤簿图研究的回顾与重探（修订本）[1]

佟 雪[2]

"卤簿"义指天子出行之车驾。《说文解字·木部》："櫓，大盾也。从木鲁声。樐，或从卤。"段注曰："樐或从卤。卤声也。《始皇本纪》亦假卤为之。天子出行卤簿。卤，大楯也。以大盾领一部之人，故名卤簿。"[3] 可见，"卤簿"本写作"樐簿"或"櫓簿"。

"卤簿"一词首见于汉。[4] 蔡邕《独断》云："天子出，车驾次第，谓之卤簿。有大驾、小驾、法驾。"[5] 应劭《汉官仪》亦云："天子出车驾次第谓之卤，兵卫以甲盾居外为前导，皆谓之簿，故曰卤簿。"[6] 据此二条，则"卤簿"本为天子专用。然《后汉书·舆服志》则云："诸侯王法驾，官属傅相以下，皆备卤簿。"[7] 可知汉时"卤簿"似非天子专属，诸侯、重臣亦得用之。

唐代封演《封氏见闻记》对卤簿有较为详尽的说解：

---

[1] 本文是国家社科基金重大项目《〈仪礼〉复原与当代日常礼仪重建研究》（14ZDB009）的阶段性成果。
[2] 清华大学中国经学研究院。
[3] 段玉裁：《说文解字注》，上海古籍出版社，1981年，第436页。
[4] 目前学界研究卤簿多追溯至秦，然现有秦代资料未见"卤簿"一词。
[5] 蔡邕：《独断》，上海古籍出版社，1990年，第24页。
[6] 应劭：《汉官仪》，孙星衍等辑，周天游点校：《汉官六种》，中华书局，1990年，第184页。
[7]（南朝宋）范晔著，李贤等注：《后汉书》，中华书局，2010年，第3652页。

> 舆驾行幸，羽驾导从谓之"卤簿"，自秦、汉以来始有其名。蔡邕《独断》载卤簿有小驾、大驾、法驾之异，而不详"卤簿"之义。按，字书："卤，大楯也。"字亦作"橹"，又作"樐"，音义皆同。卤以甲为之，所以扞敌。贾谊《过秦论》云"伏尸百万，流血漂卤"是也。甲楯有先后部伍之次，皆著之簿籍，天子出则案次导从，故谓之"卤簿"耳。仪卫具五兵，今不言他兵，但以甲楯为名者，行道之时，甲楯居外，余兵在内，但言"卤簿"，是举凡也。
>
> 南朝御史中丞，建康令，俱有卤簿。人臣仪卫，亦得同于君上，则卤簿之名，不容别有他义也。①

由封演所述可知，至少从南朝起，"卤簿"已扩展为君臣出行仪卫之统称。

卤簿图伴随卤簿产生，对卤簿有记录与说明之功用，是卤簿的形象化、艺术化。卤簿图的绘制并非易事，图卷也不利流传，所以现存传世卤簿图并不多见。现存最为清晰完整的卤簿图无过于宋、清两代《大驾卤簿图》，其他诸如南宋《卤簿玉辂图》、清《康熙南巡图》、清《乾隆南巡图》等或内容简略，或笔法潦草，或非卤簿专图。本文拟在综合前人研究成果的基础上，结合现存卤簿图，对卤簿图研究涉及的主要问题予以分析，尝试考查卤簿图之历史源流、绘制过程以及其与卤簿仪制的对应情况，进而探究卤簿图历史性与艺术性的关系。

一、卤簿图研究回顾及源流梳理

（一）卤簿图研究回顾

近年来，学术界于卤簿研究取得了丰硕成果，已有研究综述发

---

①封演撰，赵贞信校注：《封氏闻见记校注》，中华书局，2005年，第38页。

表，本文不再赘述。① 关于卤簿图的研究，主要成果集中于以下方面。

1. 图卷作者及年代考证，如吕树芝《宋人绘〈大驾卤簿图卷〉》②（1984）认为现存宋代《大驾卤簿图卷》绘于宋太祖建隆四年，作者不详；陈鹏程《旧题〈大驾卤簿图书·中道〉研究——"延祐卤簿"年代考》③（1996）则认为此图绘于宋仁宗皇祐五年④，出自北宋画院画家之手；朱敏《大驾卤簿图卷》⑤（2007）认为此图为元无名氏绘，所绘为元代皇帝出行仪仗。

2. 图中仪仗方阵研究，如陈克双《皇帝仪仗队》⑥（2010）、王东峰《闲品〈大驾卤簿图〉》⑦（2013）、朱敏《大驾卤簿图卷》（2007）等论述的是宋代《大驾卤簿图》⑧；朱敏《清人〈大驾卤簿图卷〉研究》⑨（2007）论述的是清代《大驾卤簿图》，以上诸文不

---

①参见张爱崖、王炜民：《近三十年来卤簿制度研究综述》，载《阴山学刊》，2013年第4期，第79－84页。

②吕树芝：《宋人绘〈大驾卤簿图卷〉（部分）》，《历史教学》，1984年第5期，第64页。

③陈鹏程：《旧题〈大驾卤簿图书·中道〉研究——"延祐卤簿"年代考》，《故宫博物院院刊》，1996年第2期，第76－85页。

④张爱崖提及陈文认为是元代曾巽申所绘，恐实为误解，参见张文《近三十年来卤簿制度研究综述》及其硕士学位论文《唐宋皇帝卤簿研究》。

⑤朱敏：《大驾卤簿图》，《中国国家博物馆藏文物研究丛书》（绘画卷风俗画），上海古籍出版社，2007年，第14－15页。

⑥陈克双：《皇帝仪仗队》，载《文物里的古代中国》，社会科学出版社，2010年，第16－17页。

⑦王东峰：《闲品〈大驾卤簿图〉》，载《中国文物报》，2013年7月31日，第008版。

⑧朱敏先生认为其为元《大驾卤簿图卷》，本文现依陈鹏程等先生观点，称为宋《大驾卤簿图卷》。

⑨朱敏：《大驾卤簿图卷》《清人〈大驾卤簿图卷〉研究》，载《中国国家博物馆藏文物研究丛书》（绘画卷风俗画），上海古籍出版社，2007年，第150－171页、第315－319页。

仅细致描绘了方阵布局,更介绍了其功用及时代特点。

3. 图卷创作目的与性质探究,如陈先行《清内府彩绘本卤簿图》①(2003)认为上海图书馆藏清内府彩绘本《卤簿图》为乾隆十三年《钦定皇帝大驾卤簿图》之底本;万依《〈康熙南巡图〉中的卤簿》②(1980)考证《乾隆南巡图》属大驾卤簿图。

4. 图卷所绘器物研究,如扬之水《磁县湾漳北朝壁画墓卤簿图若干仪仗考》③(2006)探讨了北齐文宣帝高阳墓卤簿图中相风、搊鼓、罼罕等礼器的发展与作用。

5. 图卷艺术处理研究,如伊沛霞《大驾卤簿:皇家胜景和北宋开封的视觉文化》④(2017)重点分析了宋代《大驾卤簿图》营造的时代都城视觉文化,提出其创作中运用了一些视觉简写的艺术处理。

(二) 卤簿图源流梳理

卤簿图是一种特殊的礼图,兼具艺术美学与礼仪制度的研究内容。目前学术界对"卤簿"的产生年代意见较为一致,均认为其始于秦汉时期。⑤ 然关于"卤簿图"的源流及产生年代鲜有人探究。

---

① 陈先行:《绘制工致设色艳丽清内府彩绘本卤簿图》,《打开金匮石室之门:古籍善本》,上海文艺出版社,2003年,第245页。

② 万依:《〈康熙南巡图〉中的卤簿》,载《紫禁城》,1980年第4期,第21-25页。

③ 扬之水:《磁县湾漳北朝壁画墓卤簿图若干仪仗考》,载《故宫博物院院刊》,2006年第2期,第114-123页、157页。

④ 伊沛霞著,段晓琳译:《大驾卤簿:皇家胜景和北宋开封的视觉文化》,载《历史文献研究》,2017年第2期,第131-155页。

⑤ 关于秦代是否已有卤簿,已有学者从车辆等方面展开论证,参阅张爱麋、王炜民《近三十年来卤簿制度研究综述》。另有,《通典》:"秦制大驾属车八十一乘,法驾半之"。《元史》卷七十八志第二十八舆服一:"至秦并天下,兼收六国车旗服御,穷极侈靡,有大驾、法驾以及卤簿。"亦认为秦已有卤簿。

就目前出土情况看，我国古代出行图最早可追溯至战国时期①，然出行图并不等同于卤簿图。长沙马王堆汉墓出土的西汉《车马仪仗图》②虽已破损，仍能看出安车、军阵、击鼓、军乐方阵，已接近卤簿图布局。山东孝堂山石祠画像内容丰富且清晰完整，有学者推测其为东汉济北王刘寿的出行图③（见图1），已与《大驾卤簿图》非常相似。考古实物所见的此类图画，可认为是后世卤簿图的先导。如此论成立，则可以说卤簿图与卤簿几乎同时出现。

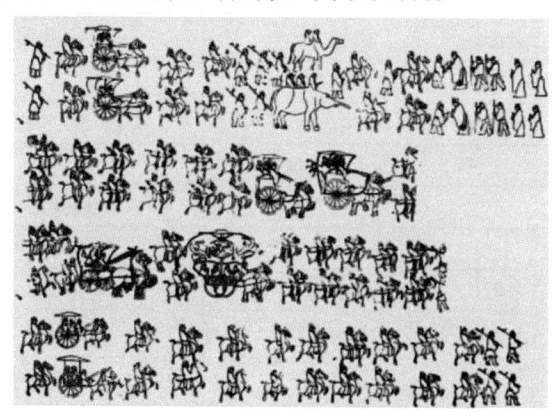

图1 孝堂山石祠《车马出行图》④

"二十五史"对卤簿及卤簿图发展演变多有所载。《后汉书·舆服志》《晋书·舆服志》《宋书·志第八》《魏书·志第十三》《隋

---

①胡莺：《包山二号墓漆奁的出行图像与相关问题研究》，湖北美术学院硕士学位论文，2007年。

②郑曙斌：《帛画〈车马仪仗图〉新解》，载《湖南博物馆馆刊》，2013年，第44-54页。

③夏超雄：《孝堂山石祠画像、年代及主人试探》，载《文物》，1984年第8期，第34-39页。

④采自（日本）林巳奈夫：《后汉时代の车马行列》，《东方学报》第三十七号，京都：京都大学人文科学研究所，昭和四十一年（1966），附录第34-36页。

▶ 中华礼乐文化传承

书·志第七》《旧唐书·舆服志》《新唐书·仪卫志》《新唐书·车服志》《宋史·仪卫志》《辽史·仪卫志》《金史·仪卫志》《元史·舆服志》《明史·仪卫志》《明史·舆服志》《清史稿·舆服志》均可见其规制与历代源流。《通典》《文献通考》《明会典》《清会典》《续通典》《渊鉴类函》等书亦皆有专节考镜源流。其发展脉络详见表1。

表1 历代卤簿及卤簿图梳理

序	朝代	皇帝	卤簿名	卤簿图
1	西汉	世宗	甘泉卤簿①	-
2	东汉	-	-	应劭《汉官卤簿图》
3	西晋	-	中朝大驾卤簿②	-
4	晋	-	-	卤簿图③
5	南朝陈	-	-	卤簿图④
6	北魏	太祖	三驾卤簿⑤	-
7	唐	太宗	贞观卤簿⑥	-
8		-	-	王象卤簿图⑦
9	后唐	明宗	-	长兴《南郊卤簿字图》⑧
10	五代	-	五代卤簿⑨	

① (南朝宋) 范晔著, 李贤等注:《后汉书》, 中华书局, 2010 年, 第 3648 页。

② 房玄龄等:《晋书》, 中华书局, 1974 年, 第 757-760 页。

③ 魏徵:《隋书》, 中华书局, 1973 年, 第 970 页。

④ 魏徵:《隋书》, 中华书局, 1973 年, 第 970 页。

⑤ (北齐) 魏收:《魏书》, 中华书局, 1974 年, 第 2813 页。

⑥ 马端临:《文献通考》, 纪昀、永瑢等编纂:《景印文渊阁四库全书》史部政书类, 台湾商务印书馆, 1986 年, 第 610-616 册, 第 723 页。

⑦ 张彦远:《历代名画记》, 上海人民美术出版社, 1964 年, 第 76 页。

⑧ 脱脱等:《宋史》, 中华书局, 1977 年, 第 3399 页。

⑨ 嵇璜、曹仁虎等:《钦定续通典》, 纪昀、永瑢等编纂:《景印文渊阁四库全书》史部政书类, 台湾商务印书馆, 1986 年, 第 639-641 册, 第 301 页。

序	朝代	皇帝	卤簿名	卤簿图
11	北宋	太祖	绣衣卤簿①	-
12		太宗	-	至道卤簿图三幅②
13		真宗	-	王钦若景德卤簿图记③
14			-	天禧卤簿图④
15		仁宗	-	宋绶天圣卤簿图记
16			-	宋绶景祐卤簿图记⑤
17			-	皇祐法驾卤簿图⑥
18		神宗	-	大驾卤簿字图⑦
19		徽宗	政和大驾卤簿⑧	政和卤簿图记⑨
20			-	蔡攸宣和卤簿图记⑩
21			-	宣和卤簿图⑪
22	南宋	高宗	绍兴卤簿⑫	
23	辽	太宗	会同三年卤簿⑬	

①脱脱等：《宋史》，中华书局，1977年，第3400页。
②脱脱等：《宋史》，中华书局，1977年，第3401页。
③张英、王世祯等：《钦定渊鉴类函》，纪昀、永瑢等编纂：《景印文渊阁四库全书》子部类书类，台湾商务印书馆，1986年，第982—993册，第14页。
④马端临：《文献通考》，纪昀、永瑢等编纂：《景印文渊阁四库全书》史部政书类，台湾商务印书馆，1986年，第610—616册，第727页。
⑤脱脱等：《宋史》，中华书局，1977年，第3401页。
⑥脱脱等：《宋史》，中华书局，1977年，第3401页。
⑦脱脱等：《宋史》，中华书局，1977年，第3404页。
⑧脱脱等：《宋史》，中华书局，1977年，第3423—3436页。
⑨马端临：《文献通考》，纪昀、永瑢等编纂：《景印文渊阁四库全书》史部政书类，台湾商务印书馆，1986年，第610—616册，第727页。
⑩脱脱等：《宋史》，中华书局，1977年，第3407页。
⑪马端临：《文献通考》，纪昀、永瑢等编纂：《景印文渊阁四库全书》史部政书类，台湾商务印书馆，1986年，第610—616册，第727页。
⑫脱脱等：《宋史》，中华书局，1977年，第3439—3458页。
⑬嵇璜、曹仁虎等：《钦定续通典》，纪昀、永瑢等编纂：《景印文渊阁四库全书》史部政书类，台湾商务印书馆，1986年，第639—641册，第312页。

▶ 中华礼乐文化传承

序	朝代	皇帝	卤簿名	卤簿图
24	金	世宗	大定三年卤簿①	-
25	元	武宗	-	至大卤簿图②
26	元	仁宗	-	曾巽申《延祐中道外仗图》③
27		英宗	崇天卤簿④（至治卤簿）	英宗卤簿图⑤
28	明	太祖	洪武二十六年卤簿⑥	-
29		成祖	永乐卤簿	-
30		神宗	-	国朝卤簿图⑦
31			-	《出警入跸图》
32	清	世祖	-	康熙南巡图
33			-	康熙《万寿盛典图》
34		高宗	乾隆十三年卤簿	大驾卤簿图⑧
35			-	乾隆南巡图
36			-	《崇庆皇太后万寿盛典图》
37			-	乾隆《八旬万寿盛典图》
38		德宗	-	光绪《大婚典礼全图册》

①嵇璜、曹仁虎等：《钦定续通典》，纪昀、永瑢等编纂：《景印文渊阁四库全书》史部政书类，台湾商务印书馆，1986年，第639-641册，第313页。

②虞集：《道园学古录》，王云五：《万有文库》，商务印书馆，1937年（民国二十六年），第318页。

③虞集：《道园学古录》，王云五：《万有文库》，商务印书馆，1937年（民国二十六年），第318页。

④宋濂等：《元史》，中华书局，1976年，第1975-1994页。

⑤宋濂等：《元史》，中华书局，1976年，第609页。

⑥张廷玉等：《明史》，中华书局，1974年，第1599页。

⑦王圻、王思义编集：《三才图会》，上海古籍出版社，1988年，第1853-1860页。

⑧赵尔巽等：《清史稿》，中华书局，1977年，第3083-3084页。

纵观历朝卤簿图，尤以宋代数量最为繁盛，自宋太祖"绣衣卤簿"至宋高宗"绍兴卤簿"，宋代卤簿图或图记多达10种，远超历代卤簿图之总和。① 清代卤簿图保存最为完整，文字史料保存也较为丰富，为卤簿制度与卤簿图的精细对比创造了条件。

二、大驾卤簿图绘制过程简析

现存于世的卤簿图中，宋《大驾卤簿图卷》、清《大驾卤簿图卷》最为恢弘，兹以此二图为主，结合其他传世卤簿图及墓葬卤簿图的相关记载，试分析大驾卤簿图的作者归属及绘制过程。

（一）大驾卤簿图的作者归属：政府画院

前文已述，对于宋《大驾卤簿图卷》绘制者，学界一直存在争议。可明确的是，有关文献中"曾巽申绘"与"无名氏绘"二说实为误解，陈鹏程先生考察宋代皇室画卷，得出大驾卤簿图必出自北宋画院画家之手的结论。②

据《宋会要辑稿》载："先是至道二年太宗令内侍裴愈、石承庆于朝元殿集画工绘此图（南郊图），命（宋）白总其事，至是方毕。凡为三幅，外幅列仪卫，中幅辂车及导驾官人物……赐白银、彩一百匹两，愈、承庆各钱三万，翰林画待诏高元吉赐绯，余工迨掌事缗钱有差。"③ 卤簿图既为国家典制，必是政府行为，且如此鸿篇巨制，必诏当世名家完成。朝廷与民间的行为，存在财力与礼制上的巨大鸿沟，"大驾卤簿图"之绘制自不可能是民间行为，则

---

①目前学界对于传世的宋《大驾卤簿图卷》真伪仍有争论，且其是否能与史籍所记之卤簿图相互对应尚待进一步考证。
②陈鹏程：《旧题〈大驾卤簿图书·中道〉研究——"延祐卤簿"年代考》，载《故宫博物院院刊》，1996年第2期，第82页。
③徐松：《宋会要辑稿》，前北平图书馆影印本，中华书局，2006年，第1021页。

陈说可信。

保存完整的清《大驾卤簿图卷》虽未题写画工名录，且卷后有署名汪由敦的《大驾卤簿题记》和钱汝诚《大驾卤簿车器全目》。然而，著录清内府所藏历代书画藏品的《石渠宝笈》（续编）中明确记有《大驾卤簿图》[①] 一卷，画家为吴桂、程志道、陈永价、程梁、王方岳、陈基六人，[②] 可知大驾卤簿图的绘制必为官府行为，画工也基本是当时的院画家。

（二）大驾卤簿图绘制过程

1. 底本与草图

陈鹏程先生提出，卤簿图的绘制"必须有前代卤簿图做蓝本"，"若无蓝本或真实衣冠法物等为依据，单凭考证是做不到的"。[③] 笔者认为陈先生之说可信，且认为除前代卤簿图蓝本外，卤簿图的绘制还需绘制草图。画工在最终完成全幅卤簿图之前，应当绘出若干草图，这些草图也是卤簿图成品的来源之一。以《康熙南巡图》为例：

> 《康熙南巡图》由督察院左副都尉御史宋俊业主持，聘王翚及其弟子杨晋绘画。在绘制正图之前，先由王翚执笔画了草图十二卷，并呈玄烨过目。草图为纸本淡设色，内容与正图大致相仿，小有差异，尺寸比正图略小些。绘画过程中"海内能手，逡巡莫敢下笔，翚口讲指授，咫尺千里，令众分绘而总其成。"历时三年完成。[④]

[①]《石渠宝笈》所载《大驾卤簿图》应非国家博物馆藏《大驾卤簿图卷》，而是辽宁省博物馆藏《乾隆大驾卤簿图》。
[②] 王杰、董诰等：《石渠宝笈续编》，故宫博物院，1971年，第66页。
[③] 陈鹏程：《旧题〈大驾卤簿图书·中道〉研究——"延祐卤簿"年代考》，载《故宫博物院院刊》，1996年第2期，第82页。
[④] 聂崇正：《清代历史画巨作——〈康熙南巡图〉》，载《故宫博物院院刊》，1981年第2期，第75–76页。

由此可知，大驾卤簿图的绘制，应有草图或底本，如此方可保证绘制出的正图既符合礼制，又兼具审美性。草图从表现形式上来看，可分为三类，分别是概念草图、形态草图和结构草图。王翚执笔所绘"尺寸比正图略小些"的草图，至少包括结构草图在内。

　　目前已有学者找到疑似清乾隆十三年《钦定皇帝大驾卤簿图》的底本——上海图书馆藏清内府彩绘本卤簿图。陈先行先生提出：史籍中记载乾隆十三年编有《钦定皇帝大驾卤簿图》，次年又编皇太后仪驾、皇后仪驾、皇贵妃仪仗等图，但均未见流传，颇疑清内府彩绘本《卤簿图》（上海博物馆藏）就是《钦定皇帝大驾卤簿图》之底本，而《皇朝礼器图式》应是最终标准版定本。[①]（见图2）然陈先生此说为推测，并无明文证据。且上博所藏彩绘本《卤簿图》绘制极为精细，内容形式多为单个礼器的图示，并未如传世卤簿图一般连缀成画，况其创作年代也未能断定。因此，究竟陈先生推测是否准确，卤簿图底本为何种形式，均待进一步研究。

图2　上海图书馆藏清内府彩绘本卤簿图（部分）

2. 耗时历久

　　考察"二十五史"所提历朝卤簿图，或为辑索旧礼而绘，或为更定本朝新礼而绘，或为记录当朝盛况而绘，均为事后制图，在祭

[①]陈先行：《绘制工致设色艳丽清内府彩绘本卤簿图》，《打开金匮石室之门：古籍善本》，上海文艺出版社，2003年，第245页。

祀后数年内完成。很多情况下，此一过程需要三年左右，可谓耗时良久。如考宋初大驾卤簿，自至道二年始到咸平元年成，耗时三年乃成。上文所提《康熙南巡图》亦耗时三年，而《乾隆南巡图》则断断续续，历六年之久①。

关于卤簿图制作过程的文献则较为少见。可知仅有清《大驾卤簿图卷》后有署名为汪由敦的楷书题记云：

（大驾卤簿）南郊用之，以乾隆十有三年冬日至，大祀南郊乘御伊始。命内苑供奉诸大臣图写装潢各成巨秩復合绘。②

题记描述不详，据此可推测，卤簿图的绘制是先绘底本或草图，期间多次上呈皇帝御览，而后成定本。详细和具体的绘制过程需待进一步研究。

综上，卤簿图的绘制是一个政府主导行为，需动用大量财力物力，广招当世名工巧匠，集众人全力完成，非一人之力、一日之功。卤簿图需稽考历代礼制，符合当朝统治者意愿，兼具历史实际和美学价值，故须参考蓝本，绘制底本和草图。但其详细的绘制过程由于记载文献不足，现无法考证。

三、历史性与艺术性结合的大驾卤簿图

现存于世的大驾卤簿图共有四幅，即北宋《大驾卤簿图卷》、南宋《卤簿玉辂图》、清内府彩绘本《卤簿图》、清《大驾卤簿图卷》。（见附图）其他包含皇帝出行大驾卤簿的则有明《出警入跸

---

①杨多：《〈乾隆南巡图〉研究》，中央美术学院硕士学位论文，2001年，第26页。
②朱敏：《大驾卤簿图卷》，《中国国家博物馆藏文物研究丛书》（绘画卷风俗画），上海：上海古籍出版社，2007年，第169页。

图》,清《康熙南巡图》《乾隆南巡图》,清康熙《万寿盛典图》《崇庆皇太后万寿盛典图》、乾隆《八旬万寿盛典图》等。

据表1可知,卤簿图并不仅局限于上述真正意义的"图画",还应有"字图"与"图记"两种形式。卤簿图在不同朝代的形貌表现并不相同。遗憾的是,"字图"与"图记"这两种类型,目前尚未得见以此命名的传世样品。

伊佩霞(Patricia Ebrey)教授基于宋代绘图习惯,推测字图形貌为:平面俯视图,"用圆圈来代表人,还会用文字来标注一个军营或者一个城门的名字",并以《武经总要》图(见图3)作为例子。同时,她推测宋绶编写的"图记"形式大致为按物品编排,插图在右,说明在左,这与宋代其他插图书籍,如聂崇义《三礼图》的形式是一致的。①

至清代,则出现了另一种卤簿字图绘制形式,至今保存在清代档案中②(见图4)。仍采用俯视图的形式,但完全以字替代圆圈及其他字标,空间进一步扩大,更趋近于图卷的表现形式,且可与《大驾

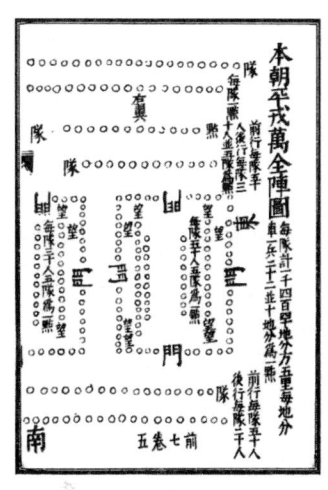

图3 《武经总要》插图[②]

---

①伊沛霞著,段晓琳译:《大驾卤簿:皇家胜景和北宋开封的视觉文化》,《历史文献研究》,2017年第2期,第151-152页。
②采自曾公亮、丁度等:《武经总要》前集卷七,《中国兵书集成》第三册,北京:解放军出版社、沈阳:辽沈书社联合出版,据明金陵书林唐富春刻本影印,1988年,第277页。
②銮仪卫:《祭天坛地坛太庙銮仪卫预备仪仗并蒙古罗哈喇祭祀礼仪銮仪卫内外库存大驾卤簿仪仗黄册(乾隆朝)》,《国家图书馆藏清代孤本内阁六部档案续编(2)》,北京:全国图书馆文献缩微复制中心,2005年,第608-609页。

卤簿图卷》一一对应。同时，《皇朝礼器图式》也成为重要的图记，且有精美的彩绘本传世。

图4 清代孤本内阁六部档案中的卤簿字图

无论是字图式还是图记式的卤簿图，主要目的是记录皇帝出行大驾卤簿的实际情况，均具有历史写实性。然而，卤簿图既为事后制图，反映的历史与出行当日必不完全一致。图画绘制过程的艺术性处理手法，是研究亟待解决的问题。此一问题，目前仅有伊佩霞教授有所提及，她在分析宋《大驾卤簿图卷》时提出，卤簿图采取了不同的方式来进行"视觉简化"，也许这可以解释为什么图中所绘人数远远少于历史资料记载：

> 有时候题注说明这个单元应该有12人，但是图中仅仅画了几个。例如，一个题注提到了156面鸟尾旗，但是图中只出现了6面，各被一名扈从拿着。……《卤簿图》中改变了《宋史》中所记载的顺序，不仅把四渎旗放在中间，而且仅仅画出了5面龙凤旗，而非25面。……《宋史》记载玉辂由4匹金面黑马拉着，马匹上还有各种装饰，随行有64位驾士。《卤簿图》中对此自然也进行了省略。①

---

① 伊沛霞著，段晓琳译：《大驾卤簿：皇家胜景和北宋开封的视觉文化》，载《历史文献研究》，2017年第2期，第132页。

宋代《大驾卤簿图卷》题注与图像确实存在明显差异（见表2），仔细对比二者可知：图像省略了大部分重复内容，仅保留必要部分。以"弓箭"为例，题注中标明的是"十六人排成四行"，而实际图卷中则只绘制出了"四人排成一行"。此种情况亦见于大鼓、长鸣、稍、五星旗、弩、捆鼓、金钲队伍中。另一种差则是更为明显的缺无，如图卷中并未见铙吹与横吹队伍，也未见御史大夫车队和兵部尚书车队的车前众人。就目前对比情况可知，卤簿图在创作过程中并不完全写实。它在忠实于当朝卤簿制度的真实情况下，也对不必要的重复形象进行了艺术性的处理。限于目前仅见图卷的部分内容，相信待对比全卷题注与图画后，其艺术创作的手法将更为显见。

表2 宋《大驾卤簿图卷》题注与图像不同之处

序	队伍	题注	图像
1	司徒车队	铙吹一部、横吹一部	无
2		大鼓十六为二重	八为一重
3		长鸣十六为二重	
4	御史大夫车队	车前众人	无
5	兵部尚书车队		
6	清游队	弓箭三十分左右为三重	十分左右为一重
7		稍四十分左右为四重	
8	朱雀队	弓四为一重	弩四为一重
9		弓箭十六为四重	四为一重
10		稍二十为五重	
11	五星旗队	骑十二为二重护旗	二十四为二重
12	指南等车	驾士十四人匠一人	驾士九或十人
13	引驾十二重	弩八为四重	二为一重

▶ 中华礼乐文化传承

序	队伍	题注	图像
14	太常前部鼓吹	捌鼓十二在左为二重	六为一重
15		金钲十二在右为二重	
16		大鼓百二十分左右为十重	十二为一重
17		长鸣百二十分左右为十重	

值得注意的是，清《大驾卤簿图卷》中并未出现题注与图像存在明显差异的情况。笔者推测，其原因在于宋《大驾卤簿图卷》既包含人物图像，又包含器物图像，内容更繁复多彩，服饰器物等细节清晰，将卤簿行进的动态情况跃然纸上；而清《大驾卤簿图卷》仅为器物图像的纵列排布，是一种静态呈现，更突显器物所列位置的准确性。在二图皆有题注标示卤簿队伍数量的情况下，宋《大驾卤簿图卷》的简省并不影响对卤簿制度的描绘，且使图卷更为简洁明晰；清《大驾卤簿图卷》本身已明了之至，无简省必要。另，宋《大驾卤簿图卷》题注位于卤簿方阵上或下方，而清《大驾卤簿图卷》题注及车器全目附于卷后，一旦散佚，则全凭图绘，这也应是清《大驾卤簿图卷》不作任何简省的原因。（见附图1、附图4）

进入现代，大驾卤簿图在新技法、新媒介的推动下焕发了新的艺术生命。1988年到1994年间，李大成先生搜罗古籍并实地考察，最终绘制出长60米，宽0.8米的《大驾卤簿图》手卷（见图5）。图中包含3770余人、330余马匹、11头大象、5辆大型车辇及248人的皇家车队、886件器皿。其后，200余名宫廷御用金属雕刻技法传人依照此图，雕刻出长176米、高2米的《大驾卤簿图》铜雕（见图6）。[1] 古代大驾卤簿图在新媒介推动下有了三维展示，这是大驾卤簿图由传统向现代转化的标志性成果。

---

[1] 国际广播电台采访：巨型铜雕作品《大驾卤簿图》主创人李大成、杨豪先生，人民网。

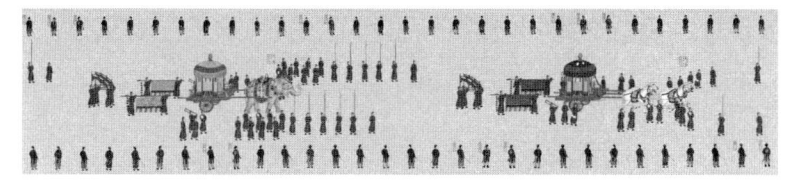

图5 《大驾卤簿图》手卷（部分）①

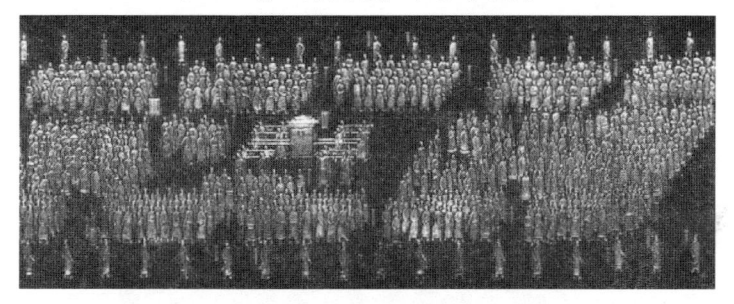

图6 《大驾卤簿图》铜雕（部分）

综上所述，卤簿制度肇始于秦汉时期，卤簿图起源于汉代，几与卤簿同时产生。大驾卤簿图现仅存宋、清二代所绘实物，是由官方总领其事，多为宫廷画院画师绘制，绘图必据底本，先绘草本，历时数年乃成。大驾卤簿图的绘制兼具历史写实与艺术手法，其所反映的礼仪是经过艺术处理的历史真实，具有补史之功，但如无严格的文字对照，则卤簿图所绘的内容，并不能被认作是完全写实的。

---

①采自《大驾卤簿：一部关于古代皇帝卤簿制的历史图册》，台北：佳晖国际事业有限公司，汤普摄影有限公司，2012年。

· 303 ·

▶ 中华礼乐文化传承

附图1：北宋《大驾卤簿图卷》（部分）

附图2：南宋《卤簿玉辂图》（部分）

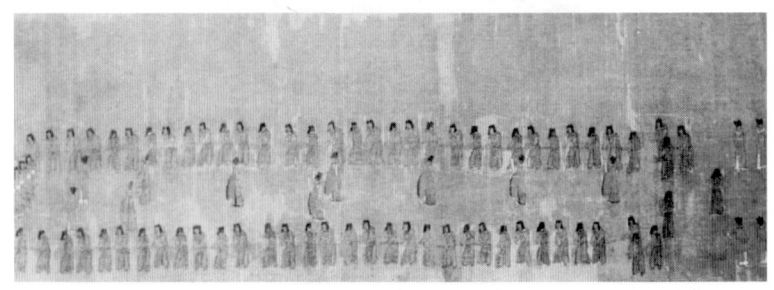

附图3：清内府彩绘本《卤簿图》（部分）

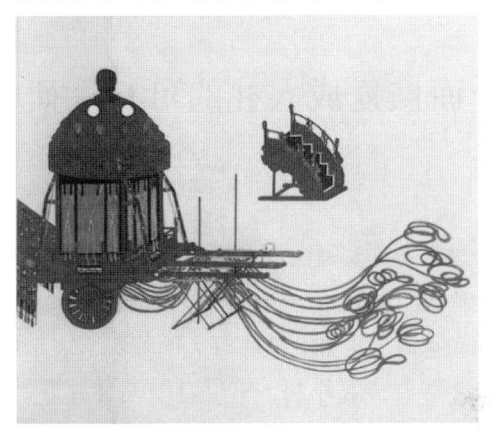

附图4：清《大驾卤簿图卷》（部分）

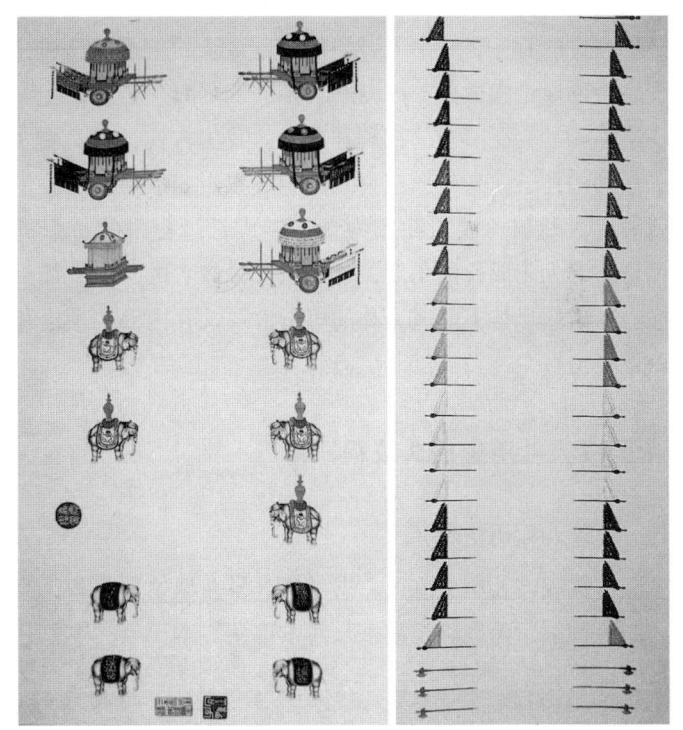

全面恢复成人礼的可行性研究

万安伦[1]

人的生命过程,其实是由许多标志性的节点构成的。这些生命的节点,人们往往将其赋予一定的社会文化意义,并用一定的礼俗仪程加以规约和承载。成人礼意味着人的成年,表示应该承担成年人的责任义务并享有成人权利,不仅对个人具有重要的人生意义,更具有独特文化内涵和社会价值。成年礼是为承认年轻人具有进入社会的能力和资格而举行的人生仪礼,是一个人由个体走向社会的一道必不可少的程序,一个人,当他经过漫长的生理成长和社会文化过程后,逐渐走向成熟,可以脱离亲人的养育、监护,能够承担起所在集体和社会所赋予的权利和义务。我国古代,男女成人都要举行一系列的礼仪,来纪念当事人由不成熟走向成熟的过渡,这种礼仪就是成人礼仪。成人礼作为青少年成长过程中的一个重要节点,无论从青少年成长的角度,还是从公民教育的角度,都具有重要意义。探索新形势下的成人礼的可行性及文化内涵,理论和现实意义双重突出。

一、中国成人礼历史悠久议程严谨

(一) 成人礼历史久远

中国古代成人礼历史悠久,据考证,早在原始部落和氏族公社时期,部落首领、氏族尊长或家长对本部落、本氏族、本家庭的从

---

[1] 北京师范大学新闻传播学院、首都文明礼仪研究基地。

少年走向青年的男女成员实行一种传统仪式。通过这种仪式，表明他（她）们已从未成年人进入成年人的行列，在社会上获得了一定的地位，开始被认为是氏族——部落的正式成员。

"成人礼"又称成丁礼或成年仪式。中国的成年礼最早见于文献记载的是《仪礼》中所记述的"冠礼"与"笄礼"，即男女成年，要行成人礼，男子"冠而字"，女子"笄而字"。

《仪礼》中的"士冠礼"，虽然属于贵族的礼制，但它作为人生礼仪的一部分，与其他礼仪制度一样都经历了上古三代时期的"因俗制礼"的历史演变过程。一种社会制度无论它是上层还是下层，都有相应的文化渊源。士冠礼应该说来源于远古氏族社会的成人仪式。这种与日常生活相隔离的仪式生活是一个人从未成年向成年过渡的必经阶段，它或长或短，或繁或简，或惨烈或文雅，或庄严或随意，无论其形式如何变化，它的社会标志意义是基本一致的，那就是从"生物人""无责任人"变成为"社会人""有责任人"。

古代的成年礼本意是为了禁止与未成年的异性通婚。冠礼和笄礼是成年礼的一种高级和代表性形式，也可以说是对成年人婚姻资格的一种道德审查和标注。冠礼即是跨入成年人行列的男子加冠礼仪，笄礼是跨入成年行列的女子的挽髻及笄仪式。不行"冠笄"之礼，则一生难以"成人"。

冠笄之礼是从氏族社会盛行的成丁礼演变而来。成人礼在中国古代叫作"冠笄礼"，正式作为一种仪式，应该是周代，一直延续到民国。

成人礼由原始社会的成丁礼发展而来，在人类历史上曾发挥过不可忽视的作用。在西周时期，中国就已经具有了形式完备并极具教化内涵的成人礼，成人礼包括男子的冠礼和女子的笄礼，尤以男子所行的冠礼为重。《仪礼》之中对周代冠礼的具体礼节仪程有较为详细的介绍。这些礼节仪程基本都是周朝时就制定完备的，一直沿用到近代。

（二）成人礼仪程谨严

成人礼的内容是多种多样的，不同民族的生活习惯、民俗信仰不同，成人礼呈现出纷繁多样的表现形式。

成人礼中服饰的改变是最基本的一项内容。汉民族的成人礼中，男子二十而"弱冠"，主要就是在成人仪式过程中，由主持者给受礼者戴三次不同的帽子，分别是"缁布冠""皮弁""爵弁"。

按周制，男子二十岁行"冠礼"。古代冠礼多在宗庙祠堂内举行。加冠、取字、祭祀、拜见尊长之礼，后世因时因地而有变化，民间冠礼自十五岁至二十岁举行皆可，各地不一。清中期以后，冠礼多移至娶妇前数日或前一日举行。宋代以后，很多冠礼往往根据情况，删繁就简，将冠礼仪式家庭化、平民化，宋代理学大儒朱熹的《朱子语类》卷八九就有这样的话："（冠礼）是自家屋里的私事，有甚难行？关了门，将巾冠与子弟戴，有甚难？"

女子十五行"笄礼"。主要是由女性家长为行笄礼者改变发式，将头发绾成一个髻，插上簪子。"笄礼"要比"冠礼"简单得多，这是古代重男轻女的重要表现之一。我国汉族女子的成人礼除及笄外，还有"开脸"。在我国，过去当女孩出嫁前夕要请人帮助用两三股棉线绞去脸面上的"乳毛"，所谓"开脸"，以示成年，更显整洁、俊秀。

相对于显而易见的服饰外形改变，成人礼中有一项内容则是看不见摸不到的。《礼记·曲礼》中说："男子二十冠而字"，"女子十五笄而字"。在成人礼的过程中，无论男女都会被赐以成人之"字"，以供他人尊称。字的意思要与名的意思有联系。一般人尤其是同辈和晚辈只许称他人的"字"而不能直呼其"名"。

古人的姓名符号一般由姓、氏、名、字、号五个部分组成，而"字"是古代成年人社会生活中的主要个性符号和识别系统。

"姓"是代表有公共血缘关系的种族的称号，可简称为"部族号";而"氏"则是从姓中派生、发展出来的不同支系的称号,也称"家族号"。我们祖先最初使用姓的目的是"别婚姻""明世系""别种族";"氏"则是为了"别血统""分贵贱",古代贵族男子有姓有氏,贵族女子有姓无氏,黎民百姓有名有姓但无氏,秦汉以后,姓氏合一,逐渐成为一个词,主要以姓行世,子女们都是随父亲的"姓","姓"的后面一般要取"名"配"字",以区别个体。值得关注的是,古人只有到了成年之后才能取字:男子"至二十成人,行冠礼加字";"女子十五许嫁,笄礼之称字"。过去人们称未婚女子是"待字闺中",正是因为古代对女子来说,结笄、取"字"和婚配都是成年的标志。

成人礼中"加冠"和"表字"是两项最为重要的仪式内容。《礼记·檀弓》云:"幼名,冠字",意思是小时候一般由父母取名,到成人礼时再由同族文化修养较高的尊长者配"字"。所配之"字"一般与"名"相互解释,互为表里,故称"表字"。如诸葛亮,字"孔明",诸葛是复姓,"孔"为"大"之意(如孔武有力),"孔明"实为"大光明"之意,正是"亮"的最好注脚;苏轼,字"子瞻","轼"为"车前横木",瞻为"前瞻眺望","站在车前横木上前瞻眺望"是苏轼名和字的互文见义;毛泽东,字"润之","润"是对"泽"的诠释和呼应,"泽被东方而滋润之"是毛泽东的名和字的基本内涵。一旦配"字",他人一般就不能再直呼其"名",而要尊称其"字",即称"孔明""子瞻""润之",否则就是不礼敬。号可自取。

"号"分为"自号""外号"和"谥号"三种。无论是"小名""大名"、还是"表字",都是别人给取的,本人不能给自己取"名"或表"字"。在姓名符号方面,自己能做的只有取"自号"。"外号"则是外人根据某人的官职、品行、生理等特点给取的。有些名人死后,还被追赠"谥号"。当然,父系社会以降,男性在社会中占据主导地位,所以很多成人礼中的赐以成人之"字"更多的是针对男性而言。

《冠义》说："已冠而字之，成人之道也。"正宾为冠者取字有严格的仪式。正宾从西阶下堂，站在正对西序之处，面朝东。主人从东阶下堂，站在正对东序之处，面朝东。冠者站在西阶下的东侧，面朝南。正宾为冠者取表字，并致祝辞："礼仪已经齐备，在此良月吉日，宣布你的表字。你的表字无比美好，宜为英俊的男士所有。适宜就有福佑，愿你永远保有。你的表字就叫'伯某甫'。"周代的表字，首字表示排行，用伯、仲、叔、季表示，视情况而定；末字"甫"，或作"父"，是对男子的尊称；中间的"字"，一般与名的字义有联系，如孔丘，字仲尼父，仲是排行，尼与丘对应，丘是山丘，尼是尼山，是孔子出生的地方。所以孔子通常被称为孔仲尼。

（三）成人礼的社会价值

成人礼是生命个体成长阶段的一个重要节点，它是生命个体成熟的象征，是生命个体脱离家庭进入到社会具有社会行为权利的宣誓。在成人礼的施行过程中同时还具有非常重要的社会教化功能。

1. 婚姻权利的获得

成人礼标志着婚姻权利的获得并有可能获得相关能力及教育。成人礼中，对于女性来说，其性别教育主要是由成年女性传授给年轻女子一些家庭生活、夫妻生活的知识及家庭知识，从而帮助女性顺利从少女阶段过渡到成人阶段，尤其是对以后的婚姻生活提供较多的帮助，教育女性在孝敬长辈、处理夫妻关系以及与其他家人的关系时所需要的知识和仪礼。

2. 生育权利的获得

成人礼是男性、女性获得生育权的一个重要条件。在汉民族中，未成年男女只有在通过冠礼和笄礼以后才能结婚生子，获得抚养子女的权利，同时也才享有了生育的权利。

3. 社会权利的获得

成人礼主要是一个男女少年获得社会权利的过程，特别是男子获得社会权利的过程。汉民族中的冠礼，男子分别要加戴三次不同的帽子:"缁布冠"代表着受冠者具有了治人的权利，"皮弁"代表着受冠者具有了服兵役的资格，"爵弁"代表者冠者具有了参加祭祀活动的身份。

4. 社会责任的赋予

成人礼标志着受礼者将承担对于家庭、宗族、国家和社会的巨大责任和繁重义务。使受礼者深刻意识到自己正从"非责任人"向"责任人"转变，成人礼帮助他们更好地完成这种角色转换。这么重要的礼仪文化现在却缺失了。

二、他山之石：形式多样的国外成人礼

他山之石，可以攻玉。世界许多国家都有自己的成人礼，这为我们全面恢复成人礼提供可贵镜鉴。

（一）德国

德国成人仪式是德国由来已久的一个传统节日。在宗教和习俗里，年满14岁就算是成人了，便要举行成人礼。德国的成人礼不仅有此宗教含义，而且还赋予了新的意义。每年的四五月份，全国满14岁的少男少女穿戴一新，由家长、亲友陪同集合在当地的文化之家。在充满节日的气氛中，地方政府负责人或社会名流首先致辞，讲解成人之后对社会所担负的义务和享受的权利，勉励他们遵守社会公德，报效国家。然后，师长、亲友和低年级的小朋友向他们表示祝贺，并赠送礼物和鲜花。中午，全家聚餐以示庆祝。晚上为他们举办舞会，时间还可以破例延长至夜里10点钟。为了迎接人生中这一重要阶段的开始，有关部门一般要对8年级的这些孩子事先做一些准备工作，例如让他们会见各界人士和老工人，组织他们游览山川，参观名胜古迹参加音乐会，等等。

（二）美国

美国许多地方是将成人礼与高中毕业典礼同时举行的，中学生们通过家庭餐会、狂欢舞会等形式来庆祝自己成年。美国社会对孩子的成人给予重要的关注，基本每个毕业生的主要家庭成员和亲戚都会来参加孩子的毕业典礼和成人礼。美国将高中毕业典礼与成人礼统一在一起是值得借鉴的。在美国孩子高中毕业以后他们就是成年人了，从此他们就要自立不再依靠父母，这也是孩子的成人礼。

（三）俄罗斯

俄罗斯人会在孩子中学毕业时举办非常隆重的毕业庆典来庆祝他们告别童年，走向成年。而在毕业典礼结束后，女生身穿美丽的裙子，男生则身穿西服，继续在红场狂欢，他们唱歌、跳舞，表演各种节目，十分热闹。

（四）日本

日本政府1948年规定每年1月15日为成人节，这是日本国民的一大节日，届时全国放假。这一天，凡满20岁的男女青年都要身穿节日盛装，到公会堂或区民会馆等处参加各级政府为他们举办的成人仪式和庆祝活动。成人仪式一般首先由町长或村长致词，勉励青年们努力学习、工作，担负起未来的责任。然后青年们高声宣誓，决心改掉稚气，以严肃的态度步入成人的行列。接着举行丰富多彩的庆祝活动。一些男青年还结队进行冬泳，以示勇敢地迎接未来生活的挑战。日本的成人节源于古代的成人仪礼，而日本古代的成人仪礼是受中国"冠礼"的影响。所谓"冠礼"，指男子成年时举行的一种加冠的礼仪。从加冠这天起，冠者便被社会承认为已经成年。日本仿我国旧礼制，始行加冠制度是在天武天皇十一年（683）。按中国古代阴阳学说，冠日多选甲子、丙寅吉日，特别以正月为大吉。

（五）韩国

韩国儒风盛典，汉唐礼制，与日本同样是一个受中华汉唐文化影响的国度。成人礼这一天，参加典礼的学生们身着传统韩服，受礼的男子们头戴斗笠，行"冠礼"，女子们将头发挽成髻，插上簪子，行"笄礼"，并向来宾们行跪拜，以及行"祭""祝"等传统礼仪。

三、近年来各地恢复成人礼的探索尝试

（一）近年来成人礼活动方兴未艾

我国台湾自上世纪90年代每年举办一次古典式成年礼仪。孔庙大成殿前，参加成年礼仪的年满20岁的男女青年共300多名，男的穿蓝色长袍，女的穿白衣黑裙。在鸣钟鼓、上香、献爵、献馔、读祝文之后，全体向至圣先师孔子神位行三鞠躬礼。然后，由12名代表走到铺红毯的受礼台上，由贵宾们将黑冠戴在男生的头上，女生的长发上则别上一支银色簪子，象征着"加冠"和"及笄"。

几乎与海峡对岸同时，中国大陆的"五四"青年节里，南京在雨花台前，上海在陈毅广场上，沈阳在九一八广场，还有其他城市，纷纷举行成人仪式的消息，不时见诸报端。对代表未来的青年，通过一定的仪式作为成人的标志，社会予以承认又予以管理和约束，更为重要的是通过成年礼仪培养起受礼者的社会责任心和义务感，其重要意义不可抹杀。在传统冠笄礼消泯很长一段时间后，海峡两岸几乎是同时悄然兴起了举办集体成人仪式。

北京市自上世纪九十年代开始，也开展了形式多样的成人礼活动。有的由学校主办，有的由县区教育局办。有的学校举行宣誓活动，有的学校则在天安门、圆明园举办。近年来，北京市的各学校的成人礼逐渐形成了不同的主题活动，如感恩、尊师、梦想等。

(二) 现代成人礼的主要类型

近年来,成人礼在传统与现代的文化碰撞中不断发展,已经演变出各种各样的形式。

1. 晚会型:2011年5月4日,由共青团湖南省委、湖南卫视、《中国青年报》联合组织的"2011成人礼"晚会。成人礼晚会旨在启迪当代年轻人,担当更多的责任。

2. 校园型:成人仪式是学生道德教育的重要内容,有的学校每年都会在5月上旬为高三学生举行成人仪式。庄严的气氛能够感染和带动学生,仪式在同学中的反响很好。

3. 家庭型:有的家庭在孩子18岁生日时在家中举办一个小型成人仪式。使孩子认识到这种仪式是非常庄重神圣的事情;经过了这个仪式,就要懂得责任,在思想上真正独立起来。

4. 复古型:有的地方,通过祭祀、跪拜等形式,力求恢复传统的成人礼,身着汉服的青年在悠扬的古琴下接受加冠,并从司仪手中接过成人证书。四川乐山市犍为县举行首届成人礼活动,年满18周岁的学子身着汉服,行传统的冠笄成人礼并领取《成人证书》,宣告自己正式成人。南京某学校在夫子庙举办2012年十八岁成人仪式。同学们诵读古文成人宣誓词。杭州万松学院"成人仪式",同学们通过身穿汉服、佩戴金帛、学生代表、焚香、祭酒等传统礼仪流程表达对父母师长的感恩之情,并共同见证这群年轻人的成长。

四、全面恢复成人礼的现实意义

(一) 成人礼活动是对青少年进行公民教育和社会主义核心价值观教育的重要形式

成人礼教育活动是近年来在16岁—18岁青少年中倡导开展的一项公民素质教育活动,它成为对青少年特别是在校中学生进行德育的一种有效形式,更是培育社会主义核心价值观的重要方式,已被列入《爱国主义教育实施纲要》《公民道德建设实施纲要》等重要文件中。我国目前开展的成人礼主要包括公民意识教育、成人预备期志愿服务、成人宣誓仪式三个环节。公民意识教育主要是利用年满 16 岁领取居民身份证的契机,通过开设公民教育课、法制课等形式,使青少年掌握宪法和法律的有关知识,懂得公民应具有的权利和义务。志愿服务主要是组织 16 岁—18 岁青少年参加一定时量的公益劳动,使他们在服务社会的实践中增强对国家、社会、家庭的责任感,培养履行公民义务的意识和能力。成人宣誓仪式主要是组织年满 18 岁的青年举行面对国旗宣誓、领导勉励、前辈祝愿、成人心声、颁发成人纪念物等。三个环节有机联系,形成了一个相对完整的过程。

成人礼作为一种成人教育,作为对即将成人的未成年人所实施的教育活动,它有助于青少年健康地步入成人社会,对青少年正在形成的道德观、人生观、价值观都产生了积极的影响。尤其是在成人仪式中进行公民教育,有利于培养公民意识和公民精神,引导中学生建立和强化自我的公民意识、法治意识、社会意识和国家意识,培养中学生维权履责、服务奉献的公民精神。这将促使学生走向社会,积极参与社会生活,从而增加了中学生社会实践、人生磨炼的机会,也必然有助于中学生培养成人意识和社会责任感,加快他们的成人进程。

(二)成人礼教育是青少年德育的重要内容

具有演示性的仪式和仪式化这类教育实践在所有社会领域中都发挥着作用,其背后深藏着对参加仪式的个体的隐性的教育。例如,行礼时的神圣气氛会扩散到家庭内部的信仰,在知识和能力之间也产生了新的联系。这种隐藏在仪式背后的对个体的教育就是隐性德育。所谓隐性德育是指在一种环境中,通过直接体验和潜移默化而获取的有益于个体身心健康和个性全面发展的教育性经验的活动方式及过程。隐性德育有意识地将教育意图隐蔽在受教育者不可或缺的经济文化活动、日常活动和喜闻乐见的活动之中，淡化德育目的的强制性、外显性，是一种无形的存在方式；淡化受教育者的角色意识，把个体真正当作有着自我教育能力的教育主体，使其潜移默化地接受教育观念及要求的影响和塑造。这种隐性的德育可以分为以下三个层次。

1. 表层德育是成人角色教育。成年不仅是一个生命个体成熟的标志，更意味着一个人将在这个世界上承担起一份厚重的责任。成人礼提示他今后将要担负起对长辈、师长、同伴，乃至社会、国家与民族的责任，提示他已正式跨入社会，获得全新的人生角色。成人礼通过其庄严隆重的仪式唤醒青少年的成人意识，暗示他们角色的转变，提醒他们已经是一个要独立承担责任的成年人。

2. 深层德育是民族认同感教育。在隆重的成人礼中安排民族文化节目的表演，让青少年在自己人生只有一次的仪式中，在即将成人开始自己第二次生命的体验中，融入民族文化的因素，使其认识到民族文化的宝贵，培养新成人对民族文化的认同感，更加重要的是将个体成长与民族发展联系在一起，增强新成人的民族自豪感。我国目前开展的成人仪式中，民族传统文化内容的教育可以让参加成人礼的个体感受到民族文化的博大精深，产生民族自豪感，培养民族认同感。因此，在成人礼中应该择取传统成人仪式敬畏、庄重、神圣、和谐的精华，并且注入民族优秀文化元素和地方特色等要素。

3. 终极德育是生命实践教育。如果说个体脱离母腹是自然生物性的诞生，则成年仪式就标志着个体社会文化性的诞生。从这个意义上看，成人仪式是具有象征意义的一次身份角色的转换。参加成人礼的个体从此成为一个担负社会责任的成人。获得成人资格的前提首先是一个对生命充满敬意的人，一个珍惜自己生命也尊重其他生命的个体。正是基于生命的尊严，一个成人能够为自己的行为担当责任，从而领悟到对自身、家人和社会的责任，建立起与他人、国家的生命关联，并唤起他心灵深处的一种神圣感，这种神圣感的唤起是通过个体的体悟来实现的。强调体悟是中国传统文化和中国智慧中最富有特色和值得珍视、发扬的方面，人只有进入体悟，经过体悟，才能真正与周围世界与他人建立起"我与你"而不是停留在"我与他"的关系之中。成人仪式就是这样一个产生特定生命体悟的仪式。正是基于这种对生命的体悟，个体才能自重、自爱、自强和自主，能够为自己的行为担当责任；正是基于这种对生命的体悟，成人仪式本身方才是对精神和心灵的一次洗礼。这种隐性的体悟造就了成人礼隐性的生命德育。但是如果仅仅停留在体悟上，那么生命教育的本意就没有完全实现。体悟的最终目的是实践，是为了在实践中践行生命的意义。这就需要建立起一个生命实践的道德教育体系，在日常的学校德育中变简单的行为操练为丰富的生命实践，使得学校道德教育建立在坚实而生动的生命实践基础之上。成人礼仪式中蕴含着潜移默化的教育，挖掘这种隐性德育是为了今后更好地充实我国成人礼，并尽可能利用和发挥好成人礼这一重要德育途径。

五、全面恢复成人礼的现实路径

全面恢复成人礼活动，既是现实需要，也具有极大可能性。一方面是因为有古今中外的成功经验和丰富内容可资借鉴。二是各地的探索尝试，已经积累了丰富的经验，创造了良好的氛围。

（一）组织依托

应成立以中央文明委牵头，人大、团中央、教育部、全国妇联、各地武装部共同参与的联动机制，学校、家庭、社会、网络四位一体，真正发挥成人礼立德树人的作用，使青年一代真成为党和人民放心的社会主义事业接班人。

（二）立法保障

应由团中央和中央文明委牵头，推动全国人大立法，确立"五四青年节"为法定成人礼仪式日期，为年满18周岁公民举行"成人礼"活动。各地为年满18周岁公民举行成人礼活动。2000年，浙江省人大通过设立成人节的决定，规定12月9日为浙江省成人节，这对我们是有启发的。

（三）服饰选择

"有礼仪之大是谓华，有服章之美是谓夏"。在成人礼这个神圣的仪式中，服饰与仪式流程同等的重要。现在各地探索式的成人礼礼仪服饰花样繁多，有汉服、唐装、校服、西服、中山装等，作者以为汉服过于繁缛，与日常生活距离较远，校服没有成人感，相反更多的是未成年人之感，西服与成人礼弘扬中华传统文化的初衷有违，中山装从列宁装演化而来，底蕴较浅。可选择唐装，加冠可选择黑色礼帽，因为唐装不但底蕴深厚，而且日常生活也可以作为着装的一种形式，不至于成人礼结束后就永远压箱底了。

（四）仪程环节

对举行成人礼仪式的具体程序，誓词制定要有相对固定的模式，在一定范围内予以规定与推广，广泛宣传举行成人礼的意义，动员和引导青少年积极参与成人礼的活动中，营造社会鼓励，家长支持，青年志愿并乐意参加的氛围。主要仪程环节应包括：

1. 换装和加冠，以增强活动的内容感和庄严感。换装可由受礼者先行完成，加冠则由施礼师长完成。

2. 配字，为每位受礼者配字，结合其现有名再由语文老师及学校的传统文化爱好者，也可邀请大学传统文化类教授们一起为学生配字。这项内容文化含量较高，目前国内的各类成人礼尝试均无此项内容。建议其使用配字作为网名、笔名。

3. 升国旗和面对国旗宣誓，向受礼者进行社会主义核心价值观教育。

4. 向受礼者颁发选民证、发放兵役义务证等，向受礼者进行公民的权利义务普法教育。

5. 由受礼者向家长和老师施鞠躬礼，对受礼者进行感恩教育。

6. 尊长者勉励和受礼者感言。

参考文献

[1] 高颖：《中国古代成人礼服饰研究》，浙江理工大学2013硕士论文。

[2] 陈文敏、董天策：《电视"成人礼"仪式及其文化表意分析》，《新闻大学》2013年第4期。

[3] 李娟：《成人礼文化传承及变迁探析》，《阜阳师范学院学报（社会科学版）》，2005年第5期。

[4] 马伊超：《现代社会中传统成人礼的传承——以尧镇圆锁为个案》，浙江师范大学2014年硕士论文。

[5] 王胜然：《湖南卫视"成人礼"节目创意析论》，东北师范大学2014年硕士论文。

[6] 牛素红：《成人礼对人生意义的解析》，《内蒙古民族大学学报》，2010年第5期。

厚德自强，做博雅君子
——"以自治文化促进学生行为习惯养成"的模式探索

白雪峰[1]

长期以来，在学校德育工作中，学生行为习惯养成教育一直是个难题，常抓不懈但效果欠佳。清华附中立足百年传统，涵育"自治文化"，鼓励学生"厚德自强，做博雅君子"，从精神与心灵层面提升学生的心灵境界，涵养学生的品格修为，在学生习惯养成教育方面取得了较好的成效。

一、自治意识的唤醒

（一）紫荆文房的从无到有

三年前，学生公司社团的刘昊禹同学来找我，说想以众筹的方式在学校开办一个小卖部。既方便同学们的生活，又能为同学提供创业实践的机会。我觉得他的想法很好，就让他去编写项目方案。几易其稿之后，他就带着项目方案到党政联席会上汇报了。半年后，他的小卖部如愿开张营业，店名叫作"紫荆文房"。三年的时间中，"文房"的运营团队达到近90人，经营方式从开始的文具售卖扩展到文创产品开发、格子铺出租、打印服务、图书交流、杂志出版、志愿服务等，每学年都能提交5篇左右有关文房经营的研究性学习论文。

紫荆文房的成立和运营体现出学生强烈的自主意识，展现出较

---

[1] 清华大学附属中学。

强的自治能力。苏霍姆林斯基说，只有能激发学生去进行自我教育的教育，才是真正的教育。上面的事例说明，学生管理的高阶层次一定是学生的自我管理，学校要尽量多地为学生提供成长平台，教师要学会由台前转到幕后，从教育监督者转变为学生成长路上的引领者和陪伴者，让学生自己设计，自主探索，同侪互助，相伴成长。这样，好的教育就在潜移默化中发生了。

在清华附中，有近90个学生社团，运行方式都是采取学长管理的机制，与紫荆文房类似。这些社团成为了学生交流能力、创新能力、合作能力和问题解决能力的锤炼平台，是学生领导力提升的训练场。

（二）自治班级的申报

自治意识的培养如种子的萌芽，需要土壤，更需要阳光的深情召唤。清华附中的《班级自治星级评定制度》就是为了唤醒学生的自治意识而制定的。

自治班级采取逐级申报制。班级有一项特色在平行班中特别突出，可以认定为一星自治班级；有三项特色突出，可以认定为二星；通过一个月的考察，班主任在与不在，班级各项表现都特别突出，可以认定为三星班级；三星班级继续申报四星，要经过三个月的暗中考察，班主任和学校管理者不对班级运行进行主动干涉，班级各项表现都能保持优秀者，可以认定通过；四星班级申报五星，要考察六个月，要在两次大考中实现无人监考。

申报环节分为书面申请、资格认定、自治承诺三个步骤。学生发展中心接到班级申请后，结合该班级以往的表现和任课教师的初步评价，认定申报资格。获得申报资格的班级要在年级学生代表会上展示班级特色、宣读自治承诺并进行解读，一星和二星由学生代表现场投票，三分之二票以上者当场认定。三星以上班级申报者则进入考察环节。由学生发展中心、年级组的师生代表组成考察小组，考察期结束后，申报班级依照班级承诺在评审会上汇报班级自治情况，考察组宣读考察意见，学生代表投票决定该班是否通过评审。

目前，全校已有超过一半的班级通过评审成为星级自治班级。

C1511班同学在谈到为何申请自治四星班级时说："申请自治班级，不仅是对同学们三年来的团结一心、共同努力的认可，更是希望能够通过这件事情让同学们更加严格要求自己，以评促建，将班级建设上升到一个新的水平。在参与评审过程中，班级管理已顺利由老师管理、班委管理过渡到学生自己管理自己，做到老师在与不在一个样，真正体现自治的意义。老师的监管逐渐淡化，而转变为静待花开的从容，转变为对学生的信任。学生能够做到合理规划自己的时间，在初三忙碌的学习生活中做到井井有条，高效率的学习。"

陶行知在《学生自治问题之研究》中定义学生自治为："学生自治是学生结起团体来，大家学习自己管理自己的手续。"从学校这方面说，就是"为学生预备种种机会，使学生能够大家组织起来，养成他们自己管理自己的能力"。清华附中班级自治星级评定制度，就是要让学生自己行动起来，主动的，而不是被动的发现和解决问题，在水中学会游泳，在管理自己的过程中积累经验、培养能力、提升修养。

二、自治行动的完善

（一）"水木行动"——从自律走向服务

习总书记在刚刚结束的全国教育大会上强调：要在学生中弘扬劳动精神，教育引导学生崇尚劳动、尊重劳动，懂得劳动最光荣、劳动最崇高、劳动最伟大、劳动最美丽的道理，长大后能够辛勤劳动、诚实劳动、创造性劳动。清华附中的教育中就有崇尚劳动的传统，从早年的学生自己推土填坑，修建操场，到后来的每年举行一周的农训、每月的劳动大扫除、每周的值周，倡导学生承担力所能及的家务劳动、参加志愿服务活动等。这些活动有意义，也有不错的效果，但从总体上来说，学生是被动的、被安排的劳动。我们希望找到一种让学生自己规划、自主承担的劳动教育方式，"水木行动"就此诞生了。

"水木行动"以"让附中的美丽与我有关"为行动理念，是学生参与学校日常管理和服务工作、维持学校教育教学秩序、为学校建言献策、进而为社会服务贡献力量的一种志愿活动。原则上自治三星班级有资格申请参加"水木行动"。申报时要提交申请书和承诺书，申请书以班委员会名义上报，承诺书上要有全班同学签名。学生发展中心指导并检查"水木行动"的实施情况。学生在"水木行动"中承诺什么内容由学生自己说了算，工作规划、工作方法、工作效果也都由学生自己来把握，最后学生自己总结，评判自己的得失。

参加一周的"水木行动"且效果良好的班级，可以被认定为"志愿服务三星班"，参加累计达到两周的可认定为"四星班"，参加一个学期、累计达到四次校外志愿服务活动的班级可被认定为"志愿服务五星班"。

"水木行动"计划实施一年多来，全校已经有三分之一的班级承担过"水木行动"工作。学生在为学校服务的过程中，体会到学校管理的复杂、后勤服务的艰辛、活动组织的艰难。

如校门口交通疏导小组的王一卓同学说：每天早上站岗半小时，让我有机会体验交通协警的工作，他们每天比我们多站几十分钟，而且需要时刻观察路上的交通，稍有拥堵就上前指挥，让西门前的交通保持畅通，他们的工作比我们要危险得多。

张楷明同学总结时说：这次水木行动的实施相当有意义。通过此次活动，我成长了许多，变得大胆，开放了。在帮助同学的同时还提升了自我的水平，成功为学校做出了贡献。活动实施的困难有很多，需要我们一一克服，使我们在磨砺中成长了起来。

不但要自己做好，还要把我们的环境建设好，"水木行动"让学生从自律走向服务，在劳动的过程中体会到奉献的意义，在责任承担的过程中生成强烈的社会责任感，在组织管理的过程中提升自己的领导力。

（二）"生声不息"学生提案制度

如果把"学生自治"仅仅理解为自身对于制度的遵守或主动维护现有秩序的运行，当然是肤浅和表面的。真正能够促进学生自我成长的自治应该是学生理解制度设立的初衷、制度运行的流程、制度实施的利弊，以便更好的运用制度或发展制度来发展自我，服务同学。

清华附中有很多学生自治组织，"学生领袖训练营"、"学生党校"、"星火学生骨干培训营"，"学生会"则是各个学校都有的学生自治组织。为了提升学生的"自治"意识和"自治"热情，团委每年都会让学生会牵头组织学生提案活动，鼓励同学们参与学校管理，真正成为学校的主人。

学生提案大概包括学生活动、课程教学、住宿餐饮和环境设施等方面，每年收到的学生提案100份左右。每位提案由问题说明、解决方案及建议两个部分组成，学生会对提案进行精选梳理后，提交学校党政联席会，由分管校长负责书面答复。各部门答复时要承诺改进措施，不能改进的要说明理由。最后，提案答复要在学代会上宣读。

学生提案制度极大地激发了同学们参与学校管理的热情，这种平等、民主的氛围本身就是对学生最好的公民教育。

三、自治文化的经营

（一）"君子文化"让修养根植于内心

"天行健，君子以自强不息；地势坤，君子以厚德载物。"清华

厚德自强，做博雅君子

附中的校训，源于梁任公在清华做的题为《君子》的演讲。君子慎独，梁先生在演讲中强调君子要能够克己自强，要"责己甚厚，责人甚轻"，鼓励清华学子，"崇德修学，勉为真君子"。清华附中德育工作立足校训，在全校倡导"君子文化"，鼓励同学们"厚德自强，做博雅君子"。

附中重视中华传统优秀文化的教育。委托语文组教师精选传统文化中体现君子品格的名言警句推荐给学生，在楼道内张贴。清明节开展"心若澄澈，我自清明"——青春读书季活动；中秋节开展的"中秋诗会"活动，深受师生喜爱；元旦开展的春联撰写与书写大赛，为学生带来喜庆气氛的同时，也引导学生从内心深处认同并热爱自己的民族文化。语文课上，师生共读《论语》，让君子品格潜移默化于学生的心灵，每周一期的"学生素养提升周报"，引导学生自律自强，争做有文化的清华附中人。

怎样才能算"有文化的清华附中人"？我们引用梁晓声先生的四句话作为解读：根植于内心的修养，无需提醒的自觉，以约束为前提的自由，为别人着想的善良。倡导附中学生以这四句话为切入口，涵义自己的君子品格和情怀。附中的所有班级都围绕这四句话召开了弘扬"君子文化"的主题班会，制定班级共同遵守的行为规范，以"自治承诺"的方式将"文化"的内涵内化在具体的行动之中。目前，"厚德自强，做博雅君子"的意识在附中已经深入人心。

（二）在服务社会的行动中培植正确的价值认同

清华附中每年都会组织"微公益、梦启航"——班级公益项目。学生申报的项目有阳光助学、邻里守望、公益宣传、环境保护、志愿服务、爱心义卖等很多类。同学们经历了自己选题、自主设计、项目筹备、项目实施、活动反思等环节后，自治能力得到提升，责任担当精神得到涵养。

"微公益、梦启航——中学生支教团"是年级项目。清华附中

▶ 中华礼乐文化传承

每年暑假组织高一学生赴国家级贫困县支教。课程从4月份开始启动，每次都有上百位同学报名，经过书面考核和面试，最终确定30位主讲同学。这些同学要再经历教案撰写、修改、试讲、课程材料准备、公益募捐等环节，之后才能踏上支教的列车。在短短的5天授课过程中，每位同学除主讲4节课之外，还要给同学担任助教，所有同学要给当地孩子组织一场运动会和一台一个半小时的文艺晚会。时间紧、任务重，参与支教的每位同学都面临着严峻挑战，也正因为如此，在完成支教任务后，同学们的能力才都得到了明显提升。支教团的课程宗旨是：给别人一个梦想，给自己一份成长。不求轰轰烈烈，只道行胜于言，能给当地孩子打开生活的一扇窗，给他们心中播下一粒梦想的种子。于附中学生来说，支教让他们更了解了自己的祖国，结识了大山里的弟弟妹妹，从内心深处爱他们，在未来的时光里牵挂他们。这些感受已经足以诠释支教的意义，足够让支教同学们的心中滋生出强烈的爱国情感。

没有做过家务，没有为父母分过忧的孩子，何谈爱家？没有参与过"水木行动"，没有触摸过校园的角角落落，何谈爱校？没有关心过他人，没有为别人奉献过自己的汗水和智慧，又怎么会懂得鲁迅先生那句"无尽的远方，无数的人们，都和我有关"背后的忧心如焚？又怎么会读懂艾青先生的"为什么我的眼里常含泪水，因为我对这土地爱得深沉"？

学生行为习惯的养成离不开规矩的约束，更离不开对于规矩发自内心的认同。教育大师怀特海在《教育的目的》一书中指出：学生是有血有肉的人，教育的目的是为了激发和引导他们的自我发展之路。倡导"学生自治"，就是要激发学生自我管理的热情，提高他们自我发展的能力，让他们在自己制定规则、自觉维护规则的过程中，建立正确积极的价值体系，提升心灵境界，提高自身修养，形成完善人格。

"一钟双音"的当代启示

任 宏[1]

"一钟双音"是我国古代合瓦型乐钟所具有的独特音乐性能。简单地说,是一件乐钟的共鸣腔体可发出两个不同音高的音频,且两音先后受击,振动互不干扰,发音各自独立。此项古代声学技术曾依托礼乐制度体系得到过长足的发展,成为礼乐文化中不可忽视的智慧结晶。

一、双音钟物理机制的礼乐文化涵义与启示

成就"一钟双音"技术的实现的重要前提因素是合瓦型腔体。从目前的考古出土实物信息看,合瓦型被用在音乐器物上的时间最早可追溯至新石器时代晚期,1983年在山西襄汾陶寺遗址曾出土过一件小铜铃,红铜质,金属纯度为97.86%。可以看到,铜铃形制的俯视图呈现出中间外弧、两端密合的腔体,这是合瓦型的早期滥觞。商代青铜铙的腔体形制逐步定型,并被沿用至周代、汉代中期以前的各种乐钟上。(见图1-图4[2])

合瓦型腔体天然具备发出两个不同音高的特性,目前尚无资料可确定新石器晚期或者商代的先民是否使用这个天生存在着的第二基音。大概到了周穆王前后,在甬钟钟腔外部出现了侧鼓纹饰,经

---

[1]中国戏曲学院。
[2]项阳等:《中国音乐文物大系·山西卷》,大象出版社,2000年,第300页。王子初等:《中国音乐文物大系·湖北卷》,大象出版社,1999年,第14、17页。

▶ 中华礼乐文化传承

过测音与研究，认为是第二基音的标志。由此，合瓦型腔体天生具备的"一钟双音"性能，开始转为被铸调开发的阶段。

图1　襄汾陶寺铜铃正面 　　图2　襄汾陶寺铜铃口部

图3　阳新白沙乡铜铙正面 　　图4　武昌木头岭甬钟正面

周代的青铜乐钟先后发展出几个不同的钟型，即甬钟、钮钟、镈。甬钟和铜镈在西周时期就出现了，甬钟要早到西周初期，而铜镈目前的最新考古出土资料显示，要比甬钟晚些，大概在周昭王时期前后。钮钟是青铜乐钟家族中晚来者，出现的时间大概是西周末、春秋初期。

宏观来说，从西周早中期进入双音铸调发展阶段以后，青铜乐钟的双音性能就得到过各种尝试，最后锁定在三度音程关系上。那么，究竟这种合瓦型腔体是如何形成相差三度的两个音频呢？（见图5①）

上面两个图当中，左图敲击点位置是正鼓音，右图的侧面敲击

---

①戴念祖：《中国古代物理学》，中国国际广播出版社，2010年，第63页。

点是侧鼓音。当正鼓音被激发时，下面口部截面图上的A、B、C、D四个点相对静止，而这四点的节线位置正是侧鼓音所在之处。当侧鼓音被激发时，下图A、B、C、D四条节线位置也相对静止，而这四节线也处在正鼓音位置。这样就形成了一个钟腔两个音高的物理机制。

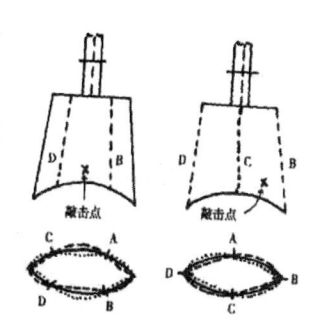

图5 编钟振动机制

从新石器晚期到周代礼乐制度的实施，合瓦型青铜质的铜铃、铜铙、钟与镈都非凡物，不是普通阶层的人所能拥有的。在周代礼乐制度推行的过程中，乐钟更是与政治密切相关的重要礼乐器。一钟两音被锁定在三度，并且是纯律三度，显然是寻求和谐的听觉感受的结果，进而也被寓意为政治和谐。换言之，一钟双音是先民对自然音律和谐的认知与表达，同时也是对社会秩序、政治秩序和谐状态的期冀与追求。

在"和"的观念之下铸造出来的青铜乐钟，因为合瓦型的天然特性，可以形成两个不同的音，便构成了"和而不同"的现实效果。在周代各种大型礼仪场合当中，乐钟是依照贵族身份和政治等级匹配使用的礼乐文化的重要器物，借用其乐器、礼器的双重功能，分别在强调"乐与人和""乐与政和"的涵义的同时，承认个体差异的客观性存在。而构成一钟双音物理机制要素——节线的存在，是绝对运动中的相对静止，也是差异与相谐并存的关键临界。妙就妙在这节线上，它可以使得在追求和谐的状态当中，肯定差异的客观存在。由此，这一钟双音的物理音效，便转化为维系个体相互之间、个体与群体、群体与群体之间的思想情感纽带。

和而不同、和谐共处，应当是合瓦型青铜礼乐器所蕴含着的深刻政治文化涵义，也是礼乐文化的核心内涵所在，在当代文化发展中应予以足够的重视。尤其是在当个性得到不同程度的释放时，要在承认差异的基础上寻求最大程度的共赢，就需要衡量和把握一定的尺度，也就是一钟两音物理机制中的"节"的存在给我们的启示。

二、双音钟铸调技能的礼乐文化涵义与启示

从声学角度讲，双音钟属于不规则板振动类，厚度、密度存在不一致性，由此导致受到激发后产生的基音与泛音不是简单的整数比关系，就形成了发音不和谐的效果。从青铜冶铸的角度看，乐钟的钟腔厚度、密度、各部位的长宽高比例关系等，都会对预设音高产生影响，而铸造之后的音高微调手法，也是最终求得理想双音关系的重要途径。

从西周穆王时期部分甬钟开始出现侧鼓纹饰以后，可以得知：铸造工匠对于合瓦型板振动的规律有所了解，并尝试采用技术手法来调整，求得双音三度和谐。这种技术手法，从西周早中期到战国初期，乃至西汉初期，存在着不断的阶段性改良，即从锉磨钟内腔节线形成凹槽，到锉磨内腔节线处的音梁或音瑎。

西周中期以来，甬钟内腔出现深度、长度、宽度不同的凹槽，便是工匠调音的遗留痕迹。结合上文发音物理机制来看，依照音高所需来决定锉磨的力度与幅度，对正鼓部、侧鼓部、两个铣角开锉，来调整正鼓音与侧鼓音，求得最理想的音高与性能。（见图6、图7[①]）

图6 许公墓甬钟口部　　　　图7 许公墓钮钟口部

[①]王子初等：《中国音乐文物大系·续河南卷》，大象出版社，2009年，第149、152页。

春秋初期以来，在甬钟与钮钟内腔的锉磨调音手法上，有着一定的改良，即从凹槽锉磨到音梁、音塬锉磨的改良，也就是从锉磨钟腔本身，到在锉磨钟腔预留凸块的改良。这是基于大量调音实践上的整合性技术改善，为了求得更多的调音余地，先行作出一定的预留，在这个凸起的音梁或者块状音脊、音塬上锉磨，不至于因锉磨过度而错失整件乐钟。

通过上述双音钟铸调技术的发展，不难看出，乐钟铸造工匠们在改良技术方面有着几个非常值得关注的特点：

1. 适度调整的思路。调音并非锉磨所有节线位置，而是依照音高所需而锉。

2. 采用调整、改良或突破的方式来探寻最佳效果。从西周中期至汉代初期的几次调音技术的发展，都是为了得到更为理想的双音效果，由此使得调音位置、手法、力度、宽度、长度等有着不同的改变，甚至由此提高了铸造预设时特定调音位置的板厚度与密度，来提供足够的调音锉磨余地。

3. 更关注技术内涵的不断精进。无论是甬钟、钮钟还是镈，都有着音乐性能方面的不断发展历程，这也是乐钟的"乐功能"内涵发展的要求。重要的是，这个内涵发展，是不能以打破乐钟礼器身份为代价的。也就是说，不能因为要调整音高、音高序列的完美效果，而忽视对乐钟外部格局、编列相次、纹饰刻绘等方面的要求。如此才能做到礼器、乐器双重功能的合理实现。实际上，正是在这样的礼乐规范的要求之下，铸造技术才有了多层面的内涵式发展轨迹，集中展现了令人惊叹的工匠精神与智慧。

随着科技考古、音乐考古、物理声学、音乐声学等学科的发展，我们可以更进一步地了解这份隐藏在青铜乐钟当中的宝贵技术和精神财富，也明白了内涵式技术提升在发展中的重要意义与价值。并非所有的发展都只是外部形式上的更新，抑或是几近夸张的追求大、新、奇，将更多的精力投入到技术内涵的品质追求上，可能更实用，也更适应于我国经济、文化发展的当下形势。

三、双音钟历史传承路径的礼乐文化内涵与启示

双音钟的发展路径中，包含了数量、规模、音域、音高序列或音阶形态等方面的不断发展。甬钟从最初的2件、3件、4件到西周中、晚期的8件、16件，件数规模、摆列方式的扩展，顺应了礼乐制度的发展趋势与发展规律。西周末、春秋初期，在原有单一种类甬钟的基础上，出现了钮钟。钮钟并非甬钟的原样复制，而是在钟型大小、钟腔板振动的密度、厚度以及音乐、音高序列上得到非常有效的改善：打破了原来甬钟的四声音列结构，完成了对宫、商、角、徵、羽的五声序列的表达。在此基础上，随着乐钟音乐性能的不断开发，乐律理论与实践的有效循环式发展，双音钟家族对于五正声以外的变化音也有了技术上的把握，由此，音域得到了扩展，音阶形态的多样化也有了实现的物质前提。这是顺应编钟乐功能的发展趋势的。

铜镈的发展略有不同，在西周初期在南方、北方陆续展露以来，多强调着其不俗的礼器身份，直到春秋中期才被纳入大型组合编钟的行列中，在铸调技术稳定长足发展的大环境中，音域、性能上的开发，很快成为低音区的主要承载。

概括性地讲，约在春秋中期以后，铜镈、甬钟与钮钟常常搭配使用，从而形成了铜镈——低音区、甬钟——中音+中高区、钮钟——高音区的组合编钟音域形态。显然，这体现的是由单一种类向大型组合编钟发展的路径。不难发现，在这条发展路径当中，继承与创新是并存的，无论是技术层面，还是文化涵义与功能方面，都没有背离礼乐制度与礼乐文化发展的趋势。然而，继承是创新的重要前源，创新从未抛弃对传统的继承，才是这条发展路径上给后人留下的重大精神财富。

毋庸置疑，继承、保护、传承与创新，是长期以来社会各个领

域都无法忽视的话题或难题。没有传统的滋养，创新与发展便缺乏根基；没有创新的意识，也无法在与时俱进的发展潮流中保护住传统文化的命脉。看似矛盾，却又实际存在于社会各个层面的问题，原来古代铸造乐钟的工匠们，早就给我们提供了完美的解决方案，即继承与创新并行，保护与发展共进。

周代青铜乐钟的发展，一钟双音的技术始终在不断内涵式精进发展，这成为春秋晚期、战国初期大型组合编钟得以搭配实现五个八度广阔音域的技术前提。这个前提是在长达几百年的、历代工匠群体手里传承着的技术财富，倘若这条传承链条因故断裂的话，便不会缔造战国初期曾侯乙墓大型编钟的辉煌。当我们将西周初期甬钟四声音列与曾侯乙墓编钟五个八度、七声音阶、甬页曾体系、旋宫转调的音乐性能对比的话，便可以清楚地看到这条基于传统之上的不断碰撞、开发、拓展的音乐性能的发展之路的本质面貌。在令人惊诧的甬页曾乐律体系实践的曾侯乙编钟上，并没有将一钟双音三度音程、羽宫角徵四声音列结构抛弃，却是在此基础上的多角度拓展。

结　语

合瓦型腔体是一钟双音得以实现的物质前提，对这种形制的乐钟双音性能的不断开发，是乐钟礼器、乐器双重功能得以实现的技术保障。由此可以说，一钟双音是古代青铜乐钟铸造工匠给后人留下来的不被史书记载的技术财富与精神财富。

作为礼乐文化的传承者，当代中国仍旧保持着礼仪之邦的诸多品质、品德与优良传统，仍旧面临着对文化传统的继承与保护，与新时代创新发展传统文化的新要求。重新再整理礼乐制度、礼乐文化发展路径中的文化遗产、精神遗产，应当是符合当下国家发展的趋势与要求。

从实践层面上说，一钟双音的存在，是"和而不同""和谐共处"的完好体现。双音铸调技术的适度、内涵式开发，成为编钟乐功能与礼功能相谐发展的技术保障，也提供了打造精湛技术来求得内涵发展的当代启示。在长达几百年的双音钟发展道路上，生动展现出由单一向多元，由简单向复杂的集继承与创新为一体的发展轨迹，为当代面临的继承传统、创新发展的话题与难题，提供足够的精神养料与实践经验智慧。

从朱载堉《六代小舞谱》
学术复原浅谈当代"乐教"

杨春薇[1]

昔黄帝以其缓急，作五声，以政五钟。令其五钟，一曰青钟大音，二曰赤钟重心，三曰黄钟洒光，四曰景钟昧其明，五曰黑钟隐其常。五声既调，然后作立五行，以正天时，五官以正人位。人与天调，然后天地之美生。（管仲《管子》）

雅乐，"雅正之乐"。中国古代音乐历史中不可缺少的重要组成部分，其中渗透着中国人对祖先的敬畏，对天地人之关系的思考，是中国哲学思想在音乐上的实践与外显。"乐者，天地之和也；礼者，天地之序也"，雅乐正是在此种观念下形成的。雅乐活动体现着长久以来中国人自己的宇宙观、对待观。周公制礼作乐，雅乐在西周初期基本确立，并通过完备的乐官系统代代传承下来。

一、乐与乐教

礼乐之"乐"的本义，有诸多说法，大多倾向于两种：一为乐器说，《说文解字》（汉，许慎）"五声八音总名。象鼓鞞。"[2] 罗振玉、郭沫若则释为"琴瑟"类弦乐器；二为喜悦说，《乐记》乐本篇曰"比音而乐（le）之，谓之乐。"[3] 当代音乐学者修海林认为

---

[1]中国音乐学院音乐研究所。
[2]许慎撰，徐铉校定，《说文解字》，中华书局，2015年，第124页。
[3]郑玄注，孔颖达疏《礼记正义》，上海古籍出版社，2008年，第1455－1456页。

► 中华礼乐文化传承

甲骨文加了"白"的"乐",像成熟的谷物,是表示人们"对耕种、收获的不易自然而然产生出的喜悦心情。"①

在先秦音乐思想中,"乐"与声、音、舞、诗都有关联。"《说文解字》对舞的解释为'舞,乐也。用足相背'。故而,'声''音''乐''舞',实则皆可表'乐',只是分别而言之时,它们便各有其内涵。'声''音''舞'都可作为'乐'的辅助,'乐'则是一种诗、乐、舞合一的综合形态。"②

《周礼·春官》曰:"以乐德教国子:中和、祇庸、孝友;以乐语教国子:兴、道、讽、颂、言、语;以乐舞教国子:舞《云门》《大卷》《大咸》《大韶》《大夏》《大濩》《大武》。以六律、六吕、五声、八音、六舞、大合乐。以致鬼神示,以和邦国,以谐万民,以安宾客,以说远人,以作动物。乃分乐而序之,以祭、以享、以祀。"可知,周代以"乐"教育国子,并立了"乐德、乐语、乐舞",由大司乐统管。"乐德"中蕴含了儒家乐教思想中的道德伦理——"中和、祇庸、孝友","乐语"即乐之语言,如何成章?如何表意?虽后发展为专指向于"诗",而也可认为指向于一切艺术语汇的表达方式。同时,早期的"诗"都伴有音乐相和,或歌或舞;"乐舞"则涵盖了音乐与舞蹈两种艺术形式,"以六律、六吕、五声、八音、六舞"相合,称为"大合乐"。所谓"乐舞合节谓之中和"③。"乐德、乐语、乐舞"是集"德与行"与一体,以"乐"践行儒家思想,教化国子的实践体系。由此,"礼乐"之制从娱神祭天的功能演化推进为政教、社会的功能。

---

①修海林:《"乐"之初义及其历史沿革》,载《人民音乐》,1986年第3期。

②刘鑫:《唐前"乐象"研究》,社会科学文献出版社,2017年,第13页。

③朱载堉:《乐律全书》第十九卷《论舞学不可废》(上)。

二、明代朱载堉《六代小舞谱》

(一) 朱载堉《六代小舞谱》的舞蹈与音乐

明代律学大家朱载堉著有《乐律全书》，包含了历学、律学、乐学、舞学、算学等方面的著述。其中，一直被忽略的有舞学的四种舞谱，《六代小舞谱》便是其中之一。又称，六小舞。

六小舞，朱载堉为未成年二十岁之前童子编创的明代乐舞。是为二十岁后六大舞学习作基的乐舞修习，故称小舞。六小舞，由六支舞蹈组成，分为"文武舞"。三支舞蹈为文舞，三支舞蹈为武舞。文舞包括：一、人舞，二、皇舞，三、羽舞。武舞包括：一、帗舞，二、旄舞，三、干舞。六支舞蹈分别手持不同的舞蹈道具起舞，象征和歌颂了历代圣贤功德，六小舞与六大舞对应关系如下：

类别	六大舞名称	六小舞名称	手持舞具	歌颂之功德
文舞	咸池	人舞	空手	歌颂尧帝之功德
文舞	韶	皇舞	排箫	歌颂舜帝之功德
文舞	夏	羽舞	羽龠	歌颂禹帝之功德
武舞	云门	帗舞	幡（五色）	歌颂黄帝之功德
武舞	濩	旄舞	矛	歌颂商汤之功德
武舞	武	干舞	盾斧	歌颂周武王之功德

朱载堉是一位雅乐实践者。在这部书里他非常详尽地用舞姿图、舞步图把六代小舞的舞姿全部记录下来。可以说是我们在历史史料中极为少见的、非常详尽的一部舞谱。

同时，朱载堉在其《乐律全书》中还有相当大比重的乐学内容：包括《乐学新说》《操缦古乐谱》《旋宫合乐谱》《乡饮诗乐谱》《小舞乡乐谱》等。《六小舞》的用乐，我们根据朱载堉的记述选择了

▶ 中华礼乐文化传承

《小舞乡乐谱》的两首乐曲：《羔羊》《兔罝》，用以配合《六小舞》中文舞、武舞的进行。朱载堉在其《舞学十议》之"舞声"篇中认为小舞不能用天子之乐，而应用"乡乐"，《诗经》中的"周南""召南"可依。"曰：舞有文武，其容不同。二南诸篇，何者似之？宜何名焉？曰：赳赳武夫，公侯干城，武舞奏之宜矣，是名兔罝之舞；退食自公，委蛇委蛇，文舞奏之宜矣，是名羔羊之舞。其名正，其言顺，不僭不忒，故君子舞之也。"①

朱载堉用律吕谱编创了《羔羊》与《兔罝》，并记录在其《小舞乡乐谱》中。他在叙述中说："周南召南，二雅三颂，词虽出于圣人，而谱必非出于一人之手。今则年久，原谱失传。世有知音者，或创撰新谱，总与原谱不同。择其善者从之，患人信不及，未敢承当耳。"②

可见，无论是音乐上，还是在舞蹈上，朱载堉都有严谨的考量，从而使得今天我们对其复原研究时有了可靠的文献与详尽的舞图，这也是其他古代乐舞及文献不可及的。

（二）朱载堉的乐学、舞学思想与实践体系

朱载堉的《律吕精义》外篇卷六—卷十中，连续著写了三篇重

---

① 朱载堉：《乐律全书》，卷十五。"舞学十议——舞声"。
② 朱载堉：《乐律全书》，卷十五。"舞学十议——舞声"。

要的乐学、舞学文章,它们是:《论礼乐二者不可偏废》(上下)、《论弦歌二者不可偏废》《论舞学不可废》(上下)。此三篇文章凝结了朱载堉作为一名儒学大家对礼乐教化的深入探究,同时还提出并规范了礼乐、乐学与舞学的实践体系,是今天我们重建礼乐文化的有益参照。

《论礼乐二者不可偏废》(上下),"序曰:礼以序尊卑,乐以和上下。礼乐二者不可偏废。"① 此文论述了礼乐教化的重要性,提出以乡饮酒礼为百姓礼乐活动之基,由此进行礼乐的社会教化。进而,朱载堉详尽地叙述了乡饮酒礼的礼仪和用乐。

《论弦歌二者不可偏废》,"序曰:歌以弦为体,弦以歌为用。弦歌二者不可偏废。"② 此文包括以下篇章:"弦歌要目序、论琴五音七音、论琴九徽十徽、秘传定琴瑟法、论黄弦不可不弹、论定瑟必须吹笙、论学乐先学操缦、论学操缦捷径法、论雅琴只按十徽、论雅琴不用吟猱、先学五音操缦共十八首、论古人非弦不歌非歌不弦、论士大夫学乐八音不求备、论学歌诗六般乐器不可缺、论学歌先学尧舜夏商遗音、论八音指法虽异而音则同、论先学诗乐而后经义益明。"从这些篇目的篇名中,可以看出朱载堉对雅乐中的"弦(琴瑟)歌(诗乐)"尤为重视,进而详细展开到弦歌所用乐器、曲调、曲谱以及唱弹之法。他的这套弦歌雅乐修习之法,应十分有益于今天礼乐的当代实践,从而建立一套当今乐教的乐学实践体系。

《论舞学不可废》(上下),"序曰:凡人之动而有节者,莫若舞肄。舞,所以动阳气而导万物也。夫乐之在耳曰声,在目曰容。声应乎耳,可以听知,容藏于心难以貌睹。故圣人假干戚羽龠以表其容,蹈厉揖让以见其意。声容选和则大乐备矣。诗序曰:咏歌之

---

① 朱载堉:《律吕精义外篇卷之六》,《论礼乐二者不可偏废第六之上》。
② 朱载堉:《律吕精义外篇卷之八》,《论弦歌二者不可偏废第七》。

不足，不知手之舞之足之蹈之，盖乐心内发，感物而动，不觉手足自运，欢之至也。此舞之所由起也。"①此序中阐释了"声"与"容"相和才可谓"大乐备矣"。而舞蹈则是舞动阳气，导化万物的自然表达。

其后，朱载堉强调"古之君子生而未尝不学舞，燕而未尝不起舞"；"古人自天子至庶人无有不能舞者，以其从幼习之也"。指出舞蹈之重要性。如何习舞？朱载堉提出了"舞学十议"：舞学、舞人、舞名、舞器、舞佾、舞表、舞声、舞衣、舞谱，并逐条解释，每条中先引古制，后附新说，详尽地叙述了舞学的方方面面。

此文的最后朱载堉以六小舞之"人舞舞谱"为例，提出了"转为乐舞众妙之门"。围绕着"转"，朱载堉设计了"上转、下转、内转、外转"四转势，以及"转初、转半、转周、转过、转留"五种转的姿态，辅助以"伏睹、仰瞻、回顾"三种起伏回转之势，以此构建了一套雅乐舞的基本舞蹈语言。当时明代宫廷太常寺已经设有一套雅乐舞的建制，然而，朱载堉认为："太常雅舞立定不移，微示手足之容，而无进退周旋、离合变态，故使观者不能兴起感动。此后世失其传耳，非古人之本意也。"②

综上，朱载堉的乐学及舞学思想和实践体系，在他的《乐律全书》中有多处涉及并讨论。《律吕精义》外篇卷六至卷十的这三篇文章，集中阐述并论证了他的雅乐主张，并创建了一套切实可用的雅乐"礼仪、习乐、习舞"之实践体系。这套体系，并不是无中生有，并不仅仅是朱载堉的"拟古"之为，而是朱载堉作为明代的一位儒学大家，在深得古乐之精髓的基础上，大胆打破当时的雅乐陈旧之规，希望继承孔子之志，复周代礼乐精神之创造。因而，他针对雅乐"礼、诗、乐、舞"多个层面进行了全面的重新构建，自成

---

① 朱载堉：《律吕精义外篇卷之九》，《论舞学不可废第八之上》。
② 朱载堉：《律吕精义外篇卷之九》，《论舞学不可废第八之上》。

体系。在朱载堉之前，无论是唐宋之间的朝代更替，还是元代到明代的雅乐断层，历朝历代的雅乐都是在消失与重建的反复中延续着。所以，朱载堉的这次"拟古"创新之为，虽不在宫廷雅乐正统体系之内，但同样是礼乐文化中一次不可忽略、不可多得的历史经验。另一方面，朱载堉重视礼乐教化的民间性，提倡在民间展开不拘一格的礼乐乐教，这一乐教观念在当今社会更具有实践意义。

三、《六代小舞谱》学术复原于当今之意义

中国音乐学院雅乐研究中心从 2015 年开始进行复原六小舞的工作。历时三年，历经改版两次，最终成型。

那么为什么我们要复原明代的六小舞呢？2011 年中国音乐学院"雅乐研究中心"成立。我们的初衷就是希望能够重理雅乐之序、重建礼乐精神。所以我们前期做了宗庙乐，《韶》《武》、宴享乐、诗乐、乡射礼乐的一些创作和复原。建国以来，我们的传统音乐体系里面分为几大类，宫廷音乐、文人音乐、宗教音乐和民族民间音乐。其中宫廷音乐在分类当中是非常重要的一个部分，属于中国音乐文化的正脉，与中国文化体系一脉相承。它贯穿着中国文化天人合一，体现了我们对于祖先、天地，对于人和自然的整体的认识和价值观。可是在我们的整个音乐传承与教育中，宫廷音乐基本是空白。

今天我们来重新复原《六代小舞谱》音乐舞蹈，第一，是希望通过对古人的一个重新阅读、重新学习，来重建我们自己心目中的古代音乐与舞蹈。朱载堉《六代小舞谱》的复原，实际上是一个学习古人的过程。在这个过程当中，我们用自己的身心去行乐、行舞、行礼，去感受古人贯穿在雅乐当中的天、地、人精神。

第二，我们的古代雅乐在几千年的流变过程当中，辐射到了我们的邻国，如日本、韩国、越南。日本学到了我们中国的唐宋燕乐；韩国传承了我们中国的宋乐，越南的雅乐，是清代的雅乐传播

与重建。百年、千年间，中国雅乐在周边各个国家里，根据各国自身的文化，都有了一些流变。如果说我们今天想去探究原来几千年前的唐乐、几千年前的宋乐，日本和韩国会给我们一个非常好的参照。而明代朱载堉体系雅乐，我们在周边邻国的雅乐遗留中找不到特别的参照，是一个空白。我们重新复原《六代小舞谱》是今人对明代朱载堉的雅乐精神的一个重建。

第三，朱载堉的六代小乐舞，注重的是礼乐之教化，是专门为二十岁未成年之前的童子所做的一个音乐舞蹈。其中，包含有"礼、乐、诗、舞"。让学子们在有节律的音乐中，伴随"屈伸、俯仰、回顾、周旋"的舞蹈动作体会"中和"之律，感知天、地、人的开阖关系。中国文化中的"中和之道"，"雅正之道"，"天地人相合"之理，不再是书本经文中的典籍，而是韵化在身行气血中的真实感悟，乐教由此展开。

朱载堉的雅乐舞之精髓在一个"转"字。而"转"的精髓在于一个"中"字，即身体的中心轴。舞者在舞蹈时，无论是开阖、旋转、俯仰，中心轴都不可舍，这也正是雅乐舞所谓的中正、雅正之气的一个体现。同时，雅乐舞还需要稳健的气息，跟其他的一些舞蹈不同的是，它的重心较低、节奏慢、脚下稳，极少扭来扭去。舞蹈分文、武，尤其武舞部分，舞者需手持一些重量性道具，比如旄、幡、盾和斧，在开阖和翻转中需要身心与力量的结合。对舞容也要求内敛、中正、平和、朴素、大气。跳舞的人，不应将表情、笑容表现于外，需反观其内，由内而外地体会儒家之中正。这是现代社会青少年教育中的广播体操所不具备的。因而，明代朱载堉的《六小舞》是通过"礼、诗、乐、舞"全方位的身心修习。今天我们在青少年当中推行国学、提倡乐教，让他们真正用身心去感受老祖宗的智慧，《六小舞》实为一个非常好的实践模范。

雅乐是中国文化雅正之本，由近十年的雅乐复原实践，笔者总结了雅乐的几个特点：齐庄中正、温柔敦厚；清明朗润、浩荡渊

从朱载堉《六代小舞谱》学术复原浅谈当代"乐教"

博；文理密察、自然而然；流光其声、太和万物。以此，与大家共勉！

附录：明朱载堉《六代小舞谱》学术复原用乐细则：

羔羊（原谱自右向左读谱）

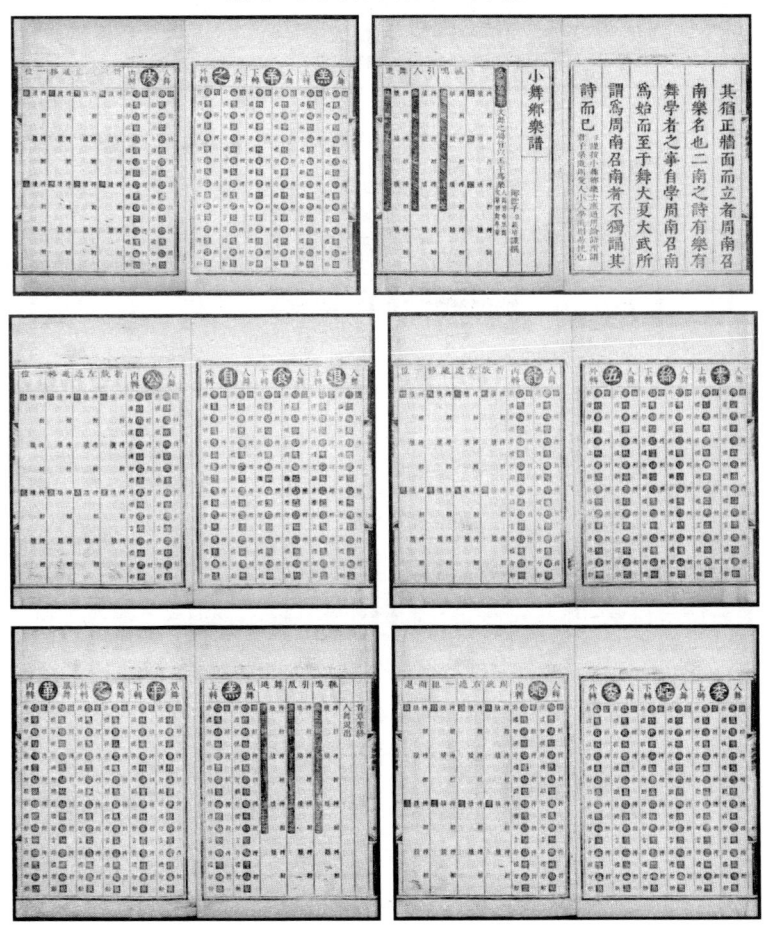

兔罝（原谱自右向左读谱）

▶ 中华礼乐文化传承

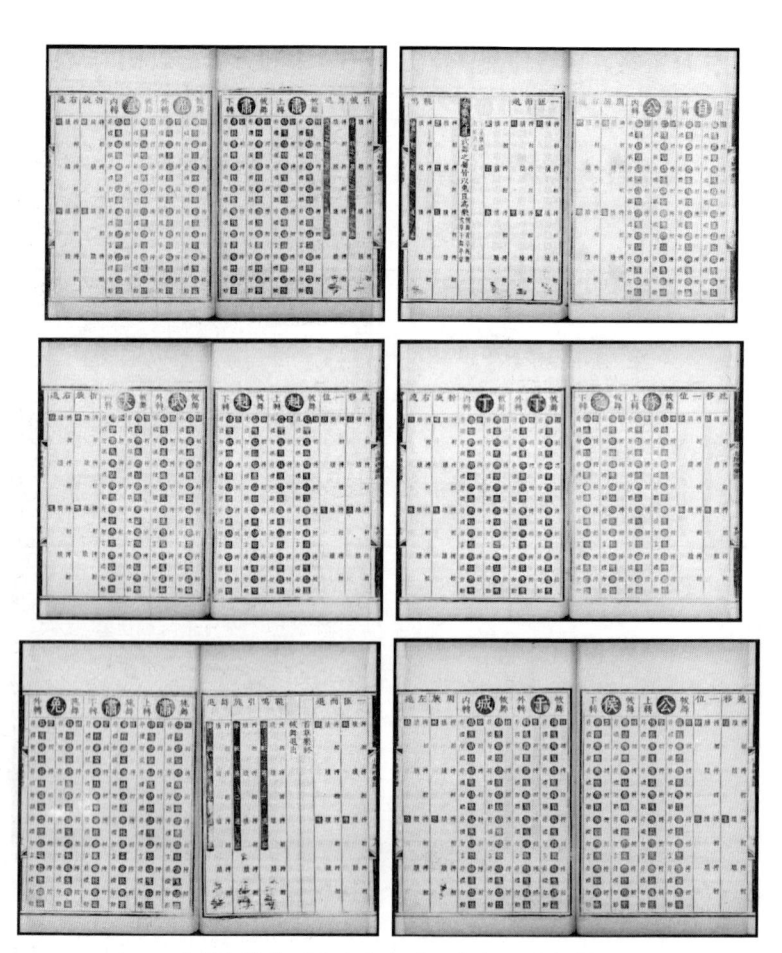

羔羊实操谱（自右向左看，自上而下读谱）
中国音乐学院雅乐团译谱

从朱载堉《六代小舞谱》学术复原浅谈当代"乐教"

词：

《羔羊》

羔羊之皮，素丝五紽。退食自公，委蛇委蛇。

羔羊之革，素丝五緎。委蛇委蛇，自公退食。

羔羊之缝，素丝五总。委蛇委蛇，退食自公。

五线谱例图（唱词）

兔罝实操谱（自右向左看，自上而下读谱）

▶ 中华礼乐文化传承

中国音乐学院雅乐团译谱

《兔罝》

肃肃兔罝，椓之丁丁。赳赳武夫，公侯干城。
肃肃兔罝，施于中逵。赳赳武夫，公侯好仇。
肃肃兔罝，施于中林。赳赳武夫，公侯腹心。

五线谱例图（唱词）

从朱载堉《六代小舞谱》学术复原浅谈当代"乐教"

乐队编制：（判县）

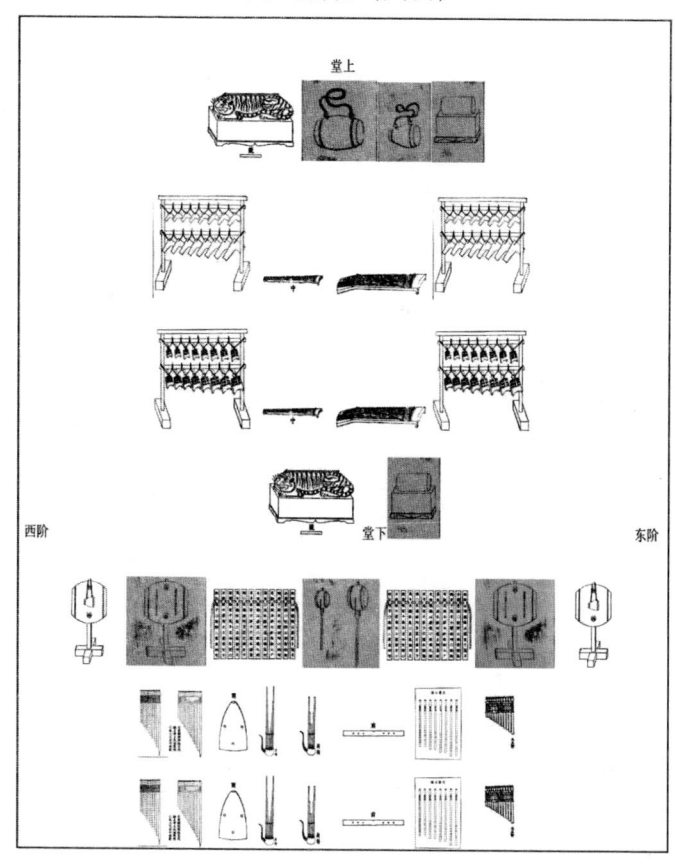

堂上

西阶　　堂下　　东阶

▶ 中华礼乐文化传承

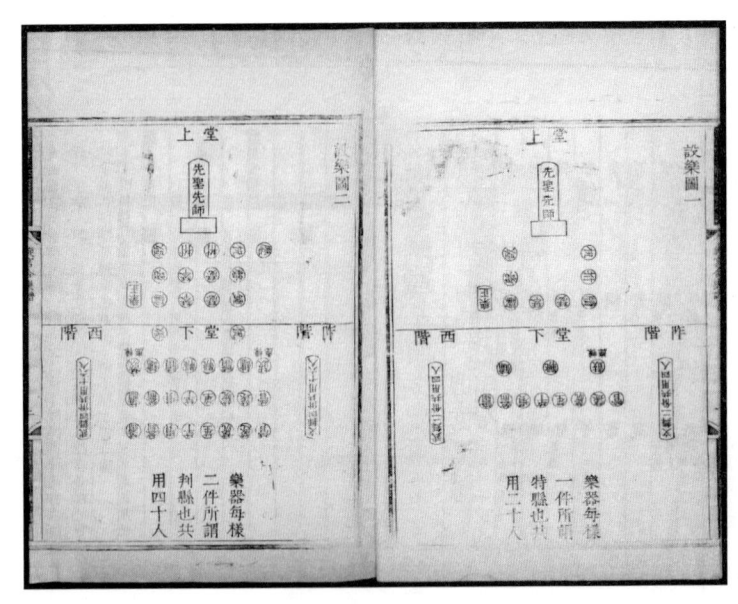

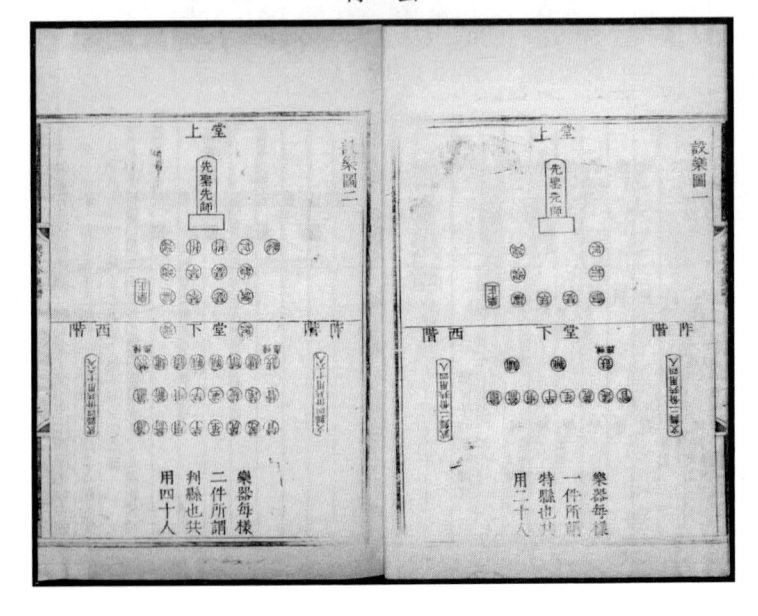

特 县

从朱载堉《六代小舞谱》学术复原浅谈当代"乐教"

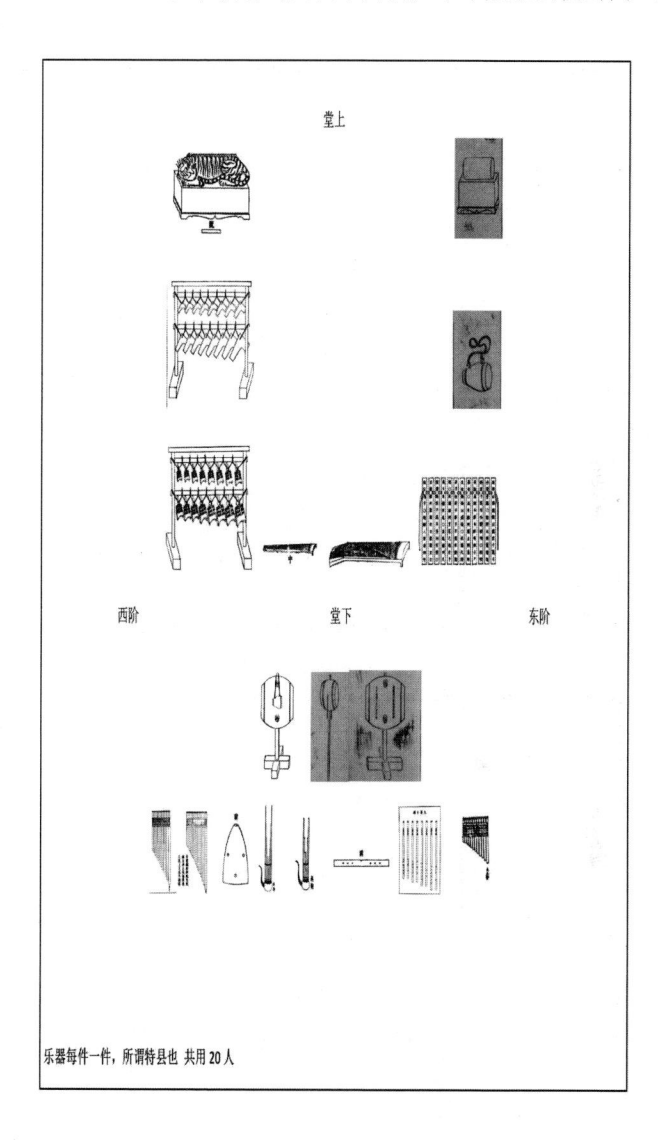

堂上

西阶　　　　　　堂下　　　　　　东阶

乐器每件一件，所谓特县也 共用20人

▶ 中华礼乐文化传承

从皇家祭礼走向公众演出
——中和韶乐价值解读及保护传承

王 玲[①]

说起天坛，人们首先想到的是一座开放的公园，脑海里浮现的大多是郁郁葱葱的绿树和参天的古柏，是有趣的回音壁和神奇的天心石，又或者是北京文化旅游标志上那个世界闻名的祈年殿。其实，它作为皇家祭坛，更像一座博物馆，展出的内容包罗万象，记载了中国古代先民的企盼和希冀，也记录了历代帝王的睿智与成败。

一、六百年的皇家祭坛——天坛

祭祀起源于原始社会的崇拜，是由原始人类对自然现象无法战胜的恐惧和依附心理而产生，经过长期发展和完善，逐渐形成了制度化的祭祀行为，最终发展成为国家祭祀，祭坛随之产生，以显示祭祀的庄严。随着历史的演变，祭祀礼仪越来越正规和繁复，祭坛的形式也在不断变化，最终形成了明清两朝北京的皇家祭坛，其中天坛是圜丘坛、祈谷坛的总称，明、清两朝皇帝祭祀皇天上帝、祈求五谷丰登的场所。也是目前中国保存最完整、规模最大的古代祭天建筑群。

（一）天坛名称的由来

天坛位于北京永定门内大街东侧，占地273万平方米。历史上

[①] 天坛神乐署雅乐中心。

的天坛叫作天地坛。明朝永乐十五年（1417），第三位皇帝朱棣决定迁都北京，便仿照南京天地坛的规制在北京营建天地坛，于永乐十八年（1420）建成使用，作为合祀天地的祭坛。160年后，明世宗朱厚熜决定将祭祀天、地分开举行，于是在天地坛内修建圜丘用以祭天。嘉靖十三年（1534年）明世宗朱厚熜颁布圣谕，实行天、地、日、月分坛祭祀，并规定："南郊之东坛名天坛，北郊之坛名为地坛，东郊之坛名朝日坛，西郊之坛名夕月坛。"天坛由此而得名。清王朝一直保留着天坛的格局和制度至乾隆皇帝登基。乾隆皇帝对天坛进行了大规模的修缮、改建和扩建，并种植了大量树木。直至清朝政府衰败，天坛的格局再无改动。

（二）天坛的建筑布局特点

天坛建筑是中国古代祭天文化的产物和载体，蕴含着深厚的祭祀文化氛围，北部祈谷坛主体建筑祈年殿，"年"字就很像甲骨文中一个侧面的人把一束成熟的稻谷举到头顶，是表示收获的意思，表明我国远古时期就有祈谷的祭祀活动，历代演变逐渐形成了封建王朝重要的国家祭祀礼仪制度——祈谷礼；南部举行最高规格"祀天礼"的圜丘坛，主体建筑圜丘的造型则完全应和古人"天圆地方"之说，从地面石板、台阶到栏板所有建筑数据均为阳数之极九或九的倍数，反映了当时人们朴素的世界观和对天神的无限尊崇，以及渴望达到天人合一境界的强烈愿望。坛域西侧的斋宫是皇帝举行祭天大典前进行沐浴、斋戒的场所，神乐署则是专门培养祭祀乐舞生和演陈礼乐的场所，均坐西朝东，虽自成一体，却又与祈谷坛、圜丘坛有着极为密切的联系。巍峨壮美的祈年殿，圣洁崇高的圜丘，肃穆庄重的斋宫和古朴典雅的神乐署在万千树木掩映中，形成了独特的坛庙园林景观，充分体现了古人无穷的智慧。

（三）天坛祭祀

尧帝时曾"乃命羲和，钦若昊天"，特别是在国家制度确立后，祭天成为历代统治者奉行不悖的国家大典，西周时祭天典礼"礼仪大备"，形式逐渐趋于规范。秦汉以后，历代帝王都以"王者，父天母地，为天之子"为政治理念，以"敬天礼地"为己任，至明清天坛祭天典礼形成了一套非常完备的礼仪形式，无论是冬至祭天在圜丘还是孟春祈谷在祈年殿，所有典礼都由礼部主持，其余吏部、户部、兵部、太常寺、光禄寺、内务府等多个部门参与实施。如果皇帝要亲自祭祀，王公大臣们还要陪同祭祀。祭天典礼包括"题请""演礼""斋戒""行礼""庆成"等多项仪程，礼节繁琐，声势浩大，以示礼莫大于敬天。1914年12月23日，时任民国大总统的袁世凯率领百官在天坛的圜丘举行了中国历史上最后一次祭天典礼，至此中国历史上延续了三千余年的国家祭祀制度正式终止。1918年天坛被作为公园正式对外开放，昔日皇家祭坛变身人民公园焕发新的光彩。

二、世代沿袭的皇家乐府——神乐署

神乐署作为天坛的五组主要建筑群之一，在天坛的建筑群中地理位置相对偏远，位于天坛的西南角，坐西朝东，是明清两朝负责选拔和培养北京各庙坛祭祀官员和乐舞生以及祭祀礼仪训练的管理机构。历史上神乐署的乐舞生除了负责天坛祭祀活动外，还兼负其他坛庙祭祀活动。清代的祭祀分为大祀、中祀、群祀，在大祀和中祀的祭祀典礼中所使用的乐舞生，都由神乐署选派乐舞生来承应，所以说神乐署可称得上是明、清两朝最高的礼乐学府。

神乐署创立之初，为明永乐帝迁都北京仿南京神乐观旧制而建，又称"天坛道院"，观中原有太和殿、玄武殿、天师府、关帝庙等建筑，由道教正一派主持演习祭祀乐舞。坛庙祭祀为什么要让道士充当乐舞生呢？这是因为大明王朝第一任皇帝朱元璋信奉道教，他认为道士喜好清修，能与上天交流，所以明朝建立时，在都城南京建立天地坛的同时，就建了这座神乐观，让道士参与祭祀，并指派正六品官员掌管，还沿袭祖制，把数百名南京的道士带到了北京，承担祭祀乐舞的任务。然而这喜好清修的道士却没给神乐观带来一刻清静。一是因为观中道士利用闲暇给百姓送符驱邪，二是因为观中盛产一种良药——益母草，道士们将其炼成膏药出售。一时间神乐观周边各种药店、茶院如雨后春笋般冒了出来。明弘治年间及清康熙年间曾两度大兴工程，修缮观中建筑，观中一度建筑鼎新，花木繁茂，游人纷至沓来，成为森森庙堂外热闹繁华的所在，盛极一时。清乾隆七年（1742年）朝廷以"天坛为祭祀重地，应宜肃静"，下令禁止神乐署栽植花木，并拆毁观中酒肆，乾隆皇帝还下令"禁太常乐员习道教，不愿改业者，削籍"，驱逐观众道士，改神乐观为神乐所，乾隆十九年（1754）又改神乐所为神乐署，以后一直沿用此名。

神乐署由凝禧殿、显佑殿、署门和廊庑（俗称群房）等组成神乐署大院，占地面积近10000平方米。神乐署正中凝禧殿五间，崇基，三出陛，各六级。左右步廊各两间。后显佑殿七间，左右廊各三间。殿后为袍服库，典礼署、奉祀堂南北各三间，左右门各三间，左门东通赞房、恪恭堂各三间，正伦堂、侯公堂各五间，南转穆佾所三间，右门东掌乐房、协律堂各三间，教师堂、伶伦堂各五间。北转昭佾所三间，前后均联檐通脊。正门三间，三出陛，各四级。

凝禧殿是神乐署的正殿，明清两朝这里是演练祭祀乐舞的综合场所。大祀前40天，中祀前30天要到这个大殿进行排练。凝禧殿初建时称为太和殿。清军入关定都北京，把当时紫禁城的皇极殿改称为太和殿，北京城同时出现了两个太和殿。清康熙十二年（1673）把神乐署的太和殿改称为"凝禧殿"，作为坛庙祭祀时执事、官员等演习礼乐之所，大殿正中至今仍悬挂有乾隆皇帝御笔"玉振金声"匾额。现在殿前的月台上还能看到从前乐舞生排练时留下的痕迹。

▶ 中华礼乐文化传承

　　显佑殿在凝禧殿后，初称玄武殿，明末改为显佑殿，是乐舞生祭祀北方玄武大帝的场所。因为神乐署最初叫神乐观，供养的是祭祀的道士。乾隆年间严禁神乐观乐官习道教，不愿从业削籍为民，观中道士尽遭驱逐。祭祀乐舞生也改用年少俊秀的八旗子弟充任，由朝廷协律郎对祭天乐舞生进行培训。显佑殿便逐渐失去了他的历史功能。

　　神乐署署门前有一面巨大的影壁，曾是京城一处名胜，传说端午节来摸影壁能驱五毒，保一年平安。清代潘荣陛的《帝京岁时纪胜》中写道："帝京午节……更入坛内神乐观前，摸壁赌墅、陈疏肴、酌余酒，喧呼于夕阳芳树之下，竟日忘归。"说的就是每逢端午，人们都会备好美酒菜肴来到天坛神乐署摸影壁、品佳肴、喝美酒，游玩至夕阳西下，流连忘返。

　　神乐署院内两侧廊房分别是执事演礼、司乐办公、教习乐舞生的地方，凝禧殿南北两侧的典礼署、奉祀堂则是署正、署丞的办公场所。作为专门为坛庙祭祀活动培养乐舞生的衙署，可谓当时礼乐最高学府，曾一度辉煌，随着清王朝的衰落，神乐署也趋于没落，古朴典雅的建筑与昔日的皇家风范荡然无存，失去了原来的面貌和作用，文物古迹也受到了严重的破坏，神乐署所承载的中和韶乐也随之消亡。从上个世纪八十年代开始，天坛公园经过艰苦努力地工作，逐步收回了神乐署建筑，恢复了神乐署"古代音乐最高学府"的历史原貌，并开辟成中国古代皇家音乐展馆正式对外开放，向世人展示着古代皇家音乐的历史和内涵。展馆内容包括了神乐署历史沿革、使用功能以及中和韶乐在祭祀活动中的使用情况；中国古代乐律、祭祀乐舞等，将文物古建、文化历史、服务管理、研究展示等内容集为一体，面对来自世界各地的观众，展示天坛文化独有的魅力。

三、中和韶乐——传唱千年的祭祀礼乐

（一）中和韶乐的起源

《左传·成公十三年》："国之大事，在祀与戎。"祭祀与战争从来都是伴随着国家的建立而出现的，而祭祀礼乐又是其不可或缺的元素。神乐署所承载的中和韶乐，在远古时即被称为雅乐、韶乐，仅从有文字记载的夏朝"韶乐"算起，距今已有四千多年的历史。雅乐，就是我国古代祭祀天地、神灵、祖先等典礼中所演奏的音乐和表演的乐舞。雅（韶）乐的源头，可追溯到远古先民时期的氏族部落图腾崇拜、祭祀典礼、狩猎农耕等社会生活活动中。随着周代礼乐制度的建立，宫廷中有了专门的音乐机构——大司乐，乐师近1500人。所奏的六朝大乐均融歌、舞、礼、乐为一体。自西周以后，雅乐一直被用于坛庙祭祀、朝廷宴享及其他重大的国事活动，至明代初期形成了完整的祭祀音乐体系——中和韶乐，清代承袭了明代中和韶乐的精华，使祭天乐舞达到了封建社会的最高峰。中和韶乐更因其乐音纯正、舞姿庄重、进退有序、整齐划一而受到了儒家学者和中国历代统治者的推崇，被认为是最和谐完美、最符合儒家伦理道德的音乐，尊为"华夏正声"，成为中华礼乐文化的重要标志。

（二）明清中和韶乐的艺术特点和价值

1. 定名

中和韶乐是明清两朝皇家在祭祀、朝会时所使用的礼仪音乐。在周朝至元代被称为雅乐，明朝初期更名为中和韶乐。《中庸》有云：喜怒哀乐之未发，谓之中，发而皆中节，谓之和。中也者，天下之大本也；和也者，天下之达道也。致中和，天地位焉，万物育焉。"中和"一词是儒家道德修养的准则，是致万物和谐的标准，在中国古汉语里，"韶"的意思是美好。《论语》中就有"子在齐

▶ 中华礼乐文化传承

闻韶，三月不知肉味"的记载，意思是说：孔子在齐国听到韶乐演奏后大为赞叹，评价它是尽善又尽美的音乐。2006年天坛神乐署中和韶乐被确定为北京市首批非物质文化遗产。

2. 礼乐歌舞为一体

中和韶乐融礼乐歌舞为一体，是儒家礼乐文化体系的集大成之作。在孔子看来，实现礼乐教化的前提是要先学习诗，《论语》中就有"兴于诗，立于礼，成于乐"的记载。意思是说，诗歌启发人的心智，礼制使人言行规范，音乐可以完善人性。诗书礼乐是儒家思想的重要组成部分，传统教化的基础。中和韶乐在乐队规制、乐器使用、人员数量到演奏方法都有严格的规定，乐生71人、舞生128人、执事生5人，共计204人。在乾隆二十六年增加镈钟特磬，乐队增编至206人。演奏遵循着严格的礼仪程序，可以想象在香烟缭绕，牺牲陈列，肃穆虔诚的祭坛上，乐舞生衣着鲜明，配饰庄严，一歌一字，一字一音，一个舞蹈动作，用最简单的方式，发出整齐划一的声音，进退有序，动静相宜，以特有的乐器，特有的音调，特有的金石之声表达着人们对天神的歌颂与崇敬。

3. 八音俱备

从所用的乐器上说，中和韶乐必须使用"八音乐"。就是以"金石土木丝竹匏革"八种材料制成的乐器进行演奏的音乐。古人认为只有八音具备了的音乐才能称得上是最正统的音乐，这也就是我们所说的华夏正声。其中金类乐器编钟、石类乐器编磬既是乐器又是重要的礼器，在宫廷音乐中占有很重要的地位，一直是祭祀和宴饮中最为隆重的乐器，被形容为"金声玉振"。"金"指的是钟，象征着"阳"；而"玉"指的是"磬"，象征着"阴"；所谓"金声玉振"就是以钟喧声以磬收韵。代表着音乐的开始与结束。这正是乐队有始有终、条理清晰的基本演奏方法。

4. 金声玉振

祭祀大典仪程有六项至九项不等，其中祭天大典共分九项仪程，是一年当中最隆重的祭祀仪式。每一项仪程对应一个乐章。乐章的演奏方法在《律吕正义后编·祭祀乐通例》中记载得十分详尽："击柷三声，以起乐。每奏一句，奏镈钟一声，以宣其声。每奏一字，歌声未发，先按谱击编钟一声，以宣其声。歌声协律歌一字，众吹奏乐器各按谱吹一声，琴按谱弹一声，瑟按谱弹两声（左右两手并鼓之），歌声（每歌一字）将歇，按谱击编磬一声以收其韵。每句将阕，击特磬一声，以收其韵。次击应鼓三声（没应鼓一声），拍搏拊一声以应之（三声凡六声）。每章阕，栎敔三声以止乐。"也就是说击柷三声表示音乐要开始演奏；镈钟一击，代表一个乐句的开始；编钟一击，代表一个乐音的开始；吹奏乐器和弹奏乐器共同演奏一音，用以合乐；在音的末尾，编磬一击，代表一个乐音的结束；在整个乐句演奏结束后，特磬一击，代表乐句的结束；击建鼓一声，应搏拊两下，共计建鼓三声应搏拊六下，用以节乐；当乐句演奏结束后，栎敔三下，表示整个乐章的结束。钟声磬韵，八音齐奏，有始有终，乐曲演奏起来，阴阳平衡，和谐有序。

　　古人之所以把祭祀乐舞作为礼制的重要内容，是认为"礼"与"乐"是密不可分的，中国历代提倡礼乐治国，用礼来区分等级，用乐来调和人与人之间的关系，以达到君臣和敬、长幼和顺、父子兄弟和亲的整个社会完全和谐的目的。《礼记·乐记》对此作了深刻的阐述："乐者，天地之和也。礼者，天地之序也……乐由天作，礼以地制"，"大乐与天地同和，大礼与天地同节。和，故百物不失。节，故祀天祭地"。意思是说通行于天下的"乐"有着自然的和谐，通行于天下的"礼"有着自然的节限。能和谐，所以万物各遂其性而生长；有节限，所以人们祭祀天地。出于对礼乐的这一认识，自孔子始，历代儒家均奉周代"雅乐"为乐舞的最高典范，认为它的音乐中正和平，歌辞典雅纯正。由此看来，在孔子眼里，礼乐应是融为一体的，没有脱离礼的乐，亦没有脱离乐的礼，礼乐之间相辅相成，和谐圆融。而中和韶乐在漫长的历史长河中一直保持着肃穆典雅、优美和谐的艺术风格，充分体现了师法自然、道法自然、中正平和、天人合一的中国古代哲学思想，体现了儒家"和合"文化的精髓。

四、中和韶乐的保护与传承

随着景区的修复开放，神乐署和所承载的中和韶乐传承发展成为亟待的问题，从传统的礼乐空间到文化研习之地，天坛神乐署的建筑本身就具有历史和文化的属性。中和韶乐作为中华民族特有礼乐文化的代表，在整个中国音乐文化发展过程中具有重要的历史地位，在中华民族发展史上塑造了中华文明的形象，汇集了中华文明丰富的思想文化内涵，作为非物质文化遗产，与天坛这一物质文化遗产相匹配，是天坛文化不可分割的一部分，是对天坛物质文化遗产的动态补充。能否找到一条既能满足非物质文化遗产传承保护的需要，又满足游客参观游览的需求，使其更好地发挥中国传统文化精髓的社会价值之路，是神乐署一直以来探索和实践的主要内容。

回顾神乐署的工作，大体可以分为三个阶段，第一阶段大约为2004年至2007年，以基础性展览展陈为主，中和韶乐展示经历了从无到有的过程；第二个阶段大约为2008年至2010年，以奥运接待为主，期间展示队伍得到充分锻炼，是一个水平大幅提升的过程；2011年至今为第三阶段，为发展、规范、逐渐走向专业化队伍的实践阶段。

2004年天坛神乐署景区开放，2005年12月，天坛决定恢复中和韶乐的展示，让乐器发出声音。最初的设想是为游客提供一个能看、能动、能听的新的展览形式，为此曾到湖北荆州去观摩学习，并尝试以社会化的形式完成展演的雏形，每天为观众表演6场，每场15分钟，以展示为主。就是这样，也在一定程度上受到游客欢迎，毕竟乐器发出了声音，展览展示的内容得到丰富。当时乐队的建立，更是得到了专家学者的广泛关注，已故著名的文物专家罗哲文先生，几次观看演出，并提出期望和意见，故宫博物院宫廷清代音乐专家万依先生、北大教授杨辛先生多次亲临指导，万依先生说："我研究了一辈子宫廷音乐，今天在神乐署我终于听到了历史与想象的声音，你们为现代人打开了一扇通往中国礼乐文化的大门！"并写下了"韶音学府 礼乐殿堂"八个大字送给神乐署，这是对天坛神乐署工作的莫大鼓励和支持，更加坚定了天坛恢复中和韶乐的信心。

2007年1月6日，天坛神乐署中和韶乐应邀第一次走出天坛，来到首都图书馆，面向公众和专家学者演出，虽然只有20分钟的曲目，但当时的观众反响热烈，《北京晚报》还在头版进行了专题报道。之后的两年业务培训作为重点和中和韶乐展示同时进行，整合资源、研究典籍，从文字资料中进行挖掘，无论是演出曲目还是演员队伍，都更加规范，取得了明显的效果，著名宫廷音乐专家黄海涛老师更是倾囊相授。在曲目方面，有意识地根据中和韶乐乐器的特点和神乐署人员情况进行编排，一方面保持原汁原味的天坛祭祀乐，另一方面拓展清代宫廷音乐的内容，再者为了适合广大游客的喜好编排耳熟能详的民乐曲，还有就是便于接待的世界各地名曲。天坛神乐署中和韶乐作为中国文化的代表，成为奥运宾客重点接待项目，圆满完成了国际奥委会主席罗格夫人、残奥会主席费力夫人等奥运宾客接待任务，受到了外宾的认可和赞扬。当人们还在感叹"百年绝响、覆震寰宇"时，孔子所赞叹"尽善尽美的韶乐"已经以现场的方式在天坛神乐署奏响。

"泰山不让土壤，故能成其大；河海不择细流，故能就其深。"从点滴做起方能见大成效，2010年后，公园加大投入，改造了舞台，改进了现场的硬件设施，接待条件更好，通过公开招聘，先后引进了器乐、舞蹈、外语等专业人才，展示能力得到明显提高，神乐署的演出阵容从最初的6人不断增加到20多人，时间从10分钟延长到了90分钟，展示曲目已经有祭祀乐、宫廷乐、民乐等几十首，按不同主题设计系列专场展示，创新曲目，赋予传统音乐新的内涵与时代气息，使游客能够更深入了解到不同的音乐文化元素，形成了"坛乐清音"音乐会展示模式。

通过一系列的摸索和尝试，2012年神乐署队更名为神乐署雅乐中心，正式成立了神乐署雅乐团，把保护、传承、弘扬中和韶乐非物质文化遗产的工作纳入到神乐署建设的整体规划中，专心致力于古代音乐文化的研究、挖掘、传承和展示工作。完成了从单一乐队展示到功能完备的乐团的蜕变，功能定位更加明确，职责更加清晰。

2013年10月，神乐署雅乐团带着中和韶乐，首次进入中国音乐学院的演播厅，参加学术讨论，同中国台湾、日本、韩国、越南等国家和地区的雅乐团体，以及龚琳娜等国内音乐家、专业音乐院校同台演出，并举办了"清代中和韶乐专场展示活动"，与来自世界十五个国家和地区的雅乐研究机构和学术团体相互观摩，相互交流，探讨雅乐的传承和发展途径，填补了国内研究清代雅乐领域的空白，得到了业界的好评与关注。同年，李光曦、刘秉义等著名老艺术家在观摩神乐署雅乐团"坛乐清音"专场音乐会后，用了几个没想到来表达他们兴奋的心情："没想到在公园里还有这样一支年轻队伍在学习中国传统的礼乐文化，还传承得这么好，没想到大家对古典音乐的理解这么真实透彻，还学习得这么好，没想到今天在天坛神乐署感受到了什么是真正中国的传统音乐，使自己的身心得到了一次彻底的净化！"老艺术家们对神乐署人寄予了殷切的希望，对神乐署的赞誉、鼓励和帮助无疑更加增强了大家的信心和历史责任感。

2014年5月，在中法建交50周年之际，受法国世界文化遗产地卢瓦尔河谷城堡群的丽芙城堡负责人、希农地区旅游局局长雷纽女士邀请，天坛神乐署雅乐团第一次走出国门，赴法进行文化交流活动，吸引了来法国各地的热情观众，中小学生，各界政要以及社会知名人士，还有驱车数百公里来自意大利的专业人士。法国前总理拉法兰先生、旅游部长诺维利先生、中国驻法大使翟隽先生、文化参赞李少平先生等官员和当地名人300余人观看了演出，并给予了好评。欧洲时报、法国电视台等十几家境外媒体纷纷进行了采访报导，给予"无与伦比""最美妙的声音"等高度评价。

2016年神乐署雅乐团应邀赴上海豫园、苏州虎丘进行了"礼乐天坛"天坛公园礼乐文化展览展示活动。活动期间，展示了包括祈谷乐章《瑞平之章》、卤簿乐《导迎乐》、丹陛清乐《海宇升平日》等在内的祭祀乐、宫廷乐代表曲目，完整再现中和韶乐融礼、乐、歌、舞为一体的皇家音乐魅力，用中华最古老最传统的音乐讲述文化背后的神奇故事，体验编钟、编磬这些往日"国之重器"的庄严恢弘。19场专场展示和互动体验受到广大游客的欢迎和各界的高度肯定，上海、苏州两地各类媒体报道20余次，自媒体专访1篇。开辟天坛文化展览展示推广的新途径，对于天坛礼乐文化的推广和宣传起到了很好的推动作用。

2018年2月，神乐署雅乐中心代表天坛应邀赴欧盟总部比利时布鲁塞尔，参加"2018中欧旅游年"以及"第四届中欧文化艺术节"文化交流活动，面向欧洲近万名观众，举办天坛历史图片展、礼乐天坛专场音乐会，树立了公园在国际交往中的良好形象，坚定了对首都历史名园文化的认知和自信，并与中国驻欧盟使团等驻外机构建立良好的关系，为进一步扩大非遗项目的国际交往积累了经验，为天坛礼乐文化的研究传承和推广创造了有利的条件。

五、创新工作室和课题研究成为工作中的亮点

演奏中和韶乐的八音乐器包括：金、石、土、木、革、丝、竹、匏，共18类105件。其中以竹类乐器使用最为频繁，但随着时间的推移，受气候等影响，很多竹制乐器如笛、篪、箫等大多开裂，影响音准等问题，中和韶乐使用的乐器不仅仅是普通的竹制管

▶ 中华礼乐文化传承

乐，有的外表还绘有朱漆描金，配五彩流苏。特别是"篪"，这是一种失传的乐器，仅用于中和韶乐的乐队演奏，市场上买不到，神乐署就成立乐器研究制作小组开始自己动手研制，为保证音准、音色，每打好一个孔，就要不断地去调音、校音，现在演奏音色与古代竹制品媲美、品貌有所创新，多方面效果比古乐器更趋完善的朱漆描金篪、朱漆描金龙首尾笛、朱漆描金箫等古乐器在神乐署复原成功，精彩展现于游客面前，并作为国际礼物送给了法国前总理拉法兰先生和中国驻欧盟使团。

　　神乐署非常注重研究工作，一方面，通过课题研究挖掘整理资料，是做好演出工作的基础，另一方面，通过课题研究，培养一批懂业务、肯钻研的专业技术骨干。几年来先后完成了《中和韶乐与天坛文化发展关系一》《中和韶乐与天坛文化发展关系二》《天坛公园讲解服务体系建设与研究》等课题，其中《中和韶乐与天坛文化发展关系二》和《先秦雅乐与清代中和韶乐的比较研究》课题荣获北京市公园管理中心文化类课题一等奖，撰写论文数万字，边研究边实践，特别是在讲解词创新、曲谱挖掘，乐舞展示，乐器制作、改良、创新等课题成果转化方面不断取得新突破，取得了显著效果。

六、发挥社会教育职能　　文化普及社会

　　神乐署开放以来，坚持发挥天坛文化遗产的社会教育功能，针对中小学生、团体开展延伸服务，与北京市教委合作，建立社会教育培训基地，让北京市中小学的音乐老师走进神乐署，让中和韶乐文化走进校园，开展古乐学习和文化教育普及活动。景泰小学、汇文中学、五十中分校、金台书院小学、天坛东里小学、史家小学本部、北京四中、师大附中等多家学校来此进行传统文化的学习和体验。天坛神乐署中和韶乐更走出天坛，在国家图书馆、首都图书馆和部分学校举办了"走近中和韶乐——天坛神乐署中和韶乐赏析"

系列讲座活动，突破以往到神乐署参观的形式，把中和韶乐文化完美呈现给社会。

如今天坛的职能并不仅仅在于花、树、古迹，游客们游览之后总需要带走点什么才好，而神乐署，恰恰可以让游人们带走对历史的记忆和思考。古迹，早已不再是静止不动的，它可以像音乐一样不断地浮现于脑海，回荡于耳际，它是一种看得见摸得着的历史。老前辈都在努力把这些老历史传承下去，他们希望后人还能看到这些文化。神乐署发展的十年，是不平凡的十年，是在文化道路上探索的十年。十年间它经历了一个从无到有，从简到繁，从粗到细，从默默无闻到有一定的影响力的历程。记得习总书记在联合国教科文组织演讲中讲到："每一种文明都延续着一个国家和民族的精神血脉，既需要薪火相传、代代守护，更需要与时俱进、勇于创新。"每次读到这段话，我的内心中都会涌起一种莫名的感动和自豪，感动的是这古老的文明浸透在我们每一名中国人的血脉当中，自豪的是神乐署作为一个集体能够成为薪火相传的一份子，投身于不平凡的礼乐文化传播事业当中。未来的路还很长，神乐署的发展不仅仅是对一个景区的管理，更多体现的是一种态度，一种对文化的认知和对遗产传承的态度，作为神乐署的管理者，我们有责任，更有义务沿着这条保护、研究、传承、发展之路坚定地走下去。

结 语

天坛在1998年被列入世界文化遗产名录时，世界遗产委员会曾给予了它很高的评价，"天坛是华夏文明的积淀之一。天坛是建筑和景观设计之杰作，朴素而鲜明地体现出对世界伟大文明之一的发展产生过影响的一种极其重要的宇宙观。许多世纪以来，天坛所独具的象征性布局和设计，对远东地区的建筑和规划产生了深刻的影响。两千多年来，中国一直处于封建王朝统治之下，而天坛的设计和布局正是这些封建王朝合法性之象征。"虽然这是对天坛作为

> 中华礼乐文化传承

物质文化遗产所作出的评价,但我们不难体会出,这同时也是对天坛在物质形态中所蕴含的非物质形态的中华灿烂民族文化及其伟大历史发明的赞美。中华传统文化是人类文明的成果,是最深厚的文化软实力,在韩国、日本、越南甚至中国台湾都有专门从事研究和表演雅乐的团体,日本宫内厅至今还保持着雅乐管理机构。将这曾经消亡的声音恢复和传承下去,代表的不仅是一个民族的文明和信仰,更是一个国家在世界文化激荡中站稳脚跟的坚实根基。

2020年天坛就迎来了它600年的历史,600年的时间里它见证了历史的沧桑变化。今天,天坛的价值不仅仅在于它的古建筑,更因为天坛有着极其丰富的历史文化内涵而具有文化的灵魂。而神乐署,恰恰可以让人们带走对历史的记忆和思考。随着时移世易,当代天坛所承载的祭祀礼仪乐舞的功能也在发生悄然转变,使大众"知礼仪""懂尊卑",将"大礼"服务于大众。

从先秦秦汉林泽保护看当今生态文明建设

赵媛媛[①]

生态文明建设是新时代关系中华民族永续发展的千年大计,而护养山林川泽是一项基础内容。在推进生态文明建设进程中,除结合当今实际及借鉴国际经验外,从中国传统社会治理方式中发掘有价值的理论和方法,也是一种重要途径。中国古代非常重视天人关系,较早产生了敬畏自然、保护自然的意识,积累了许多有关山林川泽的护养方法,甚至形成了制度、法律,使生态保护成为礼制的一部分。

先秦、秦汉时期是中国文化的源头,构成中华文明的众多文化现象萌生于该时期,因此,探寻和发掘古人的生态观念,理应从这一时期入手。传世典籍及出土文献中涉及许多护山育林、养护川泽的记载,历代学者有所注意。20世纪以来,不少学者对先秦秦汉时期环境、气候变迁及生态保护做过相关研究,他们从历史地理、环境史、经济史等多个角度进行讨论,为当今理解和研究该时期的生态理念和生态实践积累了丰硕成果。[②] 在国内学者研究的基础上,

---

[①] 清华大学中国经学研究院。
[②] 如《中国政治通史》卷3《走向大一统的秦汉政治》第一章有"秦汉历史发展的地理环境和生态条件"一节(齐涛主编《中国政治通史》,泰山出版社,2003年,第10-26页),蒙文通《中国古代北方气候考略》(蒙文通《古地甄微》,巴蜀书社,1998年,第1-3页),王子今《秦汉时期生态环境研究》(北京大学出版社,2007年)。黄人二《敦煌悬泉置〈四时月令诏条〉整理与研究》(武汉大学出版社,2010年),林辉《中国古代林业政策和管理研究》(北京林业大学2013年博士论文),耿德良《〈管子〉生态环境思想研究》(山东大学2010年硕士论文),林辉《中国古代林业政策和管理研究》(北京林业大学2013年博士论文),薛梦潇《早日中国的"月令"与政治时间》(上海古籍出版社,2018年)等。

笔者力图梳理出先秦秦汉的林泽保护思想和保护措施，总结出古人的生态治理经验，选取其中有益于当今生态文明建设的部分，以供今人参酌，以期对当今生态文明建设有所启示。

一、先秦虞衡制度下的林泽保护

虞衡制度是古代生态保护的一种政府行为，很多朝代都曾设立过虞衡制度和虞衡机构。最早的虞官主要负责保护山林川泽，衡是虞的下级机构，负责巡视和执行。虞衡制度的产生，反映了先民对天人关系的体认，这种自然关怀意识的萌生，其端倪在《尚书》中有迹可循。

《尚书·舜典》记载：

> 帝曰："畴若予上下草木鸟兽？"佥曰："益哉！"

孔传："上谓山，下谓泽，顺谓施其政教，取之有时，用之有节。言伯益能也。"[①] 上古之时，舜帝命伯益使山虞、泽虞之官各掌其教，顺应鸟兽草木、天地万物的时宜而取用，反映出舜帝对自然的尊重。《舜典》又有"益，汝作朕虞"之言，孔颖达解释"虞"为掌山泽之官，这正是《周礼·天官·太宰》所记"九职"之"虞衡"，即"作山泽之材"。郑注："虞衡，掌山泽之官，主山泽之民者。"《周礼·地官》有山虞、林衡、川衡、泽虞四官，其下各设官属。四官及其官属构成"虞衡之职"，主要负责掌管山川林泽的政令与巡护，这是最早的护林护泽制度及其官职，由舜帝设

[①] 孔安国传，孔颖达疏：《尚书正义》，上海古籍出版社，2007年（2018年重印），第103-104页。

立，因此有学者认为，我国生态环境保护的历史应从舜帝时代算起①。

春秋时期，重视虞衡制度的当属齐国丞相管仲。《管子·小匡》记载管仲主张"泽立三虞，山立三衡"，为管理山林川泽建立机构，设置官员。本着"为人君不能谨守其山林菹泽水莱，不可以立为天下王"《管子·轻重甲》的认识，从发展经济的目的出发，管仲提出了"修火宪，敬山泽"，《管子·立政》"夏始，……毋行大火，毋断大木"《管子·八观》等保护措施，有一些具备法令性质。此外，他还提出山林川泽及其中的矿产、森林资源应由国家所有等主张，②为齐国及后世的资源开发与合理利用留下了宝贵的思想财富。

虞衡制度，亦见于《左传》《国语》等先秦文献，可见该制度的延续和影响。金文、战国文字等出土文献材料，证实虞衡制度确实存在。如金文出现"林（衡）、（山）虞"等官职，战国官玺有"平阳桁（衡）""虎（虞）木之玺"等。

在这种制度的影响下，战国时期的人们会注意并讨论过度采伐山林的问题，如《孟子·告子上》一段记载反映出当时临淄附近的牛山过度樵牧的现象：

牛山之木尝美矣，以其郊于大国也，斧斤伐之，可以为美乎？是其日夜之所息，雨露之所润，非无萌蘖之生焉，牛羊又从而牧之，是以若彼濯濯也。人见其濯濯也，以为未尝有材焉。此岂山之性也哉！

《孟子·梁惠王上》也有关于山林采伐的论述：

---

①袁清林：《先秦环境保护的若干问题》，《中国科技史料》第6卷，1985年第1期，第35页。
②耿德良：《〈管子〉生态环境思想研究》，山东大学2010年硕士论文，第18-19页。

> 中华礼乐文化传承

斧斤以时入山林，材木不可胜用也。谷与鱼鳖不可胜食，材木不可胜用，是使民养生丧死无憾也。养生丧死无憾，王道之始也。

在这两段论词中，孟子指出过度采伐会导致山林资源枯竭，而山林、鱼鳖等材物的持续再生，是百姓生存、养老的基本条件，只有把生存物资保护好了，才有"王道之始"。《荀子·王制》也有"斩伐养长不失其时，故山林不童而百姓有余材也"这样的论述。孟、荀的主张，认识到了自然资源可持续利用与社会生产力发展之间的因果关系，只有保护好自然资源的价值，才能保护好国家经济发展潜力和后劲。林泽保护的经济意义受到申明和凸显，此种理念跨越两千多年，不曾过时，与当今时代所提倡的可持续发展思想相得益彰。

东汉末年经学家郑玄注解《诗经·小雅·鱼丽》"鱼丽于罶，鳠鲨"时指出："太平而后微物众多。取之有时，用之有道，则物莫不多矣。古者不风不暴，不行火。草木不折不操，斧斤不入山林。"[1] 郑玄总括先秦古人取用自然资源之道，即取之有时，用之有道，不妄夭杀，使之得以生养。十月风暴方可行火，季秋草木黄落折芟方可入山伐木。这种重视林泽保护的行为，成为东汉学者解释《鱼丽》食美物丰的历史依据，可见在郑玄看来，先秦古人确实善于保护山林川泽。

二、秦汉律法制度下的林泽保护

秦汉对林泽的保护更加重视，《吕氏春秋·十二纪》有仲春之

---

[1] 毛亨传，郑玄笺，孔颖达疏：《毛诗正义》，北京大学出版社，2000年，第706-707页上栏。

月"无竭川泽,无漉陂池",又有"制四时之禁:山不敢伐材下木"。就是说春天要保护水资源,不可竭泽而用,一定要按照春夏秋冬的禁令来执行,否则就不准砍伐山中的树木。林泽保护被写入律法正是在秦代,通过法律的强制要求,林泽保护成为百姓日常应遵循的规定。

湖北云梦睡虎地秦墓出土的竹简有《秦律十八种》,其中《田律》和《厩苑律》是关于农田水利、山林保护、牛马饲养方面的法律。《秦律十八种·田律七》规定:

> 春二月,毋敢伐材木山林及雍(壅)堤水。不夏月,毋敢夜草为灰,取生荔、麛䴕(卵)□。

"夜草为灰"之"夜"有多种解释,整理者释读为"择",即取草烧灰,作为肥料。[①] 赵平安老师则认为"夜"很可能是从火月声的"热"的异体字,读为"爇",即烧草为灰。[②] "生荔"之"荔",整理者释读为"甲",意为植物发芽时所戴的种皮。该段文字大意为:春二月,不可砍伐山林木材,不可阻断水流;不到夏月,不可烧草为灰,不采摘刚出芽的植物,不捕猎幼兽幼鸟。通过秦律这段记载可知,在春季,百姓应保护植物发芽、生长,不在萌生期伤害草木,使其顺应自然、充分生长之后方可采摘、砍伐。正如《逸周书·大聚》所论:

> 春三月,山林不登斧,以成草木之长;夏三月,川泽不入网罟,以成鱼鳖之长。

[①] 睡虎地秦墓竹简整理小组编:《睡虎地秦墓竹简》,文物出版社,1990年,第20页。
[②] 赵平安:《也谈睡虎地秦简"夜草为灰"》,载《中原文化研究》2018年第6期,第64-67页。

▶ 中华礼乐文化传承

使草木长成后再行砍伐之事，以免在初生期斩尽杀绝，这段论述可与秦律规定互相参照，它说出了法律规定背后的原因。由此可知，反对滥采滥伐的林木保护措施在秦律的规定之下更加合理、明确。

《礼记》一书通常认为成书于汉代，其中《月令》篇是有关十二个月的时令，记载政府在每月中的祭祀、法令、禁令等职务内容，是反映先秦秦汉人与自然相处方式的重要文献。《礼记·月令》记载，到季春之月时，要疏导沟渠、开通道路，使水流、道路不要有壅塞：

> 季春之月……修利堤防，道达沟渎，开通道路，毋有障塞。

与前述秦律文献对比可知，春二月不阻断水流，春三月则疏导沟渠，开通水道。这是秦汉一脉相承的养护川泽之法。

《月令》有关林泽养护记载最为详尽。《月令》指出，孟春"天地和同，草木萌动"，正是可耕之候，因此规定：

> 命祀山林川泽，牺牲毋用牝。禁止伐木。毋覆巢，毋杀孩虫、胎、夭、飞鸟，毋麛毋卵。

也就是说，孟春之月，祭祀山林川泽不用母兽。据孔颖达《礼记正义》可知，山林川泽之祀是小祀，皆用牝为牲，唯独此月不用牝，以免伤害交配和生育。[①] 同时禁止伐木，以免妨害林木生长。

[①] 郑玄注，孔颖达疏：《礼记正义》，北京大学出版社，2000年，第545页上栏。

按照《月令》规定，季秋之月，"草木黄落，乃伐薪为炭"，《礼记·王制》亦称"草木零落，然后入山林"，《淮南子·主术》也认同"草木未落，斤斧不得入山林"。也就是秋十月方可采伐。不仅如此，孟春之月不可倾覆鸟巢，不可杀害幼虫及未出生或刚出生的动物和幼鸟，不可捕杀幼兽，不可掏取鸟卵。这都是初春时节护林泽（兼及护生）之法。

到春二月，又有进一步举措：

> 毋竭川泽，毋漉陂池，毋焚山林。

仲春之月（春二月）不要放干河湖的水，不要用尽陂塘和池子里的水，不要焚烧山林。

到春三月，又有"命野虞无伐桑柘"之法，即季春之月，命令野虞禁止百姓砍伐桑树、柘树。因为桑树叶、柘树叶都可以养幼蚕，禁伐此类树木可保护蚕的食物。诸如此类，《月令》记载不一而足。可以说，当今凡是研究生态环境保护的，都应了解或学习《月令》。

实际上，"月令"是中国古代的时宪书，"它以时月为纲，使农事、礼乐、政教、兵刑贴合着春生夏长秋收冬藏的节律"[1]。除《礼记·月令》外，另有《大戴礼记·夏小正》《吕氏春秋·十二纪》《淮南子·时则训》等传世文献，也是以"月令"为主题，具备"以月系事"的特征。

20世纪90年代初甘肃悬泉置泥墙上发现的墨书《使者和中所督察诏书四时月令五十条》（简称《悬泉月令诏条》）是西汉时期颁行的有关"四时之忌"的诏令，其中涉及环境保护和禁忌的内容

---

[1] 薛梦潇：《早日中国的"月令"与政治时间》，上海古籍出版社，2018年，第1页。

多达20项，涉及林泽保护的部分有孟春"禁止伐木，谓大小之木皆不得伐也，尽八月，草木零落，乃得伐其当伐者"，仲春"毋□水泽，□陂池、□□。毋焚山林，谓烧山林田猎，伤害禽兽□虫草木……"孟冬"毋治沟渠"等等。[1] 这些林泽保护条令正是"月令"的精华部分，也与传世文献的"月令"共同传了"顺时施政"思想。《悬泉月令诏条》以太皇太后（王莽之姑）的名义颁行，使得"月令"从民间走向官方，跃升为国家意志，成为严格执行的法律[2]。正因此，汉代对林泽的保护也有了法律上的保障。

今人借由此类文献，可窥探秦汉生态措施的完备以及制度化，从而可以想见当时对林泽保护的重视。秦汉作为大一统王朝，通过国家法律手段开展林泽生态保护行动，比民间层面的保护更具有强制力和执行力，是可资后人参考的生态管理经验。

总　结

《庄子·齐物论》曰："天地与我并生，而万物与我为一。"人与自然是一个生命共同体，是唇亡齿寒的相依关系。保护自然资源，实为保护人类自身。从短期来看，护林护泽是保障自然资源不致于过度使用，尤其是保护森林的再生能力以满足人们长期采伐的需要。从长远来看，护林护泽是保护人类社会生产力的永续发展，守护人类子子孙孙赖以生存的自然资源和物质基础，乃至保持水土、保护气候、维护生物多样性。

总结先秦秦汉的林泽保护措施，大致可分为三个方面。一是设官、立法，专门监管林泽保护；二是不过度使用，避免林泽资源的

---

[1]中国文物研究所、甘肃省文物考古研究所：《敦煌悬泉月令诏条》，中华书局，2001年版，第4－7页。

[2]高伟洁：《敦煌悬泉置〈四时月令五十条〉的思想史坐标》，载《史学月刊》，2018年第6期，第132－136页。

枯竭；三是用之以时，保护林泽资源长养、再生的能力。这三个方面涵盖制度和方法，构成了该时期林泽保护的基本框架。最值得一提的，是其中的第一点和第三点经验。

相较于今天全方位、多层次的生态保护体系，先秦秦汉的林泽保护措施虽然质朴，但抓住了生态保护的重要层面，即制度与法规建设。无论是先秦的虞衡制度，还是秦汉的法律规定，都是从国家礼制层面对林泽保护采取的管理措施。这样的制度与法规建设，保障了林泽保护行动有章可循，有法可依，从而有助于真正落实到百姓生活中，除非按照法律规定来行动，否则将受到限制或惩罚。这样的管理方法，更加强有力地保护了山川林泽。

顺应时令节气开展林泽保护，是"月令"文献留下的宝贵思想财富。山川河流以及动植物的生生不息，与春夏秋冬四季变化密切相关。如何顺应规律在不同时间开展相应的保护措施，"月令"给出了许多参考方法。只有用之以时，养之以时，才能保护好林泽资源的再生能力，真正实现取之不尽、用之不竭。违背季节规律，则很可能导致林泽的过度使用，或错过最佳保护时间，从而影响未来的持续使用。"月令"文献给当今生态文明建设最大的启示就是在相应的月份做好相应的生态保护规定，并依此落实。

此外，就林泽保护目的而言，先秦秦汉的林泽保护，更多的是中国古人为保障生活物质资源而采取的一种生产方式，它是早期社会从生存需求层面考虑而发展出来的一种生态观念，目的在于满足生活、生产需要，或为经济发展、富国强兵的目的（如管仲的措施）。因此，"其动机和目的并不等同于今天所说的保护生物多样性，更非针对诸如气候变化、水土流失、地力衰竭和河流决溢之类的生态问题"[①]。后世所重视的生态问题，在先秦秦汉时期尚未构

[①] 王利华：《经济转型时期的资源危机与社会对策——对先秦山林川泽资源保护的重新评说》，载《清华大学学报》（哲学社会科学版），2011年第3期，第81页。

成严重的社会困扰，因此，林泽保护的水土、气候等生态追求并不明显。当然，强调这些，并非要以当代理念苛求古人，也并非要否定这些优秀文化遗产的价值，而是为了更理性地认识古人的生态保护思想。事实上，早在先秦时期，儒家的生态思想就已相当丰富，其深刻程度也不亚于当今的生态哲学。据崔涛、郭齐勇教授的研究可知，先秦儒家的生态伦理思想已相当丰富，"生生大德"是先秦儒家对生态系统的基本认识，"天人合一"是儒家生态伦理的哲学反思基础，"仁民爱物"则是其价值判断。[1] 这种对人与自然关系的深刻反省，是制度、立法层面的保障最终起作用的基础。

如今，生态文明建设已成为当今时代的重要主题之一，也愈发引起各领域人们的重视。相信无论从历史经验、当代实际，还是从科学技术方面开展的研究和探讨，都将对未来生态文明建设大有裨益。

过去，我们曾一度信仰"人定胜天"的理论，并在这一口号下取得了辉煌的经济建设成就，但也造成了严重的生态破坏和环境污染。如今，越来越多的人已经意识到，"天人合一""人地和谐"才是人类与大自然互动、共存的真理。在科学技术日益发达、国际交流愈加频繁的今天，借助更先进的理论、更发达的技术，在生态保护方面我们定会超迈古人，为后世子孙建设更好的生态文明。

---

[1] 崔涛、郭齐勇：《先秦儒家生态伦理思想探讨》，载邓正来主编：《主体性中国：中国社会科学辑刊》2010年夏季卷（总第31期），上海：复旦大学出版社，2010年。

中华礼乐文化的教育与推广
——以香港公开大学礼仪动画作品为例

李洛旻[1]

前　言

礼是中国文化的核心。古人生活，小至起居、饮食、待人接物，大至国家制度、军事、祭祀，莫不由礼。中国素有"礼仪之邦"的称誉。然而，礼的概念极其复杂，其中包含礼仪、礼容、礼器、礼意、礼制等不同层面。在脱离礼教传统的现代社会，要对中国传统礼的学习，并非易事。

近年礼乐文化复兴，传统礼学重新被提倡、研究。对古代礼乐文明的重视，相关的教育与推广亦相应配合。香港公开大学创意艺术学系与清华大学中国经学研究院合作，推行"中华礼仪动画化计划"，招募对中国文化感兴趣的创意艺术学系师生，并由彭林教授的礼学团队指导，制作以中、小学生为对象的礼仪动画，以趣味形式宣扬中国礼乐文明。现时共制成三则短片，包括《仪礼·士冠礼》《仪礼·士昏礼》及中华日常礼仪故事。

一、礼是中国文化的核心

礼是中国文化的核心。我们看儒家的经典《诗》《书》《易》《春秋》，无不与礼相涉。孔子重视礼，毋庸置疑。他说"不学礼，

---

[1]香港公开大学人文社会科学院。

中华礼乐文化传承

无以立",《论语·季氏》立者,三十而立,立身之谓,包咸曰:"礼者所以立身"[1] 是也。孔子更重视礼的实践,礼者履也,践而行之,举手投足,必中礼仪,以表达心中诚敬。《论语》首句便说"学而时习之",所学者礼也,习就是实践出来的意思。刘殿爵教授英译《论语》,便很精准地翻译此语"习"字为"try it out"[2],正正就是实践的意思。这种对礼的实践和学习,就是个人修身立德的关键,《礼记·经解》所谓"恭俭庄敬,礼教也",是之谓也。在"太上立德"的古代价值观影响下,礼就成了整个中国文化的核心。孔子以外,孟子也重视礼。在《孟子》一书中虽然并不经常提及"礼",但他所谓"不违农时",按时而作,我们在《礼记》中有《月令》,《大戴礼记》内有《夏小正》篇,都是讲究合时而作的道理。孟子又常说"谨庠序之教",庠和序不正是习礼射的场所吗?又说"五十者可以食帛、七十者可以食肉",这不正是先秦儒家所提倡的养老礼吗?可见孟子谈道德,亦不离礼。至于荀子对礼更加重视,荀学讲求"隆礼""由礼",其学派著有《礼论》篇,又有《王制》篇,与《礼记》篇章互为发微,对汉代礼学影响深邃。礼植根于中国文化的核心,要深切体会和认识中国文化,不得不认识其礼乐文明。

然而,礼在古代中国是一个很复杂的概念。它并不单指我们现代说的礼节(manner),也不仅代表仪式性的礼仪(ritual)。它渗透在生活的每一个层面,小至个人日常起居饮食、待人接物,大至于国家制度、军事祭祀等方面。常说中国是"礼仪之邦",其意义远超于说中国人很有礼,更代表着中国人一切生活上的形式,都是

---

[1] 何晏注;邢昺疏:《十三经注疏·论语注疏》卷八,艺印印书馆缩印嘉庆二十年南昌府学本,1965 年,第 71 页。本文所据《十三经注疏》版本,除特别注明外,均据此本。

[2] D. C. Lau trans., The Analects. HK: The Chinese University of Hong Kong, 1979. P. 3.

礼；而礼的背后往往有其义理、意义，所谓礼意是也。礼意负载了不同范畴的道德如忠孝仁义，也代表人的情感和欲望的正确表达。所谓"缘人情而制礼，依人性而制仪"《史记·礼书》是也。有内在的情感和道德，就由形式的礼来表达和制约，内外相合，达至"文质彬彬，然后君子"。《论语·雍也》因此，礼的范围很广泛，包含了礼仪、礼容、礼器、礼意各方面内容。现存最古老的礼书，包括有"三礼"，即《仪礼》《周礼》和《礼记》。《仪礼》详细记录了冠、昏、丧、祭、燕、射、聘、觐等礼仪，其中进退揖让周旋之节，巨细无遗，是中国最古老和完整的礼仪书（courtesy book）。同样《礼记》也记载了许多生活层面的仪礼，诸如《曲礼》《内则》诸篇，能完足《仪礼》所记载。更重要的是，《礼记》记述了不同礼仪后背的义理，并且往往与《仪礼》相表里，如《仪礼》有士冠礼、士昏礼、饮酒礼、射礼，《礼记》就有相应的《冠义》《昏义》《乡饮酒义》《射义》。至于《周礼》，原名《周官》，记载儒家理想的政治官僚架构，内容无不与礼相合发微。《周礼》以"五礼"为礼的架构，以吉、凶、宾、军、嘉为礼的大体，纲纪天下。"三礼"性质各异，并记载了中华礼乐文化不同方面的内容。

其中值得我们注意的是《仪礼》。《仪礼》记载了冠、昏、丧、祭、燕、射、聘、觐等礼仪，仔细地记录参礼者的周还进退、服饰器物之节。这些无疑都属于礼的形式。在一些学者的眼中，《仪礼》所代表的是"礼之末节"。孔颖达就说："《仪礼》威仪行事，是礼之末节。"[1]《毛诗正义》欧阳修在《新唐书·礼仪志》中也说："事物名数、降登揖让、拜俯伏兴之节，皆有司之事尔，所谓礼之末节也。"[2] 这种他们视为"礼之末节"的进退揖让周旋度数，正正就

---

[1] 毛亨传；郑玄笺；孔颖达正义：《十三经注疏·毛诗正义》卷十九，艺印书馆缩印嘉庆二十年南昌府学本，1965年，第709页。
[2] 欧阳修、宋祁：《新唐书》卷三十一，中华书局，1975年，第308页。

▶ 中华礼乐文化传承

是实践礼的方法和法则。礼字有二训,礼者体也,礼者履也。实践是礼极为重要的一环。内心的情感道德,缺乏了实践,则无从表现。而这种实践,也并非一朝一夕可以学成熟习。所以孔子说"学而时习之",大型礼仪需要排演、练习,到行礼当天才能顺利进行。古代选贤以乡饮酒礼和乡射礼,也是考验他们对重要礼仪的熟习程度,以观察其参与国家层面礼典的资格。人们在行礼前必须熟读礼书,《礼记·曲礼下》说:"居丧未葬,读《丧礼》;既葬,读《祭礼》。"孔颖达疏云:"事须预习,故皆许读之。"[1] 因此,《仪礼》这种记录进退揖让度数的书,在中华礼乐文化中其角色非常重要。再者,《仪礼》所记,都是人生中非常重要的时刻,如冠礼、昏礼、相见礼、聘礼、丧礼、祭礼,体现了人由成年、结婚、选贤、入仕、出使、到死亡、祭祀的历程,均非小礼,而是各种标志着人生阶段过渡的仪式。所以,在汉代《仪礼》被奉为"经",当时认为《仪礼》记载着"礼之大体",《礼记·昏义》说:"夫《礼》,始于冠,本于昏,重于丧、祭,尊于朝、聘,和于射、乡,此礼之大体也。"冠昏丧祭朝聘等具仪式性的礼仪,不仅体现了人生重要阶段的转移,更与人伦有密不可分的关系。

根据德国著名历史人类学家扬·阿德曼(Jan Assmann)"文化记忆"的理论,他指出仪式是负载文化记忆的重要载体,也是建构文化身份认同的重要媒介。而对仪式性文字的撰写、记诵和传递,有助文化记忆的巩固和扩展。[2] 在中国文化中,《仪礼》无疑就是这种"仪式性文字",代表着儒家文化思想中重要的"庆典"(ceremony),冠昏丧祭等礼典具有重要意义,并透过人际间交往和互动而固定存在。而对《仪礼》的学习和推广,成为了古代重要仪式的

---

[1] 郑玄注;孔颖达正义:《十三经注疏·礼记正义》卷四,艺文印书馆缩印嘉庆二十年南昌府学本,1965年,第74页。

[2] 详参扬·阿斯曼(Jan Assmann)著,管小其译:《交往记忆与文化记忆》,载《学术交流》,2017年第1期,第10 - 15页。

认识和传承，是增强文化身份认同的重要手段。

二、香港公开大学"中华礼仪动画化"计划

《仪礼》为礼之经，但其书艰涩难读，即使唐代古文大家韩愈也有如是叹。学习《仪礼》在文化传承中有着重要地位，但要真正读懂书中细节，亦殊非易事。因此有对文本的分节学、绘图学和释例学的出现，辅助阅读。然而，阅读《仪礼》最大的隔阂在于文本表意的局限。以艰涩文字表达复杂的仪式，是其书令人望而生畏的原因。因此，现代学者开始运用现代科技将《仪礼》文本复原为影像，突破文字界限。其中以清华大学中国礼学研究中心彭林教授及其团队的《仪礼》复原重建计划，最为盛大。[①] 该计划现时复原了《仪礼》中的《士冠礼》《士昏礼》《士相见礼》和《乡射礼》四篇。

因缘际会，香港公开大学人文社会科学院与清华大学中国经学研究院合作，于本年开展"中华礼仪动画化计划"，招募对中国文化感兴趣的创意艺术学系师生，并由彭林教授礼学团队指导，以香港中、小学生为对象，制作中华礼仪动画短片，希望将复杂古老的中华礼仪，运用趣味形式作教育和推广。香港公开大学创意艺术学系设有动画及视觉艺术特效荣誉学士课程，修读同学具备制作各种类型动画的技术。这次参与动画制作均为该课程优秀的师生，共十一位学生，并由系内负责动画教学的老师麦盛丰先生带领。学生共分成三组，分别制作《仪礼·士冠礼》《仪礼·士昏礼》及中华日常礼仪动画。

制作礼仪动画的选题，《士冠礼》与《士昏礼》均出自《仪

[①] 详见拙著：《文本与视觉：〈仪礼〉的影像复原与中华礼乐文化》，收入香港公开大学人文社会科学院编：《承传与流播：全球脉络与中国文化论集》（即将出版）。

礼》，中华日常礼仪动画内容则部分来自《礼记》。选题取材自《仪礼》，意义在于：其一，呼应清华大学礼学中心近年《仪礼》复原计划，该计划以冠礼、昏礼开始复原，对相关仪节服容的认识至为成熟，在制作过程中同学也较容易掌握个中细节。其二，呼应"礼本冠昏"的礼意，《仪礼》以《士冠礼》和《士昏礼》为首二篇，为传统礼仪中的重要篇章。其三，冠礼和昏礼与现代礼仪关系较为密切，冠礼即成人礼，类似现代大学毕业礼，婚礼则为人伦之本，现今香港通行各式各样的婚礼，对传统婚礼性质也应予了解。在动画的制作过程中，先由参与的公大学生就《士冠礼》《士昏礼》及日常礼仪等题目搜集资料，清华礼学团队也向公大师生进行多次有关《仪礼》中相关仪节的讲座、分享会及讨论，让年轻学生有机会接触古老并正统的礼仪。在制作前的讨论过程中，公大师生与清华礼学团队掌握礼仪知识与创意趣味间的平衡，一方面希望突出不同礼典的重点，如冠礼中的三加冠、婚礼中的六礼；一方面希望发挥学生的创意，为传统礼乐文化添加幽默感，增强动画短片的娱乐性，以利在香港中、小学的教育和推广。

现时共制作三则礼仪动画短片，分别为《士冠礼》《士昏礼》及中华日常礼仪故事。以下为各个作品的简单介绍。

(一)《仪礼·士冠礼》

此则动画由公大创意艺术学系动画及视觉特效荣誉学士课程四位三年级学生制作，包括许奕敏、陈子欣、焦韵乐及蔡欣桐。

动画以小学生为对象，故事以教室里的课堂为引入，讲述老师为大家介绍士冠礼，小朋友感到内容沉闷而呼呼大睡。于是，老师变身成超人导游，带领小朋友穿越时空，回到古代亲身认识士冠礼。士冠礼是古代的成人礼，在男子二十岁时举行，三次加冠仪式最为重要，因此同学以人偶（Puppet Animation）为古代时空的媒介，还原士冠礼中三加冠及其三套服装，呈现典礼中的各种重要仪节。至于现代时空则以拼贴动画（Cutout Animation）呈现，以区分动画中两个部分，并且突出穿越时空的视觉效果。

拍摄道具：现代时空教室内正在学习的小朋友

古代时空的人偶：冠者、宾、父母及各有司（图片由制作同学提供）

（二）《仪礼·士昏礼》

此则动画由公大创意艺术学系动画及视觉特效荣誉学士课程四位三年级学生制作，包括何汉森、黄靖怡、彭智勇及曹懿心。

在《仪礼·士昏礼》动画的预备阶段，同学分别构思了两个方案。一是传统文艺风格的故事动画，另一方案则是轻松谐趣风格的解说类动画。组员在讨论后，认为有趣的动画解说可以大幅提高画面表达方面的创意元素，继而增强趣味性，吸引观众观看。因此最终选择以谐趣方式制作动画。

《士昏礼》动画内所有角色均以手绘可爱风格呈现，影片开始指出周朝士昏礼与现代婚礼的不同之处，制造悬念引起观众兴趣。然后按顺序讲述士昏礼的六礼和流程，期间插入有趣的画面来介绍

▶ 中华礼乐文化传承

相关仪节，希望能通过使观众会心一笑而增强其对士昏礼的了解和记忆。

《士昏礼》动画中婿与妇的服饰

动画均以手绘可爱风格呈现（图片由制作同学提供）

（三）中华日常礼仪动画

此则动画由公大创意艺术学系动画及视觉特效荣誉学士课程三位三年级学生制作，包括余乔欣、余慧欣及谢敏恩。

这则动画以生动有趣故事的方式表现中华日常礼仪。故事讲述一位小学三年班的女主角——小玲，性格顽皮之余做事没有礼节，不懂礼貌的她被身边的同学们讨厌。有一天，一直挂在小玲书包上的古装公主小饰物化身成为精灵，在小玲做出失仪行为时作出正确的礼仪教导。这段日子，小玲与精灵成为了好朋友。同时，小玲脱胎换骨，学懂如何以礼待人，更得到老师的赏识，成为班上的礼貌大使。

故事希望带出礼仪的重要性，让观众明白不应忽略待人处事的细节。除了在学校里运用，还可带到家中，甚至在生活上融会贯通。

主角小玲与礼仪公主精灵

日常礼仪部份内容来源于《礼记》（图片由制作同学提供）

小　结

礼仪文明是中国文化的瑰宝，要认识中国文化的核心价值，必由乎礼。中国之所以称为礼仪之邦，乃由于礼渗透于生活各个层面。礼有体有用，有理论，也有实践，内容庞大复杂，非熟习经学文献者，往往难以窥其堂奥。而且，礼学以"三礼"为基础，"三礼"中又以《仪礼》为正经，文字艰涩难读。然而，其书记载了人生历程中的各种重大仪式。对这些礼仪性仪式的认识、学习与传诵，有助于增强文化身份的认同。

香港公开大学人文社会科学院与清华大学中国经学研究院合作推展"中华礼仪动画化"计划，由彭林教授团队带着复原《仪礼》的知识和经验，与公大创意艺术学系师生共同制作礼仪动画，希望通过趣味及创意，将传统礼乐文化带进社群。目前，公大师生已完成《仪礼·士冠礼》《仪礼·士昏礼》及中华日常礼仪动画，并曾于公大校内课堂、校外讲座播映，辅助教学，反应良好。通过这种形式，可以突破艰深的礼仪文本，有效地进行相关课题的教学。

新时代推进礼乐文化教育的实践探索

杨　柳[①]

礼乐皆得，谓之有德。礼乐是儒家学说的核心思想，也是我国历代精英阶层追求的人生理念。国学大师钱穆曾说："要了解中国文化，必须站到更高来看到中国之心。中国的核心思想就是'礼'。"[②] 徐复观先生也指出："中国之所谓人文，乃指礼乐之教，礼乐之治。"[③] 中华优秀礼乐文化具有极强的品德养成与规范行为的特性，与品德教育、养成教育协同推进，可以有效落实立德树人根本任务，在新时代也十分有必要深入思考其教育价值并有效推动相关教育实践。

一、礼乐文化教育的时代价值

中国是传承千年的礼仪之邦，早在3000多年前周公制礼作乐，就提出了礼乐文化的基本思想。其后经过孔子、孟子、荀子等先贤的发展和完善，礼乐文化逐渐成为儒家文化的核心。礼乐文化典籍《仪礼》《周礼》《礼记》都曾先后被列入学官，成为古代文人必读的经典和历代王朝制礼的基础，深刻影响着中国文化和历史的发展。中国的礼乐之教把天地精神、人的性情与日用伦常贯穿起来了。[④] 在东亚文化圈的形成过程中，我国的礼乐文化对周边的日本、

[①] 北京市海淀区教育研究院。
[②] 邓尔麟：《钱穆与七房桥世界》，社会科学文献出版社，1995年，第7页。
[③] 徐复观：《徐复观全集》，九州出版社，2014年，第27页。
[④] 郭齐勇：《观乎人文，以化成天下》，载《文汇报》，2019年3月1日。

▶ 中华礼乐文化传承

韩国等国影响深远，共同创造了恬淡、俊雅的东方文明。

不无遗憾的是，近代以来，礼乐文化不仅没有得到应有的重视，反而受到了种种责难。我们必须承认古今社会确实存在很大的差异，但新时代依然面临协调人际关系、邻里社区友好相处，促成个人、家庭与社会健康、和谐发展的命题，仍然需要新时代的礼仪规范体系及与之相关联的价值指导。今天我们仍然面临通过教育，提高国民文明程度的任务。中华优秀礼乐文化中有着丰富的宝贵资源应对这一课题。

中华礼学当中的很多行为规范本身就是现代社会应该遵循的文明习惯。比如炎热时不要坦胸露怀；吃饭时嘴里不要发出声音；不要侧耳偷听别人说话，不要硬插到两个交谈甚欢的人中间坐，与人交流时目光不要游移不定，站姿要正，坐姿要雅等。礼乐文化经典中还有不少有助我们提升修养的名言警句，例如："与朋友交言而有信"《论语·学而》"礼义廉耻，国之四维"《管子·牧民》等都具有普适性的意义。

礼乐文化不仅关乎日常行为规范，在人生的重要节点也设计了意义深远的仪式。让人们在文化气息浓厚，典雅庄重的仪式中，潜移默化地提升修养。冠、婚、丧、祭、乡、射等都是常见的仪式。冠礼让人明成人之责；婚礼合两姓之好，谨男女之别，立夫妇之义；丧礼明死生之义，祭礼使人慎终追远；乡饮酒礼让人守长幼之序，尊老敬贤；射礼让人立德正己。这些古代的重要仪式包含了诸如伦理、美学、艺术等多个领域的宝贵资源，对于维持社会的稳定、陶冶人们的情操都有积极意义。

中华优秀礼乐文化关乎人的修养提升，饱含君子人格的养成智慧，是解决现代社会道德品质滑坡的一剂良药。可以有效落实《中国教育现代化2035》中提出的"更加注重以德为先"，"更加注重知行合一"的基本理念，在学生的知与行之间搭起桥梁。抓住礼乐文化的核心内容开展相关教育探索，意义重大。

二、礼乐核心概念的新时代阐释

孔子推崇"礼乐射御书数"的六艺教育,礼和乐在其中占据主要位置,是传统文化育人的主体内容。古人认为礼仪三百,威仪三千,[1] 古代礼仪的要求非常全面和细致,今天全部照搬使用是不现实的。在现代社会的基础教育阶段进行礼乐教育,需要把握礼乐文化的合理内核,需要紧紧围绕"礼"的核心精神和"乐"的本质要义。

中华的礼,追求的最高境界是"德辉动于内,礼发诸于外"[2]。内在道德品质与外在行为规范实现和谐统一,内外兼修,才能成为文质彬彬的君子。在内在与外在之间,更加注重内在修为的提升。面对只注重外在僵化条文规定的现状,孔子早在2000多年前就发出了"礼云礼云,玉帛云乎哉。乐云乐云,钟鼓云乎哉"《论语·阳货》的感慨。新时代开展礼乐教育不能拘泥于古礼的种种要求,需要紧紧围绕"礼"的核心精神"敬"展开,在教育过程中着力培养学生的恭敬心和敬畏心。"敬"的内涵指涉有四个维度。首先是"敬身",需要处理好人与自身的关系,《周易》中所说"天行健,君子以自强不息"就充分表达了这一含义,在教育过程中需要时刻让学生自尊,自爱,完善自己,提升自己。其次是"敬人",需要处理好自身与他人的关系,《孝经》中说的"夫礼者,自卑而尊人",强调的就是在与人交往的过程中自我谦恭,礼敬他人。然后是"敬物",需要处理好人与物的关系,对物品和环境心存善念,爱物惜物,天人合一。《论语》中谈到的"居处恭",讲的就是这

---

[1] 语出《礼记·中庸》,此句在强调"礼"的总纲多达三百条,细目更是有三千多条之多。告诉我们礼仪的具体条目很多,内容涉及生活的方方面面。

[2] 彭林:《中华传统礼仪概要》,高等教育出版社,2006年,第38页。

方面的要求。最后是"敬业",对待学业,对待工作,要兢兢业业,尽职尽责。《论语》中说"执事敬"就是教导学子要以恭敬心对待学业,对待事业,进而成就完满的人生。

中华的乐,是让人变换气质,修养身心的"德音雅乐"。世界各国都有发明音乐的传统,但大部分表达情感和娱乐的功能比较明显。而在中国的儒家思想中,乐的大节是德。《乐记》说:"乐者,非谓黄钟大吕、弦歌干扬也,乐之末节也。"儒家推崇思想纯正,风格典雅的古乐。礼和乐互相彰显,礼中有乐,和同人心[①]。"乐"的本质要义指向"和",让学习者通过"乐"的熏陶和感化,实现内在德性与外在行为规范的和谐统一。《礼记》中说:"乐所以修内也,礼所以修外也。礼乐交错于中,发形于外,是故其成也怿,恭敬而温文。"中华雅乐是对内在德性有所触动的,对人心有所影响的,让人在"乐"的浸润中调试心情,涵养品格,陶冶性情,更可以在与礼的交融中,让人内心和畅而又行为恭敬,逐渐成为谦谦君子。因此,在新时代推进"乐"的教育需要始终指向"修身养性,变换气质"的教育目标,通过"德音雅乐"塑造学生"乐而不淫,哀而不伤"的儒雅风骨,让"雅"与"和"植入学生心灵,让学生中正平和。

三、中小学开展礼乐教育的内容选择及实施方式

中华礼乐文化博大精深,在行为规范的背后贯穿着儒家的仁义之道,谦敬意之礼。中小学进行相关教育,需要选取最适合的内容开展教学,用礼养德,用乐化性,培养表里如一的君子。

(一)礼乐文化教育的主要内容

在教育内容方面,不同学段孩子的认知能力不同,礼乐文化的

[①] 王琰:《礼乐之辨与制礼作乐》,载《河南教育学院学报》(哲学社会科学版),2019年3月。

教育内容应该有所差别。我国宋代著名学者朱熹认为在古代少年治学方面，立教，明伦，敬身三点最为关键①。"立教"是关于国家、社会、教学理念与制度建立方面的内容，"明人伦之常"是教学的核心所在，"敬身"则是修养身心的根本。三者共同发力，最终指向人的全面发展。按照这样的教育逻辑，再结合现代社会的实际情况，在年龄尚幼的小学学段，礼乐文化教育应在反复练习、修持践行方面下功夫，当以经典文本中适合现代社会的仪容仪表礼仪，坐立行走、进退周旋的基本规范为中心，让孩子们懂得扫洒应对之节，爱亲、敬长、隆师、亲友之道。中学教育偏重家礼方面的内容，重在家庭居处之礼，贯穿追念先祖、孝敬父母、和睦兄弟的理念与规范。让学生明人伦之常，养孝悌仁爱之心。如果能够做到"敬身"与"明伦"，那么就可以继续探索"立教之道"。所以中学教育在家礼篇之后，注重学生的社会责任，注重培养公德、惜物、环保意识，进而讲授明明德、新民、止于至善诸大端，以培养具有君子品格的现代公民。这种循序渐进的教育内容安排也体现了修身、齐家、治国平天下的儒家理念。修习言谈举止之礼而后身正，践行家庭居处之礼而后家齐，贯彻公共礼仪规范而后兼济天下，实现平天下的理想。

在现代社会进行礼乐文化色彩浓重的仪式礼仪教育，也是传承千年礼乐精髓，开展礼乐文化教育的主要内容。适合在中小学开展的仪式礼仪包括：自谦敬人、宾主和乐的中华茶礼；亲友隆师的释菜礼；感受礼乐兼修，成人之责的成人礼；立德正己的射礼等②。在此，仅举释菜礼和射礼两例。

----

①朱熹：《小学·立教》。
②以彭林教授为首的清华大学中国礼学研究中心团队，通过国家社科基金重大项目《〈仪礼〉复原与当代日常礼仪重建研究》（课题编号：14ZDB009），已经成功复原周代容礼、冠礼、射礼、婚礼等仪式，对在现代社会进行礼乐文化重建起到了很好的示范引领作用。

▶ 中华礼乐文化传承

我国古代在入学之始,须向先师行释菜礼①。"释菜礼"是古代入学时祭祀先师先圣的一种典礼,亦作"释采""舍菜",即用"菜"(蔬果菜羹之类)来敬献尊师。推动适合现代社会的"释菜礼",可以在庄重典雅的氛围中,让学生深刻体验尊师重道之义,引导学生树立敬畏之心与一心向学的志向。

射礼发端于西周,承载着于国进贤、于己修身、于民教化的功能。因为射手在射箭过程中,需要正心、正志,才能"发而不失正鹄"。故《礼记》曰:"射者,所以观盛德也。"又曰:"其容体比于礼,其节比于乐。"要求射手仪容体态要合乎礼的要求,射箭节奏要合乎乐的节拍。又言:"射者,仁之道也。射求正诸己,己正而后发,发而不中,则不怨胜己者,反求诸己而已矣。"射手射箭时,要先正己心意与姿态而后射发,射箭后,如没有射中,就要从自己身心两方面寻找原因,锤炼自己的射术,而非怨恨超过自己的射手。学生练习射礼的过程,就是成"仁"成"德"的过程。

(二)礼乐文化教育的实施方式

学校在开展礼乐文化教育时应结合自身情况,因地制宜,因时制宜。学校可以开设与礼仪相关的地方或校本课程,或通过三级课程整合实施的方式推进,开展聚焦礼乐文化的经典文本研读与践行类课程;也可以拓宽学科融通渠道,通过讲座培训等形式,将礼乐文化的核心思想融入学校文化的整体建设,融入学科教师的教育理念中,打造有礼乐文化韵味的学校生态与学科课堂;还可以通过团少活动和社团活动、综合实践活动课程等方式开展聚焦礼乐某一个主题的实践性课程,增强礼乐文化体验。可以开展礼乐文化经典诵读活动、礼仪之星评比活动、身边最美的家风展示活动等。也可以

---

①关于释菜礼的文献记载很多,其中比较有代表性的是汉朝的应劭在《风俗通义》中所言:"孔子困于陈蔡间,七日不得食而弹琴于室,颜回释菜于其户外,以示对老师的敬重和不离之意。"

充分发挥学生的主体地位，让学生编辑知礼、懂礼、守礼知识手册或学校礼乐规范、礼仪诗歌、故事、演讲稿等内容，并进行展示与实践程度的追踪与评价，以评促学，以评促行。

在礼乐文化教育的实施过程中，需要充分认识到它是一种习得式教育。需要反复学习、不断引导、贯穿始终，直至将知识沉淀为素养，将行为刻画成习惯，才能让学生在不同情境下自然流露儒雅的风采，自然展现最好的自己；在中小学进行礼乐教育是系统性教育，需要课堂教学、校内外活动、家校社协通推进等方面共同努力，让学生在最适宜的环境中自然绽放，而不随着时空变换感受纠结和矛盾；此外，礼乐教育的推进也需要学校日常管理与学生自律相结合，在加强学校重大仪式活动的纪律要求同时注重引导学生的道德自律，在自律与他律间寻找最适宜的平衡；需要多元的评价方式并举，兼顾学生外显的行为习惯和内隐的道德品质，用评价引导学生注重内在修为品质的提升，也不懈追求外在行为表现的雅正；需要日常生活礼仪与仪式礼仪教育同时发力，在国家大型节庆活动，学校重要庆典活动中，设计符合中华礼乐精神的仪式活动，增强礼乐文化体验，提升礼乐文化吸引力，促进践行。

德音雅乐教育，在把握乐的本质要义和充分考虑时代特点基础上，可以尝试从古典音乐熏陶、古典诗歌吟唱、乐舞浸润三个层面推动。《周礼》中记载负责音乐教育的大司乐，教国中子弟的内容包括三个方面：第一是乐德，就是乐中包含和体现的中、和、孝、友等道德。第二是乐语，因为乐的语言表现形式是诗歌，所以用诗如何起兴，如何叙述，如何讽咏，都可以在乐教中完成。第三是乐舞，舞蹈的动作是对"乐德"和"乐语"的完美展现，动作本身就是中和之道，举手投足间体现着仁、义、忠、信。用歌咏配合饱含礼乐思想的乐舞，使人在享受的同时，熏陶道德，涵养心性，最终在诗、乐、舞的全方位体验中逐步达到君子的道德境界。

学校可以尝试课间古曲循环播放，课前后进行古曲赏析或在有

▶ 中华礼乐文化传承

条件的情况下,采用古典器乐练习的方式进行"雅乐"的浸润。古典乐器中首推位列"琴棋书画"之首的古琴。古琴的琴音古朴、雅正,追求的情趣与意境也与传统文人士大夫崇尚内在、寓意含蓄的精神世界相符合。因此它是修身养性,陶冶情操的重要工具,也是他们寄情山水,物我两忘的重要媒介。故而有"士无故不撤琴瑟"之说。曾有多位学者提出古琴曲赏析可以治愈人的焦虑、躁动等现代病问题。① 如果有机会,可以尝试学习古琴,如果不方便,也可以多听一听古琴名曲,在日复一日的反复熏陶中,涵养性情,变化心性,用余音绕梁的琴音来修身养性。

也可以采用吟唱古诗的方式进行"乐"的教育,我国是诗歌的国度,我们的古诗很多是用吟唱的形式表达的。古代文人雅士多抚琴而歌,融诗入琴,使琴曲与诗歌相得益彰,在文雅的氛围中提升自身修养。这种形式被称为"琴歌"或"弦歌"。《史记·孔子世家》中记载孔子将诗三百余篇,皆弦歌之,非常重视诗歌吟咏。琴歌中有很多便于在中小学开展的佳作,比如《阳关三叠》就是一首感人至深的古曲,千百年来被人们广为传唱。这首乐曲是根据唐代诗人王维《送元二使安西》谱写的一首琴歌,表达依依惜别的真挚感情。在实施过程中,可以分小组创编《阳关三叠》琴歌表演唱,鼓励同学们对吟唱的表现形式进行创造性的编排,将这种美好温暖的人类情感通过礼乐的形式综合而生动地予以表达。也可以用这样的形式体会其他著名琴歌,真切地感知中华礼乐文明雅正的气象与气度。

乐舞的教育功能非常强大,它与礼教相辅相成,是提升德性的

---

①这方面的研究,比较有代表性的是温暖和宋芯蕊两位学者,在论文《琴筝音乐对大学生焦虑情绪的影响》(载于《产业与科技论坛》杂志,2019年第5期)中提出,随着社会水平的逐步提高,当代大学生各方面的心理压力加剧,焦虑情绪在逐步上升,通过音乐做桥梁,进行情绪转移的心理疏导,对大学生意义重大。

重要教育方式。舞蹈文化研究学者赖琼琼在论文中谈到，乐教之旨在于"和"，"和"为乐之道，重在仁心。乐舞不是声色享乐，而是起到节制欲望、归正人心的作用①。《周礼》中所说通过乐舞进行乐教的实施方式，由于史料多失传，难以考证。近年来有学者，在研究明代朱载堉舞谱基础上，研究得出适合现代社会的中华礼仪操，将礼乐文化的一些基本理念与体操健体活动融合，不失为传统礼乐文化在现代社会实现创造性转化的范例。②

四、礼乐文化教育的教法探索

（一）以现实问题导入话题，勾连古今时空

礼乐文化教育的课堂容易出现课上的红红火火，但是对学生的触动并不大的现象。学生认为这些内容跟自己的实际生活相去甚远，在现实生活中难以推行可能是这一现象的主要原因。因而，在课堂上用当代生活语境下的现实问题引发学生思考，勾连古今的时空，拉近传统文化与现代生活的距离，对增进学生对礼乐文化的亲近感十分有益。亲近感和实用感使学生有了进一步了解礼乐文化的动力，可以为践行礼乐文化奠定良好的开端。在这个过程中也可以使用比较容易发生冲突的观念带动讨论，激发学生主动参与学习的积极性。把问题交给学生，培养学生的分析能力与判断能力，让学生有充分的代入感，在"置身事内"的氛围中，实现知情意行的统一。

（二）走进文化，亲近经典，把学生放在课堂的中央

经典文本是礼乐文化的重要载体，教师需要走进经典，亲近经

---

①赖琼琼：《观乎人文，以化成天下——周代乐舞教育对当代的启示》，载《舞蹈》，2017年第9期。

②穆兰：《论古代以舞相属中的"艺"与"礼"》，载《湖北文理学院学报》，2012年第10期。

典，让经典在自己的身上闪光，才能更好地影响学生。适合中小学生阅读的礼乐文化的经典文本主要有《论语》《礼记》两本。在围绕经典的课堂教学过程中，学生需要广泛进行原典阅读，课堂上教师多运用讨论式、启发式教学。重视原典阅读的课堂需要改变常见的先由教师讲授某种观点，再引用原典予以证实，让学生被动接受的模式。可以充分借鉴翻转课堂的方式，将原典阅读任务放在课下，课上由小组代表阐述感受和观点，同学间讨论，形成结论。最后由教师进行点评并总结教学内容。由于学生主动参与到了教学的具体环节，对礼乐文化知识的理解和思辨会更加深入。

（三）借鉴德育方法，提升道德践行能力

礼乐文化教育属于德育教育的范畴，需要充分借鉴德育方法，行为训练法是一种很好的德育方法，有很高的借鉴价值。它是指通过道德实践和对道德行为的价值领悟、策略训练、奖励与惩罚等方式进行道德教育，以巩固道德信念，磨练道德意志，形成良好行为习惯的德育方法。[①] 想要在学生中确立合乎礼乐文化的道德规范需要反复训练，以避免行为表现中可能出现的形式主义。反复训练的礼乐规范的选择和制定过程需要充分发扬民主和自主，让学生认识到规范不是外部强加给自己的条条框框。同时需要建立公平而有效的监督机制，通过长期的制度性生活培养学生良好的行为习惯，巩固道德知识学习的成果。使学生倾向于将内心的道德意识付诸实践，提高学生的道德践行能力。

（四）着力培养学生道德修养的自觉性

礼乐文化教育的关键是实现从道德认知到道德认同再到道德践行的螺旋上升。任何道德教育的过程实质上都是主体道德自我建构的过程，不通过主体自身的价值体悟与接纳，任何道德真理都无法让学生

---

①檀传宝：《学校道德教育原理》，教育科学出版社，2002年，第166页。

真正接受,更不可能指导学生的实践。提升道德修养的前提是道德主体自发的道德发展需求。因而启动和激发学生提升道德修养的动机是礼乐教育能够长期发挥实效的关键问题。教师可以帮助学生按照礼乐的规范要求,制定提升修养的标准和计划,鼓励学生制定程度适当,具体可行的修养目标与长短期规划。指导学生监控和评价自己的道德表现。道德修养过程实际上是一个意志锻炼的过程,在课堂教学过程中可以多鼓励学生在道德实践中不断反思自己,监控自己,肯定自己。让学生具备提升道德修养的连续动力,形成不断修身养性,审视自身行为规范的习惯。

结　语

《论语》有言"兴于诗,立于礼,成于乐"。礼乐文化教育是培育君子人格的根基,能够涵养学生高尚的品格,塑造学生优雅的言行。在中小学进行礼乐教育是奠基性教育,关注学生的人格、道德、规则教育,助力学生成长,培养其仁爱孝悌之心、和谐相处之道,关注孩子友好交往能力发展和文明习惯的养成,让学生成长为堂堂正正的中国人。这些都是让学生能够应对未来挑战的核心素养的题中之义。期待通过坚持不懈的礼乐文化教育实践探索,让更多的教师成长为具有深厚传统文化底蕴,彬彬有礼的仁爱之师。在仁爱之师的培育下,礼乐的精神在更多学生的心灵深处沉淀,共同努力找回那份属于泱泱华夏的君子气韵。

参考文献

[1] 彭林:《中华传统礼仪概要》,高等教育出版社,2006年

[2] 彭林:《礼乐人生》,上海文艺出版社,2015年

[3] 吕宁:《论语中的礼仪规范》,北京工业大学出版社,2016年

[4] 檀传宝:《学校道德教育原理》,教育科学出版社,2002年

[5] 蔡元培：《中国人的修养》，作家出版社，2016年
[6] 钱穆：《中国思想通俗讲话》，三联书店，2002年
[7] 梁启超：《孔子与儒家哲学》，中华书局，2016年
[8] 杨浩：《孔门传授心法——朱子〈四书章句集注释〉》的解释与建构，中国出版集团，南方出版中心，2009年
[9] 王国维：《观堂集林》，中华书局，1959年

中华优秀传统文化教育
课程化的研发与实践案例

姚永辉[1]

一、中华优秀传统文化教育课程化研发的背景

中华优秀传统文化教育，从国家倡导到提升至战略性国策，经历了近三十年的时间。早在1993年，国家就已颁布《中国教育改革和发展纲要》，指明教育应弘扬中华民族优秀文化传统。21世纪初，又先后颁布《中小学开展弘扬和培育民族精神教育实施纲要》《国家"十一五"时期文化发展规划纲要》，明确传统文化教育的指导思想、原则、内容等。2012年，党的十八大报告指出中华优秀传统文化教育是培育和践行社会主义核心价值观、落实立德树人的重要基础，中华优秀传统文化教育日益成为当今中国文化教育最为重要的方向之一。2014年教育部颁布《完善中华优秀传统文化教育指导纲要》，首次全面详细地指出"完善中华优秀传统文化教育"的时代意义、指导思想、基本原则、主要内容、手段方法、师资建设、组织实施与制度保障等。2017年初中共中央办公厅、国务院办公厅印发《关于实施中华优秀传统文化传承发展工程的意见》，更是提出实施中华优秀传统文化传承发展工程是建设社会主义文化强国的重大战略任务，强调"围绕立德树人根本任务，遵循学生认知规律和教育教学规律，按照一体化、分学段、有序推进的原则，把中华优秀传统文化全方位融入"国民教育始终。由此可见，中华

---

[1] 杭州师范大学人文学院。

优秀传统文化教育（以下简称为"传统文化教育"）已被提升至重要的教育国策，迈入制度化强力支持的新阶段。基于上述背景，从2014年至今，无论是体制内的学校，还是体制外的教育机构都在思考如何在中华优秀传统文化教育方面做出成绩，并使之融入或打造自身的特色教育。

在国家颁布的关于中华优秀传统文化的文件中，最重要的莫过于2014年教育部专门针对传统文化教育发布的指导纲要。教育部2014《纲要》体现出与以往国家倡导传统文化教育的文件完全不同的特征，准确把握和理解这些特征，对于更好地践行中小学优秀传统文化教育、研发传统文化教育课程具有指导性的意义。

第一，《纲要》首次全面详细地指出"完善中华优秀传统文化教育"的时代意义、指导思想、基本原则、主要内容、手段方法、师资建设、组织实施与制度保障等。早在20世纪90年代，《中国教育改革和发展纲要》就指出教育应弘扬中华民族优秀的文化传统。21世纪初，国家又先后颁布《中小学开展弘扬和培育民族精神教育实施纲要》《国家"十一五"时期文化发展规划纲要》，明确传统文化教育的指导思想、原则、内容等。但对于具体应如何实施，有哪些手段和方法，并没有详细述及，还停留于倡导与摸索阶段，2014年教育部《纲要》则首次对这些内容进行了"落地"式回答。

第二，建立于实际调研基础上的《纲要》，准确把握当前中华优秀传统文化教育开展过程中遇到的问题、难题。教育部社会科学司负责人介绍说，《纲要》颁布之前教育部成立文件起草组，就如何完善中华优秀传统文化教育进行了深入调研，先后有100余位专家、教师、教育管理人员参与了文件研制或提出建议意见，经过将近一年时间的修改完善，起草小组认真研究、充分吸收了中宣部、文化部、科技部、工信部、财政部、人社部、民政部、新闻出版广电总局、体育总局、国家旅游局、共青团中央、全国总工会、全国妇联等部门的意见,经国家教育体制改革领导小组审议同意,印发了《完善中华优秀传统文化教育指导纲要》。正是有此背景,《纲要》对目前传统文化教育中存在的问题进行了立足于实践的分析,指出的诸如教育内容的系统性、整体性还明显不足,重知识讲授、轻精神内涵阐释的现象还比较普遍,课程和教材体系有待完善等问题,切中时弊。

第三,《纲要》首次有针对性地提出可行性强、操作性强的完善中华优秀传统文化教育的方案。《纲要》前所未有的开创之举在于进一步明确了传统文化教育的内容,提出了诸多对策,无疑是对现行中小学课标的重要补充。具体而言,包括如下几个方面。

1. 《纲要》首次指出应"分学段有序推进中华优秀传统文化教育",界定了不同年级传统文化教育的目标和内容,使传统文化教育变得可操作。

针对传统文化外延极为庞大,一线教师难以入手且难以甄别不同年级适用的教学内容等问题,《纲要》指明了小学低年级、小学高年级、初中、高中、大学共五个阶段的传统文化教育教学目标和具体内容,使学校和教师在开展传统文化教育时有明确的方向,对教学内容有基本的把握。如小学低年级,以培育学生对中华优秀传统文化的亲切感为重点,开展启蒙教育,培养学生热爱中华优秀传统文化的感情。认识常用汉字,学习独立识字,初步感受汉字的形体美;诵读浅近的古诗,获得初步的情感体验,感受语言的优美;了解一些爱国志士的故事,知道中华民族重要传统节日,了解家乡的生活习俗,明白自己是中华民族的一员;初步了解传统礼仪,学会待人接物的基本礼节;初步感受经典的民间艺术。引导学生孝敬父母、尊敬师长、友爱同学、礼貌待人,养成勤俭节约、吃苦耐劳、言行一致的生活习惯和行为规范,培育热爱家乡、热爱生活、亲近自然的情感。小学高年级,以提高学生对中华优秀传统文化的感受力为重点,开展认知教育,了解中华优秀传统文化的丰富多彩。能够用钢笔熟练书写正楷字,理解汉字的文化含义,体会汉字优美的结构艺术;诵读古代诗文经典篇目,理解作品大意,体会其意境和情感;了解中华民族历代仁人志士为国家富强、民族团结作出的牺牲和贡献;知道重要传统节日的文化内涵和家乡生活习俗变迁;感受各民族艺术的丰富表现形式和特点,尝试运用喜爱的艺术形式表达情感;培养学生对传统体育活动的兴趣爱好。引导学生学会理解他人,懂得感恩,逐步提高辨别是非、善恶、美丑的能力,开始树立人生理想和远大志向,热爱祖国河山、悠久历史和宝贵文化。初中,以增强学生对中华优秀传统文化的理解力为重点,提高对中华优秀传统文化的认同度,引导学生认识我国统一多民族国家的文化传统和基本国情。高中阶段,以增强学生对中华优秀传统文化的理性认识为重点,引导学生感悟中华优秀传统文化的精神内涵,增强学生对中华优秀传统文化的自信心。大学阶段,以提高学生对中华优秀传统文化的自主学习和探究能力为重点,培养学生的文化创新意识,增强学生传承弘扬中华优秀传统文化的责任感和使命感。五个阶段循序渐进,层层深入,使传统文化教育始终贯穿于基础与高等教育之中。

2.《纲要》首次强调应把中华优秀传统文化教育融入课程和教材体系,并且提供了具体的课程设置指导。

当前传统文化教育存在的诸如缺乏活力、模式化情况严重、主体缺位,传统文化教育流于书画学习、背经诵读、仪式活动等外在等问题,使越来越多的教育界专家与一线教师意识到,要彻底提升传统文化教育的实效,实施课程化势在必行。然而,如何课程化,却亟待探索与论证。《纲要》中指出了实施传统文化课程化的几种途径:(1)修订课标。教育部围绕中华优秀传统文化教育的主要任务,逐步落实课标修订和课程开发工作。(2)现有课程渗透,"围绕中华优秀传统文化教育的主要任务,适时启动课程标准修订和课程开发的研究论证、试点探索和推广评估工作。在中小学德育、语文、历史、艺术、体育等课程标准修订中,增加中华优秀传统文化内容比重。地理、数学、物理、化学、生物等课程,应结合教学环节渗透中华优秀传统文化相关内容"。(3)开设地方课程和经典校本课程,鼓励各地各学校充分挖掘和利用本地中华优秀传统文化教育资源,"既强调实现传世经典文献校本化,又特别提出应重视本土传统文化资源的开发和优化,以此丰富中小学传统文化教育教学的内容,创新教学方法和手段,提升教学效果,鼓励开设专题的地方课程和编写具有地域特色的中华优秀传统文化读本"等。

第四,鉴于传统文化涵盖面宽,内容复杂等特点,共建公共文化机构合作的长效机制显得尤为重要,《纲要》特别指出应"着力增强中华优秀传统文化教育的多元支撑","构建互为补充、相互协作的中华优秀传统文化教育格局","建立中小学生定期参观博物馆、纪念馆、遗址等公共文化机构的长效机制"。教育部答记者问中具体指明了合作机制建立的几种方式:建立中小学生定期参观博物馆、纪念馆、遗址等公共文化机构的长效机制;文化、新闻出版广电等部门应积极弘扬中华优秀传统文化的各类文艺作品创作,着力提供丰富、生动的教育资源;中小学家长委员会以及家长学校、家庭教育指导机构应积极组织学生和家长共同参与的传统文化体验、实践活动,营造弘扬中华优秀传统文化的家庭教育氛围。此外,还要加强网络教育平台建设,打造一批有广泛影响的传统文化特色网站,制作适合互联网、手机等新兴媒体传播的传统文化精品。2016年12月教育部等11部门关于推进中小学生研学旅行的意见的出台,正是这一机制的落地体现。

二、学校与教育机构的传统文化类课程化面临的困境

当前,传统文化教育的背景有了极大的改变,甚至将其提升至教育国策,融入课标,并且有针对性地展开指导。毫无疑问,这将极大刺激中小学深入开展传统文化教育的主动性。然而,客观地

说,目前传统文化教育存在着诸多现实的困境,实施传统文化教育以来,一方面我们看到学校如火如荼开展着形式多样的教学内容,另一方面我们也看到"复制""黏贴",模式化比较严重的情况。思往知来,只有准确把握存在的问题,才能有的放矢展开传统文化类课程的研发与教学实践。传统文化教育的完善,必须正视这些问题,找准原因,对症下药,才可能从根本上提升教育的有效性,提供可持续开展的动力。

概括而言,当前学校与教育机构的传统文化类课程面临如下困境或难点。

第一,不知道教什么与怎么教,照抄、照搬,缺乏课程灵魂,寡然无味。

传统文化内涵精深复杂、外延汪洋庞大。受既往教育的局限,教师多对传统文化的精神与价值、内容与形式、时代性等缺乏基本的知识储备与体认,难以自觉阐明传统文化的基本特质、价值系统、知识要素。"不知道教什么与怎么教"是当下传统文化教育面临的最现实的问题。学校之间的机械化跟风照搬严重,个性化探索缺位,使传统文化教育等同于书法、绘画等技艺的学习,呈现出少生机、少新意、少持续性的局面,而如读经、背经、学茶道、武术、穿汉服、行汉礼等这些活动则几乎泛滥,这些活动千篇一律,缺乏灵魂与新意,脱离生活,由此而导致没有可持续性。

第二,缺乏优良的师资,缺乏培养良师的平台,难以高效展开教学,难以取得社会认同。

师资是教育的根本,传统文化教育面临的最大挑战是师资问题。过去百年传统文化教育曾出现断层,且西方学科分类使传统文化或"无处安放",或散落在其他科目。供不能满足需,出现师资不足的空档。据研究者对全国各地近500所学校进行的抽样调查数据显示,有传统文化课程的学校约为13%,而有专职传统文化教师的学校不到2%,其中兼职传统文化教师中语文教师所占比例为

93%。全国传统文化教师的缺口至少在 200 万,而且还将持续扩大。且传统文化教师的质素问题更加严重,研究者对部分学校的抽样问卷调查显示,63% 的教师无法正确回答四书五经的具体名称,74% 的教师没有完整读过《论语》等等。①

传统文化涵盖今天学科分类中的文史哲,但又不仅仅是这些内容,比如传统科技、传统数理、传统游艺等。这些专业知识,必须通过长时间的学习才能深入堂奥,才能从知识到思想,掌握传统文化的精髓,同时灵活运用教育学的相关理论和教学经验,从传统文化的海洋中自由遴选适合当代学生、切合课标要求的教学内容。当前,师范院校重新重视过去流行于中等师范学校的"全科教育",即培养师德高尚、知识面广、能文能武、能画能唱、全智多能的百科全书式教师。传统文化教育师资的培育中,应借鉴"全科教育"的模式,使高等师范院校的学生全面接触传统文化所涉的基本内容,形成对传统文化整体的、准确的感知,使学生具备终身学习、不断提升自己传统文化素养的学习能力,培养胜任传统文化教育的专才。

教育机构的传统文化教育师资更是鱼龙混杂,呈现出良师难觅的状况,这直接导致难以在传统文化教育方面做出成绩与突破。培育师资,缺乏平台,没有很好的切入点。虽然教育部门和社会对传统文化教育呼声很高,但却无法高效参与,只能望洋兴叹。

第三,传统文化课程化研发困难,不能保证教学内容的正确性,教学过程僵化、呆板。

大杂烩式的传统技艺综合教学,或随意安排的课程内容,不足以使传统文化教育具有可持续性。传统文化教育的关键在哪里?在课程化。只有将浩如烟海的传统文化知识化为针对不同年龄阶段的

---

① 顾青、吴巍:《中小学传统文化教育的问题与思考》,载《语文建设》,2015 年 1 月,第 4 页。

学生能学习的"课程",才能真正使传统文化教育走出一条扎实、特色之路。这是当前上至国家、下至教育专家的共识。2014年教育部《纲要》中说"面对新形势、新要求,中华优秀传统文化教育还存在不少突出问题,对中华优秀传统文化教育重要性的认识有待进一步提高,教育内容的系统性、整体性还明显不足,重知识讲授、轻精神内涵阐释的现象还比较普遍,课程和教材体系有待完善,教师队伍整体素质有待提升,全社会共同参与的教育合力有待加强等"。概括而言,传统文化教育要优质开展,课程化是关键。

然而,正如我们此前分析,文化断层使大多数的教师不具备研发传统文化课程的能力,对于中华优秀传统文化教育的课程要素、结构与内涵等,可以说都一无所知。涉及基本国学经典,连字音都可能随时出错,更遑论对文字做出准确的解释。由于知识匮乏,对传统文化教育的精髓认识不足,教学过程也呈现出呆板、僵化,让孩子生厌的弊病。传统文化教育教师主体角色缺失,难以发挥教学能动性。

第四,学术研究与学校教学之间的合力缺乏。

教学内容正确与专业,是创建走出僵化、具有特色的传统文化教育的根本动力。传统文化的宽博与专门决定了学校教学必须持久依赖学术研究的支持,这是传统文化教育区别于其他教育内容的显著特征。然而,大学科研与中小学校一线教学之间仍然存在高高的壁垒。许多中小学校的传统文化教育几乎处于封闭状态。在这种情况下,中小学校独立研发的教材极容易出现常识性的错误,误导学生、备受诟病,大学研究的成果又不能及时为中小学校所知。在过去的传统文化教育中,一些学校也在试图搭建与大学机构合作的平台,例如请大学传统文化教研人员到中小学为老师或学生开设专题讲座等。但是这种合作形式存在内容安排散乱、随意性大、缺乏连续性等缺点,难以进行深度交流。事实上,中小学教师需要学术研究人员提供专业的意见,学术研究人员也需要深入中小学一线课堂，才能有针对性地提出问题和解决之道。然而，这种深度合作形成的教育合力并未形成。这个问题在教育部 2014 年《纲要》中予以特别关注，提出教育合力对于开展传统文化教育的重要意义。要提升传统文化教育的有效性，必须建立中小学校与高校或研究机构，尤其是高等师范院校的密切、深度合作，应秉承两个"走进"的原则，即高校教研人员走进中小学课堂，提炼课程总体思路，为课程内容把关，为教学方法提供建议，培训教师的传统文化素养等；中小学校教师"走进"培训课堂，不断提升自己的传统文化知识积累。

三、中华优秀传统文化教育之少儿经典课程研发的原则

传统文化教育在近年日渐火热，在越来越多的家长认识到孩子学习传统文化重要性的同时，参差不齐的教育市场状况，也让不少家长心生疑窦。孩子们学习传统文化究竟有没有必要？怎么教？如何甄别？如何处理其与国际化的关系？少儿经典课程研发的关键点在哪里呢？

第一，从读经典、学经典入手。

知识是人类社会精心传承、系统保存的各种信息。知识关涉的内容纷繁复杂，乃至无所不包，举凡人类的生活常识、情感倾向、礼仪习惯、科学技术、哲学理念、政治制度等，皆为知识丰富无边的内容之一面。这些知识，既可琐碎、庞杂，也可经人整理形成完美系统。面对包罗万象的传统文化知识，我们需要解决学习传承带来的巨大困难。为此，我们应首先将传统知识的内容略作收束，严肃谨慎地放到以文献记载、物质承载为形式保存、传承的各类知识，即经典之中。放眼世界，任何有着鲜活、长久生命力的民族，无不拥有深刻影响了民族性格与文化的经典。那些代代传诵的经典，是我们把握民族生命的源泉。经典是帮助我们走进传统文化最直接、有效的途径。因此，经典学习是传统文化教育的核心与

重点。

然而，曾经那些刻板的学习方式，却将它们拒之心门，使我们错失感受本民族美好语言与智慧的机会，那些来源于生活的经典却从未能走进我们的生活，被束之高阁。学生读起来痛苦，老师教起来痛苦，全社会都亟待探索出生动活泼、贴近生活、接地气的经典教育。近年来颇受欢迎的经典吟诵或吟唱就是对传统教学方式的改革，孩子们通过经典诵读或者经典吟诵的训练，感受祖国语言的优美、凝练与对事物的精致表达，使雅言能宣之于口、铭刻于心。类似《声律启蒙》这样的传统经典读物，训练儿童应对、掌握声韵格律。从单字对到双字对，三字对、五字对、七字对到十一字对，声韵协调，琅琅上口，从中得到语音、词汇、修辞的训练。辅以《说文解字》等经典，使学生跳出死记硬背生字的学习模式，从汉字的构造法中理解字义，并且初步感受民族语言文化的独特性。

第二，知识学习与行为训练并重。

作为儿童心理学先驱的瑞士学者皮亚杰曾提出著名的认知发展四阶段理论，描述了儿童在不同发展阶段的思考方式。皮亚杰认为，从婴儿期到青少年期，儿童所有的活动都标记着确定的智力操作类型，为儿童获得知识给定了某种结构。尽管有些儿童比另外一些走过这些阶段要快些，但所有的儿童都必定按同样的顺序走过所有的阶段，"可以在任何时候对任何孩子教任何东西"的说法，不仅是错误的，而且也是荒谬的。中国传统的蒙学教育，早已注意到儿童与青少年的认知分层。朱熹就曾特别指出"古者，初年入小学，只是教之以事，如礼、乐、射、御、书、数。及孝弟忠信之事，自十六七入大学，然后教之以理，如致知格物及所以为忠信孝弟者"[1]。简单说来，小学是教以事，大学是教以理。中西方都注意到教学中应针对不同年龄层的学生进行灵活的调整。传统文化教

---

[1]《朱子语类》卷7《小学》。

育应该也必须遵循这样的认知规律，进行知识与方法的分层。

一个小朋友在婴孩时期，都可能受到传统的教育（有所谓的"保傅之教"）。事实上，中国传统对孩子们的教育始终是在两个方面来展开的：一方面是知识的传授，另一方面是行为的训练，即所谓的"断文识字"与"洒扫应对"。这是同步展开的。所以不同的年龄段的孩子，在不同的阶段，都可以有不同的内容来切入，并不是说要划出一个明显的界线。对具体的教育者来讲，他面临着不同的年龄段，就应当有不同的教育内容。

因此，少儿经典课程，应以经典诵读、洒扫应对为核心。洒扫应对，即基本的生活技能与待人接物的礼仪规则。中国古代儿童教育中特别注重对低龄童的行为训练，《童蒙须知》中就从衣服冠履、言语步趋、洒扫涓洁等方面讲述了孩子启蒙教育中应首先予以重视行为训练。如"衣服冠履"部分，"大抵为人，先要身体端整。自冠巾、衣服、鞋袜，皆须收拾爱护，常令洁净整齐……饮食照管，勿令污坏。行路看顾，勿令泥渍……凡脱衣服，必齐整折叠箱箧中。勿散乱顿放，则不为尘埃杂秽所污。仍易于寻取，不致散失"；"语言步趋"部分，"凡闻人所为不善，宜且包藏。不应便尔声言。当相告语，使其知改……凡行步趋跄，须是端正，不可疾走跳踯。若父母长上有所唤召，却当疾走而前，不可舒缓"；"洒扫涓洁"部分，"凡为人子弟，当洒扫居处之地。拂拭几案，当令洁净。文字笔砚，凡百器用，皆当严肃整齐，顿放有常处。取用既毕，复置元所。父兄长上坐起处，文字纸札之属，或有散乱，当加意整齐，不可辄自取用。凡借人文字，皆置簿钞录主名，及时取还。窗壁、几案、文字间，不可书字"等。[①] 这些日常生活技能和礼仪应为我们今天的传统文化教育所学习、承继，参照小学生行为规范，灵活

[①] 陈宏谋辑：《五种遗规》之朱熹《童蒙须知》，线装书局，2015年，第4-7页。

运用于学校教育之中。事实上，当今风靡全球的蒙台梭利教育，其中一个重要方面即为生活技能的训练，教育培训机构大力鼓吹，却无视于自己本民族更早的这些儿童教育经典。

第三，构建多元的课程体系。

多元的课程体系包括如下两个方面：

1. 一部经典或一篇经典诗文涵盖多元的知识。

阅读古代文献有"精读"的概念，即通过阅读一部经典或一篇经典诗文，将识文断字、文化常识、道德观念、艺术审美等"勾稽"出来一并学习的方式，达到以管窥豹的目的。学生在学习的过程中，能在多元有趣的知识学习中，不知不觉，潜移默化地熟悉经典，加深对经典文本的记忆，同时又能接触、学习丰富的文化知识，逐步形成丰厚的文化积淀。

2. 无论是何种知识学习，最终都要达到培养学生的内在品格与气质修养。

传统文化教育，既不是纯粹的知识教育，也不等同于学习传统技艺。民乐类课程、背诵诗文、穿汉服等文化体验等都只是传统文化教育的浅层次知识，究竟要通过这些学习，培育学生怎样的内在品格与气质修养，晦暗不明。如此，产生一个巨大的缺陷，即所谓传统文化教育为各类芜杂课程的大杂烩。许多学校或教育机构的传统文化课程，都是临时拼凑的"草台班子"，演完就散，缺乏灵魂、整体性，课程之间缺乏相互呼应，没有可持续性，难以为继。

3. 中华主体，世界眼光；精通地方，博览全球。

"中华主体，世界眼光"，是当下社会人们最需要且合理的知识结构。课程设计尽可能做到中西兼容并蓄，使青少年成长为新时代具有世界眼光的中国人。精通地方，博览全球，是当前社会人们最需要且合理的知识结构，况且他山之石可以攻玉，中西文化各有优长。课程应坚守"中国主体"，以开放眼光，兼容并蓄，将西方的知识与精神，整合进教学内容，为学生带来发现知识的乐趣，更启迪他们顺着先民智慧，继续思考民族的文化未来。正是如此，与通常传统文化教育仅仅注重本国文化不同，理想的课程应在传授传统文化知识的同时，以包容的态度，兼顾西方优秀经典。博其闻，明其智，放眼世界，使青少年成长为新时代具有中华根基的世界公民。

四、中华优秀传统文化教育之少儿经典课程化实践案例

孔子有不少关于《诗》的言论："小子何莫学乎诗？""《诗》三百，一言以蔽之，曰：思无邪。"《诗经》是儒家核心经典，是六经之一。《诗经》是中国最早的诗歌总集，同时《诗经》又是超越"文学作品"的存在，孔子重视以《诗经》的学习来施行教化。原本是歌曲的《诗经》，音韵优美，格调高雅，情感平和，传递着儒家乐群人际、合同天下的思想。学习《诗经》，可"多识于鸟兽草木之名"，可获得诗乐节奏语辞的熏陶，开阔心胸，获取快乐，可感知天地万象、体会人情冷暖，熟悉交际往还，体味玄秘哲理。长期诵读，可以培育孩子的审美能力，养成健康安宁的人格境界。

大家都熟知，《诗经》或称"诗三百"，是中国最早的一部诗歌总集，收录西周初年至春秋中叶300余首乐歌，为后世两千多年诗人效法。中国为诗歌王国，《诗经》的重要地位毋庸置疑。她所书写的各种意象和主题，运用的艺术手法，创造的艺术美感，皆为历代诗人所企慕效仿。或许可以说，要理解中国诗歌，哪怕唐诗宋词，都需要从熟悉《诗经》开始。《诗经》有多重身份。首先，作为一本儒家经典，从两汉开始，历代儒者通过注解，用《诗经》来传达儒家教化等思想观念。其次，作为一本蒙学性著作，为孔夫子所重视，曾主张自己小儿子孔鲤学习。再次，《诗经》还是先秦社会交往中的必备知识。据《左传》等文献记载，人们在社交场合常常引述诗篇来交流思想。最后，《诗经》是一部先秦百科全书，呈现着当时人们对自然、社会和神灵等问题的认知。《诗经》一直没

> 中华礼乐文化传承

有远离我们的当下生活。大家口头常用的一些成语，比如"乐而不淫""琴瑟和谐""不醉无归""人而无仪""与子偕老"等，皆来自《诗经》。百姓日用而不知，言语中运用，已经潜在接受《诗经》传达的思想。

孩童的理解能力有限，兴趣培养远比掌握知识重要，故学习《诗经》时，过程要活泼有趣。首先要注意发挥《诗经》诗篇的音韵美，用诵读或歌唱的方式促进记忆效果；其次，要注意讲授多元知识，以一篇诗辐射，开阔孩子的兴趣视野，积累丰富的文化知识；再次，讲授方法多样，循循善诱，用日常生活经验带动学生的参与感；最后，营造良好的学习氛围，通过协同学习、互动学习等，在现代生活中凿出一片天地，供孩子驰骋想象。这就跟英语学习相似，古代文化经典的学习，也需要利用语境来强化学习效果。《诗经》丰富多样，厚此薄彼总令人遗憾，总而言之，选诗主要立足三个着眼点：选择贴近小朋友接受能力的诗篇，多倾向语句简短，音韵和美，内容单纯，情感明晰；选择有助于小朋友健康情感养成的诗篇，带领小朋友感知世界，理解人世，感知礼仪，学会深入思考某些问题；内容尽量多元，既有缠绵悱恻的阴柔平和之作，也有表现孔武有力的阳刚慷慨之诗，让孩子们能获得多种文化熏陶。

校园礼射教育价值初探

韩冰雪　葛志亮[1]

礼射是礼为核心，射为基础的传统射箭活动。它是君子六艺之一[2]，也是儒家推崇的修身之道："射者，仁之道也"[3]；同时还是先秦选拔人才的方法："射中则得为诸侯"[4]；《礼记·仲尼燕居》中提到礼射对民众的教化功能："乡、射之礼，所以仁乡党也"[5]；《礼记·王制》载："耆老皆朝于庠，元日，习射上功，习乡上齿。[6]"描述了通过举行射礼，使民众明礼崇德，爱国爱乡。古代的圣贤十分重视礼射，将其视为重要的教育内容，《礼记·射义》提到："若立德行者，莫若射，故圣王务焉。[7]"反应出礼射在立德树人方面的教育价值。教育的根本任务是"立德树人"，当下应以礼射为抓手，充分发掘其教育价值，使其围绕立德树人这一目标服务于校园教育。

一、礼射与教育的渊源

先秦时期的学校也是习射场所。《孟子·滕文公》中提道：

---

[1] 江苏建筑职业技术学院。
[2] 杨天宇：《周礼译注》，上海古籍出版社，2004年，第200页。
[3] 杨天宇：《礼记译注》，上海古籍出版社，2004年，第839页。
[4] 杨天宇：《礼记译注》，上海古籍出版社，2004年，第837页。
[5] 杨天宇：《礼记译注》，上海古籍出版社，2004年，第663页。
[6] 杨天宇：《礼记译注》，上海古籍出版社，2004年，第156页。
[7] 杨天宇：《礼记译注》，上海古籍出版社，2004年，第834页。

中华礼乐文化传承

> 设为庠序学校以教之：庠者，养也；校者，教也；序者，射也。

庠和序都是先秦时期的学校。从《礼记·王制》中"耆老皆朝于庠"和《周礼·地官》中"春秋以礼会民，而射于州序"可以看出庠和序不仅是传道授业之地，也是教化民众，举行群众活动的场所。关于序的形制，《尔雅·释宫》解释为"东西墙谓之序"。《说文》解释说"序，东西墙也"。《孟子》云："序者，射也。"可知序是东西墙学射之处。《礼记·燕礼》云："春合诸学，秋合诸射。"郑注解释说："学，大学也；射，射宫也。"周代大学称辟雍，又称泽宫。《礼记·射义》中载"天子将祭，必先习射于泽"。由此可见庠、序、辟雍均为习射之地。陈梦家先生更是进一步指出："庠、序、塾、堂是陆上习射的地方，而水上习射的地方是辟雍。"[①]

礼射是先秦学校中的重要科目之一。《周礼·保氏》记载：

> 养国子以道。乃教之六艺，一曰五礼，二曰六乐，三曰五射，四曰五驭，五曰六书，六曰九数。

而《墨子·尚贤》的记载更是体现了对善射人才的重视：

> 善射御之士者，必将富之、贵之、敬之、誉之。

从当时学校科目设置可以看出，其人才培养是以服务国家所需

[①] 陈梦家：《射与郊》，载《清华学报》，1941 年第 13 卷第 1 期，第 115 – 162 页。

为目标。善射之人，居则以是习礼乐，出则以是从战伐①。和平时期以射教民，战争时期以射卫邦。先贤们铸剑为犁，饰之礼乐，将兵器转化为礼器，使其成为教化人的工具。礼射便是其中最为典型的案例，同时也是中国人和平思想的有力印证。

礼射在中国传统教育中一直扮演着重要角色。其文武兼习，内外皆修的特质，吸引了儒家的注意，成为儒家学子必习之技，由此奠定了士人习射的基础。朱熹在《〈大学章句〉序》中写到：

> 人生八岁，则自王公以下，至庶人之子弟，皆入小学，而教之以洒扫、应对、进退之节，礼、乐、射、御、书、数之文。

小孩子到了八岁，不管是王公子弟还是平民子弟，都要进入小学接受教育。礼与射都是必习之科目。明太祖朱元璋十分重视礼射，他要求各地于"儒学后设一射圃，教学生习射，朔望要试过。其有司官闲暇时，与学官一体习射。若是不肯用心，要罪过"②。

近代学者一直关注礼射教育价值，并从多角度对其进行探索和研究。近代以来，西学东渐，传统学术体系受到很大冲击，礼射也受到很大影响，但相关学者对其研究未曾中断。康有为提倡革新乡射礼来教化国民，以图自强；程其保在《射艺进步考》中从科技角度阐述了射的发展与演变；张唯中主张习射立志、强身、报国，并建议开设弓箭学；唐豪搜集大量资料，汇编成《清代射艺丛书》；陈梦家在《射与郊》中论述了先秦学校与射的关系，指出"庠""序""榭"都是习射之地。陈寅恪认为骑马射箭是我国自古以来

---

① 周孔教：《重刻乡射约序》。
② 赵克生：《国家礼制的地方回应：明代乡射礼的嬗变与兴废》，载《求是学刊》，2007年11月第34卷第6期，第144－149页。

的好传统;南怀瑾用小时候习射心得来解读谨慎与定力的哲学道理;徐开才、李淑兰提出礼射开展应遵循"射以观德、术道并重、内外兼修"原则,以培养健全之人格、强健之体魄为目的;李重申通过对敦煌壁画中体育活动的研究,指出礼射在宗教、军事、教育、娱乐方面均有不同程度的体现,是多领域交融的文化现象;彭林团队通过对《仪礼》的解读和相关文物的考据,从仪轨、器物、技法、服饰、宫室等方面对乡射礼进行实践性复原研究,以直观可视方式再现周代乡射礼;郭蓓、崔树林等学者致力于高校礼射推广,在赛事、培训和对外交流方面取得重大突破。

二、礼射的起源与文化表现

弓箭制作行业将轩辕黄帝奉为祖师爷,相传是黄帝发明了弓箭[1]。《易·系辞》中记载:"黄帝、尧、舜弦木为弧,剡木为矢,弧矢之利,以威天下。"而《山海经·海内经》"少昊生般,般是始为弓矢",提到弓箭发明者是黄帝之子少昊。《新唐书·宰相世系表》中记载弓箭的发明者是张姓始祖张挥,即少昊之子。这些文献显示,弓箭起源于黄帝时期,由黄帝家族发明。实际上弓箭的发明时间更早。1963年,山西朔县峙峪遗址出土了一枚长约2.8厘米的燧石石镞,经碳十四检测,该石镞距今28900年左右。从这枚石镞的加工精度上推算,我国境内使用弓箭的历史应该在30000年前。

射箭活动在古代按照其功能可分为猎射、军射、礼射三大类。弓箭发明之后,很长一段时间都是重要的生产工具。贺兰山岩画中有很多反映史前人类使用弓箭狩猎的场景。这种弓箭狩猎的射箭活动称为猎射,其服务于生产,目的是获取猎物,特征是主皮之射。《仪礼·乡射礼》中解释说:"主皮者无侯,张兽皮而射之,主于获也。"距今5700年前的邳县大墩子遗址发现一具左腿中箭的男性

---

[1] 韩春鸣:《聚元号弓箭》,新华出版社,2008年,第29页。

遗骸①，当时这一地区的部落已将弓箭用于战争。服务于军事的射箭活动称为军射，目的是克敌御乱，特征是贯革之射。《左传》中"养由基蹲甲而射之，彻七札焉"，便是对贯革之射的描述。《礼记》中解释说："礼射谓以礼乐射也。"礼射服务于教育，目的是立德树人，特征是射不主皮。《仪礼·乡射礼》提到"不主皮者，贵其容体比于礼，其节比于乐"。猎射、军射、礼射对应着生产、军事、教育。三者之间互相关联，彼此影响，共同推动社会综合发展。

礼射文化在文字、经典、艺术、习俗、医学、政治、军事、教育等领域均有体现。《康熙字典》收录弓字旁字 215 个，矢字旁字 95 个。在甲骨、青铜器铭文中经常可以看到弓、矢、射等字。花东甲骨记录一位贵族子弟"子"学射的过程，其中 7、37、467 版上的卜辞是"子"按照礼及礼仪要求学射②。静簋记载了学宫司射静因教学突出，王对其进行赏赐③。

十三经中几乎每本经典都有对射的论述。《诗经》中更是有描绘猎射、军射、礼射的诗歌，如《郑风·大叔于田》描绘贵族猎射场景，《小雅·车攻》有军射场景，《大雅·行苇》有礼射场景。《礼记》中《射义》《燕义》《投壶》，《仪礼》中《大射礼》《乡射礼》，《周礼》中《弓人》《矢人》等篇章从文化、技法、器物等方面对先秦时期礼射进行了综合记录。与射相关的成语典故、诗词歌赋更是不胜枚举。孔子、孟子、李白、杜甫、苏轼、陆游、王阳明等历史名人也是箭无虚发的神射手。

礼射场景也常被古人用于艺术创作。藏于故宫博物院的"采桑宴乐水陆攻战纹铜壶"描绘的众多场景中有三个与射相关场景。分

---

①《考古学报》1964 年第 2 期。
②韩江苏：《从殷墟花东 H3 卜辞排谱看商代学射礼》，载《中国历史文物》，2009 年第 6 期，第 32-40 页。
③袁俊杰：《两周射礼研究》，2013 年，科学出版社，183-188 页。

别是位于上段的礼射、中段的弋射（也属猎射）和下段的军射。音乐考古学家王子初认为，弦类乐器最初起源于弓。

在我们的很多生活习俗中也可以看到礼射的影子。《礼记·内则》提到的"生男设弧于门左"这一习俗，在今天山东多地仍可见到。《周礼》中提到"大丧，共明弓矢"，说明弓箭是当时的随葬器物之一。在今天的徐州和皖北萧县、砀山县仍保留弓箭随葬习俗[①]。

射箭是动静结合的运动，对呼吸调整和内心平静有着特殊的要求，有利于心肺锻炼。射箭需要很高的专注力，清华大学很早就将其纳入体疗课程中，它对抑郁症治疗有一定的积极作用。《黄帝内经》中常见用弓弩特性来描绘病症，也是利用其特性来辅助诊断治疗。

"一张一弛，文武之道"是周文王、周武王的治国之道。借用弓的两个状态来阐述治国应张弛有度、宽严相济、恩威并施。

弓乃百兵之首，远兵之王，冷兵器时代的重要武器。《易·系辞》提到"弧矢之利，以威天下，盖取诸睽"反映了弓矢之威力在军事中的重要性。

先秦教育中，射为必习科目。《论语》载："君子无所争，必也射乎。"《中庸》云："射也有似乎君子；失诸正鹄，反求诸其身。"儒家更是寓教于射，提倡以射立德修身、观德正己，思齐君子。

三、寓教于射

礼射注重内外兼修，内修仁义道德，外练精气神形。故而《礼记·射义》开篇要求君子习射当"内志正，外体直"。对人内心的

[①]韩冰雪、申可：《徐州地区弓箭随葬习俗略考》，载《江苏建筑职业技术学院学报》，2017年第3期，第65–70页。

教育关乎其世界观、价值观的形成，自古以来都被施教者所重视。礼射中蕴含的"仁、德、礼、忠、孝"是中国人的基本道德观。

仁是一种含义极广的道德范畴。孔子将"仁"作为最高的道德原则、道德标准、道德境界，并主张"克己复礼以为仁"。可以说"仁"是君子、世人应该践行的基本理念。礼射也主张以射达仁。《礼记·射义》"射者，仁之道也"，《孟子》更是以射喻仁：

> 仁者如射，射者正己而后发。发而不中，不怨胜己者，反求诸己而已矣。

此句点明欲达仁者应端正己身，更应反求诸己以正己，进而不断反省提升，达到仁之境界。

射与德的联系十分紧密，"射以观德"出自《礼记·射义》"射者，所以观盛德也"。原为先秦时期通过举行射礼选拔德才兼备的人才，可以通过观察射手的言谈举止、行走坐立、习射动作、得失竞争等方面对其德行修养进行综合考评。《礼记·射义》更是明确了射与立德的关系：

> 故事之尽礼乐，而可数为，以立德行者，莫若射，故圣王务焉。

由此可见，习射也是修身修德的方法之一，同样能够达到教化人的目的。

礼射的核心是礼，参加礼射活动时，射手要时刻注意自己的形体仪容是否合乎礼，《礼记·射义》中提到："故射者，进退周还必中礼。"可以说，脱离了礼仪要求的射箭不能称之为礼射。其目的在于以射习礼，以礼修身。

历史上很多善射名人对国家都是忠心耿耿，如飞将军李广、爱

▶ 中华礼乐文化传承

国诗人陆游、提倡知行合一的王守仁。孔子赞叹一位对国家无比忠诚的史官时说到:"直哉史鱼!邦有道,如矢;邦无道,如矢。"

百善孝为先,孝为德之本。射与孝的关系在《吴越春秋》中有记载:

> 弩生于弓,弓生于弹,弹起于古之孝子。……古者人民朴质。饥食鸟兽,渴饮雾露,死则裹以白茅,投于中野。孝子不忍见父母为禽兽所食,故作弹以守之,绝鸟兽之害。

上古时期丧葬极简,死者以茅草裹身,放置荒野之中,为禽兽所啃食。孝子不忍于此,发明弹弓来驱赶鸟兽,守护亲人遗体。这一点从吊唁的吊字也能看出,《说文》释曰:"吊,问终也。古之葬者,厚衣之以薪。从人持弓,会驱禽。"

正是礼射中蕴含的这些基本美德,才使得其在教育中一直备受重视。礼射的教化功能还表现在于国进贤、于民教化、于己修身上。先秦时期以射选贤,以贤治国。《礼记·射义》记载:

> 是故古者天子以射选诸侯、卿、大夫、士。……射者何以射?何以听?循声而发,发而不失正鹄者,其唯贤者乎!若夫不肖之人,则彼将安能以中。……天子将祭,必先习射于泽。泽者,所以择士也。

国家通过举行射礼来选拔诸侯、卿、大夫、士。因为只有贤者才能在射礼中做到发而不失正鹄。天子举行祭祀时,也是通过举行射礼来选拔助祭之臣。

士人通过习射来提升修养、品德、技艺,同时养成正确的竞争观。《中庸》提到:"射有似乎君子;失诸正鹄,反求诸其身。"习射之道如君子做人之道。射不中靶心,不要埋怨胜者,也不要找客观原因。应反过来审视自己，看看自己哪里做得不够。苏轼在《仁者如射说》中以亲身习射感悟来说明反求诸己的重要性：

> 吾尝学射矣，始也心志于中，目存乎鹄，手往从之，十发而九失，其一中者，幸也。有善射者，教吾反求诸身。手持权衡，足蹈规矩，四肢百体，皆有法焉。一法不修，一病随之。病尽法全，则心不期中，目不存鹄，十发而十中矣！四肢百体，一不中节，差于此者，在毫厘之内，而失于彼者，在寻丈之外矣！

这和曾子说的"吾日三省吾身"有着同样的要求。只有不断地反省、总结、改正，才能不断地提高、提升、达仁。孔子谈到射时说道："君子无所争，必也射乎！揖让而升，下而饮，其争也君子。"君子通常不与人争高下，如果说一定要有所争，也是在比射这件事上。这样的竞争是和谐完美的：彼此谦让，互相学习，胜者不骄，负者不馁。切磋射艺是为了向对方学习，提升自我。这样的竞争观在当下都是极为可贵的。

通过举办礼射活动，能对当地乡民产生积极的教化影响。《礼记·仲尼燕居》提到"乡、射之礼，所以仁乡党也。"《周礼·地官·州长》记载了举办礼射活动的时间和地点，"春、秋以礼会民，而射于州序。"《礼记·王制》中写到参加射乡之礼的人员，"耆老皆朝于庠，元日，习射上攻，习乡上齿。"为什么要举行礼射活动？郑玄解释："会民而射，所以正其志。"在当地的学校举办乡射礼和乡饮酒礼，主要是要引导百姓习礼向善，使其志向正直，归于仁爱。当日会邀请年长者出席活动。举行射礼，选拔德才兼备的贤者居于主位，使其成为众人学习的榜样；举行乡饮酒礼，推选德高望重的长者居于主位，让众人聆听长者的教诲。以礼会民的活动处处体现着尊长敬贤，润物无声地对乡民进行了全面的道德礼仪教育。

孔子曾在观乡人射时发出感慨：

> 射之以礼乐也，何以射？何以听？修身而发，而不失正鹄者，其唯贤者乎？若夫不肖之人，则将安能以求饮？

于是有了后面的孔子率众弟子射于矍相之圃。

> 孔子射于矍相之圃，盖观者如堵墙。射至于司马，使子路执弓矢，出延射曰："贲军之将，亡国之大夫，与为人后者不入，其余皆入。"盖去者半，入者半。又使公罔之裘、序点扬觯而语。公罔之裘扬觯而语曰："幼壮孝弟，耆耋好礼，不从流俗，修身以俟死者，不？在此位也。"盖去者半，处者半。序点又扬觯而语曰："好学不倦，好礼不变，旄期称道不乱者，不？在此位也。"盖勤有存者。

孔子与弟子研习射礼，对观礼者提出一系列的道德要求，用淘汰的方法教育礼仪欠缺的人。同时对乡民进行礼仪教育，并对坚守礼法的人进行鼓励。

四、礼射育人途径探索

礼射育人应做到德育为先。党的十八大报告将"立德树人"确立为教育的根本任务，十九大报告进一步指出，要"落实立德树人根本任务"。坚持立德树人，要做到德育为先。礼射的德育价值在先秦时期就被发现并加以肯定，儒家主张"以射立德、以射观德"，这与当下教育根本任务不谋而合。通过对礼射育人路径的探索，将立德树人根本任务落在实处，实现以春风化雨、润物无声的方式锻炼学生心智体能，提升学生素养品行，提高学生德育水平，引领学生全面发展的教育目的。

礼射育人应深入挖掘其新时代的育人价值。十九大报告提出："深入挖掘中华优秀传统文化蕴含的思想观念、人文精神、道德规范，结合时代要求继承创新，让中华文化展现出永久魅力和时代风采。"思想观念、人文精神、道德规范是传统文化育人的核心，结合时代要求继承创新是传统文化育人的关键。礼射文化中蕴含的忠诚爱国、正直贤明、尊长敬贤、明礼崇德等思想观念构成其育人核心理念；发而不中，反求诸己、射以观德、君子之争、仁者如射等人文精神是引领学生养成谦谦君子的指南；志正体直、发而不失正鹄、揖让而升、进退周还必中礼、侍射约矢、弋不射宿等道德要求是规范学生习惯，提升道德品行的标尺。

礼射育人应统合德、智、体、美、劳五育。通过建立"一二三四五"礼射育人模式，将礼射教育价值充分体现并传授给学生。"一二三四五"模式（一体两翼三学四会五融合）。其中"一"为礼射这一项目；"二"为核心的礼与基础的射；"三"是指学文化、学技法、学器物；"四"是指会礼仪、会射箭、会读经典、会做弓箭；"五"是指融合德育、智育、体育、美育、劳育。德育，以习射礼仪及礼射规范培养学生德行素养，引导学生从认知到行动，由行动提升认知，将德字大写在心中，做到内化于心，外化于行，切实提高认知，付诸行动；智育，以晨读、会读、考察调研等方式，对礼射相关经典文献、诗词歌赋、成语典故、文物遗址进行解读、阐释、考证，以此拓展学生知识面，锻炼学生科研能力，培养学生学术兴趣；体育，以礼射技法练习，结合体能训练要求，带动学生身体锻炼，促进学生之间的交流，达到强健体魄，健全人格之功效；美育，以甲骨、青铜器、汉画像石、壁画、字画等艺术品中的礼射元素及纹饰，涵养学生美育；劳育，以《周礼·考工记·弓人》为基础，结合专业常识，发扬"自己动手、丰衣足食"精神，探索传统制弓做箭工艺。培养学生劳动光荣情怀，提高学生动手能力，提升学生创造力。

五、校园礼射架构设想

礼射进校园，确切来说应该是回归校园。首先要明确礼射育人目标，学校应有承担历史使命的责任感、坚定文化自信，通过礼射项目来传承优秀传统文化、践行文化走出去、培养新时代人才。

礼射项目评估是校园礼射落地的前提。首先要结合学校特点对相关政策进行解读，获取领导支持，并规划硬件建设和师资建设。国内近百所落地礼射项目的学校有一个共同特点：领导认可、硬件建设和专任师资。如此可扎实落地，充分发挥育人功效。有些学校对礼射育人研究比较重视，通过成立相应教研组、申请相关课题、建设专用礼射场馆和博物馆、召开学术研讨会、举办交流活动、筹办礼射大赛等方式加大对礼射育人的研究与推广力度。清华大学、上海对外经贸大学、江苏建筑职业技术学院等高校，在文化、技法、教学、器物、赛制、对外交流方面取得丰硕研究成果。这些学校已经成长为国内高校礼射研习推广的排头兵。大部分学校通常采取组建社团、代表队、课程的方式落地。从文化、器物、技法三个方面对其进行研习。由于各阶段教育的侧重点不同，礼射的落地架构也略有区别。校园礼射架构应结合各阶段教育特点，通过学、做、悟来实现小学阶段习惯养成、中学阶段价值观养成、大学阶段使命感养成，采用体教结合的方式，引领学生全面发展。

小学阶段可以三年级为分档线。三年级以下侧重诵读，以诵读礼射经典、诗词，认识礼射名人和练习基本礼仪为主。对射箭不做硬性要求。三年级以上，学生身高和体能都能达到持弓练习的要求。通过经典诵读、礼仪学习、持弓训练对礼射的文化和技法进行研习。中学阶段的学生在文化和技法研习的基础上，增加器物制作内容。通过动手制作礼射器物，提升眼、脑、手的配合能力。大学阶段的礼射研习应由被动牵引式改为主动驱动式。文化方面，对礼射经典的研习由诵读升级至解读，以读书会形式对礼射经典进行要义解析、核心提取，培养独立思考能力、树立自己的学术认知和观点。技法研习方面，加强由术入道的引导，遵循"反求诸己、射以观德"思想。通过观察自己和同学习射过程中的表现，来帮助其认识自己的不足，并主动改正。器物研习方面，由简单制作升级至与相应学科有机结合。比如材料学相关专业可从材料的角度对弓矢性能进行研究，力学相关专业可以对弓的力学性能和箭的空气动力学进行针对性研究。做到专业研究与兴趣爱好有机结合，传统技艺与现代技术有机结合，传统文化与自然科学有机结合。整体来说，大学阶段礼射研习要求从以射反求诸己延伸到对自己德行、学习、生活方面的反省，使学生自发性做到"吾日三省吾身"，保障礼射研习过程中学生的人文素质、道德修养和身体素质均得到不同程度的提升，使礼射持续发挥新时代育人价值。

结　语

礼射的教育价值在先秦时期就被古人所认知、肯定、推崇。数千年来，它曾一度鼎盛，无人不知。曾随着儒家远播海外，影响四邻。也曾在内忧外患的近代被抛弃，濒临消亡。如今在国家全面复兴传统文化的大旗下，礼射焕发出新时代的活力，重新展现在世人面前。如何有机继承，结合当下，法古开今，科学创新，使礼射围绕"立德树人"根本任务，服务新时代教育，是当下亟需解决的问题。因此探寻校园礼射教育价值十分必要。文化、时代、社会、教育都对其有需要：

一、文化的需要。礼射是优秀传统文化，不继承则将消亡，不创新则无活力。优秀传统文化只有发挥其育人价值，才能持续存在并将长久存在下去。

二、时代的需要。文化强国背景下，我们需要文质彬彬、勇武好礼、有所担当的新时代新人才。这些人才不仅要有过硬的专业知识，更要有健康的心智和高尚的品行。礼射人文内容丰富，在文字、经典、艺术、习俗、医学、政治、军事、教育中均有所体现。

历史上涌现出很多善射的圣贤文人,通过礼射,建立起与历史名人沟通的桥梁,进而扩大到对先贤思想、高尚品行的学习和追求,以提高人才的综合素养。

三、社会的需要。礼射于国进贤、于民教化、于己修身的教育特点是当代社会所需的,它适用于不同阶段的教育,同时对个人、社会、国家都有着积极的作用和影响。

四、教育的需要。教育的根本任务是立德树人,礼射在立德树人方面有着其他项目不可替代的优势——融合德智体美劳五育,有助于提振学生精气神,引领学生全面发展。

探寻校园礼射教育价值应把握以下五个关键点:

一、发心纯正。礼射教育价值被越来越多的人肯定,随之而来的是快速发展,在这个阶段,能否以一颗"为往圣继绝学"的纯正之心去推广礼射显得尤为重要。在探寻的过程中,应不忘"以射育人,为国铸才"的初心。

二、内容正统。有机继承与科学创新是传统文化应用于新时代的难题,对礼射教育价值的探寻要植根于优秀传统文化之中,要确保其内容的纯正与正统,如此方可在落地过程中实现充分育人的价值。

三、礼为核心。钱穆先生讲过,中国文化之心是礼。礼射的核心亦如此,离开了礼,其育人功效和价值将不复存在。探寻过程中应牢牢把握礼为核心,射为基础这个要领,做到以礼立身、以射立德、以射健身。

四、全面发展。"人文+运动"是礼射的特质,其运动特质容易落地,文化特质需要投入大量精力才可落地。如果人文方面投入不足,容易导致运动特质竞争化,功利化,这就背离了"君子之争"的精神,会起到相反的教育效果。

五、举一反三。"发而不中,反求诸己"是礼射精神的体现,不仅体现在射上面,更要引申到学习、生活、做事上面。对礼射教育价值的应用做到举一反三,实现宽面覆盖,深度影响。

礼乐文化在企业文化建设中的应用探索

罗婷婷[①]

建设完善的企业文化,对内是凝聚人心基石,对外是树立良好企业形象的保证。对作为行业领导者的大型企业来说尤其如此。随着中国经济的飞速发展,中国大型企业在世界经济中占据着越来越重要的位置,此时应该如何向世界展示中国企业的风范,这是值得当代中国企业深思的问题。同时,在企业管理方面,中国企业充分吸收了大量西方现代管理经验,但是在提升员工主动性、忠诚度等问题上,西方管理方法亦不是有效良药,更非万全之策。那么,是否能在中国传统文化的宝库中吸取灵感,另辟蹊径呢?

基于这些问题,我们依托清华大学中国礼学研究中心的研发成果,尝试与合作企业共同开展企业礼仪文化建设课题,共同探讨传统礼乐文化助理企业管理的方式方法。项目拟定周期为三年,计划通过组织企业干部员工参与系统化的传统礼仪培训和心性修养实践,将中国礼乐文化精髓与企业干部员工的工作实际相结合,达到指导员工日常行为、提升心性修养、展现企业优良精神面貌的目标。

一、前期调研

为了更好地了解企业干部员工的礼仪现状,提出有效的项目规划,我们在项目初期对企业展开了系列调研工作。调研采用四种方法综合分析:

[①] 三礼馆(北京)文化创意发展有限责任公司。

▶ 中华礼乐文化传承

　　1. 内部访谈：对内部管理层和相关部门员工进行深度访谈，深入了解问题；
　　2. 问卷调查：设计针对性问卷，邀请企业较多员工参与调研，以获取较大的定量、定性信息；
　　3. 现场观察：项目成员深入企业日常工作，观察企业现状及员工行为方式，收集相关资料；
　　4. 头脑风暴：组织业内专家、专业人士就一定主题进行探讨，吸收不同角度的意见，提出解决问题的适当方案。
　　经过调研，我们发现并总结了企业礼仪现状与多数员工的需求及培训重点：
　　大多数员工对中国传统礼仪文化仅仅略知一二，对于礼仪的基本认知有所欠缺。员工的工作积极性、对公司的归属感有待提升。希望通过传统礼仪的培训，让价值观与行为规范统一，增强员工的内驱性、归属感。
　　日常工作期间，同事之间缺乏问候、公共空间环境有待改善。期望通过礼仪学习改变精神面貌，积极主动自信自律，待人接物彬彬有礼，同事相处时能够更多地为他人着想，学会换位思考，友爱和睦是接受调研的干部员工的普遍诉求。
　　约半数员工在与客户交往时有不同程度的礼仪困惑，一方面不确定自己的行为是否合礼，另一方面不知如何有礼地应对客户可能失礼的情况。企业员工对于会谈、接待礼仪以及邮件、公函等书面礼仪的学习诉求占比最高。尤其是处理大型工作会议、商务活动和外事活动时，最需要礼仪指导。
　　在调研结果的基础上，项目组制定了项目第一阶段的实施计划，并根据调研中发现的问题、获得的建议推进计划、实施教学。

二、项目实施

　　结合调研结果，我们制定了分阶段的项目实施方案，与合作企业共同探索礼乐文化在企业文化建设中的作用与开展方法。第一阶段的方案包括四方面内容。

(一) 干部培训

礼乐文化建设需要参与者发自内心的认知和认同,真正做到内化于心、外化于行,否则就只能沦为"作秀",甚至由于礼仪规范的约束性会造成员工的反感。而中层干部是企业管理的中流砥柱,礼乐文化只有被他们理解、认同,才能在企业中真正地落地、推广、践行。因此,项目的第一部分就是对中层干部的礼乐文化培训。

我们结合前期调研的需求和痛点,设计了线上讲座搭配线下授课的培训模式。其中,线上授课主要讲授礼乐文化的基本知识,通过生动的讲解与分析,使干部对中华传统礼乐文化有一个基础的了解,建立基本的知识架构,认识到"礼"的地位与价值,并调动干部自身学习礼乐、践习礼乐的主动性。

线上课程大纲	
第一讲	礼是中国文化的核心
第二讲	礼乐与完人
第三讲	礼学经典
第四讲	礼教与乐教
第五讲	孝亲之礼
第六讲	礼容
第七讲	雅言
第八讲	书信
第九讲	家训
第十讲	儒行

其后,再定期组织线下集中培训,结合企业干部日常工作情景、需求,讲授传统礼仪在现代工作生活中的应用。组织学员建立学习小组,探索建立用传统文化进行企业思想文化建设的有效途径。通过礼仪教育激发干部自身的文化自觉,内化于心,外化于行,提升修养,培养其文质彬彬的君子风范。通过干部培训,让领导层能够以身作则,带动员工,在企业内部逐渐营造出"知礼、懂礼、守礼"的文化环境。

线下集中培训是干部培训的重点。传统礼乐文化的应用不是对古代礼仪规则的复古照搬,而是在继承礼乐精神的基础上结合现代生活实际对个人行为习惯、人际交往规则进行调整与规范。我们将课程内容分为"礼仪原则""个人修身"和"人际交往"三个单元。通过学理阐释、文本解读、案例分析、思考讨论等环节,将传统礼乐文化拆分入不同工作生活场景,带领学员学习基本礼仪动作,让学员得以深入理解礼仪规则背后的人文内涵,学会传统礼乐文化在当代生活的应用方法。

为了更好地达到培训效果,除现场授课外,我们将干部学员分成了多个学习小组,安排志愿团学员担任小组组长,组织学员完成课前课后的学习任务,并选定拓展阅读资料,鼓励学员在业余时间阅读、自我学习。同时,建立系列学习效果评估方法,在整个授课过程中,定期组织学员自评、互评,跟踪教学内容对其行为习惯改善的真实作用;安排多次阶段性总结课,结合传统节日组织与礼仪学习相关的活动,激发学员学习热情,并评估学员学习效果。

(二)面向驻外干部的集中观礼及授课

针对驻外干部不能长期参与总部线下授课的情况,设置独立的观礼课程,情景式地让学员走近古礼,观看甚至亲身体验古代礼仪场景,体验礼仪氛围。通过古今礼仪的对比讲解,调动学员对当代礼仪的思考,激发其学习礼仪的兴趣。

（三）企业师资团队建设

企业文化建设是一个长期工程，需要多年的持续努力，外部团队能够提供的只是初期的指导与辅助。如何在外部师资团队退出后，将项目成果长久地贯彻落实，使礼乐文化真正成为企业文化的有机组成部分，还需要在企业内部培养一批文化的宣讲者与实践带头者。

我们在企业内部通过自愿报名、集中选拔的方式组织了一个礼仪推广志愿团队。他们全程参与干部培训课程，并在这个过程中担任小组组长与课程助教，辅助外部师资完成教学工作，并按要求完成拓展书目的阅读。在这一过程中，表现优秀的志愿团队成员将进行一次集中培训。

集训期间，志愿学员将有针对性地接受动作规范与文献理解的补充课程，最后进行礼仪展示、分享与答辩，进而成长为可以分享并影响他人的礼仪讲师。这批志愿学员也将在项目中期、后期计划中承担面向企业全体员工的宣导推广工作。

（四）礼仪行为规范导引

为了在企业全面推广落实礼乐文化，除了对干部团队的培训以及持续性师资力量建设外，一套具体的行为规范手册是面向大范围员工推行礼乐文化的最佳载体。礼乐文化最好的学习方式就是践行，礼仪行为规范导引手册可以采用较为温和的手法引导员工行为规范改善，潜移默化地改变企业文化氛围。

在导引手册中，我们在正文之前提炼了礼乐格言，精炼传统礼仪的基本原则，方便企业员工记忆。重点强调了清华大学中国经学研究院彭林教授曾提出的礼仪"敬、净、静、雅"的四原则。在企业环境中，"敬"就是敬事、敬人，认真负责地对待工作，与人相处时互相尊重，形成和谐的人际关系；"净"要求保持自身洁净与环境整洁；"静"就是保持安静，为他人着想；"雅"则是要求一个人举止有度、进退从容、谈吐文雅。

　　手册正文部分主要分为个人仪容举止、雅言信函及各工作场景礼仪等多个章节，力求在能够被员工接受的前提下，对企业员工从内到外的礼仪给出了方向性建议。手册有四个主要特点：

　　其一，与企业干部员工工作场景密切结合。大部分章节紧扣企业日常生产活动的应用场景展开，给员工最直接、简明的礼仪指导，尤其在对外商务交往活动中的礼仪注意事项给出了专门细致的建议。

　　其二，提炼中国传统礼乐文化，古为今用。中国自古以来就有礼仪之邦的美誉。中国的传统礼仪具有非常丰富、系统性的规范，并具有深刻的文化内涵。礼缘人情而作，虽然时殊世异，但是个人修身与人际交往中的基本原则，如自谦敬人等基本原则并不过时。在手册里，大部分条目均是从中国传统礼学经典提炼而出，在保留传统礼仪精神的前提下，结合当代生活习惯进行损益而得。

　　其三，强调中国文化特色，树立文化自信。由于多年来民众对传统礼乐文化的忽视，越来越多的人一提及礼仪，尤其是商务礼仪，就会以西方马首是瞻。在手册中，我们有意识地强调中国文化特色，为读者剖析中西礼仪异同及其缘由，树立中国人、中国企业的文化自信。特别在外事礼仪上，提倡尊重对方风俗，但同时应保有自身文化自信，并给出了特色做法建议。

　　其四，结合日常生活，打造有礼的企业形象。一方面，企业的干部员工，即使非工作时间，在外人眼中依旧代表着企业的形象；另一方面，礼仪修养不能只功利地停留在工作时间，而应渗透到日常生活的方方面面，日日涵泳，方能真正内化于心，外化于行。因此，我们在手册中增设了公共场所的礼仪引导，同时给出员工家风建设的建议。让学习这本手册的企业员工，成为一粒种子，将礼仪的践行落实到家庭生活。孝顺父母长辈、关爱伴侣子女、友睦邻里，并带动家庭成员共同提升，建设良好家风。

总地来说，希望借助礼仪行为引导手册，引导企业干部员工学习、了解中国传统礼乐文化，规范自身言行，最终能够将外在的礼仪文饰与内在的自然品格结合，成为文质彬彬的当代君子。

结　语

在与合作企业的紧密配合和共同努力下，本次礼乐文化应用实践通过干部培训、集中管理授课、师资团队建设和礼仪行为规范导引制定等一系列举措，自上而下地将礼乐文化传递到企业的组织结构中，并且在内容上与原本的企业文化交融互补，获得了公司领导的一致认可和基层员工的积极反馈。初期项目结束后的调研结果显示，经过此次合作，参训人员对传统礼乐文化有了更深入的思考，开始有意识地在实际工作生活中改进自己，大家普遍认可礼乐文化对企业管理的指导价值，并表示愿意成为下一阶段深入推广普及的试点部门。在接下来的合作中，我们团队也将与企业一起，进一步将礼乐文化向全体企业员工推广落实。

这是中国传统礼乐文化在企业文化建设中的一次初步尝试。这次礼乐文化应用实践，也印证了我们一直以来秉持的观点：中国传统礼乐文化可以成为，也应当成为中国企业文化的一部分，其独特的精神内核能够在企业员工价值观的塑造中产生不可替代的作用，是企业管理和发展的有利因素。

当然，我们也应当看到，文化价值观要真正深入人心，让员工产生认同感，是需要长期坚持和贯彻的。礼乐文化建设和推广任重道远，我们会在不断实践、总结中砥砺前行。

编后记

2019年12月8日,"中华礼乐文化传承学术前沿论坛"在清华大学近春园召开,来自中国礼学、音乐学、哲学、历史学、考古学、教育学等研究领域的专家学者六十余人参与研讨。与会学者就礼乐传统与当代文化、礼乐研究与礼乐教育等一系列问题进行了深入的学术交流和思想碰撞,以期发挥中华礼乐在文化传承中的重要作用,推动中华礼乐在新时代文化建设中重现光彩。

本次论坛由清华大学中国经学研究院与北京中华文化促进会联合主办,清华大学中国礼学研究中心承办。会后,与会学者对提交的论文予以修订,主办方在此基础上编成了本论文集。在此特别感谢北京市社会科学界联合会的指导,感谢礼乐天下(北京)文化创意产业有限公司(礼乐书院)对论坛及论文集出版的大力支持。

编　者